# 中国传统文化概要

主编 袁桂娥 陈建裕

郑州大学出版社
·郑州·

**图书在版编目(CIP)数据**

中国传统文化概要 / 袁桂娥，陈建裕主编. — 郑州：郑州大学出版社，2020. 10

ISBN 978-7-5645-7268-6

Ⅰ. ①中… Ⅱ. ①袁…②陈… Ⅲ. ①中华文化－基本知识 Ⅳ. ①K203

中国版本图书馆 CIP 数据核字(2020)第 169556 号

**中国传统文化概要**

ZHONGGUO CHUANTONG WENHUA GAIYAO

| | | | |
|---|---|---|---|
| 策划编辑 | 孙理达 | 封面设计 | 苏永生 |
| 责任编辑 | 王晓鸽 | 版式设计 | 凌　青 |
| 责任校对 | 郜　毅 | 责任监制 | 凌　青　李瑞卿 |

| | | | |
|---|---|---|---|
| 出版发行 | 郑州大学出版社有限公司 | 地　　址 | 郑州市大学路 40 号(450052) |
| 出 版 人 | 孙保营 | 网　　址 | http://www.zzup.cn |
| 经　　销 | 全国新华书店 | 发行电话 | 0371-66966070 |
| 印　　刷 | 广东虎彩云印刷有限公司 | | |
| 开　　本 | 787 mm×1 092 mm　1 / 16 | | |
| 印　　张 | 25.25 | 字　　数 | 428 千字 |
| 版　　次 | 2020 年 10 月第 1 版 | 印　　次 | 2020 年 10 月第 1 次印刷 |

| | | | |
|---|---|---|---|
| 书　　号 | ISBN 978-7-5645-7268-6 | 定　　价 | 58.00 元 |

# 作者名单


**主　编**　袁桂娥　陈建裕

**副主编**　王　冰　路学军

**编　委**　（按姓氏笔画排列）

王　冰　孔令许　卢淑芳

刘亚科　陈建裕　张玉华

袁桂娥　路学军

# 序

人与动物的本质区别，就在于人有文化，并能以文化“化”人。文化的本质是人化，文化的功用是化人。人化与化人相互作用，推动了人类文明的发展。教育作为一种文化，它的本质也是人化，它的功用也是化人。教育用什么文化化人，怎样化人，为谁化人，直接决定着教育的质量和水平。

当今，中国特色社会主义进入了新时代，对大学生增加传统文化教育，显得尤其重要。习近平总书记指出：“中国传统文化博大精深，学习和掌握其中的各种思想精华，对树立正确的世界观、人生观、价值观很有益处。”（习近平《在中央党校建校80周年庆祝大会暨2013年春季学期开学典礼上的讲话》）习近平总书记在主持十八届中央政治局第十三次集体学习时强调：“培育和弘扬社会主义核心价值观必须立足中华优秀传统文化。牢固的核心价值观，都有其固有的根本。抛弃传统、丢掉根本，就等于割断了自己的精神命脉。博大精深的中华优秀传统文化是我们在世界文化激荡中站稳脚跟的根基。中华文化源远流长，积淀着中华民族最深层的精神追求，代表着中华民族独特的精神标识，为中华民族生生不息、发展壮大提供了丰厚滋养。……要坚持古为今用、推陈出新，有鉴别地加以对待，有扬弃地予以继承，努力用中华民族创造的一切精神财富来以文化人、以文育人。”中华优秀传统文化更是我们建立文化自信、为人民提供精神指引的“根”与“魂”。习近平总书记在党的十九大报告中指出：“文化自信是一个国家、一个民族发展中更基本、更深沉、更持久的力量。”“推动中华优秀传统文化创造性转化、创新性发展，继承革命文化，发展社会主义先进文化，不忘本来、吸收外来、面向未来，更好构筑中国精神、中国价值、中国力量，为人民提供精神指引。”习近平总书记关于中华优秀传统文化的系列论述，是今天我们加强中华优秀传统文化教育的行动指南。

任何文化,都可分为本体与现象,即“体”与“用”两个方面。前者是文化的隐型层面,后者是文化的显型层面;前者是文化的形而上的“道”,后者是文化的形而下的“器”。“道”强调精神上的超越,“器”强调现实中的实用;“道”着眼于“终极”,“器”随时“流变”。20世纪以来由于我们对传统文化中的“道”与“器”未能更好地做出区分,便出现类似误把婴儿当作洗澡水倒掉的情况,导致了文化上无所适从的局面。

20世纪是人类的科学技术由量变到质变飞速发展的一个世纪。由科学技术所形成的科学主义的哲学思潮是很容易解构信仰的。于是在20世纪出现了如爱因斯坦在《科学的共同语言》中所说的局面:“手段的完善和目标的混乱似乎是——照我的见解——我们这时代的特征。”

进入21世纪,随着交通和信息技术的发展,世界的联系越来越紧密,“地球村”已经形成,人类命运共同体正在构建,世界共同的文化正在创造中。但未来的世界文化既不是西方文化,也不是东方文化,而是这两大类文化各自为本位,并对方为参照系,进行异同调适的结果。

要克服失语的危机,避免目标的混乱,要创造世界共同的文化,就必须加强对传统文化的学习。而要加强传统文化的学习,一要充分认识学习传统文化的重要性,二要理解什么是传统文化。明白了这两点,就知道为什么要学,以及怎样学,从而使学习更加自觉和主动。

每一个人都既是一种个别的存在,又是历史链条中的一环。因而在人身上,既存在着个别性、偶然性,又存在着普遍性、必然性;既是现实的、短暂的,又是历史的、永恒的。人类的普遍性、必然性、历史性、永恒性怎样在个人的个别性、偶然性、现实性、短暂性上体现出来?是靠着遗传。一代又一代的人,在实践中不断地丰富着、发展着、进化着、完善着,形成了他们特殊的人生。那些普遍的特殊,经过一代又一代人的强化,就会引起某种生理变化,特别是大脑的变化。或者是加强,或者是削弱,久而久之,就会作为一种遗传,在下一代人身上表现和巩固下来,于是就有了人一代一代的进化,这进化就是历史的传承。人的遗传是不自觉的,也是没有具体内容的,用荣格的理论来说,那只是一种无意识的原型。这是人类进化的精华,就是靠着它,人类才得以不断发展,不断进化,不断完善。

文化也是这样,不同的时代,人们创造着不同的文化。但一切文化创造都不是从零开始的,都必须在前人文化创造的基础上,结合时代的特点和需要进行创造。前者是基础,后者是主导。文化的创造是自觉的,现实的需要是分层次和多方面的。任何时代的思想,主流都是统治阶级的思想。但文化创造,除了意识、主流思想的规范外,潜意识也在暗中影响着文化的创造,非主流思想也要顽强地表现自己。这就使得每一个时代的文化创造呈现出极复杂的状态与意义:主流与边缘、积极与消极、健康与病态、人性与反人性、进步与落后、共性与个性、永恒与短暂等不同的价值意义。一时胜负在于力,在于流行;千古胜负在于理,在于大浪淘沙之后的积淀。

人的生物性生命的延续主要靠生殖和遗传,而人的文化的传递则主要靠教育。前者主要是本能的作用,后者则主要是有意识的解释活动。社会的人主要是历史文化形成的,历史文化在理解中生成了现实的人,历史文化和现实文化在理解中又决定着人的未来。就是在这个意义上,雅斯贝尔斯在《人的历史》中才说:"对我们的自我认识来说,没有任何现实比历史更为重要的了。它向我们显示人类最广阔的天地,给我们带来生活所依据的传统的内容,指点我们用什么标准衡量现世,解除我们受自己时代所加予的意识的束缚,教导我们要从人的最崇高的潜力和不朽的创造力来看待人。"人永远属于历史,在历史的前提下存在,在历史的前提下发展。历史是人的根源,也是文化、教育的根源。

历史文化都是有后效的,这后效有两个方面的含义:一是它要影响未来;二是它不是直接地影响未来,而是在人的现实理解中,在人的反思中对未来产生影响的。传统文化的后效不是被简单接纳的,而是被创造的。传统文化如何被理解,如何被创造,直接决定着它的后效性。

是从显型层面,还是从隐型层面,是从经验的政治意识形态视角,还是从超验的精神生活的视角来解释传统文化,传统文化便会随之呈现不同的价值意义。20 世纪以来,我们多从显型的、经验的政治意识形态的层面和角度来认识和理解传统文化,因而更多地看到了它的消极和落后的一面。20 世纪 80 年代以后,由于东西方文化的交流和融合,我们的视野开阔了,思维和方法更新了,加上现实生存境况的触动和启发,我们就不仅从显型和意识形态方面去认识传统文化,而且更从隐型和超验的精神生活方面重新认识和理解传统文化,于是传统文化在新的视界融合中,生成一个新的意义世界。这里最明显的是对老庄和禅宗文化的重新理解和评价。过去我们主要是从经验的、意识形态的层面去理解和评价它们,因而批判远多于肯定;现在我们从超验的、精神生活的层面对其进行理解和评价，就从中发现了更多的积极因素，发现了许多的远见卓识。

什么是传统文化，什么是文化传统？关键要正确理解“传统”二字。“传”是人类特有的一种由一方交给另一方，或由上一代交给下一代的有意识的活动，就是靠着传的活动，人类进化的、创造的成果才得以延续、延伸或承袭，“传”具有历时性特征。对文化来说“传”什么呢？它要“传”的是“统”。“统”不是个别的东西，而是一种总括起来的整体。对文化来说，它不是哪一家的思想，不是哪一部书，更不是哪一句话，而是某种文化的精神整体，“统”具有统摄意义和共时性特征。当历时性文化作用于当下，规约和统摄人们的思想，才能成为真正意义上的传统，释放传统文化的当代价值。

一个民族的精神整体是蕴含在整个文化中的，是文化中的深层意蕴。它是文化中形而上的“道”。“道”虽然存在于一切事物中，“目击道存”，但“道”又是不可言说的，“道可道，非常道”。它是“玄之又玄”的“众妙之门”，只能在阐释中不断生成，而永远不会有一个固定的答案。这样来看“传统”，传统就不是死的，而是一种永远鲜活的存在，它在不断的创造中永葆其美妙的青春。任何文化要想保持健康旺盛的生命力，就必须让现实与传统进行充分的、不断的对话。只有使历史存活在现实中，现实也存活在历史中，社会的发展才可能是良性的，才会少一些曲折。

我们的地球分为东半球和西半球，它们是对立的，又是统一和同一的。东西两半球特有的文化生态环境，孕育出了两大不同类型的文化，这两大不同类型的文化，又是在各自内部不同的文化生态环境中经过漫长的历史交流和融合逐渐形成的。最能代表西方文化特点和功能的是科学、民主和宗教，三者鼎足而立，从不同方面满足了西方人的不同需求。最能代表东方文化特点和功能的是儒、道、释，三者也是鼎足而立，从不同方面满足了东方人的不同需求。这两大文化是在各自的文化生态环境中独立发展起来的，过去它们相对互相封闭，近代以来开始交流、冲突和融合。两种文化的特点和功能各不相同，各有优劣长短，既有对立的一面，也有统一和同一的一面。个人与宇宙的同一是人类追求的最高成就和境界，东西方文化的同一也是人类追求的最高成就和境界。如何同一呢？历史的经验是既不能东方化，也不能西方化，也不应是“体”与“用”的关系，而应以各自的文化为本位，以对方的文化为参照系，进行充分的异同调适。正确的文化建设必须一方面是开放的，另一方面又要强调主体性，也即本位性。这是人性生成的特点，自然也是文化发展的特点。

中国文化的基本精神在春秋战国时期就基本形成了，它构成了中国文化的本位和正文。它作为一个开放的系统，在后来的发展中，不断从别的文化特别是佛教文化中吸收营养，这些营养又不断构成对正文的新的注释，使中国文化的本位和正文不断丰富、发展、成长、壮大。传统文化的本位和正文现在在东西方文化交流的大背景中，遇到了前所未有的机遇和挑战，只要坚持本位的立场和充分开放的态度，中国文化就一定能够得到更高水平的发展。

文化、教育的发展永远都需要在现在、过去和未来的充分对话、解释中进行，这既包括认识论层面的，也包括意义论层面的。充分地理解了过去和现在，也就知道了未来。离开了对传统文化的充分理解，我们既不能充分地认识现实，更不能清醒地对待未来。当然观古易鉴今，观今也易鉴古，离开了对现实的充分认识，我们也无法充分地认识历史，二者之间是相互阐释的。有比较才有鉴别，有鉴别才有发展。我们应该这样来认识和对待传统文化的教育。

《中国传统文化概要》是几位长期从事教学科研工作的老师经过几年的辛勤劳作，精心结撰而成的一部著作。他们以东西方文化为广阔背景，站在现代理论思维的高度上，对中国传统文化的隐型层面和超越的精神意蕴进行了认真的反思，吸收了中国传统文化创造转化与创新性发展的最新成果，从传统文化中发掘出了不少仍具生命力的，对未来具有无穷启示意义的价值。读完这部著作，我深感受益良多。

我总认为，高校教学与基础教育相比，应该更注重科研，因为高校从教育的层次上看，应该具有“研究院”的性质。高校只有将教学与科研紧密结合在一起，充分实现教学科研化，科研教学化，才能真正保证高校教学的质量，才能克服应试教育的弊端而向素质教育迈进。《中国传统文化概要》是高校教学科研化、科研教学化的有益的也是比较成功的尝试，它对高校各专业学生的传统文化教育，培养健全人格，传承民族精神，都将产生良好而深远的影响。

胡家才

2020 年 8 月 1 日

# 目　录

# 绪　论

“在五千多年的文明发展历程中，中华民族为人类文明进步作出了不可磨灭的贡献。”①源远流长的中国文化，是世界古代四大文明唯一存在的实体，也只有中国文化保持了相对的连续性和旺盛的生命力。古老的中国文化，曾伴随我们民族跻身于世界强国的行列，给我们民族以无比的自豪和自尊。目前，世界正面临百年未有之大变局，回眸中华民族文化进程中的风风雨雨，厘清中国传统文化的得失优劣，在弘扬民族传统优秀文化的同时，摒除其糟粕，对推进社会主义精神文明建设，引领良好的社会风尚，筑牢中华民族共同体意识，弘扬社会主义核心价值观，实现中华民族伟大复兴的中国梦，具有重大而深远的意义。

## 一、文化与中国传统文化

### （一）中西方关于“文化”的理解

在汉语言中，“文”本义指刻画在人身上的文饰、图形、图画等。许慎《说文解字·文部》说：“文，错画也。”朱芳圃《殷周文字释丛》对此进行分析道：“文，即文身之文，象人正立形，胸前之刻画丿丶×……即刻画之文饰也。文训错画，引申之义也。”在我国先秦文献中不断有“文身”的记载，如《庄子·逍遥游》“越人断发文身”，《穀梁传·哀公十三年》：“吴，夷狄之国也，祝发文身。”“文”还引申为指礼乐制度。如《论语·子罕》：“文王既没，文不在兹乎？”朱熹注曰：“道之显者谓之文，盖礼乐制度之谓。”

“化”，指感化、转变人心、风俗。《说文解字·匕部》：“化，教行也。”《尚

① 《习近平谈治国理政》第一卷，北京：外文出版社，2018 年版，第 3 页。

书·大诰》:“肆予大化,诱我友邦君。”孔颖达疏:“故我大为教化,劝诱我所友国君,共伐叛逆。”《礼记·学记》也说:“君子如欲化民成俗,其必由学乎!”

“文”“化”两个单音词连用,较早出现在我国西汉时期著名学者刘向的《说苑·指武》:“凡武之兴,为不服也,文化不改,然后加诛。”这里的“文化”是指用礼仪制度教化,而非名词意义上的“文化”,这种用法在中国文献中有相当长的时间。

同样,在西方,“文化”一词出现得也比较晚。近代西方“文化”(culture)源于希腊文 cuhura,其意义丰富。最基本的意思有“耕种”“艺术”“培养”等。西方“文化”的意义最早也与生产、生活紧密地联系在一起。最初的含义也是指人对外部世界的发现和“耕种”,随后才指向对人类心灵主体的发现和“培养”。可见,东西方都是先有广义的“文化”概念,后有狭义的“文化”概念。

《苏联大百科全书》《大英百科全书》都从两个意义层面解释文化。《苏联大百科全书》中说,广义的文化“是社会和人在历史上一定的发展水平,它表现为人们进行生活和活动的种种类型和形式,以及人们所创造的物质和精神财富”,狭义的文化仅指“人们的精神生活领域”;《大英百科全书》也把文化概念分为两类,第一类是“一般性”的文化概念,即文化等同于“总体的人类社会遗产”;第二类是“多元的相对的”文化概念,即文化是特定集团成员所共有的、源于历史的生活结构体系,包括语言、传统、习惯和制度、思想信仰和价值等。

国内学者梁漱溟等人是从广义上理解文化的。他认为:“文化之本义,应在经济、政治乃至一切无所不包。”著名学者钱穆也持此观点。而多数学者认可广义、狭义之分。任继愈认为广义的文化包括文艺创作、哲学著作、宗教信仰、风俗习惯、饮食器服之用等,狭义的文化专指能够代表一个民族特点的精神特征及精神成果。庞朴在《中国文化的人文精神(论纲)》一文中,将文化划分为“物质的—制度的—心理的”三个层次,其中“文化的物质层面是最表层的;而审美趣味、价值观念、道德规范、宗教信仰、思维方式等属于最深层;介乎二者之间的是种种制度和理论体系”。

**(二)文化的本质**

我们认为,“文化”的本义是总体的、广义的,而现代文化学学术意义上的“文化”概念一般是特指的、狭义的,具有一定时空、种族和层次限制,指的是特定民族的精神状态及精神成果，包括民族的宗教信仰、价值体系、道德理想、思维方式等精神特征。它们在特定的经济政治环境中产生，以符号和话语形式表现在政治、经济、哲学、宗教、文学、艺术等理论著作和文学艺术作品之中，并且随时渗透到政治法律制度、社会经济、物质财富生产等社会生活的各个层面，影响和制约人们的生活方式和行为方式。

对文化的本质可以从以下几个方面理解。

首先，广义的文化是与自然相对而言的，是人类主体的体力与智力的外化、客体世界内化的过程和结果，是人类主体精神的自由创造物。人类与自然分离的首要标志是精神的主体性和主动性，“文化”是人类主体自由本质对象化的成果。人与自然的关系是相对自由的，由“物竞天择”到“天竞人择”表明，被动地适应自然界的选择不是人的本质属性，人类只有在以实践主体的姿态能动地改造客观世界时所采取的行动和取得的成果方可称之为“文化”。当然，文化的发展水平、文化的特殊形态，既取决于主体实践活动的自然社会环境，也取决于实践主体的知识和能力。实践主体在实践活动中改造自然、构建文化的过程中，也在逐渐提高自我的实践能力、思维能力。所以主体的能力水平，体现着文化的发展状况，而主体的实践能力、认识水平也只有转化为文化成果才能得到继承和发展。

其次，广义的文化是一个庞大的结构系统。关于文化结构，有物质文化和精神文化两分说，物质、制度、精神三层次说，物质、制度、风俗习惯、思想与价值四层次说，物质、社会关系、精神、艺术、语言符号、风俗习惯六大子系统说等不同观点。无论如何设置文化的结构框架，都不过是为了方便阐述的权宜之计。文化是一个动态结构系统，各个层面总是互相交融、渗透的，物质文化的发展水平、物质生产方式、物质生活方式，必然影响制度文化和精神文化，同时它们又是精神文化的物化形态和载体。

动态理解“广义文化”，不妨视之为一系列实践方式，是社会存在、发展方式的总和。人类社会之所以超越自然界，首先在于其谋取物质生活资料的生产方式，它是文化发展的决定因素。因为人首先必须满足衣食住行等物质需要，才能从事宗教、艺术、科学等精神文化活动。人的物质生活，必须按照一定的方式从事生产实践而获得。在生产实践的基础上，人类为维护自身生产、延续和社会生产的发展，构建了相应的社会结构，包括政治、法律制度和社会伦理道德规范等。人们在自己构建的各种方式中生产生活，从总体上讲，生产方式、社会组织方式制约着整个社会的物质精神生活过程，但个体的生活方式和思维方式却是丰富多彩、鲜活生动的，不断地丰富发展、更新创造社会生产方式和社会组织方式。生活方式就其本质上说是文化的物质层面和精神层面在人个体身上的整合，也是作为生命存在的自然人与社会生产方式和社会组织方式的整合形态。生活方式一方面与人的生存繁衍相联系，如吃、喝、性等；另一方面，人类的生活方式中，只有精神生活方式才充分体现人的特性，体现人的自由本质和主体创造特征。从这一意义上说，只有"精神文化"，即人们所说的狭义"文化"，才是真正的人的文化；而广义"文化"结构系统所涉及的"物质文化""制度文化"等都是狭义"文化"的外延，都是精神文化的载体。本书就是在这一意义上使用"文化"概念的，我们侧重于"文化"的精神本质，但并不脱离、更不回避"物质""制度"等对精神文化的影响和它们负载着精神文化的基本事实。

最后，广义文化概念所包括的、文化历史遗留的一系列物质产品和精神产品，都是精神文化的载体。文化的物质产品（不是"物质文化的"产品）如生产工具、生活用品、作战防御设施、交通通信设施、学习娱乐工具等，是文化历史的物质遗留即历史文物，它们被保存在博物馆和历史文化游览区里。文化的精神产品包括系统的政治、哲学、文艺、宗教、科学等理论和著作，是文化历史更直接的遗产，供人们欣赏、查阅、学习和研究。介于二者之间的是约束公民生活方式的政治法律制度、伦理道德规范、公民的理想信念、价值取向、风俗习惯等，广泛渗透到文化的物质产品和精神产品之中。

### （三）传统与中国传统文化

传统通常指特定文化历代沿传下来的具有根本性的精神模式及准则的总和。考索词义，"传"，即授义。《论语·子张》："君子之道，孰先传焉？"《吕氏春秋·不屈》："今寡人实不若先生，愿得传国。"明代梅膺祚在《字汇·人部》中说："传，授也。""统"，本义是指丝的头绪，引申为一脉相承的系统，特别是指政治、文化诸方面的系统或传统，如帝统、皇统、道统、学统、血统。如："君子创业垂统，为可继也。"（《孟子·梁惠王下》）"天下继其统，守其业，传之无穷。"（《战国策·秦策三》因此，汉代刘熙在《释名·释典艺》说："统，绪也。主绪人世类相继，如统绪也。"

"传统"与"文化""文明"相比，具有更显著的精神内在指向，属于形而上的东西，有人把传统理解为"传道"，有一定的道理。所以，文物不能称之为传统,而体现在文物上的创造精神、情感方式和思维方式可视为传统;诗书不能称之为传统,诗书中表达的思想情感和生命意识才是传统。诗书和文物都是传统精神在文化系统中不同层次的表现形态,只是传统的载体。

中国传统文化指的是中华民族文化系统中具有根本性的、决定其文化整体面貌的、相对稳定的精神特征。首先,它是根本性的,传统一旦形成,必然熏陶、规范每个社会成员,使他们的思想观念、行为方式等符合它的要求和准则。但传统对个体的规范不一定总是明显的、直观的,它与特定时代、特定个体的精神心理、言行举止不一定有直接关系,我们不能随意把个体行为与文化传统机械生硬地联系在一起,更不能把社会生活中的不正常现象归结为传统。其次,它是历史的凝聚和积淀,具有相对的稳定性,但又有动态的因素包含于其中,是历史与时代、过去与现在的交融。传统文化处于不断地吐纳和聚散的运动中,我们不断地从传统中汲取营养,又不断地丰富和改造传统。在特定的经济政治条件下,传统文化会发生质变和飞跃,重新整合出一种新的文化形态。从近代开始至今尚未结束的中国传统文化转型,就是其生动表现。我们不能把这一转型过程简单地理解为对传统文化的否定,因为任何人、任何时代都无法摆脱传统而存在,同时也不可能完全遵照传统而行动。我们只能在对传统的不断继承中汲取精神营养,同时不断地扬弃、创新。最后,传统文化集中表现为各种理论体系,同时也表现为人们的生活方式、心理情感等非理论的形态。无论其表现形态如何,传统文化都是作为一种精神特征渗透于历史和现实的方方面面。传统文化就像空气,处处弥漫,人们置身其中,却又可能意识不到它的存在。正如空气遭到污染我们才意识到它的重要性一样,每当我们的传统文化遭到挑战或破坏时,我们方意识到文化传统断裂的危机,意识到文化无序状态的严重后果,意识到文化建设的重大意义。

### (四)文化与文明的关系

广义的“文化”系统包含着“文明”(文化中的进步成分);狭义的“文化”包含在“文明”(物质文明和精神文明)之中。“文明”一词,在中国古代文献中出现较早,其意义既可以指文德辉耀,如《尚书·舜典》“虞舜侧微,尧闻之聪明,将使嗣位,历试诸难,作《舜典》。曰若稽古帝舜,曰重华协于帝。浚哲文明,温恭允塞,玄德升闻,乃命以位”,孔颖达疏曰:“舜有深智文明温恭之德,允塞上下。”也可以指文采光明,如《周易·乾》“见龙在田,天下文明”，孔颖达疏曰：“天下文明者，阳气在田，始生万物，故天下有文章而光明也。”

中国古代，文明是与社会的礼仪制度、人的礼仪行为及文德教化相联系的。它最初与“文化”有相同之处。明清以来，随着西方近代工业文明的输入，“文明”的内涵逐渐丰富，成为与愚昧、野蛮相对的概念。德国古典哲学家曾把文化与文明区分为：前者属于深层理想境界和精神生活的宗教、哲学、艺术等，后者属于表层的技术和物质的成果。摩尔根在《古代社会》中把人类从低级向高级的发展分为蒙昧、野蛮、文明三个时期。人类蒙昧和野蛮时期创造的成果，用“文化”而不用“文明”来表示。由此可见，“文化”和“文明”既有相同之处，又各有其内在的规定性。

首先，“文明”相比“文化”有较强的先进性和时代特征，常指一定历史阶段“文化”发展的积极成果，也是文化发展到高级阶段的象征。一般来说，有了人类，便有了文化。人之所以为人，就因为人能制造和使用工具，改造自然，使自然人化。也就是说，史前人类一开始磨制石器并进行简单的渔猎采集，就拥有了“文化”，而不能说他们拥有了“文明”。文明是摆脱了愚昧、野蛮文化的开化的类型，是推动文化整体系统发展的先进成分。像封建时代为妇女立贞节牌坊、“文化大革命”中鼓吹的“知识越多越反动”等，虽不文明却仍是特定历史阶段的文化现象。

其次，“文明”相对于“文化”，有更多的物质方面的意义。古代文献中“文明”有时与“文物”通用，具有“文章器物”之意，现代人们所谓“工业文明”“西方文明”都具有浓厚的物质色彩。人们常把“火”的使用视为人类文明史的开端就是明证。恩格斯曾经指出：“就世界的解放而言，摩擦生火还是超过了蒸汽机，因为摩擦生火第一次使人类支配了一种自然力，从而最终把人与动物分开。”人类开始使用火以后，开始了熟食生活，提高了营养水平，为体力和智力的发展提供了物质基础，同时，开始了制陶、冶金等手工业生产，使生产力空前提高，进入堪称“文明”的历史时代。

最后，文化与文明二者又是互相渗透建构的。文明以文化存在为前提或基础，文化又通过文明的递进来体现自己的历史进程。文化每发展一步，也就向文明前进一步。

此外，文明是平等的，文明没有高低、优劣之分，世界上不存在十全十美的文明，也不存在一无是处的文明。文明又是包容的，人类创造的各种文明都是劳动和智慧的结晶。

## 二、弘扬中国传统文化是时代的需求

在文化全球化的背景下，中国传统文化若要在世界文化宝库中占据举足轻重的地位，在全球文化大合唱中保持最强音，就必须加强发掘和传承力度，彰显其丰富内涵和多元价值。

### （一）中国传统文化是中华民族所创造的物质财富和精神财富

中国传统文化中"天行健，君子以自强不息；地势坤，君子以厚德载物"的进取和宽容精神；"杀身以成仁，舍生而取义"的尚义精神；"才者，德之资也；德者，才之帅也"的以德为主、德才兼备的精神；"天人合一"的人与自然和谐的精神；"天下为公""舍天下之私以成天下之公""公者重，私者轻"的克己奉公精神；"先天下之忧而忧，后天下之乐而乐""天下兴亡，匹夫有责""人生自古谁无死，留取丹心照汗青""捐躯赴国难，视死忽如归"的爱国主义精神；等等。作为中华民族精神的结晶和体现，正向全世界辐射，成为全世界人民宝贵的精神财富。

从"五四"运动到"文化大革命"，现代文化的启蒙者和"文化大革命"中的一些错误做法，把传统文化当作历史文化糟粕去批判，一度使传统文化的传承受到重创。特别是20世纪末以来，西方社会的价值观念、道德规范、思维模式和生活方式等通过资本的全球流通和跨国公司的全球运作渗透到地球的各个角落，企图改造与重塑其他文化，以达到形成一种全球文明西方化的目的。近年来，中国社会个人主义、物质主义、消费主义等社会思潮的流行，固然有多种因素，但与西方文化产品的冲击不无关系。在全球经济一体化的格局中，处于弱势的国家和地区，只得在经济、文化、法律、资源等方面向跨国公司、经贸共同体、贸易协定等妥协让步，去创造所谓良好的"投资环境"。因此，国家的文化政策遭遇强烈冲击，导致国家对文化市场主控权受到削弱，使其难以履行正常功能，发挥其应有的效力。

事实证明，无论文化传统如何悠久，面对西方文化全方位的强劲渗透，如果没有一种切实可行的策略予以抵制，就难免为西方文明所同化的命运。全球化背景下，我们的文化发展需要民族主义的意识，但更需要超越狭隘的民族主义。需要灵活地调整我们的文化发展战略，以便妥善地处理文化开放与文化同质化、文化多元化与文化主动权、民族文化世界化与风格本土化等一系列矛盾，从而使我们在全球化格局中既能顺应全球化大潮，超越狭隘的民族局限，积极与世界沟通对话，同时又不受制于全球化，保持有中国特色社会主义文化的品性。

**（二）文明因交流而多彩，文明因互鉴而丰富**

今天我们处于百年未有之大变局的新时代，高速发展的信息技术迅速把地球缩小成一个“村子”，从而极大地改变了人们的思维方式，经济全球化、文化多样化，已成为鲜明的时代特征，不论你愿不愿意，这已是世界文化发展的必然趋势，全球化成了新的世界话语。互联网已经成为商贸、教育、文艺、科研、管理的技术手段和工具，成为连接不同国家、不同地区和不同人种的人们的桥梁和纽带。它冲破了阻碍文化交流的各种有形或无形的藩篱和壁垒，使整个世界日益成为一个紧密联系的整体，将本属于个别区域文化的资源转变为全人类的共同的文化资源，使区域文化的独享性转变为全球文化的共享性，使文化全球化以前所未有的深度和广度向前发展。

“一个国家和民族的文明是一个国家和民族的集体记忆。”①各民族的文化都植根于本民族的土壤，具有自己赖以生存的时空条件和范围，有着自己的个性特征，不管是经济全球化还是文化全球化，不能理解成全球一体化和同质化。“一花独放不是春，百花齐放春满园”；“文明交流互鉴不应该以独尊某一种文明或者贬损某一种文明为前提”②。将文化全球化视为文化的一体化或同质化，会放纵和鼓励文化竞争中的弱肉强食，其结果就是默许或鼓励那些经济上和文化传播上的弱势民族放弃自己具有特色的本土文化，任由目前经济上和文化传播上处于强势地位的外来文化来同化和吞并自己，最终导致世界文化园地中各民族多样性的文化被一种统一的文化所代替。

真正意义的全球化就是指全球政治、经济和文化呈现出的相互影响、相互制约、相互交流和融合的过程。全球化的结果，不是世界趋同，而是出现各个民族和国家在充分的交流、沟通、合作中不断发展壮大。全球政治、经济和文化在多样性中存在统一性，在统一性中蕴含多样性。事实上，目前世界上还没有哪一种文化具有能够同化多样性全球文化的强大的力量。就目前和未来很长一段时间来看，全球多元文化并存的格局不会改变，还没有哪

① 《习近平谈治国理政》第一卷，北京：外文出版社，2018 年版，第 258 页。

② 《习近平谈治国理政》第一卷，北京：外文出版社，2018 年版，第 258-259 页。

一种文化能够统领全球。习近平总书记指出,"世界上有 200 多个国家和地区,2500 多个民族和多种宗教。如果只有一种生活方式,只有一种语言,只有一种音乐,只有一种服饰,那是不可想象的"①。

总之,在全球化格局中,坚持文化的多元化与开放性,在某些方面甚至超越意识形态的差异与其他民族进行文化交流,是新世纪我国文化建设的一项基本战略。唯其如此,我们才能博采一切文化之长,丰富、发展我国的社会主义文化,使之形成一种博大精深的体系。而且,与其他民族的平等友好的文化交往,又可化解文明间的隔阂与冲突,并以此推动全球文明新秩序的构建与形成,同时大力发展社会主义文化事业,繁荣民族文化,通过弘扬中国优秀传统文化,向世界展示中国文化的光辉历史与伟大成就,为我国的现代化建设创造一种良好的国际文化环境。

## 三、学习中国传统文化的意义

总体来讲,分析研究传统文化,可以强化我们对民族文化精神的自我意识,对其进行如实的评判和科学的抉择,取得文化选择的自主权,以更新民族的精神素质,建设具有现代特色的思想文化体系,加快我国现代化建设的步伐。

首先,学习中国传统文化,有助于我们正确认识中华民族文化的价值,增强民族自信心和自尊心。中国传统文化是东方文化的典型,有着独特的价值系统和思维方式,是人类文明发展史上的瑰宝,有着不可替代的价值。

我们的党历来重视传统文化的学习和研究。毛泽东同志早在 1940 年的《新民主主义论》中就明确指出:"中国的长期封建社会中,创造了灿烂的古代文化。清理古代文化的发展过程,剔除其封建性的糟粕,吸收其民主性的精华,是发展民族新文化提高民族自信心的必要条件。"②

习近平总书记指出:"文化是一个国家、一个民族的灵魂。历史和现实都表明,一个抛弃了或者背叛了自己历史文化的民族,不仅不可能发展起来,而且很可能上演一幕幕历史悲剧。文化自信,是更基础、更广泛、更深厚的自信,是更基本、更深沉、更持久的力量。坚定文化自信,是事关国运兴

① 《习近平谈治国理政》第一卷,北京:外文出版社,2018 年版,第 262 页。
② 《毛泽东著作选读》,北京:人民出版社,1986 年版,第 398 页。

衰、事关文化安全、事关民族精神独立性的大问题。”①

当前，西方文化焦虑与困惑日甚一日，部分西方学者积极地将目光投向中国文化，从中国文化中汲取思想和智慧，这进一步彰显了中国传统文化的巨大魅力和思想文化价值。我们更应充分地研究传统文化在历史上所起的积极作用，发现中国传统文化长于西方文化的方面，以促成东西方文化的对话和互补，为全世界的和平与发展做出我们应有的贡献。

其次，学习中国传统文化，有助于我们清醒认识我国当前的国情、民情，从历史文化的深层分析和解决社会主义精神文明建设中存在的困难和问题；有助于我们以理性的态度继承民族的优秀文化遗产，抛弃漫长的封建历史文化遗留下来的至今已丧失其合理性的东西；有助于我们开阔文化视野，以开放的心境吸纳其他文化体系的积极内容和优良传统，取人之长，补己之短，创造社会主义新文化。

---

① 《习近平谈治国理政》第二卷，北京：外文出版社，2017 年版，第 349 页。

# 第一章　中国传统文化的形成和发展

中国传统文化源远流长，产生和发展于中国的自然环境和经济社会环境之中，经过孕育和发展，形成了独特的文化特征和基本精神。中华优秀传统文化已经成为中华民族的文化基因，根植在中国人内心，潜移默化地影响着中国人的思想方式和行为方式，是提高民族自信的力量源泉。

## 第一节　中国传统文化的形成

文化的形成和发展依赖于一定的环境，其特征也受环境影响。以农耕经济为主的自给自足自然经济形态和以宗法制度为核心的封建统治制度，构成了中国传统文化形成的自然环境和经济社会环境，也决定了中国传统文化的总体特色和基本特点。

### 一、中国传统文化形成和发展的自然环境

中国传统文化形成和发展的地理环境，是指孕育并影响中国传统文化的整个历史时期的地理环境，包括自然地理环境和人文地理环境。自然地理环境如地形、地貌、气候、水文、植被、海陆分布等，人文地理环境如人口、疆域、人种、民族、生产及交通方式等。考察和认识中国传统文化的形成和演进，必须将它与特定的地理环境结合起来，只有如此，才能真正了解它的实际状况及其形成的原因与背景。

毛泽东同志说过："我们中国是世界上最大国家之一，它的领土和整个欧洲的面积差不多相等。在这个广大的领土之上，有广大的肥田沃地，给我们以衣食之源；有纵横全国的大小山脉，给我们生长了广大的森林，贮藏了丰富的矿产；有很多的江河湖泽，给我们以舟楫和灌溉之利；有很长的海岸

线，给我们以交通海外各民族的方便。从很早的古代起，我们中华民族的祖先就劳动、生息、繁殖在这块广大的土地之上。”①

影响中国传统文化形成和发展的地理特征，具体包括以下几个方面。

一是疆域广阔、民族众多。中国广大的疆域在很早就已形成。公元前221年秦王嬴政统一了全中国，建立了一个以咸阳为首都的幅员辽阔的国家。这个国家的疆域，东至东海，西至陇西，南至岭南，北至河套、阴山、辽东，形成了一个前所未有的封建大帝国。此后历代王朝的疆域虽然时有盈缩，但基本趋势是逐渐扩大并且日益巩固，不少王朝还拥有今天中国以外的疆土。从西汉中期至西晋末年400年间，朝鲜半岛东北部曾经是中原王朝的正式政区；自西汉中期至唐朝末年千余年间，今越南北部一直是中原王朝的一部分；唐朝和元朝的北界曾远达今俄罗斯的西伯利亚，唐朝的西界一度直抵中亚的咸海。历史上曾经在中国范围内居住、活动的民族数以十计，除了月氏族的主体在公元前2世纪迁到中亚以外，其他各民族都没有离开中国。今天中国的56个民族中绝大多数是在中国形成的。这一切为中国传统文化注入了强大的生命活力，也为其多样性、包容性等提供了物质基础和可能。

二是气候温和、四季分明、雨量适宜，农业生产相对发达，决定了中国传统文化的总体特色和基本特点。中国的大部分领土处于北温带，又位于全球最大的陆地欧亚大陆的东部和全球最大的海洋太平洋的西岸，西南距印度洋也不远，季风气候发达。大部分地区雨热同季，温度和水分条件配合良好，为农业发展提供了适宜条件。农业在中国的发展有悠久的历史和广阔的地域，以黄河中下游为最。从秦朝开始直到清朝初年，历代王朝的军队一次次外出远征并获得胜利，但却很少将自己的核心政区扩展出去，根本原因就是这些地区适宜农业生产，能够养活当地居民。在中国占主导地位的传统文化，无论是物质的还是精神的，都是建立在农业生产基础上的，所以有人称之为“农业文化”。它形成于农业区，也随着农业区的扩大而传播。它“天人合一”的基本精神、“求实”“尚用”的价值取向、“中庸平和”的文化心态、“以理止欲”的人格模式等，都与稳定的农业经济密切相关。

三是地理环境的相对独立封闭，农耕条件较为优越，限制了早期商贸经

① 《中国革命和中国共产党》，《毛泽东选集》（一卷本），北京：人民出版社，1964年第1版，第584页。

济的发展,使中国传统文化中与商贸相关的文化发展缓慢。中国地处东亚大陆,东南濒临大海,西北沙漠横亘,西南高山耸立,与外部世界的交往相对比较困难,尤其是在交通设施不够发达的古代社会。正是这半封闭的大陆地理环境曾给中华民族以生殖繁衍之利,使其免受诸如埃及文化因亚历山大的占领而希腊化、罗马文化传统因日耳曼南侵而中断之灾。加之较为优越的农耕条件,使得中国人把古代华夏民族生活的黄河流域一带看成世界的中央,把周围看成四方,外族看成蛮夷。“以农为本,以商为末”被历代王朝奉为基本国策,因而形成了一种与海洋民族向外扩张不同的大陆民族内向稳定的文化生态。如“日出而作,日落而息”,平稳安定,尊卑有序,等等;而与商业文化相关的“自由”“平等”“冒险”“征服”等意识相对淡漠。

## 二、中国传统文化形成和发展的经济环境和社会环境

东亚大陆得天独厚的自然条件和地理生态环境,孕育了华夏民族以农耕经济为主的自给自足的自然经济形态。

早在四五千年前,兴起于黄河中游地域的新石器文化——仰韶文化和龙山文化,已经展现了华夏民族的祖先从渔猎向农耕生产过渡的历史风貌,中华农耕文明开始在气候适宜、土壤肥沃的黄河中游流域形成。与此同时,长江中下游的屈家岭文化及钱塘江流域的河姆渡文化,也都显示了祖先们辛勤耕耘、繁衍生息的时代痕迹。随后,历史地形成了具有中华民族特色、以农耕经济为主的自给自足自然经济形态。

值得注意的是,中国的农耕经济并不仅仅以农业生产为界限,而是包含着手工业、商业等多元经济结构,士、农、工、商的分工由来已久,并且不断地相互转换。战国时期的《孟子》中记载,当时农民不从事手工业,可以获得布帛和陶器、铁器,而手工业者不耕田也能得到粮食。《荀子》中记载,当时北方的走马、吠犬,南方的羽翮、齿革、丹干,东方的织物和鱼盐,西方的皮革、文旄,都出现于中原的市场上。到封建社会晚期,商品性农业和为市场而生产的手工业更在农耕经济中占据重要地位。相对西方庄园制自然经济体系,中国农耕自然经济体制下的多元经济结构有更多的优越性,它能使自身保持一定的再生能力,内部活动空间相对广阔,易于适应历史的变化,是一种“早熟”的社会经济结构。正是这种“早熟”,影响了中国社会经济的真正成熟,形成了传统农耕经济的保守性和稳固性,制约了资本主义经济的萌芽

和健康发展。早熟的经济结构可以比较从容地改变自己的表层结构以适应社会经济的各种变化,又容易使人们迷恋于现有的成就,小进即满,小富即安,新的经济形式很难以疾风暴雨的方式冲击甚至取代它。中国传统文化也走上了与之相近或相同的发展道路。

一个民族的文化发展,除了受特定的地理环境、经济状况和外来因素的制约外,社会政治环境对其影响更加直接和至关重要。

中国古代的社会政治结构中与文化发展关系密切的特点,主要是宗法制度和与之相应的官僚等级制度,以及由此而产生的“君权至上”的专制主义政治。

从世界范围来看,阶级社会产生以前,人类走过了大致相同的道路,先是原始群居,之后是氏族、部落。这些组织都是以血缘关系为纽带联系起来的。但在阶级和国家产生以后,由于自然环境和各地居民生活方式的不同,血缘关系在居民社会生活中的地位和表现形态出现重大差异。地中海沿岸的国家,人们生活在多岛的海洋型地理环境中,很早就从事海上贸易,这种流动性很强的生产生活方式,强有力地冲破了蒙昧时代的血缘纽带,形成了以地域和财产为基础的城邦社会。相比而言,中华民族是在一块广袤的大陆上独立发展起来的,在先民们的眼中,中国就是天下。他们过着世代聚族定居的生活,在从野蛮发展到文明阶段的过程中,原有的血缘关系以及血缘家庭的社会组织形式被长期保留下来。宗法制度是氏族社会的血缘关系在新的历史条件下发展演变的产物。中国古代的宗法制度产生在商代后期,至西周以后,统治者建立了一整套体系完备、等级森严的宗法制度。周公“制礼作乐”的一项重要内容就是确立宗法制,包括嫡长子继承制、封邦建国制和宗庙祭祀制等。从此,宗法制度成为封建统治者巩固政权的基本制度,被继承和延续下去。

宗法制度的本质是家族制度的政治化,形成了“家国同构”的封建政治结构特征。统治者利用国家政权的强制力量,利用宗法血缘的生理和心理基础,将家庭、家族与国家联结起来。家庭成了国家的缩影,国家则成了家庭的扩大,“忠”与“孝”、“亲”与“尊”、“家”与“天下”、“仁治”与“法治”、亲情与政治等被巧妙结合起来用于治国安邦、维护统治、协调秩序。

与宗法制度、家国同构相一致,中国封建社会政治结构的另一个重要特征,是存在着一个传统十分悠久的君主专制政体和与之相应的官僚等级制度。司马迁说:“轩辕之时,神农氏世衰,诸侯相侵伐,暴虐百姓,而神农氏弗能征。于是轩辕氏乃习用干戈,以征不享,诸侯咸来宾从。”(《史记·五帝本纪》)轩辕黄帝通过战争战胜炎帝和蚩尤,“诸侯咸尊轩辕为天子,代神农氏,是为黄帝。天下有不顺者,黄帝从而征之,平者去之,披山通道,未尝宁居”(同上),这说明,我们祖先的权力,是用武力取得并以武力加以扩大的。用武力征服天下的方式来治天下,形成君主专制的强权政治便顺理成章,水到渠成。尤其是封建社会,君主专制的集权程度走上了日益强化的进程。商汤“十一征而无敌于天下”(《孟子·滕文公下》),武王伐纣成功后分封天下,令诸侯定期朝聘周天子,“一不朝,则贬其爵;再不朝,则削其地;三不朝,则六师移之”(同上)。秦始皇统一后,从将相大臣到郡首县令都由皇帝任命,政权、财权、军权都由皇帝掌握,“天下事无大小皆决于上”(《史记·秦始皇本纪》)。秦始皇为实行专制,下设三公(丞相、太尉、御史大夫)九卿。丞相为百官之首,辅佐天子;太尉负责全国的军事;御史大夫负责监察;九卿分管其他各方面事务,从而构成了一个严密的官僚等级统治体系。汉承秦制,其后代代相传,历史大体相似地发展着。君主即皇帝具有最高的立法权和司法权,遇有重大国事,皇帝虽召集“朝议”,但最终决定权仍操在皇帝之手。这种大权独揽的传统到封建社会末期的清朝也未有大的改变。

以宗法制度、君主专制制度、官僚等级制度为主要特征的中国传统社会政治结构,对中国文化的影响是巨大的。宗法制度特征导致中国文化形成伦理型范式。这种范式使中华民族成为注重道德修养、重视人伦亲情、凝聚力强劲的礼仪之邦。同时,“三纲五常”的伦理说教、“存天理,灭人欲”、“非我族类,其心必异”等观念,也给中国文化的健康发展带来了一些消极影响。

中国社会政治结构的特征,导致中国文化的政治型范式。这种范式一方面塑造了中华民族国家至上的爱国主义精神、经世致用治国安邦的积极进取意识;另一方面,它使人们存在强烈的等级意识,自由平等意识淡漠,独立决策意识不浓,等等。这也势必影响科学的发展,读书追求“学而优则仕”,把学习当成了从政的手段,纯粹学理的研究因缺乏与政治的直接联系而被漠视。太阳围着地球转还是地球围着太阳转,对于一般的中国人来讲无关紧要,由此影响了科学技术的发展,导致基础理论研究滞后。

中国传统文化政治化和伦理化的范式,从“内圣外王”的矛盾统一体中获得坚韧的理论支持和强化,并以自给自足的农耕经济和宗法专制社会政治结构作为坚实基础，组合形成一个严密的体系。这个严密的体系，只有在近代大工业兴起之后才逐渐瓦解，产生了新文化。

## 第二节　中国传统文化的发展

中国传统文化经过原始文化的前期发展和殷商时期的孕育，到春秋战国时期，已基本成型。秦汉之后，中国传统文化历经了发展和规范、创新和转型，产生了光辉灿烂的中华优秀文化，为世界文化的发展做出了巨大贡献。

### 一、中国传统文化的前期发展阶段

有了人也就有了文化，文化的实质意义是“人化”或“人类化”。我们可以设想文化发生在从猿到人转变的一刹那，它以人作为主体开始自觉地观照对象世界，并以某种观念试图解释对象世界为起点。在文化发生的最初阶段，人类走过了大致相同的道路。华夏民族的社会组织方式、婚姻演进方式、经济生活方式，自然崇拜、生殖崇拜、祖先崇拜、灵魂崇拜、图腾崇拜以及巫术在内的精神生活，和其他民族的原始文化大体一致。恩格斯说：“这个时代的人们，不管在我们看来多么值得赞叹，他们彼此并没有什么差别，用马克思的话来说，他们还没有脱掉自然发生的共同体脐带。”①

人类原始观念文化的第一对象是自身和大自然，文化的第一主题是对自然和生命的崇拜。对大自然的崇拜不外乎太阳、大地、风雨雷电、山河湖海，将自然力量人格化（抑或说神化），将无形的精神形象化。在仰韶、屈家岭、马厂等文化遗址出土的陶器上，可以看到太阳图形的纹饰。民间长期流传有“地母”传说，古代文献有祭社稷的记载，都透露了华夏先民土地崇拜的信息。与其他民族相比，对自身的关注构成了中国文化的独有特色。中华先民对于自身的繁衍给予了更大的关注，由此产生了炽热的生殖崇拜。辽宁牛河梁和东山咀红山文化遗址出土的高腹丰臀、乳房硕大的陶塑女神像，诸多新石器文化遗址中发现的生殖崇拜物，都展示了先民们生命崇拜的庄严情感。对生殖繁衍的极大关注，显示了我们祖先生活在广袤富饶的大陆

① 《马克斯恩格斯选集》第四卷，北京：人民出版社，1972 年版，第 94 页。

上特有的安全感和优越感，他们较早意识到了生命本身的目的性。他们不需要通过战争或者到茫茫的大海上冒险以求得生存，这使他们超越生存之虞而关心生殖繁衍。炽热的生殖崇拜对中国传统儒道文化影响深远，中国传统的道家及道教文化与母系氏族遗留的女性生殖崇拜不无关系，贵柔尊阴、自然虚无、无生万有、不争胜争的辩证思维颇有女性崇拜的痕迹；而父系氏族遗留的男性生殖崇拜影响着儒家文化的精神建构，天人合一的思想传统，“天地男女、父母夫妇、君臣上下”的规则秩序正是男性崇拜对道家“阴阳观”的反拨。

与自然崇拜和生殖崇拜相比，图腾崇拜是一种飞跃。“图腾”是原始社会的人们认为某种动物或自然物跟本氏族有血缘关系，因而把它作为氏族的标志。马克思说：“图腾一辞表示氏族的标志和符号。”[①]图腾崇拜也标志着人类思维的进一步发展，有了初步抽象、概括和综合的能力。中国“龙”就是一种综合创造，它既有生物实体所本，又无具体实物的对应；既有神的神通，又有人为的痕迹；中华民族被认为是龙的传人，帝王们便是“真龙天子”，不仅氏族部落的旗帜、武器、服饰上刻画着龙，有的直接以“豢龙氏”“御龙氏”等命名自己的部落。中华民族以龙为偶像，体现着民族思维的综合性、生活方式的群体性、民族文化的多元性和凝聚力。

用现代的眼光看，原始文化无疑是幼稚的，充满了神秘色彩，但在物质力量与精神力量处于低水平的原始时代，它具有人与自然之间的协调作用，本能与“人道”之间的制约作用，物质文化与精神文化之间的补充作用，其中某些因素甚至对后来文化的发展产生着长久的影响，至今仍能在我们民族的生活中发现它们的蛛丝马迹。

## 二、中国传统文化的孕育期

在人类文化发展的历程中，从自然崇拜到人本文化的中间环节是神本文化。尊神重巫、事鬼奉天是人类对自身力量有所自觉但尚无自信的产物，对神的崇拜一方面是对具体自然崇拜的超越，另一方面又孕育了后世人本文化的雏形。中国殷商文化之神——“帝”高高在上的观念与古希腊奥林匹

---

① 马克思：《摩尔根〈古代社会〉一书摘要》，北京：人民出版社，1965 年版，第 134 页。

斯群神厮混人间的描写，都是民族文化历史的预览。我们就是从这一意义上把殷商文化理解为中国传统文化孕育期的。

商人的祖先很早定居在今河南商丘、虞城，山东曹县、单县一带，初始阶段主要从事游牧或游农经济生活。与此相适应，商人的都城一再迁徙。大约公元前14世纪，长期流动不定的商族在第十代君王盘庚的率领下，从奄（今山东曲阜）迁徙并定都于殷（近河南安阳小屯村），在此传八代十二王，历时273年。在长期定都的条件下，商人的文明程度有了显著提高。甲骨文的创制和使用，使迁殷以后的商人率先“有册有典”，使中华文明真正进入符号文化时代。这些由掌管卜筮和记事的“贞人”书写与保管的典册，便是中国最早的文献，包含着丰富的文化思想。文字、典籍、青铜器伴着我们的祖先跨进了文明社会的门槛。

商人脱离原始社会不久，在以神秘性为特征的原始思维的支配下尊神重巫，体现出强烈的神本文化的特色。“殷人尊神，率民以事神，先鬼而后礼。”（《礼记·表记》）。殷人观念中的神，地位最高的是“帝”或“上帝”，它统率着自然力，也主宰着人间事务。遇有生产、征伐等大事，他们都要占卜，求得上帝和鬼神的指示后再去行动。商王既是政治上的统治者，又是最高的祭祀者。商人也有祖先崇拜，但祖宗神的地位在帝之下。而其之所以被祭祀，在于他生前担任最高祭祀的职位，侍帝于左右，成为帝与人的沟通桥梁。除尊神敬鬼外，《尚书·盘庚下》中还出现了“德”的范畴。但这个“德”还不完全是后来的人文道德，有的还带有帝的旨意，如“肆上帝将复我高祖之德，乱越我家”，意为现在上帝将恢复我高祖成汤的大业，把我们的国家治理好。之所以如此，是因为人类的思维水平尚处蒙昧的阶段。随着人们实践经验日益丰富，智力、体力的不断增进，对神的崇拜渐次淡漠，对自身能力的信心与日俱增，于是以神为本的文化逐渐开始向以人为本的文化过渡，其契机就是商周之际的社会大变动。商朝是当时世界上最先进的文明大国，对我国的后世产生了深远的影响。

## 三、中国传统文化的雏形

西周的建立，迎来了中国传统文化的又一次重要转型与创新。

周是兴起于渭水中游黄土高原上的一个古老部落，很早即与商发生关系，至晚在武丁时期已接受了商朝的封号，至文王去世之前，一直受商朝的控制。武王即位后，周朝逐渐强大，乘商纣王的腐败和商朝转战东南淮夷之机，起兵伐纣。公元前 1046 年牧野之战，以武王胜利而结束，西周建立。周人一方面因袭商代的种族血缘统治，另一方面实行文化上的转换和开新。因此《诗经》上说“周虽旧邦，其命维新”（《诗经·大雅·文王》）。

周人的“维新”来自殷商灭亡的经验教训，周统治者看到，“民心”比“天命”更为重要，“民之所欲，天必从之”（《尚书·泰誓》），所以周人文化反思的起点是“民心”，关注的重心是“人”而不是“神”，先尽人事而后待天命。这反映了人的主体意识的觉醒和社会政治意识的产生。

周人的“维新”，首先表现在宗法制度的建立上，它确立了兼政治权力和血亲道德制约双重功能的宗法制，对后世中国文化乃至政治经济秩序影响深远。除了宗法制和分封制将上层建筑诸领域制度化外，周人的另一文化创新，乃是确立了维护上下尊卑等级关系的“礼制”和与之相匹配的“乐”，从而将人们政治生活、经济生活、家庭生活等方方面面的行为纳入礼制的规范。

周人的“礼乐”既是制度文化，又是行为文化，更是观念文化。在周人看来，“道德仁义，非礼不成；教训正俗，非礼不备；分争辨讼，非礼不决；君臣上下、父子兄弟，非礼不定；宦学事师，非礼不亲；班朝治军，莅官行法，非礼不威不行；祷祠祭礼，供给鬼神，非礼不诚不庄”①。周人的“礼”，为后世儒家文化所继承、发展和强化，长期规范着中国人的生活行为和思想观念。中国传统文化中的“德治（仁治）”“民本”乃至“天人合一”的治理观念，实皆根源于此。至此，基本奠定了中国传统文化的雏形。

## 四、中国传统文化的成型和持续发展

到春秋战国时期，中国传统文化基本成型。此后，中国传统文化不断丰富和发展。虽然历经不断的王朝更替，甚至也曾面对过诸多外来文化的冲击和挑战，但作为中华文化的基本精神没有发生质变。它以其特有的成熟气质容纳和同化了众多异质文化精神，其内在结构随不同朝代政治、经济、文化发展状况而分分合合，演绎出丰富多彩的文化面貌。

---

① 《十三经注疏·礼记·曲礼》，北京：中华书局，1980 年版，第 1231 页。

### (一)春秋战国的“百家争鸣”

公元前770年,周平王从关中盆地的丰镐东迁到伊洛盆地的洛邑,揭开了春秋战国的帷幕。春秋战国是一个“礼崩乐坏”的时代,诸侯蜂起,竞相争霸。战国250多年间,发生大小战争220多次,“争地以战,杀人盈野;争城以战,杀人盈城”(《孟子·离娄上》)。战乱与动荡打破了孤立、静态的生活格局,引发了人们对社会历史和人类生活多向度的深入思考和探索;兼并战争促进了文化的传播、碰撞、冲突、交织、渗透。诸侯列国尚未建立统一的观念,学术环境宽松活泼,使文化人有可能进行独立的、创造性的精神劳动,学者集团兴起,从而形成了“皆有所长,时有所用”的诸子百家,开创了中国传统文化气势恢宏的第一次大开放、大繁荣,对后世中国文化产生了极为深远的影响。

所谓“百家”,是对当时学派林立的文化现象的概说。西汉的司马谈和刘歆均有归纳。司马谈将其分为阴阳、儒、墨、名、法、道德六家,刘歆则归纳为儒、墨、道、名、法、阴阳、农、纵横、杂、小说十家。学术界一般认为儒道两家思想构成了中国传统文化的主干,儒道互补,兼及其他学派思想观念,在争辩、对话中相互吸收,相互渗透,相互融合,最终凝聚为中华民族的基本精神,沉淀为中国传统文化的深层结构。

### (二)秦汉的文化“一统”

公元前221年,秦王嬴政终于完成了统一大业,建立了专制主义君主集权的一统帝国。汉兴以后,在除秦苛政的同时,继承并发展了秦的主要制度。秦汉王朝具有宏大的规模和昌盛的气象,同时代世界上能与之匹敌的唯有罗马帝国。秦汉新生的地主阶级正处于生机勃勃的上升阶段,社会文化基调也呈现一种不可抑制的开拓创新之势。大一统的政治统治大气象自然产生出宏阔包容的文化精神,政治上的“一统”,促进了文化上的“一统”,在与外部诸如西亚、欧洲、西域、印度等地经济、政治、文化广泛交流中,秦汉统治者还致力于文化的统一。从秦始皇开始的“书同文”“车同轨”,到董仲舒“罢黜百家,独尊儒术”,西汉统治者尊“五经”,并“以经取士”,传经、注经成为重要的治学传统,形成了经学昌盛的局面,经学大师前后多至千余人,从皇帝到地方官吏都会讲经。国家政策和文化教育皆以儒术为本,儒学成为统一的指导思想,并根据这个指导思想,培养人才,选拔人才,对人民进行思想教化。秦汉两朝文化政策的推行,最终使儒家精神取得了“定于一尊”

的地位。

秦汉的文化“一统”，对中国传统文化的发展具有正反两方面的影响。秦汉相比，秦朝是采用强制性政治手段实施的统一，其目的是强化君主专制集权政治，极端形式是焚书坑儒，“非秦纪皆烧之”，鼓吹“以吏为师”（《史记・秦始皇本纪》），导致了中国文化史上的一次浩劫。这些措施客观上增进了帝国版图内各区域人民政治、经济、文化生活乃至文化心理上的共同性，对社会的发展有一定的积极作用。汉朝统一思想的倡导者董仲舒比之于李斯则有更多建设性，他找到了与封建制经济、君主专制政治相适应的文化形态，其独尊儒学的主张不仅被汉武帝所采纳，推行于当世，而且在历史上行之久远，广被历代封建统治者所遵行。

### （三）魏晋南北朝文化的再度活跃至宋明理学的再度规范

从魏晋南北朝文化的活泼放达到宋明理学“天理”对“人欲”的再度规范，中国传统文化进入了又一环上升的螺旋，开始了一个持续发展、不断丰富、不断提高的过程。

汉末到魏晋南北朝的战乱与割据，打破了帝国的一元化政治经济体制和以经学为主、儒学独尊的文化模式，取而代之的是生动活泼的多元文化局面。魏晋南北朝时期，玄学的兴起、道教的创立、佛教的迅速传播与深入发展、不断高涨的民族大融合和文化大融合等，都为中国传统文化增添了新的色彩，成为唐朝文化隆盛的前奏。

唐朝是中国传统文化的鼎盛时期，中国传统文化正面品质臻于高峰，精神文化再度辉煌。唐统治者政治开明，文化包容，具有朝气蓬勃气概的地主阶级知识分子创造的“盛唐气象”，体现出一种海纳百川、兼容并包的恢宏气度。唐代诗歌、绘画、书法、散文等艺术世界斑斓多彩，传统文化精神在多向度上发展、丰富和深化。

宋代开始直到明代中后期，中国传统文化走向内涵式发展，越来越细腻精致，宋明理学将中国传统文化精神系统化、哲理化，使其成为形而上的理论体系，成为中华民族伟大文化遗产的一部分。作为浸润现代中国人的文化传统，至今仍以某种方式在一定程度上影响着我们的生活。

## 五、中国传统文化的创新与转型

从清代到“五四”时期，甚至到今天，是中国历史的大变革时代，也是中国传统文化新生的时代。宏观地说,这一时期的文化新旧杂陈,内在矛盾日益尖锐。一方面是文化专制主义空前强化,程朱理学占统治地位,以至于臭名昭著的文字狱盛行;另一方面,与资本主义萌芽相适应,出现了具有市民反叛意识的早期启蒙思潮。晚明以来,在矛盾复杂的文化语境中,文化人担当了继往开来的历史重任:沉暮中的统治者为了并非单纯学术的目的,调动巨大的人力物力,收集整理了古典文化成果,编纂出一系列大型类书(《永乐大典》《古今图书集成》等)、大型字典(《康熙字典》)、大型丛书(《四库全书》),推动了本来就早熟的中国传统主流文化"瓜熟蒂落",结束了其缔造华夏历史的光辉使命。同时,一些具有启蒙思想的学者,对封建专制主义和封建蒙昧主义进行了批判,形成了明清人文主义文化思潮。最早从王阳明否定外在规范管辖人"心"、禁锢人"欲"开始,高扬主体个性,造成对正宗统治思想的反叛,后李贽、黄宗羲、顾炎武、王夫之、方以智、唐甄、颜元、戴震、焦循等人,以不同的姿态挑战封建正统文化,时时将锋芒直指专制君主。他们提出"不以天下私一人",要以"天下之法"取代"一家之法";他们反对"崇本抑末",主张"工商皆本";他们抨击科举,主张设立学校,学习自然科学,否定空谈心性道德,主张经世致用,面向实际;在破坏的同时,寻觅着建设民族新文化的途径。

当然,思想启蒙的道路是曲折坎坷的。由于"康乾盛世"的回光返照,使清代统治者妄自尊大,因循守旧,排斥新思想新科技,思想启蒙出现回流。鸦片战争的隆隆炮声敲响了专制帝国的丧钟,宗法制农业社会的中国也在资本主义商品经济的冲击下沦为商品倾销市场和原料产地,古老的中国被血火刀剑逼进不蜕变新生就亡国灭种的尴尬境地。洋务运动、戊戌变法、"五四"新文化运动,都是在中华民族内外交困的状况下,对传统思想文化不同层面进行了自我批判。这些思想探索和现实努力,总体上有破有立,有功有过,但由于历史的局限,历时的短暂,都未能完成建设中华民族现代化新文化的神圣使命。而借"西学"进步文化成果批判封建传统意识的有效经验,以及"全盘西化论"者陷入民族虚无主义难以自拔的沉痛教训,为我们今天的文化建设提供了借鉴。

## 第三节　中国传统文化的基本精神

文化精神是相对于文化的具体现象而言的,文化的具体现象包括器物、制度、习俗、思想、意识等多个层面，文化的基本精神就是所有这些文化现象中最精微的内在动力和思想基础，是指导和推动民族文化不断前进的基本思想和基本观念。

中国文化的基本精神，就是中华民族精神。“中华民族具有5000多年连绵不断的文明历史，创造了博大精深的中华文化，为人类文明进步作出了不可磨灭的贡献。经过几千年的沧桑岁月，把我国56个民族、13亿多人紧紧凝聚在一起的，是我们共同经历的非凡奋斗，是我们共同创造的美好家园，是我们共同培育的民族精神，而贯穿其中的、更重要的是我们共同坚守的理想信念。”①

在中国传统文化中，有一些思想观念或传统，长期受到人们的尊崇，成为人们生活行动的指导原则，在历史上起着推动社会发展的作用，成为历史发展的内在思想源泉，这些思想观念或传统就是中国文化的基本精神。它是中华民族延续发展的基本精神动力，或者说是中华民族赖以生存和发展的根本精神支柱。

由于中国文化丰富多彩、博大精深，表现中国文化基本精神的思想也不是单纯的，而是一个包含着诸多要素的思想体系。我们所要阐释的中国文化基本精神，是指代表中国文化发展的正确方向，能够体现中华民族积极向上精神的那些主要的思想观念。我们认为，“人本主义”“天人合一”“自强不息”“崇尚中和”就是中国文化基本精神的主体内容。

## 一、人本主义

人本主义（或人文主义），就是指以人为考虑一切问题的根本点，用中国传统方式来说，就是肯定在天地人之间，以人为中心，在人与神之间，以人为中心。中国文化的人本主义色彩是最浓厚的，是贯穿古今的一个连续性的人学理论体系。

在我国古代文献中，第一次出现“人文”一词时，是同“天文”对应的，《周易·贲》上说：“观乎天文，以察时变；观乎人文，以化成天下。”这就道出了中国文化重人事的精神，从而有别于其他重自然或超自然的文化类型。

从春秋时期开始，很多思想家都十分重视人的作用，特别是儒家学者，

① 《习近平谈治国理政》第一卷，北京：外文出版社，2018年版，第39页。

一贯反对以神为本，而坚持以人为本的人本主义立场。孔子的“仁”学正是古代的人本主义。孔子虽然承认天命，但对鬼神采取存疑的态度。《论语·述而》中说：“子不语怪、力、乱、神。”他教导弟子说：“务民之义，敬鬼神而远之，可谓知矣。”（《论语·雍也》）弟子请教如何事鬼神，孔子答说：“未能事人，焉能事鬼？”（《论语·先进》）弟子又问死后的情况，孔子说：“未知生，焉知死？”（《论语·先进》）可见孔子是将现实的人、人事、人命放在首位，而将事鬼神、人死后的情况等看作无所谓的事情。这些都充分表明，孔子关注的是现实的人生问题，并将解决问题的希望寄托于人，而不是神。荀子对人的价值更是充分肯定。《荀子·王制》说：“水火有气而无生，草木有生而无知，禽兽有知而无义，人有气、有生、有知，亦且有义，故最为天下贵也。”《礼记·礼运》说：“人者，其天地之德，阴阳之交，鬼神之会，五行之秀气也。”又说：“人者，天地之心。”这是把人视为天地间最了不起的存在。西汉著名思想家董仲舒的《春秋繁露》说：“天地人，万物之本也，天生之，地养之，人成之。”东汉思想家王充认为，人与动物的不同，在于人具有认识世界的能力。他进一步发展了荀子“万物之中人为贵，贵其有知”的人本思想。东汉思想家仲长统说：“人事为本，天道为末，不其然与？”（《全后汉文》卷八十九）这些论述，精辟地概括了儒家人本思想的精髓，得到了后世学者的广泛认同和发展。

老庄所代表的道家的基本思想是把“道”作为宇宙本体。道教认为“我命在我不在天”，人只要在活着时善于修道养生，就能脱尘去俗。道教表现出的是强烈的生存欲望，这种思想特质与中华民族重现世、重人生的民族性格是一脉相承的。由此可见，道教思想里渗透着浓烈的人本意识，道教所反映的人本精神，曾受到鲁迅先生的高度赞扬。

佛教是从域外传入的宗教，在中国本土文化强大抗拒力面前，佛教表现出了惊人的调适性，它能审时度势，积极依附并吸收本土文化，改变自身面貌，采取了非对抗性的融合方式，使自身教义与中国主流文化旨趣主动融合，以适应中国的文化生态环境，并在此基础上求得生根、开花、结果。隋唐之后，中国的佛教大讲人性、心性，与中国文化潮流合流。隋代佛教宗派天台宗，就是以“心”本体代替抽象本体，认为“心是诸法之本，心即总也”。禅宗经典《坛经》中，一个最基本的思想，就是“心即佛”，慧能在《坛经》中反复论述佛与心的关系。慧能之后，“心即佛”的思想被禅门后学进一步发挥，对佛的崇拜变成对“心”的崇拜。慧能等一改以往佛教思想家抽象论证，而直接谈人、谈人心、谈人性，并以人性谈佛性，这种直接把佛性归结于现实的人性的做法和思想，与传统佛教总是把佛性诉诸抽象的本体思想大异其趣。这一做法使禅宗思想出现了重大变化，即由传统佛教注重出世解脱，一变而为入世得解脱，这说明佛教不断地被中国化，中国儒学及其他学说的人本主义思想渗入了佛教，使佛教中的佛向人靠拢。

宋明理学也大力倡导和躬行人本主义。以张载为代表的气本论，主张世界统一于“气”，万事万物不过是“气”的聚散而已；以二程、朱熹为代表的理本论，主张世界统一于“理”，万事万物都是“理”的体现；以陆九渊、王阳明为代表的心本论，主张世界统一于“心”，万事万物不过是“心”的外化而已，认为“宇宙便是吾心，吾心即是宇宙”。各派之间尽管有理论分歧和理论斗争，但都反对灵魂不灭论，否认鬼神的存在，高扬人的主体性，从而发展了传统儒家的人本思想，在客观上消除了宗教神学对人们的精神禁锢。

以儒道为主体的中国传统文化，是一种伦理本位的文化，它们都把个体道德修养奉为人生第一要义。以道德修养为旨趣的人本主义，可称之为道德的人本主义。道德人本主义总是把人放在一定的伦理政治关系中来考察，把个人价值实现、道德精神提高，寄托于整体关系的良性互动。政治上的君臣关系，家庭中的父子、夫妇、兄弟关系，社会上的朋友关系，构成所谓的“五伦”。“五伦”关系，各有其特定的道德约束：君仁臣信，父慈子孝，夫敬妇从，兄友弟恭，朋友有信。每个人既处于五伦的关系之中，又处于整个社会家国一体的宗法政治关系之中。每个人依此道德规范，在社会中充当一定的角色，履行自己的义务，彼此之间相互关联、相互制约，维持社会的正常运转，实现各自的价值目标。道德人本主义，对于个体道德的自我建立，有很重要的意义，它以道德教育代替宗教信仰，用道德自觉抵制宗教强制，大大丰富了中国文化的人本精神。

中国传统文化的人本精神，激励人们去发现人的价值，尊重人的尊严，并努力去实现这种价值，获取这种尊严。做人的价值，首先是道德价值。儒家学派特别强调主体自我修养和道德实践的重要意义，鼓励人们通过道德修养来培养高尚的情操，修成完美的人格。中国传统哲学的其他各派，虽然价值观与儒家有所不同，但都支持以人为本，重视道德修养，对培育和发展中国的人本主义精神做出了重大贡献。中国历代都出现了许多重修养、重气节、重人格的仁人志士，与传统文化精神的熏陶和激励是分不开的。

## 二、天人合一

天与人之间究竟是怎样的一种关系，不同类型的文化有不同的阐释，而作为中国传统文化基本精神之一的“天人合一”说则有其特定的内涵。中国文化的“天人合一”，字面上讲，是天、宇宙或自然与人的关系。实际上，这里的“天”还包括世界的普遍规律或理性，也就是老子所说的“道”。所以，从哲学意义上讲“天人合一”，就是指有限的、此岸的个人与无限的、彼岸的道或普遍理性的关系，也就是说天与人、天道与人道、天性与人性是相类相通的，因而可以达到统一。

“天人合一”的思想传统，有一个逐渐发展演变的过程。首先较明确地讲到“天人合一”思想的当推孟子。《孟子・尽心上》说：“尽其心者，知其性也；知其性，则知天矣。”这就是说性在于心，人们能尽心就知道性；而人的性本质又来自天，受之于天，它也就是天的本质。所以，当人们了解了自己的本性，也就懂得了天。在孟子看来，仁、义、礼、智等都包含于人性之中，尽力地去展示它们，就能认识自己的人性，这样一来也就认识了“天”。所以，孟子还进一步要求人们一定要做到“存其心，养其性，所以事天也”。《礼记・中庸》里对此也有解释：“天命之谓性，率性之谓道，修道之谓教。道也者，不可须臾离也，可离，非道也。”说的是人性为天之所命，是人道的本原，道由性出，性从天授。

董仲舒把“天人合一”思想演变成“天人感应”论，提出了“人副天数”“天人一类”的观点。他说：“人有三百六十节，偶天之数也；形体骨肉，偶地之厚也；上有耳目聪明，日月之象也；体有空窍理脉，川谷之象也；心有哀乐喜怒，神气之类也。观人之体，一何高物之甚而类于天也。”（《春秋繁露・人副天数》）他把自然界的时令形貌等与人体进行了类比。

两宋时期，“天人合一”思想发展成为占主导地位的文化思潮，几乎被各派思想家所接受。理学家张载在中国文化史上首次明确提出“天人合一”的命题。他说：“因明致诚，因诚致明，故天人合一。”（《正蒙・乾称》）张载认为，宇宙的本体是气，天地人都是气聚合而成的，天人合一，一就是气。气处于安静的时候，没有形体，人无法感觉，这就是太虚，也称为天。这种观点，肯定了人是自然界的一部分，人与自然界统一于物质性的气。张载还认为，性天相通，反复强调天之本性与人之本性、天道与人道同一无二。张载把

"天人合一"看作是人追求的最高境界,认为人生的最高理想是天人协调。他主张穷理尽性,"为天地立心,为生民立命,为往圣继绝学,为万事开太平",以完成人道,实现天道,最终达到天道与人道的统一。著名的二程也有类似观点。程颢说:"人与天地,一物也。"(《河南程氏遗书》卷十一)又说:"天人本无二,不必言合。"(《河南程氏遗书》卷六)他认为,天地人本一回事,根本不必说"合"。程颐说:"心即性也,在天为命,在人为性,论其所主为心,其实只是一个道。"(《河南程氏遗书》卷十八)天与人统一于道,这也是一种"天人合一"说,它把天、人都合到"道"里去了。这些都是宋人对"天人合一"思想的新阐发和新见解。明代王阳明是理学中"心学"的集大成者。"知行合一"说和"致良知"教,是他的颇具特色的学说。他教人要身体力行,在实践中追求自己的人生理想。整个宋明理学将道德提升为本体,重建了人的哲学。

清代初年,王夫之把"天人合一"的理论又推进一步。他不仅清晰地阐明了"天人合一"的含义,而且批判了董仲舒的"天人相类"说。他说:"在天有五辰,在人有五官。形异质离,不可强而合焉。所谓肖者,安能父步亦步,父趋亦趋哉?父与子异形离质,而所继者惟志。天与人异形离质,而所继者惟道也。"(《尚书引义》)王夫之强调指出,"天人合一"并不在于外形和外表的同一,而关键在于"道"和"规律"的合一。这种理论在认识上无疑比前人有了一个较大飞跃。

中国传统文化的"天人合一"思想,内容十分丰富。但就其理论实质而言,"天人合一"的问题,就是关于人与自然的统一问题,或者说是自然界和精神的统一问题。中国历代思想家关于"天人合一"的思想,其最基本的含义,就是充分肯定自然界与精神的统一,关注人类行为与自然界的协调问题。今天我们站在辩证唯物主义的高度来审视它,便不难发现,"天人合一"的思想有着深刻的合理性,是非常有价值的一种正确的思想。

中国传统文化中的"天人合一"思想,肯定了人是自然界的一部分,是自然界的产物,强调人与自然的统一,人的行为与自然的协调,进而强调道德理性与自然理性的一致,充分显示了中国古代思想家对于主客体之间、主观能动性与客观规律性之间关系的辩证思考。我们的先辈,很早就认识到人不能违背自然规律,不能超越自然的承受力去改造自然、征服自然,更不能恣意去破坏自然。一方面,人只能在遵循自然规律的条件下去利用自然、开发自然,使之更符合人类的需要,也使自然界的万物顺利地生长发展;另一方面,自然界或自然规律对于人类来说,也不是什么神秘莫测的东西,更不是宰制人类社会的神秘力量,而是可以探究、能够认识、可以为人类所利用的客观实在。这种思想长期实践的结果,就得到自然界与人的统一,天道与人道的统一,最终实现完满和谐的精神追求。

作为中华民族基本精神之一的"天人合一"思想,是对整个人类的重大贡献,继承并发扬光大这种精神,是我们每一个炎黄子孙应尽的职责,也是我们在进行现代化建设中必不可少的指导思想。习近平总书记指出:"人类发展活动必须尊重自然、顺应自然、保护自然,否则就会遭到大自然的报复。这个规律谁也无法抗拒。人因自然而生,人与自然是一种共生关系,对自然的伤害最终会伤及人类自身。只有尊重自然规律,才能有效防止在开发利用自然上走弯路。"①

今天,科学技术日新月异,人类社会在飞速发展,人与自然的矛盾也日益加剧,特别是当今世界工业化和无限制地征服自然而带来的生态平衡破坏、环境污染等问题,已经严重影响到全人类的生存和发展。"天人合一"思想对于我们解决这些问题,具有重大的启迪意义,对人类的发展更有防患于未然的重大现实意义。

## 三、自强不息

中华民族历经五千年的沧桑巨变,生生不息,奋斗不止,塑造了坚毅刚强、积极向上的民族性格。自强不息是中华民族巍然屹立的巨大力量和精神支柱,是中国人积极人生态度的最集中的理论概括和价值提炼,它深深地扎根于民族心灵的深处,激励着中华民族奋发图强、不断前进。

"自强不息"一词最早见于《周易》,"天行健,君子以自强不息",意思是说,人应该像天那样,刚健有为,永不停息。又说"天地之大德曰生""刚健而文明,应乎天而顺乎人",这些都是较早对"自强不息"的阐释。儒家学说的开创者孔子,也提出了刚健有为、自强不息的思想。《论语》里就记录了很多孔子有关这方面的言论:"发愤忘食,乐以忘忧,不知老之将至云尔。"(《论语·述而》)"三军可夺帅也,匹夫不可夺志也。"(《论语·子罕》)"士不可以不弘毅,任重而道远,仁以为己任,不亦重乎?死而后已,不亦远乎?"(《论

① 《习近平谈治国理政》第二卷,北京:外文出版社,2017 年版,第 394 页。

语·泰伯》)孔子之后,孟子进一步强调个人努力的重要性,提出一个人要想事业有成必须要经过艰苦磨炼的过程,他说:“天将降大任于斯人也,必先苦其心志,劳其筋骨,饿其体肤,空乏其身,行拂乱其所为,所以动心忍性,增益其所不能。”(《孟子·告子下》)又讲到人不论在顺境还是在逆境,都要自守节操,自强不息,如《孟子·滕文公下》说:“富贵不能淫,贫贱不能移,威武不能屈,此之谓大丈夫。”荀子强调人应充分施展自己的能力,提出了“制天命”“裁万物”的思想。墨家也十分推崇自强精神,提出了“非命”“尚力”“强必治”“强必宁”“强必富”的思想。法家代表人物韩非子认为改造自然、治理人类社会都要靠人自身的力量,他说:“上古竞于道德,中世逐于智谋,当今争于气力。”(《韩非子·五蠹》)还说“乱弱者亡,治强者王”《韩非子·饰邪》。由此可知,在先秦时期,自强不息的思想是儒、墨、法等各家学派共同推崇的一种精神,即使是主张清静无为的老子也偶尔流露出对这一精神的赞许。例如,老子曾说:“知人者智,自知者明。胜人者有力,自胜者强。知足者富。强行者有志。不失其所者久。死而不亡者寿。”(《老子》第三十三章)告诉人们,只有自知、自胜、自足、自强的人才能身死而流芳不朽。

自强不息的精神形成于先秦,作为中国文化基本精神而代代相传,几千年来被中华民族始终如一地实践着、坚守着。中华民族自强不息的精神首先表现在同自然的斗争中。中国远古的神话传说中有许多英雄形象,他们或战天或斗地,不屈不挠:盘古创世,开天辟地;女娲育人,炼石补天;后羿射日,征服旱灾;大禹治水,驯服洪魔;精卫填海,永不停息;愚公移山,不畏艰险。历朝历代都有同自然斗争,进而征服自然的壮举:万里长城、中国大运河、都江堰、红旗渠、三峡工程、南水北调、登月工程的生动实践等,这些都是中华民族改造自然、战天斗地的辉煌成就,也是中华民族自强不息精神的生动写照。

在逆境或挫折中,百折不回、奋起抗争,是中华民族自强不息精神的最突出的表现。中国人民在逆境或挫折中,从来就没有沮丧过、泄气过,反而更激发了他们高亢的精神斗志。“盖西伯拘,而演《周易》;仲尼厄,而作《春秋》;屈原放逐,乃赋《离骚》;左丘失明,厥有《国语》;孙子膑脚,《兵法》修列;不韦迁蜀,世传《吕览》;韩非囚秦,《说难》《孤愤》。《诗》三百篇,大氐贤圣发愤之所为作也。”(《史记·报任少卿书》)这段有名的记载,反映了中华民族愈挫愈勇的精神状态和坚韧不拔的意志。以上这些可以看作是高层人士或知识分子自强不息的表现。而“人穷志不短”“男儿当自强”“人争一口气，佛争一炉香”“刀子不磨要生锈，人不学习要落后”等民谚俗语，则反映出自强不息精神的普遍化和社会化。

在这种精神影响下，在逆境或挫折中保持高尚气节和独立人格，便成为中国文化的优良传统。孔子说“志士仁人，无求生以害仁，有杀身以成仁”（《论语·卫灵公》）；孟子说“舍生而取义”（《孟子·告子上》）；荀子说“义之所在，不倾于权，不顾其利，举国而与之，不为改视，重死持义而不挠，是士君子之勇也”（《荀子·荣辱》）；《吕氏春秋·士节》说“士之为人，当理不避其难，临患忘利，遗生行义，视死如归”；刘向说“义死不避斧钺之诛，义穷不受轩冕之荣”（《新序·义勇》）；陶潜说“朝与仁义生，夕死复何求”（《陶渊明集》卷四《咏贫士七首》）；韩愈说“曲生何乐，直死何悲”（《韩昌黎集》卷二十二《祭穆员外文》）；李清照说“生当作人杰，死亦为鬼雄”（《李清照集》卷二《乌江》）；王夫之说“生以载义，生可贵；义以立生，生可舍”（《尚书引义》卷五《大诰》）；等等。这些闪烁着自警自励、自强不息光芒的豪言壮语，至今仍然激励着我们奋勇前进。

这种奋起抗争的精神在维护民族气节、反抗外来侵略中表现得淋漓尽致。孔子曾赞扬管仲反击外族入侵的爱国精神，“微管仲，吾其被发左衽矣”（《论语·宪问》）；伟大的爱国主义诗人屈原，忧国忧民，在他报国无门时，自沉汨罗，以死相报；西汉苏武，出使匈奴，被留十九年，仍持汉节不失。中国近现代史上，精忠报国的精神得到了进一步发扬光大。戊戌六君子，变法图强，洒下一腔报国热血；女中雄杰秋瑾，高举反清义旗，英勇献身。当帝国主义的坚船利炮打开中国国门后，中国人民同侵略者进行了殊死的斗争。郑成功收复台湾，林则徐虎门销烟，邓世昌甲午殉难，三元里人民抗英，还有义和团等民间组织抵御外侮，中国人民十四年抗战；等等。这些都表明了中国人民不甘落后，不愿做奴隶，不畏列强，奋起反抗的精神。

自强不息精神是中华民族精神的精髓，是今天我们进行现代化建设的强大精神动力。只要我们能够继续发扬这种精神，就一定能够赶超世界先进水平，实现我们伟大的理想。

## 四、崇尚中和

中和是儒家提出的一条重要伦理原则和基本道德标准。中和思想是中国古代流传很广、影响很大的一种思想，它给各阶层人们的思想、言行和人生态度都打上了深深的印记，并经长期积淀而成为中国传统文化的一种基本精神。这种精神从古代一直延续到现在，对中国人的思想方法、处世哲学产生了极大的影响。

中和思想源远流长。西周初年，作为哲学概念的“中”已在《尚书》中出现，据说尧传位于舜时曾指出“允执其中”（《论语・尧曰》），是说治国治民，既不能太残暴，也不能太软弱。舜继位后常以中和思想教导贵族子弟，要他们做到“直而温，宽而栗，刚而无虐，简而无傲”（《尚书・舜典》）。即要做到正直而温和，宽大而谨慎，刚毅而不粗暴，简约而不傲慢。《尚书・皋陶漠》中提出检验人的九种美德：“宽而栗，柔而立，愿而恭，乱而敬，扰而毅，直而温，简而廉，刚而塞，强而义。彰厥有常，吉哉！”也贯穿着鲜明的中和思想。《易经》高度赞美中和思想，提出了“太和”的观念，其中说：“乾道变化，各正性命，保合太和，乃利贞。”“太和”即最好的和谐状态。孔子继承了《尚书》和《周易》的中和思想，提出“中庸”之说，“中庸”一词始见于《论语》，《论语・雍也》说：“中庸之为德也，其至矣乎，民鲜久矣。”在孔子看来，“中”就是不偏不倚，无过无不及；“庸”就是平常，切合实际，易于实行。他把“中庸”看作处理事物矛盾的一种普遍的、切合实际的最高原则。在分析事物时，孔子总是从两个方面着眼，顾此而不失彼，如“君子尊贤而容众”（《论语・子张》），“君子和而不同”（《论语・子路》），“过犹不及”（《论语・先进》），等等，都是用“中庸”的标准去分析、对待的。另外，孔子又把“中庸”称为“中行”“中道”，他说：“不得中行而与之，必也狂狷乎！狂者进取，狷者有所不为也。”（《论语・子路》）这里“狂”是指激进、冒险的思想行为；“狷”是指退缩、不敢有所为的思想行为。孔子既反对“狂”，也反对“狷”。

在中和思想的传播和发展过程中，《礼记・中庸》起了十分重要的作用。它继承和发展了孔子的思想，系统论述了中和思想的内容、目的、意义和实现途径，成为关于中和思想的一部重要经书。《中庸》说：“喜怒哀乐之未发，谓之中；发而皆中节，谓之和。中也者，天下之大本也；和也者，天下之达道也。致中和，天地位焉，万物育焉。仲尼曰：‘君子中庸，小人反中庸。君子之中庸也，君子而时中。小人之中庸也，小人无忌惮也。’……故君子和而不流，强哉矫！中立而不倚，强哉矫！国有道，不变塞焉，强哉矫！国无道，至死不变，强哉矫！”

宋代理学家对中和思想从不同的哲学立场作了解释和发挥。朱熹曾多次论述中和思想。例如:“以性情言之,谓之中和;以礼仪言之,谓之中庸,其实一。以中对和而言,则中者体,和者用,此是指已发、未发而言。以中对庸而言则又折转过来,庸是体,中是用。如伊川云‘中者天下之正道,庸者天下之定理’是也。此‘中’却是‘时中’‘执中’之‘中’。以中和对中庸而言,则中和又是体,中庸又是用。”(《朱子语类》卷六十三)“子程子曰:‘不偏之谓中,不易之谓庸。中者,天下之正道;庸者,天下之定理。’”(《四书章句集注·中庸章句》)“君子之所以为中庸者,以其有君子之德,而又能随时以处中也。小人之所以反中庸者,以其有小人之心,而又无所忌惮也。盖中无定体,随时而在,是乃平常之理也。君子知其在我,故能戒谨不睹,恐惧不闻,而无时不中。小人不知有此,则肆欲妄行,而无所忌惮矣。”(《四书章句集注·中庸章句》)可见朱熹的中和思想和《尚书》、孔子、《中庸》的中和思想是一脉相承的。朱熹正式把《礼记》中的《大学》《中庸》独立出来,与《论语》《孟子》并列为《四书》,元、明以降,《四书》一直是封建王朝开科取士的必读教科书,使中和思想在当时和后来的社会生活中产生了极大的影响。

关于中和思想,有的学者认为“中”就是折中,“和”就是调和。其实,“折中”一词,义为“对几种不同的意见进行调和”,我们一般将其理解为指不讲原则、不辨是非。而“中和”则是强调对立的统一,也就是把不同的东西结合起来,形成平衡、和谐、统一。

通过对中和思想源流进行考察,我们认为中和思想主要有以下内涵:第一,中和是一种不偏不倚、无过无不及的思想、行为和状态,是道德修养的最高境界,是为人处世和道德评价的最高标准。第二,中和是政治统治的方法和策略。它介于宽猛、刚柔、恩威、温厉之间,它中行适度,恰到好处,是行之有效的治国安民的方法和策略。第三,中和思想反映了对立双方的统一与谐和状态,是认识事物、理解事物的一种方法论原则。

中和思想作为中国文化的基本精神,是一种积极的、值得肯定的精神,它的影响广泛而深远。在民族价值观上,中国文化素以礼义道德平等待人,承认任何民族的文化都有其价值,形成了“兼容并包”“遐迩一体”的思想,在此基础上特别注重安定和统一。这种思想对于中华民族不断克服危机和维护大一统局面,确实起了不容忽视的作用。两千多年来,中国历史上出现了无数次的动乱和分裂,如魏晋南北朝时期,但是即使到了那种程度,人心也并未因此而分裂,最后总是能够克服危机,重建统一安定的局面。不可否认，中国人心目中长期形成的“中和”观念在其中起了积极作用。在文化价值观方面，中国文化选择的是一条主流文化与不同派别、不同类型、不同民族之间思想文化交相渗透的道路，兼容并包，多样统一。儒道互补，儒法结合，儒佛相融，佛道相通，援阴阳五行入儒，儒释道三教合一，以及对基督教、伊斯兰教的兼容和吸收等，充分显示了中和思想“有容乃大”的宏伟气魄。在治国方面，主张君主兼听则明，偏听则暗；在人与自然的关系上，讲究天人合一；在人际关系上强调和为贵，提倡谦让、宽容作风；在各种形式的艺术中，崇尚和谐美；等等。这些都渗透着中华民族的中和精神。

对中华文化的基本精神，习近平总书记也有深刻的论述，他指出，中华民族绵延数千年，有其独特的价值体系。中华优秀传统文化已经成为中华民族的文化基因，根植在中国人内心，潜移默化影响着中国人的思想方式和行为方式。今天，我们提倡和弘扬社会主义核心价值观，必须从中汲取丰富营养，否则就不会有生命力和影响力。比如，中华文化强调“民惟邦本”“天人合一”“和而不同”；强调“天行健，君子以自强不息”“大道之行也，天下为公”；强调“天下兴亡，匹夫有责”，主张以德治国，以文化人；强调“君子喻于义”“君子坦荡荡”“君子义以为质”；强调“言必信，行必果”“人而无信，不知其可也”；强调“德不孤，必有邻”“仁者爱人”“与人为善”“己所不欲，勿施于人”“出入相友，守望相助”“老吾老以及人之老，幼吾幼以及人之幼”“扶贫济困”“不患寡而患不均”；等等。像这样的思想和理念，不论过去还是现在，都有其鲜明的民族特色，都有其永不褪色的时代价值。①

“中华文化源远流长，积淀着中华民族最深层的精神追求，代表着中华民族独特的精神标识，为中华民族生生不息、发展壮大提供了丰富滋养。”②在中国共产党的坚强领导下，立足中国，面向现代化、面向世界、面向未来，“深入挖掘和阐发中华优秀传统文化讲仁爱、重民本、守诚信、崇正义、尚和合、求大同的时代价值”③，中华优秀传统文化在创造性转化、创新性发展中，必将焕发出新的生机和活力，不断提高人民思想觉悟、道德水平、文明素养，为推进国家治理体系和治理能力现代化提供重要的思想资源和理论支持。

---

① 《习近平谈治国理政》第一卷，北京：外文出版社，2018 年版，第 170 页。

② 《习近平谈治国理政》第一卷，北京：外文出版社，2018 年版，第 164 页。

③ 《习近平谈治国理政》第一卷，北京：外文出版社，2018 年版，第 164 页。

# 第二章　儒家文化

中国传统文化源远流长，儒家文化则是这源流中的主脉。正是儒家文化奠定了中国传统文化的基本精神，成为中国思想史上影响最大、最深入人心的理论体系，几千年来规范着中华民族一代又一代人的思想意识、价值取向、人格特征，甚至民族精神。本章将从儒家文化的创始、嬗变、人格精神等几个方面分别进行介绍。

## 第一节　儒学基本体系的建立

儒家思想的基本体系是自春秋末到战国时期，经由孔子、孟子、荀子发展起来的，此间，儒学虽是当时最有影响的学派之一，但究其本质，仍不过是先秦时期争鸣百家中的一家。

### 一、儒学的创始

#### （一）孔子生平

儒家学派的创始者，是生活于礼崩乐坏、天下大乱的春秋末年的孔子。孔子（前551—前479），名丘，字仲尼，出生于鲁国陬邑（今山东曲阜）。孔子祖先本为宋国贵族，商朝王室后代，因宋国内乱，其五世祖木金父由宋适鲁，失去卿位。孔子既生于没落贵族之家，家道衰败，再加幼年丧父，童年生活相当艰辛，故而他自称“吾少也贱，故多能鄙事”。

鲁国与周天子关系密切，清人高士奇在《左传纪事本末》卷一《王朝交鲁》中即直言“周之最亲莫如鲁”。周成王曾赋予鲁国“郊祭文王”“奏天子礼乐”的资格，故此鲁国保存的周礼较为完备，世人称“周礼尽在鲁矣”（《左传·昭公二年》）。尽管春秋末期，鲁国也出现上下失序的礼制紊乱现象，但较之列国,其礼乐氛围尚属浓郁。孔子系宋国宗室之胤,又耳濡目染鲁国礼乐文化,故少年孔子就极其重视先王之礼,“十有五而志于学”。对于社会转型期道德沦丧、礼乐制度混乱的局面,他非常不安。如鲁国权臣季康子窃用天子之礼,八佾舞于庭,孔子愤言:“是可忍也,孰不可忍也?”同时,为了挽救礼崩乐坏的混乱世道,恢复周代“郁郁乎文哉”的礼乐盛世,他以“知其不可为而为之”的救世热忱开始了自己的政治生涯。孔子为推行自己的政治主张筚路蓝缕,周游列国,曾为匡人所囚,为宋人所胁,为楚隐所嘲,困于陈、蔡,然至大之道,却不为天下所容,他以周礼治世的希望彻底落空。但是,作为中国历史上第一个大教育家、大思想家,孔子通过自己的言教、笃行,广施礼乐于天下,使儒学成为诸子百家中最具生命力的学派。

**(二)周游列国与中原行迹**

鲁定公十四年(前496),孔子年五十六,由大司寇行代掌相事。孔子主持国政仅三个月,鲁国即秩序井然,道不拾遗,呈现出国势日隆的治平景象。齐人担心鲁国强大会威胁到齐国安全,于是决定采纳黎锄“请先尝沮之”的建议,选齐国中女子美貌者八十人,“皆衣文衣而舞《康乐》,文马三十驷”赠送给鲁君。鲁国执政者季桓子“卒受齐女乐,三日不听政”,且祭祀不遵礼仪,孔子遂愤而辞官,离开鲁国。行前,孔子说:“盖优哉游哉,维以卒岁!”(《史记·孔子世家》)显示为追求政治理想而不留恋高官厚禄的豁达心态。

孔子周游列国,总共十三年,他游历了卫、曹、宋、郑、陈、蔡等国,这些地区基本上就位于今河南省范围内。在周游列国期间,孔子接触了从国君、大臣到士人、农夫各色人等,经历了各类复杂情形,这促使孔子不断思考,从而极大完善了他的思想体系。可以说,中原游历是孔子人生中十分重要的一个阶段,对于孔子思想体系的形成起到了极为重要的促进作用。孔子回到鲁国后,在杏坛讲学,其思想材料很多也正是来自中原游历期间。

例如,孔子离开鲁国后曾经三次到过卫国(今河南北部一带),在他自楚国返回卫国时,已经六十三岁,此时孔子弟子多仕于卫,卫君欲以孔子为政。子路问孔子:“卫君待子而为政,子将奚先?”孔子回答:“必也正名乎!”(《论语·子路》)在这里,孔子不仅阐述了自己的治国见解,而且首次提出了“正名”的主张,使其成为儒家思想的一个重要原则。

孔子还曾到过楚国的边陲叶邑(今河南叶县),在此留下了“叶公问政”的重要篇章。叶公即沈诸梁,芈姓,沈氏,名诸梁,字子高,春秋末期人,其曾祖父即春秋五霸之一的楚庄王。因沈诸梁为楚国宗室,楚昭王封他到楚国北疆重镇"方城之外"的叶邑为尹,故称叶公。孔子周游列国,自蔡如叶,叶公向孔子问政,其内容如下:

叶公问孔子于子路,子路不对。子曰:"女奚不曰:其为人也,发愤忘食,乐以忘忧,不知老之将至云尔。"(《论语·述而》)

叶公语孔子曰:"吾党有直躬者,其父攘羊,而子证之。"孔子曰:"吾党之直者异于是:父为子隐,子为父隐。直在其中矣。"《论语·子路》

叶公问政。子曰:"近者说,远者来。"(《论语·子路》)

关于叶公问政的记述,内容虽然不多,但内涵却很丰富,"发愤忘食,乐以忘忧,不知老之将至云尔"可以说是孔子人生追求的写照。"近者说,远者来"实际上就是儒家理想政治的标志。尤其孔子在这里阐述了"父为子隐,子为父隐"思想,反映了儒家以孝亲为基础的社会观念和法律观念,后来这也成为儒家法治思想的基本原则而长期沿用。

### (三)孔子的核心思想

1. 孔子的仁学思想

孔子儒学思想的核心是"仁",这种思想始终贯穿着他的教育思想和政治思想。孔子曾把他的教育内容分为德行、政事、言语和文学四科,德行居首,中心即为仁;仁德的培养是诗、书、礼、乐四教中的灵魂和根本。政治上,他把仁看作是调节一切社会关系的基础道德,家庭有父母子女,因而有慈孝友悌的伦理关系,国家有君臣上下,因而有忠、礼、信、友、知。他视"苛政猛于虎",而主张统治者通过礼乐教化治民,但礼乐的根本仍在于仁德的修养,他说:"为政以德,譬如北辰,居其所而众星拱之。""人而不仁,如礼何?人而不仁,如乐何?"那么,孔子所谓的仁到底指什么呢?

孔子仁学的内容很丰富。在记载孔子言行的《论语》中,涉及"仁"的地方有一百多处,如"孝弟也者,其为仁之本与!""巧言令色,鲜矣仁!""不仁者不可以久处约,不可以长处乐。仁者安仁,知者利仁。""苟志于仁矣,无恶也。""回也,其心三月不违仁。""仁者先难而后获,可谓仁矣。""仁者乐山""仁者静""仁者寿""仁者不忧""克己复礼以为仁"等。仲弓向孔子问仁,他以"出门如见大宾,使民如承大祭。己所不欲,勿施于人。在邦无怨,在家无怨"回答。樊迟问仁,他对以"爱人"和"居处恭,执事敬,与人忠","刚、毅、木、讷近仁”，等等，在这些内容里，孔子对“仁”做出的正面的解释只有“克己复礼”和对仲弓、樊迟提问的回答。他所谓的仁，我们只可从这些正面和侧面的语言剖析了。

仁的核心就是“爱人”，仁的根本是“孝悌”。在孔子看来，人与人之间的关系应是相亲相爱的关系，因为人与人之间的关系主要靠血缘关系来维系，所以血缘是最基本的关系，“孝悌”之情是人类最基本的情感，为仁之根本。所谓孝，指的是父慈子孝；悌，指的是兄爱弟敬。孔子认为，人人都能以孝悌处世行事，天下就会安定，因为“其为人也孝弟，而好犯上者，鲜矣；不好犯上，而好作乱者，未之有也”。由此推而及之，便是克己待人，“己所不欲，勿施于人”，最终达到人与人的相亲相爱，人与社会、自然的内在和谐。把这种人生理论上升到政治理论，便是“君使臣以礼，臣事君以忠”的“君君，臣臣”关系。在孔子看来，“礼”是仁的具体表现，所以他说“克己复礼为仁，一日克己复礼，天下归仁焉”，进而要求弟子，“非礼勿视，非礼勿听，非礼勿言，非礼勿动”，“出门如见大宾，使民如承大祭”。如果说“爱人”是指人类内在的相亲相爱之情，“礼”则是对人外在行为的规范、约束，由此，他特别强调“君子之行”。

2. 孔子的礼学思想

“礼”起源于原始社会末期的祭祀活动，东汉许慎在《说文解字》中就曾说：“礼，履也，所以事神致福也。”经过长期演变，“礼”在保存祭祀之义的同时，还融入了血缘亲疏、等级尊卑等内容，逐渐形成了一整套在社会生活中必须遵循的原则和规范。

孔子曾说：“殷因于夏礼，所损益，可知也；周因于殷礼，所损益，可知也。”（《论语·为政》）这说明，历代礼制之间，存在着明显的继承沿革关系。西周时期，礼制日益体系化，深入到政治、经济、文化、军事和社会生活的方方面面，在国家行为和社会生活各个领域都发挥着广泛的规范调节作用，周礼也成为传统礼制文化的典范。尤为值得重视的是，周代“礼”强调“别”，即等级差别，这也成为周礼的显著特征。

春秋以降，周礼开始走向衰落。孔子生活于春秋末期，面对当时“礼崩乐坏”的局面，孔子极为痛心，他曾对季氏说：“八佾舞于庭，是可忍也，孰不可忍也？”（《论语·八佾》）表现出对逾越礼制行为的强烈不满。为实现自己的政治理想，孔子极力主张“复礼”，孔子曾说：“周监于二代，郁郁乎文哉！

吾从周。”(《论语·八佾》)表现出对周礼的神往和推崇。孔子认为，对于个人而言，“不学礼，无以立”(《论语·季氏》)，对于国家而言，“礼乐不兴，则刑罚不中;刑罚不中，则民无所措手足”(《论语·子路》)，因此无论是修身还是治国，遵循礼制都是必不可少的。

不过面对当时礼制的变迁，孔子并非一味泥古不化，事实上孔子主张礼制在某些方面的改变不仅是必然的，也是合理的。如孔子曾说：“麻冕，礼也;今也纯，俭，吾从众。”(《论语·子罕》)可见对当时出现的礼制从俭趋向，孔子就持赞同态度。

在继承礼制文化的同时，孔子对礼制思想发展也有重要贡献。孔子提出“正名”思想，他说：“名不正，则言不顺;言不顺，则事不成;事不成，则礼乐不兴;礼乐不兴，则刑罚不中;刑罚不中，则民无所措手足。故君子名之必可言也，言之必可行也。君子于其言，无所苟而已矣。”(《论语·子路》)这意味着，礼的一项重要功能就是辨析名分、确立等级，就是说每个人都要了解自己的名分，安于自己的名分，并履行自己名分下所应有的义务，做到“君君、臣臣、父父、子子”。

在谈到礼与仁的关系时，孔子云：“克己复礼为仁。一日克己复礼，天下归仁焉。”(《论语·颜渊》)在这里，孔子将“仁”与“礼”贯穿起来，认为一个人若能做到“克己复礼”，也就达到了仁的要求。这也意味着“仁”作为人们内在的道德，其外化形式即为“礼”。这不仅使得“仁”与“礼”的关系明晰起来，也使得“礼”成为内在与外化的统一，其意涵更加全面。关于这一点，诚如《礼记·礼器》中所云：“先王之立礼也，有本有文。忠信，礼之本也;义理，礼之文也。无本不立，无文不行。”

在治国方面，孔子主张：“道之以政，齐之以刑，民免而无耻。道之以德，齐之以礼，有耻且格。”(《论语·为政》)传统上，“礼”是贵族的行为规范，“法”则为约束百姓的工具。在这里，孔子将“礼”与“法”都视为管理民众的规则，但认为二者功用不同。治国当以“道之以德，齐之以礼”优先，这显然是扩大了礼的适用范围，使之下沉到普通百姓，成为约束平民百姓的普遍规范，从而使“礼”超越“礼不下庶人”的固有观念，促进了礼的普及化。

3. 孔子的理想人格——君子

在《论语》一书中，“君子”二字出现的频率与“仁”相当。如“人不知而不愠，不亦君子乎?”“君子食无求饱，居无求安，敏于事而慎于言，就有道而正焉。”“君子周而不比，小人比而不周。”“君子无所争”“君子怀德”“君子喻于义”“君子欲讷于言而敏于行”。他评价子产“有君子之道四焉：其行己也恭，其事上也敬，其养民也惠，其使民也义”。又有“君子坦荡荡，小人长戚戚”“君子不忧不惧”“君子成人之美，不成人之恶”“君子泰而不骄”“君子固穷”“君子不以言举人，不以人废言”“君子学以致其道”，并指出君子的三戒，即色、斗、得；三畏，即天命、大人、圣人之言；九思，即视思明，听思聪，色思温，貌思恭，言思忠，事思敬，疑思问，忿思难，见得思义；三变，即望之俨然，即之也温，听其言也厉。综上可知，君子是指一种高尚向仁的人格理想，温柔敦厚、自强不息的君子之行是实现仁爱理想的保证和重要途径。这就是说，仁爱理想的最终实现，既要通过礼的外在约束、规范，又要通过内在的品质修养和高尚的精神境界塑造的完美人格。这也许就是孔子为救世，既周游列国宣传自己的仁政思想，又聚徒讲学的主要原因。

司马迁云：“高山仰止，景行行止；虽不能至，心向往之。”（《史记·孔子世家》）这可以被视为在长达两千多年的中国传统社会，孔子在人们心目中的地位。他被尊为“万世师表”“文宣王”“大成至圣先师”，其荣耀无与伦比。据《史记·孔子世家》记载，孔子“弟子三千人，身通六艺者七十二人”。孔子死后，他们“散游诸侯，大者为师傅卿相，小者友教士大夫”。师徒相传，延续着儒学一脉，经久不绝。

## 二、孟子对孔子思想的继承与发展

儒学在战国时期受到了强烈冲击。诸侯间的争斗无休止，合纵连横以攻伐为尚的形势，使孔子的仁政主张犹如无根之萍，眼看着就要瓦解飘零。正是在这极度困难的境遇下，孟子成了继孔子之后儒家学派的又一大师。

孟子（约前 372—前 289），名轲，字子舆，鲁国邹邑人，他继承孔子的“仁”的思想，并有所发展，从而为孔子的儒家思想奠定了坚厚的哲学基础。

### （一）孟子的“王道”“仁政”学说

从仁爱出发，在政治上，孟子主张“王道”“仁政”。所谓“王道”，《孟子·梁惠王上》说：“养生丧死无憾，王道之始也。五亩之宅，树之以桑，五十者可以衣帛矣。鸡豚狗彘之畜，无失其时，七十者可以食肉矣。百亩之田，勿夺其时，数口之家可以无饥矣。谨庠序之教，申之以孝悌之义，颁白者不负戴于道路矣。七十者衣帛食肉，黎民不饥不寒，然而不王者，未之有也。”

这就是说，王道的实现，必须建立在百姓“养生丧死无憾”的基础上，若要百姓“无憾”，一定要省刑罚，薄敛赋，使百姓之产足以上事父母，下养妻子，只有这样，才可以兴学校，使“人伦明于上，小民亲于下”，施教化，行王道。相对于孔子的学说，孟子的王道说更具体系统，尤其可贵的是，他发展了孔子的“君臣”学说，明确指出，“得其民，斯得天下矣”“得其心，斯得民矣”。而得民心的方法是推行仁政：以仁可以得天下，以不仁可以失天下。基于此，更进一步提出了“民为贵，社稷次之，君为轻”的闪光的论点，民本色彩相当鲜明。所以，齐宣王问汤放桀、武王伐纣事时，孟子回答：“贼仁者谓之贼，贼义者谓之残。残贼之人，谓之一夫。闻诛一夫纣矣，未闻弑君也。”把不仁不义之君谓“残贼”，要求“君之视臣如手足”，因为这样才能“臣视君如腹心”，反之，“君之视臣如犬马，则臣视君如国人；君之视臣如土芥，则臣视君如寇仇”，所谓“君仁莫不仁，君义莫不义”。归根结底，孟子王道的核心是仁政，仁政思想的理论基础是“民贵君轻”的民本思想。

**（二）孟子的性善论**

为了论证王道与仁政的合理性，关于人性这一哲学问题，孟子提出了著名的“性善论”学说。他认为：“恻隐之心，人皆有之。羞恶之心，人皆有之。恭敬之心，人皆有之。是非之心，人皆有之。恻隐之心，仁也。羞恶之心，义也。恭敬之心，礼也。是非之心，智也。仁、义、礼、智，非由外铄我也，我固有之也。”所以，人性向善，犹如水就低下。所谓仁政，不过是君王将人人皆有的“不忍人之心”推及天下，做到与民同忧乐而已。因此，“圣人与我同类”“人皆可以为尧舜”。

孟子的性善学说，是希望人人通过自我努力而成圣，使天下归于仁。在孔子之后，孟子又一次把“君子”作为人格理想。他说：“天欲降大任于斯人也，必先苦其心志，劳其筋骨，饿其体肤，空乏其身，行拂乱其所为，所以动心忍性，增益其所不能。”在他看来，困境正是修养道德的好机会。除了环境的磨炼，孟子把“养心”作为实现人格理想的重要环节。他说“养心莫善于寡欲”“我善养吾浩然之气”。孟子的“浩然之气”有两大特征：“至大”和“至刚”。这种至大至刚的浩然之气，实际上就是指人的一种真力弥漫、生气勃勃的内在精神状态和充实郁勃的人格之美，它在“富贵不能淫，贫贱不能移，威武不能屈”“杀身成仁”“舍生取义”“以身殉道”的“大丈夫”身上，得到了完美圆满的体现。（郑晓江、程林辉《中国人生精神》）“大丈夫”的行为，也就是兴王道，行仁政，使天下归仁，百姓安乐，实现“内圣外王”的最理想的人格精神。孟子祖述尧舜，宪章文武，宗师仲尼，以他的辩儒之才，在诸子百家妙论纷呈的战国中期，使儒学成为显学，他自己也在孔子被尊为“圣人”后，被后世崇为“亚圣”，其学说与孔子学说并称“孔孟之道”。

## 三、先秦儒学的集大成者——荀子

孔子于礼崩乐坏时以礼、仁互补思想拯世，已有几分知其不可为而为之的悲壮，孟子欲施仁政、行王道于战国七雄争霸天下时，其迂阔不合时宜更加浓加重了这种悲壮，而这一切，不能不使后世之儒陷于深思，并对孔孟儒学加以改造，使之趋于与时代亲和。战国后期，荀子援法入儒，推动了儒学的进一步发展，成为先秦儒学当之无愧的集大成者。

荀子（约前 313—前 238），名况，又称荀卿、孙卿，赵国人。为说服诸侯行王道，一生曾游齐、燕、秦、楚等国。五十而游于齐，在齐三为祭酒，至襄王时，“最为老师”。

### （一）“天人相分”“制天命而用之”的天人观

在天人关系上，荀子继承孟子强调人为的传统，提出了“天人相分”“制天命而用之”的人学思想。他说：“天行有常，不为尧存，不为桀亡。”“水火有气而无生，草木有生而无知，禽兽有知而无义，人有气、有生、有知，亦且有义，故最为天下贵也。”他认为，人通过学习，借助外物，可以掌握和利用自然规律，使之为人类造福，即“人定胜天”。所以，他再次强调：人要与自然相抗争，求得自身的生存发展，就必须“锲而不舍”，刻苦学习。

### （二）荀子的性恶论

关于人性问题，儒学创始人孔子并未详细阐明，他只是用“性相近也，习相远也”提出了这个命题，因此，孟子以人性本善回答这个问题，荀子则提出性恶论。《荀子 · 性恶》一文开宗明义指出人性本恶的观点，并进一步阐述：如果顺从人性的自然发展，就会造成“争夺生，而辞让亡焉”“残贼生，而忠信亡焉”“淫乱生，而礼义文理亡焉”的后果。因此，他认为，必须加强后天的教化，通过人为努力和环境的影响，使人性由恶转善，即“化性而起伪”。并且，他还认为：即使一般人，只要“积善而不息”，也可以成为圣人。充分肯定了人在道德修养上的主观能动性，并激励人们努力学习，自觉修养。

### (三)“隆礼重法”的政治主张

可以说,性恶论是荀子哲学思想的基础,正因为人性恶,他特别强调“礼”的作用,同时又强调“法”的作用,由此而产生了“隆礼重法”的政治主张。他说:“礼者,人道之极也。”“人无礼不生,事无礼不成,国家无礼不宁。”“治之经,礼与刑,君子以修百姓宁;明德慎罚,国家既治四海平。”“君人者,隆礼尊贤而王,重法爱民而霸。”“为政不以礼,政不行矣。”虽然荀子兼取儒家的仁政和法家的法制,主张礼法并施,王霸兼用,但他的思想仍以礼教和王道为主,因为他所谓的“礼”和“法”都是治国理民不可或缺的要素,都是行王道,使“国有常”“百姓宁”的重要途径。

孟子主张除霸道而兴王道,废虐政而行仁政,荀子则兼取礼法、王霸,这一道德与刑法互补的辩证思想,丰富了儒家的政治学说,同时也反映了儒法合流的时代趋向。

### (四)人格修养说

在个人修养方面,荀子也很重视“义”的作用,他说“义之所在,不倾于权,不顾其利,举国而与之不为改视,重死而持义不桡,是士君子之勇也”,他以为,人之所以“最为天下贵”,就在于有自然万物所没有的“义”。“礼”侧重于外在社会规范、制约,“义”侧重于人的心理世界、主体自觉,礼与义内外结合,积善而达到君子之境界。他在《王制》中说:“天地者,生之始也;礼义者,治之始也;君子者,礼义之始也。……无君子则天地不理,礼义无统,上无君师,下无父子,夫是之谓至乱。”礼与义,即荀子衡量人生境界与人格价值的道德标准。

荀子有关人性、礼学、天人关系等思想,对前代儒家有扬有弃,使儒学在学派林立的战国晚期东山再起。虽则后世儒学对他颇多争议,但他对儒学的贡献却是极其重要的。尤其是他的《礼论》《乐论》是儒家礼乐思想的最早专著;另外,荀子对经学的研究和流传有特殊贡献,故儒家有“六艺之传赖以不绝者,荀卿也”(《荀卿子通论》)之说。

孔子、孟子、荀子的思想观点,奠定了整个儒家学说的基本格局。其后的儒学发展史,也就是一部历代儒生在先秦儒学基础上不断地兼综百家的历史。

## 第二节　儒学的经学化与神学化

先秦百家争鸣的局面在秦统一后结束。秦行法术,儒学遭到重创,甚至出现了“焚书坑儒”的惨剧。西汉初期,与休养生息政策相适应,黄老之学盛行,儒学表现平淡。汉武帝即位,一改文、景无之为而治,欲展雄才,施大略,有所作为,儒学逐渐抬头,最终独尊。

### 一、儒学独尊局面的形成

大一统的中央集权政治,必然呼唤与之相适应的意识形态,而汉初儒家礼仪制度给汉天子带来的意外收获,使儒学自然备受青睐。武帝于建元元年冬十月,诏荐贤良方正直言极谏儒士,策问古今之道;五年后,再诏举贤良文学之士上书对策。董仲舒三篇对策极合武帝之意,最终被采纳。

#### (一)“天人三策”的提出

董仲舒自幼刻苦好学,景帝时以治《公羊春秋》(参看第六章中有关典籍部分)为博士官,进退容止,非礼不行,学士皆尊以为师。董仲舒的三篇对策后人称之为“天人三策”,具体阐述了他天人感应的新儒学体系。在他看来,天是仁爱的,所以统治者应效天之仁,实行王道,施仁政于民,“上承天之所为,而下以正其所为,正王道之端云尔”,“与天同者大治,与天异者大乱”,“南面治天下,莫不以教化为务”。

#### (二)建立在阴阳五行思想基础上的“三纲五常”说

阴阳五行说是中国古代哲学思想的重要基础,先秦以来一直被人们广泛用以解释各种自然和社会的现象。董仲舒就试图用阴阳五行规范人们的行为:“君臣父子夫妇之义,皆取诸阴阳之道。君为阳,臣为阴;父为阳,子为阴;夫为阳,妻为阴……天之亲阳而疏阴,任德而不任刑也。仁义制度之数,尽取之天。”“王道之三纲,可求于天。”他又认为:“人之为人本于天,天亦人之曾祖父也。此人之所以上类天也。人之形体,化天数而成;人之血气,化天意而仁;人之德行,化天理而义。”“夫仁、义、礼、智、信,五常之道,王者所当修饬也。”所谓“三纲”“五常”,即天所规定的人伦德行,也是圣人效法天意的治国之道,是万古不变的王道纲领。“三纲”“五常”构成了一个完整的社会规范体系，并把君主也纳入其中。

董仲舒的德治思想与三纲五常的伦理道德学说，对于维护封建统治，稳定社会秩序，缓和阶级矛盾，无疑有着重要作用，这就是听罢“天人三策”后，汉武帝毅然罢黜百家，独尊儒术，使儒学成为中国封建社会意识形态之最坚实基础的原因，而儒学的尊显也带动了经学的迅速发展。

## 二、两汉经学

### （一）经学的内涵

提到经，就要谈到孔子教授弟子的教材。孔子之前，官学生员受教育的内容主要是古代的文物典章和礼乐知识，那时所说的“六艺”是礼、乐、射、御、书、数，到孔子创立私学，改“六艺”为《诗》《书》《礼》《易》《乐》《春秋》，这些或经孔子编辑整理，或由孔子著述的新“六艺”，便成了他传授给学生的主要内容，但这时并不称经。

《庄子·天下》对新六艺始称经，并做过这样的概括：“《诗》以道志，《书》以道事，《礼》以道行，《乐》以道和，《易》以道阴阳，《春秋》以道名分。”司马迁将“六艺”视为治国之道：“六艺于治一也。《礼》以节人，《乐》以发和，《书》以道事，《诗》以达意，《易》以神化，《春秋》以义。”

汉武帝独尊儒术后，有六经之说，但汉代以来的典籍，不见《乐》，而只见其他五经，所以汉武帝设立五经博士。东汉时，五经之外又加《孝经》《论语》；唐代以“九经”取士，这九经是《易》《诗》《书》《仪礼》《周礼》《礼记》《左传》《公羊传》《穀梁传》；后又加《论语》《孝经》《尔雅》三经，并刻十二经，“立石国学”；宋代理学家抬高《孟子》地位，十二经加上《孟子》，就成了十三经，儒家的经书至此基本固定下来。经学，指的就是这些经典以及解释、阐发和研究这些儒家经典的学术，作为一种治学方式，是中国儒学的最基本形式。

### （二）经学的出现与今古文经学之争

经学的出现，与秦时儒学的灭顶之灾有关。秦始皇焚书坑儒后，“六艺”除《易》以卜筮之书幸存外，其余皆毁于秦火，入汉后，只能靠先师老儒口头传授，并由当时的通行文字隶书记录下来。汉朝设五经博士，这些书籍得以广泛传播，由于口耳相传的不确定性，而形成许多不同的师法和家法。与此同时,以先秦文字写成的古本经书陆续从地下或孔壁中被发现。为了相区别,以隶书写定的经书称“今文经”,以今文经传习研究的学术称“今文经学”;传习研究古本经书的则称“古文经”,或“古文经学”。但在西汉两百多年间,今文经学一直占统治地位,古文经虽有传本,一直未被国学所用,而是收藏于秘府,或在民间流传。然而,由于古文经学内容深厚,在民间诵习传授者众多,且出现了许多古文经学大师,所以,今、古经学之争在两汉一直延续。

今文经与古文经原本只是记录文字的不同,之所以形成两个相互对立的学术派别,是因为它们在治学态度、史料解释、研究方法等方面的分歧。大而言之,今文经学以孔子为政治家,把“六经”作为孔子致治的学说,偏重于经中的“微言大义”,长于哲学思维;古文经学以孔子为史学家,以“六经”为孔子整理古代史料之书,所以偏重于“名物训诂”,长于考据。(参见周予同《〈经学历史〉序》)东汉郑玄,博览群经,尤擅训诂,他站在古文经学的立场上,兼采今文经学的长处,遍注经书,打破了今古经学界限,融今古经学为一体,从而结束了今古文经学的论争,成为两汉经学的总结者,其新的经学观点,成为天下共宗的儒学。之后的经学,或重义理,或为考据,或为注疏,都脱不了今、古经学的范畴,即使近代新儒学,也都无法摆脱今、古文经学的形式。

## 三、儒学神学化

与儒学的经学化几乎同时,儒学的神学化在汉代也空前泛滥,其代表即谶纬之学。

### (一)谶纬的含义

谶纬之学到底是一种怎样的学问呢?许慎《说文》解“谶”为“验也。有征验之书,河洛所出书曰谶”。所谓“谶”,本义指已被证实的预言;以神学预言的形式预知人间事务之祸福吉凶的书称为谶书;谶书往往附图说,又称图谶。许慎所谓“河洛所出书”的《河图》《洛书》即指此。谶的起源很早,《史记》中记载秦穆公梦之帝所,帝告之“吾国将大乱”等语,时人书而藏之,有“秦谶于是出矣”之句,就是说,先秦时已有“谶”的说法和文字图示相结合的“谶书”。并且,谶从一开始就与政治有关,多指政治预言。但在汉古文经出现之前,谶语只是散见于古代典籍,没有编成系统的文献。

“纬”是相对于“经”而言的。经是主线，纬是副线，从广义讲，纬是对经的解释。如所谓“《春秋》三传”（《穀梁传》《左传》《公羊传》）、《礼记》、《易传》等，都是纬书。但到了汉代，这些经与传就不大符合当时时代的特点了，于是汉儒不仅对经，而且对传的内容也都又作了进一步的发挥，这样便出现了汉代意义上的“纬书”了，然这时的“纬”，实际上是汉儒对六经的一种神学式的附会。

### （二）汉代谶纬之学

汉时“谶纬”，即以谶语来解释儒家经典，或从经中寻章摘句以构成谶语。谶纬的合流出现在汉武帝独尊儒术后，极盛于王莽及东汉时期。西汉时，“五经”、《论语》、《孝经》等都有纬书。董仲舒的今文《公羊春秋》，以阐释“微言大义”为能事，但阐释的过程，多是以阴阳灾异附会的过程，竭力将孔子抬高到预言家的地位，因今文《公羊春秋》在当时的尊贵地位，纬学随之而生。纬书的内容，自典章制度到天文、历法、数学、地理、文字、神仙、方术等，都冠以儒学名号，风行一时。东汉朝，皇帝在朝廷内忧外患的尖锐斗争中，用谶语来维护自己的统治；百官为争权夺利，编造谶语为自己的政治斗争服务；农民也用谶语达到自己起义的目的。皇帝亲自提倡用谶纬来解释儒家经典，儒士多趋向此道。谶纬之学把儒家经典解释得扑朔迷离，既玄且怪，儒学的本来面目被笼罩在神学的浓雾之中难以辨认，孔子也就不再是一般的人，而成了能预知未来的“神圣”。

## 四、儒学的衰颓

先秦儒学本是一种济世的、实践的哲学，发展到经学化、神学化阶段，因为变成了获取利禄功名的工具，而逐渐演变成一种僵硬、烦琐的说教。

汉设五经博士，明一经即可能由布衣白丁荣登天子之堂，甚至位列三公九卿，所以天下士子趋之若鹜。当时流传着诸如“遗子黄金满籝，不如一经”“士病不明经术，经术苟明，其取青紫如府拾地芥耳”等语。在明经而致仕的诱惑下，儒士的习经已不再是为了孔孟学说中那个至高无上，为之可以固守贫穷，可以杀身的“道”，而是章句之学，以至于生吞活剥的记忆，牵强附会的穿凿。所谓仁、义、礼、智、信等，已不再有修身治国平天下的内蕴，而只是汉儒口中笔下毫无意义的普通文字了。本为济世而生的儒学，在经学化后变得有几分俗不可耐，目光短浅，形态丑陋，“君子之行”，“圣人”“至人”之德统统埋没在功利之中了。

为培养明经之士，汉代学校的数量和规模不断扩大。太学弟子由五十人而至三万人；大盛的私学则成为官学的重要补充形式，培养着有志于经的莘莘学子；汉代经学大师的门下往往弟子数百上千。但无论官学中生徒，或者私学中弟子，能抱着“朝闻道，夕死可矣”者没有几人，经师中志在传道者，也没有几人，他们习经、授徒的动机和目的，多不在道，而在利禄。比如汉代所尊的是今文经学，官方考试的内容，录用的标准当然也就是对今文经学的研究，因此，一些古文经学大师在教授弟子时，不得不打破门户之见，而传今文经学。所以，今、古经学之争，就不仅仅是门派、学术观点的分歧，而重在政治统治中的地位，故连学术也带上了浓重的功利色彩。

孔、孟、荀的儒学是哲学，两汉的经学几乎是利禄工具的学术；孔、孟、荀是思想家，汉代经师多为被功利熏染的学者。作为思想家，几位儒学前辈的目的是唤醒世人的善心，以达到国家安定、百姓和乐的政治效果，儒学在他们是一种信仰。所以，他们周游列国，屡陷困顿而乐此不疲，他们知其不可为而为，有一股浩然之气。但作为学者，并且是眼光盯着功利的学者，难免使儒学陷入寻章摘句的僵硬和附会政治的牵强，因为他们要凭借这圣经贤传博功名。当一种哲学被肢解得支离破碎时，当一种学说掺杂进太多的曲意时，其价值一定会被不属于它自己的外衣所遮掩。

谶纬之学作为对儒学的神学化，最初是以所谓的天人感应、先知先觉的圣人预言阐释儒家崇奉的“六经”的，本意或许并不在功利，而在劝诫行王道，施仁义，守仪礼。但最终它不仅成为统治者蒙蔽百姓、为自己的窃国行为作“顺天承命”的注脚，而且成为邀功争宠者窃取利禄的途径。扑朔迷离下，真经假经着实难辨。

两汉经学发展到南北朝而成为义疏之学，注经多根据一家之说，逐字、逐句、逐章地讲解，这一风气至唐而大盛。唐太宗李世民重视儒术，注意延揽儒士。同时，为了消除儒学门派众多、章句繁杂的混乱局面，建立统一的经学以便于科举取士，他又召集学者考定《诗》《书》《易》《礼记》等经书文字，并责令当时的国子祭酒孔颖达主持撰定五经义疏，称为《五经正义》，颁行全国。《五经正义》包括《毛诗正义》《尚书正义》《周易正义》《礼记正义》《春秋正义》等。所谓“正义”，即正前人义疏之意，依据统一的注经标准和形式，对经书的传注加以疏通解释，严遵经文，疏不破注，作为士子习经之所宗。汉代以来经学的纷乱局面彻底结束，儒学也随之趋向僵化、衰落，甚至在相当长的时间内为玄学、佛教所取代，在中国哲学史上开始呈现儒、释、道三家并存的局面。

## 第三节　两宋理学：儒学的新变和系统化

宋学又称理学、道学，是儒学发展的新流派，因其形成于宋代，故称宋学。宋学虽成熟于宋代，但却是从汉末以来儒学发展的必然逻辑结果，尤其是唐代韩愈等人倡导的中唐儒学革新更成为宋学的直接理论源头。南宋之后，宋学成为官方承认的儒学正统，深刻影响了整个南宋之后乃至于近代的儒学发展进程，对宋代之后的社会历史发展也产生了深远影响。

### 一、从汉末郑学到中唐儒学革新

东汉后期，郑玄为综贯今古文经学，"网罗众家，删裁繁芜"，遍注群经，试图使异说纷呈的儒学在义理和内容上趋于统一。但由于郑学并未跳出经学范畴，没有从儒学内在精神方面阐发义理，所以不能从根本上挽救儒学的衰颓。

魏晋时，以何晏、王弼为代表的玄学，为矫经学之偏，"援道入儒"，以道家的哲理阐发儒家的义理。何晏作《论语集注》、王弼作《周易注》，都表现出从哲学思想上对儒学去芜存菁的原则。其"贵无"论则完全是先秦道家的思想。玄学儒道兼综，讲究抽象思辨的学术主流，实际上为以后儒学的新发展拓宽了路子。而源于东土的佛学，在与儒、玄的交融中，其逻辑性、思辨性，也为儒学开辟了新境界。

东晋永嘉之乱后，南北分裂，战乱不断，经学发展也由此出现了南北差异，相比较而言，北学更多地保留了汉代经学的特征，而南学则受玄学影响较大。故《北史·儒林上》评论南北经学差异时即称："南人约简，得其英华；北学深芜，穷其枝叶。"尽管其间南北经学交流不辍，也互有影响，但总体风貌的差异还是明显的。

隋文帝开皇九年(589)，隋灭陈，完成国家的统一，以此为契机，南北经学交流也日趋频繁。唐初在官方主持下，经学的整理与统一一并进行。史载："太宗又以经籍去圣久远，文字多讹谬，诏前中书侍郎颜师古考定《五经》,颁于天下,命学者习焉。又以儒学多门,章句繁杂,诏国子祭酒孔颖达与诸儒撰定《五经》义疏,凡一百七十卷,名曰《五经正义》,令天下传习。”(《旧唐书·儒学传序》)通过《五经正义》的编纂,南北经学正式宣告统一。不过与政治上的北方一统天下不同,统一后的唐朝经学则是以南学为主构建而成的,故此清代经学家皮锡瑞就曾说“北学既并于南,人情各安所习”(《经学历史·经学统一时代》)。

安史之乱后,唐朝面临藩镇割据、宦官专权、牛李党争等严重的政治问题,国势开始走向衰落。与此同时,佛、道二教在当时的社会上大行其道,尤其佛教以“治心”为口号,吸引了大量信众,实际影响力与儒学相比有过之而无不及,在此环境下,传统经学的理论体系已很难与之抗衡。因此在复杂的历史背景下,唐代儒学发展面临着新的课题,改革与复兴儒学成为中唐一代士人必须承担的历史使命,而这个任务最终落到了韩愈、李翱等人身上,尤其是韩愈被视为中唐儒学革新运动的倡导者和主要推动者。

韩愈具有深厚的学术修养和理论敏锐度,他终其一生,以复兴儒学为己任,排抑佛教,创立道统,强调“治心”,为建立新的儒家体系提供了思路和方向,成为唐代中期儒学革新的代表人物。

在《原道》里,韩愈首创道统论。所谓道统,即“尧以是传之舜,舜以是传之禹,禹以是传之汤,汤以是传之文、武、周公,文、武、周公传之孔子,孔子传之孟轲,轲之死,不得其传焉”。韩愈创立的道统说,树立了儒家发展的脉络,尤其是将儒家的道统上溯至尧、舜、禹、汤、文、武、周公,将儒家与上古圣贤融为一体,强化了儒家在中国历史中的主体印记。与此同时韩愈将孔子视为周公的传承者,使孔子以学者身份担当儒家发展主脉,由此阐释了儒家发展主体由政治家到学者的身份转换过程,确立了孔子之后儒家发展以学者为主体的基本格局。更值得注意的是,韩愈认为儒学“轲之死,不得其传焉”,表明韩愈以孟子之学取代经学的章句之学作为汉唐儒学发展主流,从而否定了汉唐经学的正统性,为开辟新儒学提供了理论路径。

从推崇孟子出发,韩愈还注意到了《礼记·大学》中关于治国与“治心”关系的理论阐述。关于治国与“治心”关系的理解,韩愈在《原道》里说:“传曰:‘古之欲明明德于天下者,先治其国;欲治其国者,先齐其家;欲齐其家者,先修其身;欲修其身者,先正其心;欲正其心者,先诚其意。’然则古之所谓正心而诚其意者,将以有为也。今也欲治其心,而外天下国家,灭其天常,子焉而不父其父，臣焉而不君其君，民焉而不事其事。”在这里，韩愈视“修身、齐家、治国、平天下”为一体，将内在道德与外化行为贯通起来，尤其是视“正心诚意”为道德修养和“齐家治国平天下”的起点，更是反映了在佛教泛滥背景下，儒学反诸自身，寻找足以对抗佛教“治心”说的理论探索，开启了后世儒学向主体内在心性论方向发展的序幕。

在这之前，学者对《大学》并未有过多关注。在中唐儒学革新中，韩愈以独特的学术敏锐，重视《大学》等篇目的研究，使《孟子》《大学》等篇目成为后世儒学心性论的理论基础，奠定宋代之后儒家极力推崇《四书》的端绪，成为儒学发展史上一个重要标志。

总之，从汉末郑学，到中唐儒学革新，儒学经历几经嬗变，经历了玄学和佛教的冲击。在儒、玄的交融中，玄学重视思辨的特质提升了儒学的逻辑性、思辨性，为儒学开辟了新意境。与佛教的对抗和融合，为儒学带来了对主体性和“治心”的关注，这为宋代理学的兴起奠定了基础，至此，被视为新儒学的宋代理学也就应运而生了。

## 二、理学的开创者周敦颐

宋朝新儒学以程朱理学为主流，开创者是周敦颐。周敦颐(1017—1073)，字茂叔，因晚年在庐山莲花峰下建濂溪书堂讲学，世称濂溪先生，道州营道(今湖南道县)人。一生为官清廉，品质雅洁，生活简朴，常以出淤泥而不染的莲花自喻。作为理学始祖，周敦颐的学说集中体现在他的一幅《太极图》和一篇二百多字的文章《太极图说》(又名《太极图·易说》)中。

### (一)《太极图说》的由来

周敦颐的《太极图》，其实来源于道教的《太极先天秘图》，本是道教中人对宇宙生成及其结构的基本看法，是历代道士修道的经验总结。后来，华山道士陈抟根据自己的修炼实践，进一步把它细化为从形而下的玄牝之门开始，通过炼精化气、炼气化神，以至五气朝元，取坎填离，直到炼神还虚，复归无极的形而上的神秘境界的修仙程序，并取名《无极图》。关于易学，汉以来诸儒很少言及《无极图》，道教则把《无极图》作为切切实实的修炼程序，相当看重，周敦颐的《太极图》承继的便是道士陈抟的易学系统。但儒家看《太极图》，注重的是内容精湛，具有概括力和包容性的宇宙图式，所以周敦颐便由陈抟《无极图》，根据“自上而下，顺则生人”的原则，修改成了新儒学需要的

《太极图》。

《太极图说》的产生应该说与禅宗的顿悟说关系密切。周敦颐曾师事鹤林寺僧寿涯，得到禅师“有物先天地，无形本寂寥，能为万象主，不逐四时凋”的偈语。《濂溪学案》也有这样的记载：“性学要旨，谓元公（敦颐）初与东总游，久之无所入，总教之静坐。月余，忽有得，以诗呈曰：‘书堂兀坐万机休，日暖风和草自幽。谁道二千年远事，而今只在眼睛头。’总肯之。”于是，《太极图说》诞生。

**（二）《太极图说》的主要内容**

《太极图说》共两段文字。首段言天道，构筑了新儒学的本体论，文章提出了这样的宇宙生成说：宇宙的原始是无极；无极而为太极；太极动而生阳，静而生阴；阴阳两仪变合，而有水、火、土、木、金五行；五行流布而成四时；两仪五行妙合而生男女万物。反之，五行统一于阴阳，阴阳统一于太极，太极本原于无极。周敦颐《太极图说》是《易传》太极说与《老子》道论的结合，是出入佛老而返归六经的结果。自此以后，理学家无不以本体论为立论的基点，邵雍言“先天”，张载言“太虚之气”，程朱言“理”，总不过是归宇宙万物为一个本原。

周敦颐《太极图说》的本体论虽取之于道教，但因内容是赞易，故而，由“无极而太极”的宇宙本体中引出了一个人性本原的问题。这就是此文后一段所阐述的人道，即新儒家的伦理学。他说：人是万物中的灵长，“形既生矣，神发知矣，五性感动而善恶分，万事出矣”。就是说，一旦人形神既备，受万物感动而性情生，而有善有恶，所以“圣人定之以中正仁义，而主静（无欲故静），立人极焉”，即圣人之所以制礼作乐，规定中正、仁义的规范，就是为了制止人们纵欲，用寡欲主静的方式修身，最终成为人中至人。并进一步指出“圣人与天地合其德，日月合其明，四时合其序，鬼神合其吉凶”，人间圣者是与天地日月、阴阳四时、鬼神融合为一，在这种天人合一的神秘境界中，他们穷神知化，主宰宇宙。“立天之道，曰阴与阳；立地之道，曰柔与刚；立人之道，曰仁与义”，由天、地而人，终归于儒家伦理道德之根本：仁义。

周敦颐“大哉易也，斯其至矣”的易理，也就是理学家们所谓千古秘传的圣人之道，其核心内容是至诚至静和仁义中正。周敦颐在他的《通书》中这样说道：“诚者，圣人之本，纯粹至善者也。”“圣人之道，仁义中正而已矣。”“圣，诚而已矣。诚，五常之本，百行之源也。”他认为，人道之极首先体现在仁、义、礼、智、信这五常之中，五常又是以仁义为核心，仁义的关键在"中正"二字，做到了中正仁义，就达到了人道之极——圣人，"诚"与"静"是到达中正仁义的途径，因为诚能"迁善改过"，"无欲则静虚动直"。

在当时儒、佛、道合流的形势下，周敦颐对老子的"无极"《易传》的"太极"、《中庸》的"诚"以及五行阴阳学说等进行熔铸改造，为宋以后的道学家提供了"无极""太极"等本体论的范畴和模式，这种理论建构，使儒学开始趋向三教合一、广大精微的理性思辨的新儒学方向。另外，他把"做圣人"作为学说的终极关怀对象，"圣人"的塑造逐渐成为儒学取代佛道而占据中国哲学主导地位的显耀标志。

## 三、宋明理学的奠基者——二程兄弟

受周敦颐点化、启发，程颢、程颐兄弟以其精深的性理之学，成为宋明理学的奠基者。程颢（1032—1085），字伯淳，学者称明道先生；程颐（1033—1107），字正叔，学者称伊川先生，河南洛阳人。十四五岁时，兄弟二人受学于周敦颐，从此厌弃科举，矢志求道。因二程长期在洛阳讲学，其学派时称"洛学"。

### （一）二程的"天理"说

在二程哲学体系里，"理"是其核心，是其哲学的最高范畴，也是宋明理学的理论基础。周敦颐、张载虽在二程之前或同时都讲到"理"，但他们只是泛泛地提出，"理"尚不是他们哲学体系的最高范畴（周敦颐哲学的最高范畴为"太极"，张载为"太虚"），二程则把"理"作为自己哲学的最高范畴，把全部学说都建立在"天理"这块理论基石之上。二程认为：理是自然世界以及人类社会的最高原则，它包括自然万物的理，也包括封建社会的孝悌忠信、君臣父子之理，它先于万物而客观存在着，是天下万物都必须遵循而不可违反的永恒存在，不以人的意志为转移。一物之理又是万物之理，"天下只有一个理"，"天下物皆可以理照"。

二程所谓的"理"，不同于事物的规律，而是具有精神性的本体的意义，它可以生出万物，又可以统治万物，且"推之而四海皆准"。这样一个总括天地万物的"理"，不仅支配物质世界，而且把自然界道德化。于是，封建的伦理纲常名教即为万物普遍的理，从而把君臣父子之道规范成一个无可逃于天地之间的"理"。建立在"天理论"基础上的"天人合一论"，是二程哲学中为后世唯心主义哲学家们所称颂的。程颢把宇宙说成是具有封建道德属性的东西，认为天地间的道理不外乎“仁”的道理，天地间“仁”无处不在，一旦做到了“仁”，就可以取消人与物、主观与客观的界限与差别而浑然一体了。

在理、气之辨上，二程认为：理是气的根本。理是形而上的，气是形而下的，理是第一性的，气是从属于理的。他们虽也把万物的生发归结于“气化”，但他们所谓的“气”，并非唯物主义哲学家所说的不生不灭、永恒存在的原始物质，而是可以生灭的，并非构成世界第一性的客观存在。

在理与心的关系上，程颢讲“天者，理也”，又说天即人的心，“只心便是天”。程颐也认为：理心是一贯的，所谓“在天为命，在人为性，论其所主为心，其实只是一个道”。这就是说，存在于天人身上的理就是心，心与理是一回事，实际上是把属于客观精神的“理”和主客精神的“心”说成是一个精神。

### （二）“格物致知”的认识论

二程哲学的认识论，通过其提出的“格物致知论”对宋明理学的认识论产生了深远的影响。格物致知论是二程对《大学》中的“格物、致知、诚意、正心、修身、齐家、治国、平天下”的发挥。他们认为：治国平天下应从格物致知入手。格物，即穷究万物之理；致知，既是学习的过程，又是学习的目的；致知然后以明理。在知与行的关系上，一方面以知为本，认为知深则行至；另一方面又认为经验可以得出“真知”。所以格物与致知是相互联系，不可脱离的，格物是基础、前提，致知则是目的、结果。

### （三）二程的道德修养说

二程的全部学说，归根到底是要落脚到伦理道德修养上来的，因此，他们提出了“天理”与“人欲”对立、生性与气禀对立的人性论学说。二程认为“父子君臣，常理不易”“尽性至命，必本于孝悌；穷神知化，由通于礼乐”，为人处事，严格地遵循三纲五常等道德规范，就是天理的显现，洒扫应对之间，就有天理的存在。天理通过造化之功体现在人身上，是人之至善的理性；天气通过生生之理表现在人身上，则是有善有恶的气禀；人性之动，则表现为有善有恶的情，当人性表现为人心时，又有人心和道心的不同，人心是人欲，道心是天理，所以，“圣贤千言万语，只是欲人将已放之心约之”。“损人欲以复天理，圣人之教也。”“人心私欲，故危殆；道心天理，故精微；灭私欲则天理明矣。”那么，如何“损人欲以复天理”呢？首先，通过深思和反省来窒欲：“学莫贵于思，唯思为能窒欲。”其次，克己而损欲，“凡人须是克尽己私后，只有礼,始是仁处”,即孔子所谓的“克己复礼”,“非礼勿视,非礼勿听,非礼勿言,非礼勿动”。二程所谓“私欲”不包括人类自然要求,也并不是要灭绝人的一切物质欲望,但由之而生的“饿死事小,失节事大”的说教,却成为近千年束缚妇女的礼教枷锁。

### (四)二程对儒学教育的促进

二程的理学思想是通过讲学授徒的方式发扬光大的。尤其程颐,一生中大部分时间都在开馆讲学,并一度成为帝王之师。然而,无论是入京师作侍讲还是在地方开学馆,他们讲学的目的都只有一个:倡扬理学。因为“经所以载道”,因此经学成为二程理学教育不可或缺的内容。由于二程的经学是以明道为目的的,所以一改旧的经学教育模式,既把《周易》《诗》《春秋》《尚书》《周礼》这些儒家经典作为教学主要内容,又大力提倡以《大学》《中庸》《论语》《孟子》四书为基本内容的理学教育。在具体指导学生读经时,以求圣人之道为读经的最终目的,而视训诂、句读为不足学的雕虫小技。所以,在教学方法上,要求学者首先立志,即立成圣之志;然后以“义理”为师,提倡“自得”,即内心的领悟和掌握。

二程的经学思想,对当时学风的转变、学术思潮的转向起到了重大作用。它以“四书”代替“五经”在经学中的地位,突出儒家的道德哲学、心性哲学,成为中国经学发展的重要里程碑,最终使义理之学取代了传统经学,奠定了程朱理学在学术界的主导地位。

## 四、邵雍易学和张载“太虚”说

汉经学很少重《周易》,而宋明理学家则普遍喜《周易》,对《周易》的研究,又推邵雍成就最高。张载创立“关学”,虽受佛道影响,但仍最终立足于《周易》,与邵雍同成为北宋新儒学的重要代表。

### (一)邵雍易学

邵雍(1011—1077),字尧夫,范阳(今河北涿州)人,早年随父迁至共城(今河南辉县),因曾居苏门百源,学者称之百源先生;后居洛阳安乐窝,自号安乐先生;死后谥康节,世称康节先生,是宋明理学家中最著名的象数学大师。邵雍无书不读,独以六经为本,并且很早就开始了《周易》的学习,曾抄《周易》贴于墙上,每日诵读;为参透易理,常昼夜危坐以思,甚至废寝忘食;

并四方游历，考察与易学相关的掌故历史。他居住在共城苏门百源时，华山道士陈抟易学的第三代传人、共城县令李之才，见他潜心易理如痴如醉，便主动收作弟子，以物理性命之学相传授，并传给他《河图》《洛书》伏羲八卦、六十四卦图像等道家易学秘藏，邵雍潜心钻研，索隐探奥，妙悟神契，多有自得，终悟易学真髓，于是建立起了“能知宇宙，终始古今”的先天象数学体系，成为一代理学宗师。

邵雍用《周易》六十四卦绘成方图、圆周，用八卦及《卦令图》制成先天图，以为“天地万物尽在其中”。他用象数的运动计算宇宙的历史，“观天地之消长，推日月之盈缩，考阴阳之度数，察刚柔之形体”，著为《皇极经世》一书。所谓“至大之谓皇，至中之谓极，至正之谓经，至变之谓世”，即穷日月星辰飞走动植之数，以尽天地万物之理；述皇帝王霸之事，以明大中至正之道；从此书，可见“阴阳之消长，古今之治乱”。

作为哲学家，邵雍坚持唯心主义观点，认为“有数而后有象，有象而后有形”，以神秘的创世说——“先天学”，来解释先天地而存在并创造天地万物的道理。他认为宇宙的本原是太极，太极即心、道，“万化万事皆生乎心”，“天由道而生，地由道而生”。

《宋史·道学》称其《皇极经世》：“以元会运世之数，推之千岁之日，可坐致也。以太极为堂奥，乾坤为门户，包括六经，阴阳刚柔行乎其间，消息盈虚相为盛衰，皇王帝伯相为治乱。”足见其包罗万象、广博精深的大气魄。

**（二）张载的“太虚”说**

张载（1020—1077），字子厚，凤翔郿县（今陕西眉县）人，因居郿县横渠镇讲学，世称横渠先生；其弟子也大多是关中人，因此世称其学派为“关学”。张载也是出入佛老，返归六经，而在《周易》中找到安身立命之所的，其学说集中在《正蒙》这部新儒学理论著作中。

张载认为，秦汉以来儒家之短在于“知人而不知天”，正因此，儒学在思想史上往往处于劣势，而佛、道两家则风头占尽。所以，他非常重视重建儒学的本体论，以弥补传统儒学天道观的不足。他说：“虚者，天地之祖，天地从虚中来。”“太虚者，天之实也，万物取足于太虚，人亦出于太虚。”“游气纷扰，合而成质，生人物之万殊。”即太虚是宇宙的本体，太虚之气凝聚变化，生成宇宙万物；万事万物不断运动变化，再复归入太虚之中；宇宙便是太虚一气聚散运动的过程。他认为：宇宙又是一气。气有不同的存在形式：聚则为有形之物，散则为无形之物，太虚无形，是气的本来状态，其聚散只是气化的一时表现形式，气本身不会产生和消灭，它就是宇宙的本原和本体。气有许多不同的层次，其中最细微、最清虚的层次是太虚，是气的最普遍、最原始、最恒常的形式，“太虚为清，清则无碍，无碍故神”。太虚无所不在，弥漫于宇宙的任何角落，不妨碍一切事物的存在，而与一切事物融为一体，成为太和。

既然宇宙为一气所化，万事万物只因太虚的妙合而成为一个浑然不可分割的太和整体，人，也就是宇宙中一分子，同样可以受到太虚的神化，与太虚契合，而穷理尽性，穷神知化，洞彻全宇宙。所以，圣人要“为天地立志，为生民立道，为去圣继绝学，为万世开太平”，“知必周知，爱必兼爱，成不独成”。

在“太虚说”的理论基础上，张载说：“乾称父，坤称母，予则渺焉，乃混然处中。故天地之塞，吾其体；天地之帅，吾其性；民，吾同胞，物，吾与也。”他以民为同胞兄弟，以自然万物为亲密朋友，所以，要爱一切人，爱一切物，爱全宇宙。张载的学说，虽然完全用儒家思想来表达，却巧妙地融合道家与佛家思想，这种对儒学的新创造对当时及后来的理学家产生了极大的影响。二程的“仁可以通上下言之”就与张载的万物一气论息息相通；朱熹理学的人性论也基本承接了张载的思想。

## 五、理学集大成者——南宋朱熹

宋代新儒学经周敦颐创始，张载、邵雍、二程奠基，基本上构建了其独特的本体论、人性论和认识论，至南宋朱熹，他以周密系统的理论架构，成为宋代理学的集大成者；由孔子开创的儒学，发展到朱熹，也就达到了历史上又一辉煌鼎盛的时期。

朱熹（1130—1200），字无晦，一字仲晦，号晦庵，早年读书，禅、道、文、辞、诗、兵等无所不读，常常为穷究玄理而废寝忘餐，如此，“出入于释老者十余年”，三十岁时正式受学于程颐四传弟子李侗门下，成为程门后学。他继承周敦颐、二程、张载等人的理学思想而集其成，成为中国思想史上“绍道统，立人极，为万世宗师”的重要人物。

### （一）以“理”为本的世界本源说

朱熹的本体论学说，直承周敦颐“太极”及二程“天理”。同时，他将周敦颐“自无极而为太极”这一明显带有道家色彩、以无极以为宇宙本原的理论，改为“无极而太极”，将无极并入太极之中，以太极为本原和本体，使之合于《周易》太极生两仪的说法。更为重要的是，他用二程的天理来解释太极，如“太极只是一个理字”“总天地万物之理，便是太极”“无极而太极，只是说无形而有理”“盖有是实理，则有是天；有是实理，则有是地”“实有是理，故有是人；实有是理，故有是事”“天下之物，皆实理之所为”。这样，朱熹的本体论学说，便不再是太极本体论，而成了理本论。

### （二）理、气关系论

就理与气的关系而论，朱熹认为“理也者，形而上之道也，生物之本也。气也者，形而下之器也，生物之具也”，因而，理在先，气在后。但理、气又密不可分，“天下未有无理之气，亦未有无气之理”，二者圆融无碍。天理通过气来创造万物，元气化阴阳，阴阳化五行，阴阳交感消长，五行生克制化，便产生万事万物。

朱熹又说：“合天地万物而言，只是一个理；及在人，则又各自有一个理。”他借佛家“月印万川”来加以说明，“如月在天，只一而已，及散在江湖，则随处而见”，这就是朱熹理论体系中非常重要的“理一分殊”说，即“物物各有理，总只是一个理”。

### （三）“存天理，灭人欲”的理欲观

理、气论与理一分殊论一旦落实到人伦、政治上，朱熹理学的人性论理论构架就更加整齐周密了。他从本体论的理、气说延伸下来，提出了一系列相对应的二元范畴，如天命之性与气质之性、性与情等。他认为：天命之性或情是天理赋予人的，因而全是善；气质之性与情乃秉承于气，气有清浊，故气质之性与情就有善有恶。因为人是在气质之性与情的支配下思想、行动，所以人性中既有天理，又有人欲，多一分天理，就少一分人欲，“天理人欲不容并立”，因此，人要尽可能地“以理节欲”，修养心性，心性修养的过程也就是“存天理，灭人欲”、逐渐接近纯是天理的圣人境界的过程。那么，人类社会中无处不在的“天理”是什么呢？朱熹说，“三纲五常，天理民彝之大节”，“仁义礼智便是天理之件数”，“万物皆有此理，理皆同出一原，但所居之位不同，则其理之用不一。如为君须仁，为臣须敬，为子须孝，为父须慈”，就是说，不同社会角色，显示天理的不同作用，共同构成和谐的天理秩序，“富贵、死生、祸福、贵贱，皆禀之气，而不可移易者”。但朱熹并不把人起码的生存欲望作为人欲来对待，且承认其合理性。

至于“明天理，灭人欲”的心性修养方法，他说：“孔子所谓‘克己复礼’，《中庸》所谓‘致中和，尊德性，道问学’，《大学》所谓‘明明德’，《书》曰‘人心惟危，道心惟微，惟精惟一，允执厥中’，圣人千言万语，只是教人明天理，灭人欲。”于是提出了“主敬以窒欲”，“敬，则天理常明，自然人欲惩窒消治”。他又说，“圣贤教人，必以穷理为先，而力行以终之”，“学者工夫，唯在居敬、穷理二事。此二事互相发。能穷理，则居敬工夫日益进；能居敬，则穷理工夫日益密”，但“万事皆在穷理后”。他认为，读圣贤之书是穷理最重要的途径：“天下之物莫不有理，而其精蕴则已具于圣贤之书，故必由是以求之。然欲其简而易知，约而易守，则莫若《大学》《中庸》《论语》《孟子》之篇也。”

### （四）“知先行后”知行观

关于二程的“格物致知”，朱熹认为“致知格物是一事”。“格物者，穷事事物物之理；致知者，知事事物物之理”，致知是为了穷理，而穷理又须从格物开始。但他又强调，一切修养最后都必须落实到现实的行动上，知与行“相须并通”，“致知力行，论其先后，固然以致知为先；然论其轻重，则当以力行为重”，“为学之实固在践履，苟徒知而不行，诚与不学无异”，所以，“功夫全在行上”。总之，“格物、致知，便是要知得分明”；诚意、正心、修身等知行功夫做好了，才能做好齐家、治国、平天下的外王之事。这就是朱熹的“内圣外王”之道。

### （五）对儒学教育的促进

在认识论的基础上，作为教育家，朱熹以自己的理学思想传道、授业、解惑。他认为，人才的培养应按年龄和内容的不同分设小学和大学。小学“教之以洒扫、应对、进退之节，礼、乐、射、御、书、数之文”，主要内容是仪礼规范和知识技能；大学则“教之以穷理、正心、修己、治人之道”，内容是儒家内圣外王之道，教材即《大学》《论语》《孟子》《中庸》四书。其《四书集注》成为元、明、清三代科举考试的标准课本。

程朱理学在两宋始终未成为统治思想，到了元代，儒学虽无太大建树，但对明清两代程朱理学统治地位的奠定影响巨大。其一，元代把形式上的尊孔推向极致：孔子被加封为“大成至圣文宣王”，孟子被封为“邹国亚圣公”。其二，确立了《大学》《中庸》《论语》《孟子》“四书”及《易》《诗》《书》《礼》《春秋》“五经”在科举考试中无可替代的专断地位。程朱理学正式成为封建统治者的官方哲学。

## 第四节　对理学从怀疑到反对的陆王心学

心学起源于南宋，属于广义理学，与程朱理学将“理”视为世界本源不同的是，心学强调人的主体性，将“心”看作是万物的根本。宋明时期，心学逐渐形成自己的理论体系，并不断与程朱理学相论辩、相抗衡，成为宋明儒学一个有影响力的重要分支。

### 一、陆九渊心学

陆九渊(1139—1193)，字子静，号存斋，又称象山先生，与朱熹同时，是心学的奠基者。他认为：“宇宙便是吾心，吾心即是宇宙。”他所谓的“心”，承孟子“知性知天”之说，又吸收了佛家“本心”“真心”说。孟子有“万物皆备于我”的主体认识论观点；佛家以本心真心为宇宙本体；程颢则把本体之心与认识之心合而为一，以本心、真心为宇宙本体。这一切，对陆九渊心学体系的建立都有所启示。在陆九渊看来，人与宇宙万物同源同构，只能有一个本原和本体，人之本在其心，心之本在其性；宇宙万物以理为本，人亦以理为本；所以，心性与理为一体，同样一个本体，在人为本心，在物为性理。因此，心即理，理即性。

汉代以来，注经之风盛行，陆九渊根据“宇宙便是吾心，吾心即是宇宙”这一主体认识论命题，以光大程颢以来的心学为己任，提出了“六经当注我，我何注六经”的观点，主张摆脱六经传注和科举利禄束缚，养浩然之气，做圣人之事。其“收拾精神，自做主宰”中，对个性和主体人格精神的张扬显而易见，从而确立了自我主体的权威。

### 二、王阳明及其心学体系

在程朱理学正统地位确立后，主张高扬主体精神的陆氏心学被贬抑。明初，虽宗朱熹理学，但又竭力提倡“心体”作用的吴与弼，成为由程朱理学向阳明心学的过渡人物。他提出了“寸心含宇宙”的心学观点，其弟子胡居仁也认为“心与理一”“心存则理自在”；尤其是吴门弟子陈献章，背离程朱理学，强调静坐的重要性，认为为学当求诸心，“求之书籍而弗得，反而求之吾心而道存焉，则求之吾心可也”，还说“夫养善端于静坐，求义理于书册，则书册有时而可废，而善端不可不涵养也”，“自得者，不累于外，不累于耳目，不累于一切”。吴门师徒“反身求诸内心”的心学观点，实际上是对当时官方儒学的挑战，也是明代哲学家继承陆九渊心学开了明一代心学之端。

### （一）王阳明心学的形成

明代心学集大成者为王守仁。王守仁（1472—1529），字伯安，尝筑室故乡阳明洞中，世称阳明先生。他是明代唯一一个堪与宋代理学大师相比并的儒学思想家，由他创立的学说称为“王学”或“阳明学”，在当时及后世思想界都掀起过狂澜。

提起王阳明的心学，就一定要提到清初思想家黄宗羲在《明儒学案》中对之划分的所谓“前后三变”，从中我们可以明白王氏心学的形成、发展和基本精神。“前三变”：守仁少年时期性格疏放，喜好诗文，泛滥于辞章间，继而厌弃辞章，矢志追求圣人之道；十八岁时遍读朱熹之书，之后致力于“格物之学”，但因“格”衙内之竹百无所获，对朱熹理学便产生了怀疑，遂转向佛、老；沉溺佛、老并渐有所悟，又不满于佛老的悖于纲常名教，因触犯权贵被贬为贵州龙场驿丞后，于孤独中苦思冥想，终于“寤寐中若有人语之者，不觉呼跃，从者皆惊。始知圣人之道，吾性自足，向之求理于事物者，误也”，这就是有名的“龙场悟道”，标志着王氏心学体系的建立。“后三变”：初倡“默坐澄心”，显然受到陈献章“静坐”的影响；继而专言“致良知”，强调动静结合，即知即行，即行即知，知行合一；至晚年，王守仁心学理论臻于纯熟之境。其“王门四句教”所谓“无善无恶是心之体，有善有恶是意之动，知善知恶是良知，为善去恶是格物”成为王氏讲学时的警言。上述王守仁的为学“三变”告诉我们：其心学体系是建立在糅合儒学与佛老思想，对朱熹怀疑与批判的基础上的。

### （二）王阳明心学的主要内容

心学在本质上是一种解放思想、高扬自我权威的主体论学说，它主张把一切存在都当作为我所用的客体，而反对有高高在上的任何权威。王阳明说：“人者，天地万物之心也。心者，天地万物之主也。心即天，言心则天地万物皆举矣。”“人心是天渊，心之本体无所不赅。”

儒学自古注重修身齐家治国平天下的社会功用，从孟子开始，将修、齐、治、平的前提和最终目的放在人心这个主体上。《礼记·大学》一篇综合孟子的心性论，提出了一套循序渐进的步骤，即所谓的“八条目”——格物、致知、诚意、正心、修身、齐家、治国、平天下。前四条为自身的内在修养，后四条则是由己身推行于天下，“修身”是“八目”的枢纽。陆王心学与程朱理学的分歧即在格物、致知两条目上。王守仁认为朱熹是将“心”与“理”割裂开来了，因为他将“格物致知”解释为即物穷理，是以“吾心”去求事物的定理。朱熹以“格物”为“格天下之物”，王守仁则反诘：“天下之物，如何格得？”“纵格得草木来，如何反得来诚自家意？”就是说，朱熹所谓的格物致知是无法达到诚意正心的目的的。在此情况下，王守仁提出自己的格物致知学说，这就是他的“知行说”。王守仁以为：知便是人先天固有的“良知”，是心的本体，因而也是天理，人无论贤不肖皆有良知，所以他把“格”解释为“正”，或者说“正其不正以归于正”。行即将主观的良知推行于外部，使事物皆得其理。“所谓致知、格物者，致吾心之良知于事事物物。吾心之良知，即所谓天理也。致吾心良知之天理于事事物物，则事事物物皆得其理矣。致吾心之良知者，致知也；事事物物皆得其理者，格物也。”这样，王氏心学的基本构架已相当明了，即“心即理”“致良知”“知行合一”。

所谓“致良知”，归根结底就是确定自我主体性。他说：“天理在人心，亘古亘今，无有终始，天理即是良知。”“人胸中各自有个圣人，只自信不及，都自埋倒了。”“夫道，天下之公道；学，天下之公学也。非朱子可得而私也，非孔子可得而私也，天下之公也，公言之而已矣。”因为人人皆有天禀的良知，良知可判断一切是非善恶，故而只要自信，就可成就圣人之功。

王守仁又说：“知行原是两个字说一个工夫。”“知是行的主意，行是知的功夫；知是行之始，行是知之成。若会得时，只说一个知，已自有行在；只说一个行，已自有知在。”据此，他指出：“夫学、问、思、辨、行，皆所以为学，未有学而不行者也，尽天下之学，无有不行而可以言学者。”

## 三、王艮与泰州学派

出身低微的泰州人王艮是王阳明最著名的弟子之一，他创立的泰州学派发展王阳明心学理论，成为明中叶最有影响的一个思想流派。

泰州学派虽源自阳明心学，但已表现出对礼教甚至经典的大胆叛逆。王艮认为：古代的圣人无不以位天地、育万物为己任，所以自己要做的也是“为天地立心，为生民立命”。他希望以先觉觉后觉，使万民冲破封建政治的罗网，回归自由天地。这种理想因为以仁者“以天地万物为一体”的心学形式表现,已带有朦胧的启蒙思想。他批评程朱理学一派所讲的为学方式束缚个性和心灵的自由,不是圣人之正学,从而提出了"百姓日用即道"的观点,充分肯定了人类情欲的合理性。

据此,王艮就有了被称为"淮南格物"的尊身立本论。他说:"吾身是个矩,天下国家是个方,絜矩则知立之不正由矩之不正也。是以只去正矩,却不在方上求,矩正则方正矣,方正则成格矣,故曰格物。"这就是说,格物即正身以正天下。之后,他进一步提出了尊身以立本的尊道思想:"身与道原是一件,至尊者此道,至尊者此身。尊身不尊道,不谓之尊身;尊道不尊身,不谓之尊道。"由"尊身"又推出"安身"的思想,他说。"不知安身,便去干天下国家事,是之为失本。""不知身之不能保,又何以保天下国家哉?"所以,"明哲,良知也;明哲保身者,良知良能也。知保身则必爱身,能爱身则不敢不爱人,能爱人则人必爱我,人爱我则吾身保矣"。

对于王阳明的"致良知",王艮以为虽有"天然率性之妙",但未免以力相助的牵强,因此提出了"良知致"。所谓"良知致",即是说,良知是"现现成成,自自在在"的,不需要有意怎样,只应一任自然,"即此不失便是居敬,即此常存便是持养,真不须防检"。

王艮之后,其门徒颜钧对"自然"一理进一步发挥,指出:"性如明珠,原无尘染,有何睹闻?著何戒惧?平时只是率性所行,纯任自然,便谓之道。"颜钧之弟子罗汝芳更提出了"赤子之心,浑然天理"。颜钧弟子何心隐根据王阳明、王艮天地万物本吾一体的心学思想,提出了"农、工、商、贾可超而为士""相交而友,相友而师""凡有血气之莫不亲莫不尊"的学说,认为真正的仁义必须打破一切既有的等级,人人平等,这无疑是对封建等级制度的抗议和挑战。同样是泰州学派门人的李贽(王艮之子王襞的弟子),更是表现出反对程朱理学的异端思想。他认为,"人即道也,道即人也;人外无道,道外亦无人""穿衣吃饭即是人伦物理""不必矫情,不必违性,不必昧心,不必抑志,直心而动,是谓真佛"。在他看来,人的本性是自私的,只有满足人的私欲才是真道。所以,他坚决反对虚伪和循规蹈矩,主张率性自然,以为必须破除千百年来"以孔子是非为是非"的观念,表现出对传统道德的彻底否定。这种思想反映在李贽的文学观中,则是他倡言真情真性的"童心说"。

在宋明心学的发展过程中,个性得到充分张扬,自然逐步得以肯定,理学禁欲的堤坝则一次次受到冲击。

## 第五节　清代实学的兴起

儒学由宋明理学、心学向经世致用以及乾嘉之学的实学转化是在明末清初。当时的社会变革在士大夫心目中激起的狂澜，是任何一次改朝换代都不能比的。清王朝入主中原，他们拒绝合作，同时因为对旧朝的留恋而哀其不幸，怒其不争；他们没有把这次改朝换代看作是自秦而汉而唐以来一次次简单的天下易主，而是带着强烈的民族意识竭力抗清复明，并由此引起对中国传统文化的反思。

### 一、顾炎武与经世致用学风的兴起

顾炎武为清“开国儒宗”，人称亭林先生，明末科举不利，遂弃求仕之学，探索国家治乱的道理。明亡，他毅然投身于抗清复明的斗争，复明无望后，笃志经史，致力于著书立说，因深厚的学养而多次被清廷征召，皆坚辞不出。

顾炎武一生以天下为己任。他以为“天下兴亡，匹夫有责”，“天生豪杰，必有所任。今日者，拯斯人于涂炭，为万世开太平，此吾辈之任也。仁以为己任，死而后已”。在此，我们又一次看到了儒学创始者为天下而筚路蓝缕的殉道精神。他从根本上否定“理学”，认为理学本应是儒家义理之学，而义理只能是对儒家经典的抽象，研究义理的首要前提是通经，可当时的理学却舍弃“五经”以求所谓一贯之道，舍弃圣人语录去依附后儒（理学家）的语录，纯属数典忘祖，因此明确指出，“古之所谓理学，经学也”，“今之所谓理学，禅学也”。作为对宋明理学清谈的反拨，清初的学风以“通儒之学”为基本特征。所谓“通儒之学”，用顾炎武的话说就是“习六艺之文”（经学）、“考百王之典”（史学）、“综当代之务”（现实）三方面的结合，于是，一个“通经复古”的汉学思潮逐渐兴盛起来，但顾炎武的倡导汉学，绝不仅仅是为了复古，他的目标仍是经世致用。

作为儒家学者，顾炎武还极其重视社会教化、风俗问题，他说：“教化者，朝廷之先务；廉耻者，士人之美节；风俗者，天下之大事。朝廷有教化，则士人有廉耻；士人有廉耻，则天下有风俗。”又说：“目击世趋，方知治乱之关必在人心风俗，而所以转移人心、整顿风俗，则教化纪纲为不可阙矣。”针对当时特殊的历史环境，他还提出了“博学于文，行己有耻”的主张，他说：“愚所谓圣人之道如之何？曰：博学于文，行己有耻。自一身以至于天下国家，皆学之事；自子、臣、弟、友以至出入、往来、辞受、取与之间，皆有耻之事。”而其为学、知廉耻等也都是为了“明学术、正人心、拨世乱以兴太平之事”的经世目的。

## 二、启蒙思想先驱黄宗羲

黄宗羲(1610—1695)，字太冲，号南雷，人称梨洲先生，浙江余姚人。因“愤科举之学锢人生平，思所以变之”，博览群书。明末，与宦官坚决斗争；明灭，集合家乡子弟参加起义，抗清复明。复明无望后，他把主要精力投入到讲学、著述之中。

黄宗羲的《明儒学案》对明代儒学做了详细的研究，成为中国第一部学术史专著。在学术上，他对汉学思潮的笃实作风有所继承，同时还发扬了心学家的批判精神，对程朱理学的攻伐不遗余力。他说：“儒者之学，经天纬地。而后世乃以语录为究竟，仅附答一二条于伊洛门下，便厕身儒者之列，假其名以欺世。治财理赋者则目为聚敛，开阃捍边者则目为粗材，读书作文者则目为玩物丧志，留心政事者则目为俗吏，徒以‘生民立极’‘天地立心’‘万世开太平’之阔论钤束天下；一旦有大夫之忧，当报国之日，则蒙然张口，如坐云雾。世道以是潦倒泥腐。”他认为，儒学本应是无所不包而又高度整合的统一体，但后来被割裂成“文苑”“儒林”“理学”“心学”等，本来的面目和功能因此而渐失，终于导致儒学的危机。因此，复兴儒学本质上是重新整合儒学，以期达到经世致用的目的。

黄宗羲的《明夷待访录》，是一部洋溢着批判精神与民主革命理想的启蒙思想著作。作者由亡明的教训而对整个君主专制制度进行了抨击和彻底否定。他说：“为天下之大害者，君而已矣广。”由此而对汉以来居“三纲五常”之首的“君为臣纲”大加驳斥，“今天下之人，怨恶其君，视之如寇仇，名之独夫，固其所也。而小儒规规焉以君臣之义无所逃于天地之间，至桀纣之暴，犹谓汤武不当诛之，而妄传伯夷、叔齐之事”，痛斥君主将天下当作一己私产，给天下带来无穷祸害，并对小儒死守教条加以嘲笑。从而提出“天下为主，君为客”的国家主体思想，认为君主的职分应该是：“其知天下之不可无衣也，为之授地以桑麻之；知天下之不可无教也，为之学校以兴之；为之婚姻之礼以防其淫，为之卒乘之赋以防其乱。以千万倍之勤劳，而己又不享其利。”他认为，封建社会的法律是“一家之法，而非天下之法”，所以要用“天下之法”，取代“一人之法”。孟子“民为贵，社稷次之，君为轻”的民本思想在黄宗羲这里得到了充分发扬。

黄宗羲几乎所有的批判与理想设计都建立在“古”与“今”对立的基础上，但他的复古却不时闪烁出启蒙的光辉，以至于成为近代资产阶级启蒙运动、改良运动的先声和有力的思想武器。

## 三、唯物主义思想家王夫之

王夫之(1619—1692)，字而农，号姜斋，人称船山先生，湖南衡阳人。他曾与人组织“匡社”，志在匡扶社稷。明亡，举兵抗清，最终归老衡阳石船山，以教书著述为业，讲授《春秋》《周易》等，宣扬“夷夏之辨”和反清复明思想。王夫之著述颇多，内容也广泛，在哲学上，他通过对儒、释、道三家思想的系统研究和对历史现实的深入反思，继承宋代张载以太虚为本体的思想，建立了中国古代最完善的气本论哲学体系。

王夫之所谓的“气”，正如辩证唯物主义所谓的物质，用来概括宇宙间的一切客观存在。在气本论基础上，对理学家们关注的理气关系问题，他认为：“理者，物之固然、事之所以然也。万物皆有其固然之用，万物皆有当然之则，所谓理也。理即是气之理，气当得如此便是理，气外更无虚托孤立之理。”“气者，理之依也。气盛则理达，天积其健盛之气，故秩序条理，精密变化而日新。理本非一成可执之物，不可得而见；气之条绪节文，乃理之可见者也。故其始之有理，即于气上见理；迨已得曹，则自然成势，又只在势之必然处见理。”

关于知行关系，王夫之认为“知行相资，并进而有功”，同时更强调了行的重要性，说“知者非真知也，力行而后知之真”。

对于天人关系，则突出了胜天、与天争权的思想。他充分肯定了“民”在历史发展中的决定作用，把民心与民情看成是天理的表现者。根据这种“即民以见天”的观点，王夫之又提出了“即欲以见理”的理欲观，强调天理寓于人欲之中，“人欲之各得，即天理之大同；天理之大同，无人欲之或异”。

与顾炎武、黄宗羲改革政治的观点一致，王夫之也提出了“均天下”和“公天下”的社会改革主张。

## 四、从"经世致用"到"乾嘉经学"

先秦儒学本为经世之学，然至汉代经学、神学，儒家思想发生变异；而至宋明理学、心学，空谈义理使儒学的基本精神中已很少经世致用的因素。虽则他们将儒学刻意拔高，甚至使其高高在上，成为统治哲学，但充其量只是统治者手中的一种统治工具。相对于此，清初三大思想家对儒学采取的历史的阐释，他们以儒学经世致用的思想，无疑更贴近儒学的本质精神。但随着学者救世热情的冷却，清初"经世致用"之学逐渐为琐屑的"乾嘉经学"所代替。这种笃实的考据之学就学术而远儒家"治国平天下"的终极目标；不客气地说，是满足于字饤句饾、叠床架屋式的考证，而忘记了儒学的终极关怀对象——世道人心。

清代古文经学即汉学的兴盛，本来具有转变学风和解构理学的积极作用，但乾、嘉年间流于故纸堆中的考据，实际上标志着儒学的没落。这种局面一直到晚清龚自珍等以今文经学取代清古文经学，新儒学思潮逐渐以今文经学复兴的方式发展起来并占据时代思潮主流才宣告结束。

# 第六节　儒家的人格价值取向

当我们用现代人的眼光重新审视几千年积淀下来的传统文化时，难免求全、挑剔；尤其是儒学发展到宋明理学，那窒息人性、桎梏人情的"存天理，灭人欲"的思想，更是遭到后世猛烈的抨击。然而，无论"五四"新文化运动的打倒孔家店，抑或之后对儒学的种种批评，更多地还是集中在后儒使之偏颇化的君臣之礼、封建等级上。如果我们冷静面对儒学的本质，反思传统儒家的基本精神，客观地扬弃儒家思想中的精华和糟粕，特别是对儒家的人格价值取向进行剖析后，就不难理解儒学几千年来对中国文化和民族精神自始至终的影响。

从孔子、孟子到宋明时后儒，都把做"仁人""君子""圣人"放在了自己学说最重要的位置上。所谓"工欲善其事，必先利其器"，为了达到君子、圣人的境界，他们又提出一系列修身之法和为人处事标准。

立身是一个人能否成为君子的关键。儒家认为"志于道，据于德，依于仁，游于艺"是"君子儒"的立身之本，依此才能做到"三军可夺帅也，匹夫不可夺志也”，才能有“富贵不能淫，贫贱不能移，威武不能屈”的大丈夫浩然之气，弘毅，坦荡，光明磊落。

学习是成就圣者、仁者的基本途径，对待学问，应“知之为知之，不知为不知”，学思结合，并要注意学习贤者的良行修养自身，因为“三人行，必有我师焉”，想做君子就必须“见贤思齐焉，见不贤而内自省也”。还须善于改过，因为“君子之过也，如日月之食焉：过也，人皆见之；更也，人皆仰之”。

君子人格于是就有了一系列的规范和取舍。就富贵与贫贱，君子人格应是“贫而乐，富而好礼”。孔子说：“富与贵，是人之所欲也，不以其道得之，不处也；贫与贱，是人之所恶也，不以其道得之，不去也。”“不义而富且贵，于我如浮云。”对于义与利，儒家认为“先义而后利者荣，先利而后义者辱”“义之所在，不倾于权，不顾其利，举国而与之不为改视，重死而持义不桡”，以至于“舍生取义”“杀身以成仁”。在对己对人的态度上，儒家要求君子仁人“己所不欲，勿施于人”“己欲立而立人，己欲达而达人”“成人之美，不成人之恶”“不患人之不己知，患不知人也”。严格要求自己，“其行己也恭，其事上也敬，其养民也惠，其使民也义”“行己有耻”。与朋友交往，言而有信；对于老者幼者，“老吾老以及人之老，幼吾幼以及人之幼”，推己爱人。

儒家的修身，最终还是为了安定天下，那么安天下者的标准又是什么呢？孔子说：君“使臣以礼”“为政以德”“敬事而信，节用而爱人，使民以时”，使“近者悦，远者来”。君应重用贤者，疏远小人，“举直错诸枉”。而正人则先正己，因为“其身正，不令而行；其身不正，虽令不从”。只有做到了这些，才能使“臣事君以忠”，使“民服”。

儒家有关人格价值取向的一些思想言论，激励着一代代炎黄子孙积极进取。那些为民族兴亡而喜而忧，为天下百姓而乐而苦的志士们，以自己的行为诠释着儒家“任重而道远”“天将降大任于斯人”的人生精神。中国历史上数不胜数、美名远扬的民族英雄，近代帝国主义侵略时中国人民不屈不挠的斗争，中国共产党人在历次斗争中表现出的大义凛然、宁死不屈、知过必纠，还有鲁迅先生所谓的中国的“脊梁”，难道不都是君子、仁者、圣者之行吗？

# 第三章　道家文化

长期以来,儒家文化虽然被看作中国传统文化的正统,但同出于春秋战国时期的道家文化也影响至为深远。事实上,就中国传统文化的构成而言,儒、道两家各关注两个不同的侧面。如果说儒家文化更为注重经世致用,那么道家文化则更为关注人如何内修。相对而言,道家文化居于传统文化更为深层的结构中。没有道家便没有中国文化建构的哲学基础。因此,我们说,和儒家文化一样,道家文化也是中国传统文化的主干。

## 第一节　道家思想的形成

关于道家思想的形成,台湾地区学者南怀瑾先生将其来源归为四个方面:“(1)黄、老学术。(2)老、庄思想。(3)隐士思想。(4)方士学术。”①而在这四个方面中最为重要的是老、庄思想,下面分而述之。

### 一、老子与道家

#### (一)老子其人

谈道家必先谈老子,提起老子又有种种说法:孔子说老子“犹龙”;司马迁认为老子“隐君子也”;南怀瑾先生认为老子“一个千古绝妙的人物”;而西方学者谈老子则与神秘主义并俱。关于老子其人其事的记述现在为人公认的是司马迁的说法。《史记·老庄申韩列传》对老子事迹有这样的记述:

老子者,楚苦县厉乡曲里人也。姓李氏,名耳,字伯阳,谥曰

① 南怀瑾:《禅宗与道家》,上海:复旦大学出版社,1999 年版,第 139 页。

聃。周守藏室之史也。

孔子适周，将问礼于老子，老子曰："子所言者，其人与骨皆已朽矣，独其言在耳。且君子得其时则驾，不得其时则蓬累而行。吾闻之，良贾深藏若虚，君子盛德，容貌若愚；去子之骄气与多欲，态色与淫志，是皆无益于子之身。吾所以告子，若是而已。"孔子去，谓其弟子曰："鸟，吾知其能飞；鱼，吾知其能游；兽，吾知其能走。走者可以为网，游者可以为纶，飞者可以为缯。至于龙，吾不能知其乘风云而上天。吾今见老子，甚犹龙邪！"老子修道德。其学以自隐无名为务。

居周久之，见周之衰，乃遂去。至关，关令尹喜曰："子将隐矣，强为我著书。"于是老子乃著书上下篇，言道德之意五千余言而去。莫知其所终。或曰，老莱子亦楚人也，著书十五篇，言道家之用，与孔子同时云……自孔子死之后百二十九年，而史记周大史儋见秦献公……或曰儋即老子，或曰非也，世莫知其然否。老子，隐君子也……

可见不仅历史上对老子的生平事迹记载多有神秘色彩，即或对老子的身份也是有所争议的。事实上，在《史记·老子韩非列传》中，对老子的身份提出了三种说法，分别是：李耳、老莱子及太史儋。老莱子也是楚人，且与李耳年代相仿，但其长期隐居于楚，并未有到周地的记载，行迹与老子不合。《史记·仲尼弟子》载："孔子之所严事：于周则老子；于卫蘧伯玉；于齐晏平仲；于楚老莱子。"可见司马迁也认为老子与老莱子并非一人。周太史儋的生活年代则明显晚于孔子，这与史籍所记载的孔子入周，问礼于老子不相符合，因此太史儋更不可能是老子。因此，综合文献记载及其前代研究，多数学者认为老子就是老聃，即春秋时期思想家，道家学派的创立者李耳。

据《史记·老子韩非列传》记载，老子的出生地是在楚国苦县厉乡曲仁里，在司马迁之后，《汉书》等后世文献在谈到老子故里时，也均沿用司马迁的说法。古代典籍公认，楚国苦县厉乡曲仁里位于今河南鹿邑，其具体位置就是鹿邑县太清宫镇。据记载，老子曾在洛阳担任周守藏史，后弃官离开洛阳巡游。老子在弃官离开洛阳后，骑青牛过函谷关（今河南灵宝）准备到关中。在过关时，被守关的官员尹喜发现，苦劝老子留下，行弟子礼，拜老子为师。应尹喜之请，老子撰写了《道德经》五千言。后来老子离开函谷关入秦，遍历关中名山大川，最后隐居于扶风一带聚徒讲学，传播道家思想，也有记载说老子在关中传道，最后不知所终。

研究道家思想，我们不仅可以从考据学的角度去追究老子其人其事的真实性，亦可从孔子对老子“犹龙邪”和司马迁的断语“老子，隐君子也”中一窥老子其人。

隐君子或称隐士，在历史上的各个时代都出现过，尤其在社会动乱时期为多。《论语》中记载孔子到楚国去，一路遇上接舆、长沮、桀溺等“隐者”。他们都讥讽并劝谕孔子及其门徒，不要不识时务，“往者不可谏，来者犹可追”，应及早幡然醒悟，避世隐居。避世隐居是社会动荡时期具有相当的历史知识和政治阅历的人的一种人生方式。他们不参与社会政治斗争，退隐旁观，但又不能与世隔绝，而是把他们把握历史的智慧和人生的思考诉诸文字，给世人或后人以明鉴。作为“隐者”的老子将他对社会政治及人伦道德的思考，提升到具有形而上特质的思辨哲学，奠定了道家学派的理论基础，老子亦成为道家学派的创始人。

### （二）以“道”为核心的宇宙观

1.“道”的抽象性

“道”是老子思想的核心，老子哲学的理论基础就是由“道”这一观念展开的。《老子》第一章开宗明义地提出：“道可道，非常道；名可名，非常名。无名，天地之始，有名，万物之母。”此后，“道”在《老子》五千言中出现七十三次之多。老子把自己在经验世界中所体悟的道理统统归附于“道”。

“道”具有形而上的性质。《老子》第十四章说：“视之不见，名曰‘夷’；听之不闻，名曰‘希’；搏之不得，名曰‘微’。此三者不可致诘，故混而为一。其上不皦，其下不昧，绳绳兮不可名，复归于无物。是谓无状之状，无物之象，是谓惚恍。迎之不见其首，随之不见其后。”第二十一章说：“‘道’之为物，惟恍惟惚。惚兮恍兮，其中有象；恍兮惚兮，其中有物。窈兮冥兮，其中有精；其精甚真，其中有信。”“道”是无形、无声、无体的混然物。有“道”之前不甚明了；有“道”之后仍不可名状，似有似无。“道”超越人的认识而存在，是形而上之“道”。

“道”又是实际存在，“道”虽没有固定的形体，超越物相，超越所有，但它又并非空无所有。《老子》第二十五章有：“有物混成，先天地生。寂兮寥兮，独立而不改，周行而不殆，可以为天地母。吾不知其名，字之曰‘道’。”

虽然老子对“道”的解释并不十分清晰，但从中也能够看出老子并没有将“道”界定为一个人格神，同时老子的“道”也不同于儒家的“君义、臣行、父慈、子孝、兄爱、弟敬”等人伦之道。实际上老子所言的“道”是一个难以言状的物质或精神存在，是一个关于宇宙本体及其法则的哲学概括，它不是实践理性所能认识的，而是抽象思辨所得。

2.“道”是老子宇宙观的最高存在

老子认为，“道”是一个实有的存在体，周行不殆，独立不改。不仅如此，“道”还产生天地万物。《老子》第四章说：“道冲而用之或不盈，渊兮似万物之宗。”第四十二章有：“道生一，一生二，二生三，三生万物。”第五十一章：“道生之，德畜之，物形之，势成之，是以万物莫不尊道而贵德。……故道生之，德畜之，长之育之，亭之毒之，养之覆之。”

老子认为，“道”是“万物之宗”，是一切存在的始源，道创生万物，之后还要使万物得到培育，使之成熟、覆养。

同时老子还用“有”和“无”似对立又联系的概念来表示“道”创生万物的过程。“无名天地之始，有名万物之母”“天下万物生于有，有生于无”，“有”“无”是老子哲学的专有名词。道是“无”与“有”的统一体，因为道具有“玄之又玄”的特性。“道”幽隐无形，无状无相，超越经验，所以用“无”形容它。而这一“不见其形”的“道”却又能蕴蓄万物，所以又用“有”来指称它。用“无”“有”来指称“道”，是用来表现“道”一层层地由无形质落实到有形质的一个先后而具持续性的活动过程。

3.“道”与事物的运动规律

老子认为，“道”并非静止不动，而是具有运动性，因此“道”也是规律性的“道”。道产生于天地万物，并存在于天地万物之中，体现着万物的运动变化，成为天地万物运动变化的规律。老子说：“反者道之动，弱者道之用。”自然界的运动变化莫不依循某些规律，其中一个总的规律就是“反”：事物向相反的方向运动发展；同时，事物的运动发展总要返回到原来的初始状态。

因而“反”蕴含两层含义：一是循环往复；二是互相转化。循环往复是“道”所表现的一种规律。道“强为之名曰大，大曰逝，逝曰远，远曰反”（《老子》第二十五章，以下凡注几章者均指《老子》一书），“致虚极，守静笃。万物并作，吾以观复。夫物芸芸，各复归其根。归根曰静，静曰复命。复命曰常，知常曰明。不知常，妄作凶”（十六章）。“道”周行不殆，生生不息，蕴蓄万物,而万物从“道”分离出来后,生生不息地变化(“逝”),越来越离开“道”(“远”),离“道”越远,剥极必复,又回复到“道”。

老子从万物的蓬勃生长中,看出“道”的运行规律。一方面创生万物的“道”具有“致虚极、守静笃”的特性,万物归根,也必是一种虚静的状态;另一方面,“道”呈现为互相转化的规律。天地万物皆“负阴而抱阳”,由相反相成的对立面构成。阴阳两面在对立运动中不断地互相消长、转化。“天下皆知美之为美,斯恶已;皆知善之为善,斯不善已。故有无相生,难易相成,长短相形,高下相倾,音声相和,前后相随。”(二章)“祸兮福之所倚,福兮祸之所伏。”(五十六章)任何事物都是在对立转化的过程中运动着。老子强调要辩证地对待事物,善于从反面的关系中去把握正面的深刻含义。同时他更强调事物反面的作用,在雄雌、先后、高下、有无等对立事物中,他要人守雌、取后、居下、重无,因为在老子看来,事物是对立转化的。在三十六章中他说:“将欲歙之,必固张之;将欲弱之,必固强之;将欲废之,必固兴之;将欲取之,必固与之。是谓微明。”天下事物,势极则反。关于对立转化,老子论述很多。二十二章他说:“曲则全,枉则直,洼则盈,敝则新,少则得,多则惑。”老子认为“道”之运动处处呈现为相反相成的规律。

4.“道”的本质特征

老子认为,自然无为或曰“虚静”是道的本质特征。在老子思想中,“自然”是其极为强调的状态,没有“自然”,也就无所谓“道”。故此老子说:“道大,天大,地大,人亦大。……人法地,地法天,天法道,道法自然。”(二十五章)还说“万物尊道而贵德。道之尊也,德之贵也,夫莫之命,而常自然也”(五十一章)。可见,“自然”在道家学说中具有极崇高尊贵的地位。

“自然”即为“自成”“自然而然”。“道法自然”即取其自然无为、自然而然的状态。老子以自然之“道”代替了传统的天帝观念,摒弃了任何超自然的思想,标志着神学向哲学的转变。“道”除了自然无为之外还具有虚、静、柔、弱之性。“道”性之所以“虚”,因其本体虚空,“道冲,而用之或不盈,渊兮,似万物之宗”(四章),“天地之间,其犹橐龠乎? 虚而不屈,动而愈出”(五章)。唯其“道”体虚空方能储藏无穷,创生万物。“虚”与“静”都是事物的两极,按照事物转化的规律,虚能含实,静不舍动,老子所谓“致虚极,守静笃,万物并作,吾以观复”(十六章),正在于揭示这一含义。由“道”性“自然”引出“道”性“柔弱”。在老子看来,强力违背物性自然,柔弱才能蕴生万物。《老子》第七十六章："人之生也柔弱，其死也坚强；草木之生也柔脆，其死也枯槁。故坚强者死之徒，柔弱者生之徒。""坚强处下，柔弱处上。"老子以为"柔""弱"是"道"之用，同时也是物之性。

由以上论述可知，老子论"道"具有自然无为、虚静、柔弱等特征，而其中自然、无为、虚静又与"道"同体，是形而上之道体的自性显现，属于"道之德"。老子所谓"道生之，德畜之，长之育之，亭之毒之，养之覆之。生而不有，为而不恃，长而不宰，是谓玄德"（五十一章），德体现着道生畜万物而不为已有，涵养万物而不恃己能，成就万物而不做主宰，它对万物的畜养长育作用是自然而然的，体现了道的自然本性。柔、弱虽为道之性，但它不是形而上之道体的自性，而是符合"自然"的物之性，属于"物之德"。老子对道的论述主要还是基于对社会人生的思考，他最终还是把形而上的道落实到天地万物和社会人生层面。

**（三）社会人生之"道"——"德"**

老子的道家学说，从阐释宇宙起源和演变规律开始，最终的落脚点还是以政治论与人生观为核心的社会学说。

1. 无为而治的政治观

对于政治学说，即关于如何管理国家方面，老子首先对当时统治者的暴虐统治做出了揭露和批判，他说："天之道，损有余而补不足；人之道则不然，损不足以奉有余。"（七十七章）"民之饥，以其上食税之多。""民之轻死，以其上求生之厚。"（七十五章）

在老子思想中，当形而上的"道"落实到物界，作用于人生，便随"道"之"德"衍化为人之"德"。老子由"道"的根源处寻找与之相应的社会人生之"道"。首先由"道法自然"引出"无为而治"的政治主张。"自然"之义为自然自成、自然而然的状态，老子认为任何事物都应顺任自身的情状去发展，不必以外界的意志去制约它。事物本身就具有潜在性、可能性，不必由外附加，依照"道"之"自然"性，人事也应行"无为"之事。

因此，从道家理念出发，老子提出圣人治国需要做到无为而治，即治理国家最好的方法就是统治者不要去劳烦百姓，做到无为而治。老子说"治大国若烹小鲜"（六十章），意思就是，治理好一个大国其实就像做一盘小菜一样，其实很简单，只要少烦扰百姓，国家自然会安定太平。"无为而治"思想贯穿《老子》五千言始终：

圣人处无为之事,行不言之教。(二章)

为无为,则无不治。(三章)

爱民治国,能无为乎!(十章)

道常无为,而无不为。侯王若能守之,万物将自化。(三十七章)

无为而无不为,取天下常以无事。(四十八章)

我无为而民自化。(五十七章)

“无为”在《老子》一书中,主要是指顺其自然而不加以人为的意思,而且主要是不要强作妄为之意。为政不宜扰民,扰民不合自然,如果政令烦苛,犹如飘风骤雨,对人民构成侵害,就不能持久。“自然”是就天地运行状态而言的,“无为”也是就人的活动状态而说的,老子提倡“无为”的动机是出于“有为”。

他看到当时统治者肆意妄为,看到“有为”之害,方倡导“无为”。他说“天下多忌讳,而民弥贫,……法令滋彰,盗贼多有”(五十七章),严刑的暴虐,弄得天下民不聊生。而逼迫过甚,终会产生大祸,“民不畏威,则大威至”(七十二章),“民不畏死,奈何以死惧之”(七十四章),官逼民反,最后发生大的祸乱。老子正是目睹了春秋末期出现的那些严重社会弊端,才主张“无为”而治。老子的“无为”不是无所事事的“不为”,而是不妄为的意思。“无为”思想长期被误解。事实上,老子所谓“无为”乃是一种处事的态度和方法,“无不为”乃是指“无为”所产生的效果。这也正与老子“为无为则无不治”的意义相通。

不过在认识论方面,老子主张“智慧出,有大伪”(十八章),“为学日益,为道日损”(四十八章)。否定学习的作用,认为人们学习事物越多,距离“道”的要求就越远。故此老子在治国方面也主张采用愚民政策。老子说:“绝圣弃智,民利百倍。绝仁弃义,民复孝慈。绝巧弃利,盗贼无有。”(十九章)又说:“不尚贤,使民不争;不贵难得之货,使民不为盗;不见可欲,使民心不乱。是以圣人之治,虚其心,实其腹,弱其志,强其骨,常使民无知无欲,使夫智者不敢为也。为无为,则无不治。”(三章)可见所谓“无为而治”,无论对于君臣还是百姓,都是有一定前提的,而这个前提就是“绝圣弃智”,即远离儒家的圣贤标准和认知标准。

2. 主张虚静寡欲的人生观

在谈到人生处世的方法时，老子即提出“袭明”“处柔”等观点。

首先，所谓“袭明”（二十七章）就是说要按道、常，也就是按规律办事，不强求，不去刻意改变自然。

其次，所谓“处柔”指人们要做到“贵柔守雌”，不要刻意争先，而是要善于以柔克刚。老子说：“不自见，故明；不自是，故彰；不自伐，故有功；不自矜，故长。夫唯不争，故天下莫能与之争。”（二十二章）“无为”“寡欲”“祸莫大于不知足，咎莫大于欲得”，其实都是阐明这一道理。

老子认为道性柔弱用到人生层面则是柔弱、处下与为而不争。老子说“柔弱胜刚强”（三十六章），并在经验世界中寻找种种论据：“天下莫柔弱于水，而攻坚强者莫之能胜，以其无以易之。弱之胜强，柔之胜刚，天下莫不知，莫能行。”（七十八章）。世间没有比水更柔弱的了，然而没有它不可以攻破的。老子的“柔弱”，不只是软弱无力，而含有坚韧不拔的意思。“柔弱”是就逞强而言的，逞强必刚愎自用，自以为是，世间纷争多半由此而引出，于是老子主张“处下”“不争”。水能处下、不争、利物，人也应处下、不争。“处下”含有谦虚容物之意，要有容人之心，老子用“犹川谷之于江海”（三十二章）说明“处下”的好处。“不争”也基于此。老子要人如同水一样“善利万物而不争”（八章），“为而弗争”（八十一章），“不争”不是放弃一切，遁入山林，乃是清除无谓的争端。随顺自然而发挥个人能力。老子所说“功成而弗居”（二章），“功成不名有”（三十四章），“功遂身退，天之道也”（九章），也是基于这种“为而不争”的思想。所以老子提出人们为人处世，有所谓“三宝”：一是慈，即宽容；二是俭，即退缩，保守；三是“不敢为天下先”（六十七章）。

最后，由“道”体的“虚”“静”衍化为人生层面的静虚治身，少私寡欲。老子贵“虚”，在人生处世中提倡“深藏若虚”，避免“盈”“满”之患。他说“持而盈之，不如其已；揣之锐之，不可常保。金玉满堂，莫之能守；富贵而骄，自遗其咎”（九章）。“虚”的反面是“实”“盈”。“实”含有成见的意思，“盈”表示自满，老子认为自满会产生诸多弊端，“自见者不明，自是者不彰，自伐者无功，自矜者不长”（二十四章），提醒人不应自满，而应“深藏若虚”。

“虚”状的东西必呈现为“静”的状态。无论是在人生还是在人事方面，老子都很重视“静”。老子谈静多在政治层面立论，“我好静，而民自正；我无事，而民自富；我无欲，而民自朴”（五十七章）。《老子》中“清静”与“无为”相通。在老子这里，“清静”是治国之道，告诫执政者不宜轻率急躁，尤其不可骚扰民安；同时，也是治身之道，不可耽于声色之娱。“五色令人目盲，五音令人耳聋，五味令人口爽；驰骋畋猎令人心发狂”（十二章），提醒人们处于扰攘、躁动的社会环境中应保持静逸的心态，“见素抱朴，少私寡欲”。这样方能在宁静中沉思体悟人生之理，即所谓宁静方能致远。

总之，老子由形而上的“道”推及人生层面的“道”，提出了许多富有指导意义的人生见解。但老子思想中也确有许多可批评之处。因此，长久以来老子被看作消极避世的代表。比如他主张“无知”“弃智”“绝学”，复归于婴儿，认为这样才不至于增加人们的智巧心机，从而引起纷争，岂不知“智”“学”乃引人向上向善的途径。他主张顺任自然，而又忽略了人的决定因素，他所构设的“小国寡民”“结绳而用”的理想王国也完全是由其事物循环论决定的。他一再强调“清静无为”“柔弱、处下”“为而不争”“不敢为天下先”，也侵蚀了人们奋发向上的精神，消解了人们的探索意识和创新能力。但是老子哲学所呈现的思维方式及其把握世界的方式不仅奠定了道家文化的基础，而且滋润了灿烂的民族文化，老子思想无论在理论思维还是审美思维方面，都独具魅力。

## 二、庄子与道家

### （一）乱世中的逍遥者

庄子（约前369—前286）名周，战国时宋国蒙（今河南商丘）人。《史记·老庄申韩列传》称：庄子“其学无所不窥，然其要本归于老子之言。故其著书十余万言，大抵率寓言也”。今存《庄子》一书分《内篇》《外篇》《杂篇》共计三十三篇。多数学者认为《内篇》为庄子所著，《外篇》与《杂篇》乃其后学门徒之言。但从总体上看，观点基本一致。关于庄子生平事迹，《史记·老庄申韩列传》据《庄子》一书略有记述。庄周是一位贫士。虽交游甚广，但终究没有卷入上层社会的政治权力角逐中。他一生只做过一段时期的漆园吏，生活清贫，有时靠打草鞋为生。庄周的困窘常遭到上层权贵及得意之士的嘲讽，但他仍然坚拒做官。《史记·老庄申韩列传》载：

> 楚威王闻庄周贤，使使厚币迎之，许以为相。庄周笑谓楚使者曰：“千金，重利；卿相，尊位也。子独不见郊祭之牺牛乎？养食之

数岁，衣以文绣，以入太庙。当是之时，虽欲为孤豚，岂可得乎？子亟去，无污我。我宁游戏污渎之中自快，无为有国者所羁，终身不仕，以快吾志焉。”

庄子宁做隐者，安于清贫，在“游戏污渎之中自快”，也不愿求仕做官。这与庄子对他所生活的乱离时代的认识有关。中国历史发展到战国时期，进入了一个攻伐侵夺，争于气力，文明与野蛮、进步与病态并俱的时代，在这样一个“异化”的时代里，一方面是物质财富的相对丰富。《战国策》这样描写齐都，“临淄甚富而实，其民无不吹竽鼓瑟、击筑弹琴，斗鸡走犬，六博蹴鞠者。临淄之途，车毂击，人肩摩，连衽成帏，举袂成幕，挥汗如雨，家敦而富，志高而扬”。另一方面又是财富的诱惑、战争的刺激、物欲横流导致曾有的人伦和谐的瓦解。于是在战国时期引起了关于“人性”问题的大讨论。孟子言“性善”，荀子言“性恶”，韩非子言“性利”，而与孟子同时代的庄子则完全站在非世俗、反传统的贫士立场上，来寻找人性的复归和生命的超越。庄子这种独特的思考则是从老子的“道”论中得到启示，并淋漓尽致地加以发挥，因此说，庄子是老子之后道家学派的又一重要人物。

**（二）庄子论“道”**

虽然庄子与老子一样，都以“道”为其哲理思辨的载体，但两者所言之“道”在内涵上有所不同。老子的“道”，本体论与宇宙论的意味较浓，而庄子的“道”则完全转化为心灵的境界。因此说老子属于自然本体论哲学，而庄子则是人本体论哲学；老子讨论“道”旨在解决社会政治问题，而庄子论“道”则在于探讨个体生命的意义与个体存在的价值。

庄子的道，首先是一个本体性范畴，含有本体论的意义。关于道本体，庄子在《大宗师》中描述道：“夫道，有情有信，无为无形；可传而不可受，可得而不可见；自本自根，未有天地，自古以固存；神鬼神帝，生天生地；在太极之先而不为高，在六极之下而不为深，先天地生而不为久，长于上古而不为老。”“道”虽幽隐寂静，不见形象，不可感知，但它有情有信，是真实的存在。“道”产生天地万物。“夫道，覆载万物者也，洋洋乎大哉！”（《天地》）“万物皆往资焉而不匮，此其道与。”（《知北游》）道产生天地万物，同时支配着天地万物的运动变化，是天地万物生长、发展必须遵循的规律。“道者，万物之所由也，庶物失之者死，得之者生，为事逆之则败，顺之则成。”（《渔父》）“道”是万物应遵循的法则。

《庄子》一书中与“道”伴生的概念是“气”。庄子说“通天下一气耳”(《知北游》),还说“天地者,形之大者也;阴阳者,气之大者也;道者为之公”(《则阳》)。天下万物由“气”构成,而“道”是天地万形、阴阳之气的共同本体。这里所谓的“气”,实是指构成万物的精微物质。庄子看来,“道”比“气”更根本,“气”和万物都由“道”产生。“夫昭昭生于冥冥,有伦生于无形,精神生于道,形本生于精,而万物以形相生。”(《知北游》)有形生于无形,无形乃道,道产生万物,也产生精神,这是庄子的宇宙生成论。此乃老子“道生一,一生二,二生三,三生万物”的发挥。

“道”在老子那里具有“自然无为”“虚静”“柔弱”等特性,《庄子》没有用此类词句表述,但他把“道”之性状描述为“真人”“至人”“圣人”等得“道”之人的状貌。《逍遥游》:“藐姑射之山,有神人居焉。肌肤若冰雪,绰约若处子;不食五谷,吸风饮露;乘云气,御飞龙,而游乎四海之外;其神凝,使物不疵疠而年谷熟。”描写的“神人”之状乃为“道”之特性。《德充符》篇哀骀它“无君人之位以济乎人之死。无聚禄以望人之腹。又以恶(丑陋)骇天下,和而不唱,知不出四域,且而雌雄合乎前”,以及《大宗师》篇描述的“真人”形象,皆为“道”之“自然”“无为”性状的描述。庄子主要通过人的浑然无知、自然无为体现“道”之特性。庄子论“道”之“真人”“神人”等特性,其目的则在于论证人生道德精神的超越,旨在解决的是个体人生问题,而且侧重于从精神方面入手,主张作为个体的人的精神透过认识的蔽障,超越社会的束缚,寻求与道合一、无为逍遥的自由境界。

**(三)体“道”之境界**

在庄子这里,“道”不只是无形无相、高不可攀的悬空概念,庄子着力于体“道”之状的描述。在庄子看来,人生最高境界便是“道”境。“道”境是主体生命呈现的自由状态。庄子谈“道”境多借助于人的体验修养而呈现。

> 乘天地之正,而御六气之辩,以游无穷。(《逍遥游》)
>
> 乘云气,御飞龙,而游乎四海之外。(《逍遥游》)
>
> 天地与我并生,而万物与我为一。(《齐物论》)
>
> 至人神矣!大泽焚而不能热,河汉;互而不能寒,疾雷破山而不能伤,飘风振海而不能惊。若然者,乘云气,骑日月,而游乎四海之外,死生无变于己。(《齐物论》)
>
> 登天游雾,挠挑无极;相忘以生,无所终穷。(《大宗师》)

乘夫莽眇之鸟，以出六极之外，而游乎无何有之乡，以处圹垠之野。(《应帝王》)

庄子用浪漫的笔调描写道的境界，而这种境界绝不是客观，外在的，而是由主体生命生发而来，达到“天地与我并生，而万物与我为一”，是人生最高的生命状态。庄子还由此提出他的“齐物论”思想。“物无非彼，物无非是。……彼出于是，是亦因彼。……方生方死，方死方生；方可方不可，方不可方可；因是因非，因非因是。……彼是莫得其偶，谓之道枢。枢始得其环中，以应无穷。”(《齐物论》)庄子在这里强调了事物发展的内在联系，从相对主义认识论出发，指出“圣人”不站在具体事物的固定立场上来认识事物，而是从时空无限的宇宙整体运动中来进行整体把握，采取兼收并容的态度。这样，“彼”“是”才会消失，“是”“非”才能消融。“死生无变于己”“利害之端”不入于心，大与小、美与丑的对峙都融在“道”体中，达到“道通为一”。这就是等同万物、平齐是非的“齐物论”。达到这一境界，乃是人与自然和谐交融，人的精神空间和宇宙同一，超越了自然和社会的束缚，方能进入“逍遥游”的自由境界。

庄子追求“逍遥游”的至乐精神由其人生哲学中的“悲剧意识”决定。庄子人生观的“悲剧意识”与其对历史人生的思考有关。过去评价庄子人生哲学，贬其为悲观主义、混世哲学等。我们说庄子人生观中有“悲剧意识”但不是“悲观主义”。悲剧意识往往与忧患意识有关。前述庄子生活的时代及其人生经历孕育了他的“悲剧意识”。这种悲剧意识实质上是觉醒的人在对人类社会历史进行考察，对“人”本身进行深刻反省的时候，觉察到“人”在社会生活与自然存在之中的“不自由”状态。正由于此才有庄子“逍遥游”自由精神的追求。庄子的逍遥游是对一种绝对自由的精神境界的追求，例如不接受尧让天下的许由；“不食五谷，吸风饮露”神凝心敛的藐姑射神人；树大树于“无何有之乡，广莫之野，彷徨乎无为其侧，逍遥乎寝卧其下”的至人；等等。庄子认为达到这种状态需“无功”“无名”“无己”，因为功名、利禄、权势尊位，束缚人的自由，人为物役便不能怡然自得。庄子主张超脱尘俗，并提出“心斋”“坐忘”的方法，帮人超脱。他说：“仲氏曰：‘若一志：无听之以耳而听之以心；无听之以心，而听之以气。耳止于听，心止于符；气也者，虚而待物者也。唯道集虚。虚者，心斋也。”(《人世间》)“颜回曰：‘堕肢体，黜聪明，离形去知，同于大通，此之谓坐忘。”’(《大宗师》)“心斋”“坐忘”乃让人听而不闻、视而不见、彻底忘我、泯灭俗世的价值,将个体生命提升到更为辽阔的精神领域。

庄子这种对独立人格和精神自由的追求产生于乱离时代的战国时期,而作为文人士大夫阶层的文化心理积淀,在漫长的中国封建社会中,一直影响着人们的思维模式和行为方式,而必须承认的是,其中也不乏消极成分。

## 三、道家思想的形成及分流

道家思想源于古代宗教和神话,到老子那里才剥离了其中的神学成分,而灌注理性精神,使其成为哲学意义上的思想派别。老子思想在其生前和死后广为传播,在淮河流域产生了关尹、文子、庚桑楚、杨朱、列子、环渊、彭蒙、田骈、慎到等人,直到庄子成为道家思想的集大成者,形成道家主流派。老子学说进入到齐文化领域,出现了稷下道家,该派以道家为主体,融汇各家思想,稷下道家亦称黄老学派。

### (一)道家主流派

道家思想由老子创立,经庄子弘扬,在春秋战国时期形成一股强大的思想势头。道家思想的广为流传,又为人们阐释和把握道家思想提供了可能,当时在道家主流派中形成了后世所谓"贵清""贵柔""贵己""贵虚""贵齐"等派别。

"贵清"是《吕氏春秋·不二》篇中对关尹的评价。关尹,或为秦人,尝为函谷关令。后师于老子,其思想基本与老子相同。《庄子·天下》描述以"道"为本,尚谦弱,主虚空,而关尹则认为"其动若水,其静若镜,其应若响,芴乎若亡,寂乎若清",就是"道"能使人的心灵处于清寂状态,这种认识显然又影响了其后的庄子思想。"贵柔"派主要是庚桑楚和文子。文子一方面力阐老子守柔之旨,另一方面又兼讲儒家道德、仁义、礼智思想,他谈礼认为应由"退让守柔,为天下雌"而引出恭严卑敬。他还提出"行柔而刚""积柔即刚"之说。"贵己"派的代表人物是杨朱。其思想核心是"轻物重生"。《淮南子·汜论训》说:"全性保真,不以物累形,杨子之所立也。"这与老子"厚生"之说同。"贵己"乃是对个体生命的尊重与个性的阐扬,体现了道家崇尚自然天道的特点。"贵虚"主要指列子。列子与老、庄并称道家三巨子。其基本观点与老子同,认为不生不化的道体生成万物。主张"莫如静,莫如虚。静也虚也,得其居矣;取也与也,失其所矣"(《列子·天瑞》),因而《吕氏春秋·不二》篇说“列子贵虚”。“贵齐”派代表有彭蒙、田骈、慎到三人,他们都游学稷下又为稷下学派人物。《庄子·天下》篇将三人观点归为“公而不党,易而无私,决然无主”“趣物而不两”“齐万物以为首”等,有如庄子“齐物”,但又有不同:庄子的“齐物”,是承认各人事有同等发言权,可有不同价值取向,而田骈等的“齐物”则是指一个客观标准之下的均齐。道家主流派对后世道家思想发展影响深远。

**(二)稷下道家**

战国中期,齐国都城临淄兴建稷下学宫,延揽各方智士,论学讲道,著书立说,使之成为中国历史上第一个“社会科学院”。从1973年楚地马王堆出土的《黄老帛书》中可见当时的盛况。稷下道家又称黄老学派。该派以传说中的黄帝同老子并举,并同尊为道家祖师。稷下道家以道家思想为主兼容其他各家,融三晋、荆楚、燕齐三大文化圈。稷下道家盛行于西汉,主要有几个支派:宋研、尹文以“气”释“道”。《庄子·天下》篇写道:“不累于俗,不饰于物,不苟于人,不忮于众。愿天下之安宁以活民命,人我之养毕足而止,以此白心。古之道术有在于是者,宋钘、尹文闻风而悦之。”二人属于道家,但又近于墨家。邹衍属于另一支派。他把道的观念与当时流行的用以解释事物存在与变化规律的阴阳五行观念糅合起来,并引入社会历史领域。《史记·封禅书》称:“自齐威、宣之时,邹子之徒论著终始五德之运。……邹衍以阴阳主运显于诸侯。”“五德”即金、木、水、火、土各呈之德。

邹衍认为,历史的变化,朝代的更替是以五德的生克关系为依据的。这种循环论观念成为中国古代影响深远的社会历史观。从马王堆出土的《黄老帛书》看,稷下学派的另一支则为真正意义上的黄老学派。这一学派形成于战国后期,兴盛于秦汉之际。其思想倾向,是以老、庄虚静恬淡思想为基调,以“道”为核心,“采儒墨之善,撮名法之要”。改造老子“道”论,提出“道生法”。法由神圣的道产生,顺道而定,是道的体现,“执道者生法而弗敢犯,法立而弗敢废”(《道法》)。在老子那里力倡“道”之无为,无形,而黄老之说则谓“道生法”。力图借助于道家的本源本体论为法治思想和现存社会制度立论。黄老学派吸收法家重法的思想,采用阴阳家阴阳刑德的学说,融合墨家兼爱无私的观念,体现出博采众长的特色,从而呈现出比老子更为积极入世的精神。

道家思想到秦汉之际,已成为一种重要的哲学流派,对后世产生了深远影响。如果说儒家文化偏向于政治伦理型文化的话,那么道家则更具哲理文化的意味。汉武帝后,黄老学派沿着两条相反的路线发展。一条路线是保持并推进其唯物思想,以《论衡》的部分内容和河上公《老子注》为代表。另一条路线有两个方向:一是更倾向于从唯心主义解释《老子》,并发展为玄学思想;二是把道家思想宗教化,逐渐形成早期的道教理论,促进了道教的产生。

## 第二节　道家思想的嬗变

### 一、魏晋玄学与道家思想

汉末以来,战乱频仍,局势混乱,传统经学已无力解决严峻的社会问题,从而一度走向衰落,而部分知识分子则从老庄思想中汲取养分,再与儒家思想相融合,使得道家思想演变具有了新的时代特点,形成了独具特色的魏晋玄学思想。

#### (一)玄学兴起的背景

魏晋时期,道家思想主要表现为玄学。玄学的兴起究其原因大体有三个方面。

首先,这是学术自身发展的规律。追溯历史,汉初统治者以黄老之说治国,至汉武帝时听从董仲舒等人"罢黜百家,独尊儒术"的主张。儒学成为正统的官方思想,黄老之学则处于暗流。而此时的儒学已非单纯的孔孟儒学,而是已融合了道家的宇宙本源论及阴阳家的阴阳五行等学说。神灵崇拜与行为禁忌充斥社会,使人完全失去内在心灵自由。不仅如此,儒学倡导"名教"思想,让人恪守"名分",把人困守在各种礼义规范的束缚之中。同时儒家独尊以后,儒家经典更成为人们求取功名的敲门砖,读经释经耗其毕生精力。封建统治者也以此为诱饵,使众多学人皓首穷经,以利于王朝的稳定。到汉中叶,经学浩繁,支离琐碎,且迂腐荒唐,出现了"一经之说,至百万余言"的状况,于是引起有识之士的不满。东汉后期,皇权衰落,外戚专权,政治黑暗,经学的实用价值日益丧失。经学不能给士人提供进身之阶,于是便遭学人厌弃。当一种学术到了穷途末路,就不得不向自己的对立面发展或融进其他学术因子。于是就出现了郑玄开始的儒学简化运动,使学术向儒道双修的玄学发展。

其次，除了学术自身的发展之外，另一重要原因是与当时的社会文化心理有关。东汉末年出现了大批“名士”。所谓“名士”是指一些恪守儒家所倡导的名节，侈谈儒家经学以求名声的士人。这些人“依倚道艺，以就其声价；非所能通物方，弘时务也”（《后汉书·方术传》），即所谓只务“虚”不务“实”，名士风流的思维模式在东汉末年成为一种时尚，引起“清谈”之风。“清议”“务虚”恰恰就是魏晋玄学的风格。

最后，玄学兴起更重要的是基于魏晋之际特定的政治背景。东汉末年社会大动荡，曹魏集团靠镇压黄巾起家，建魏灭蜀。在战争中发迹的魏武帝，一反东汉王朝奉儒的传统而崇尚刑名法术。利用刑名法术压制豪强，废除士族门阀的政治特权，由此而引起统治者内部及中上层各个集团之间的利益纷争和搏杀。魏晋名士中，何晏、王弼、嵇康、裴頠、张华、陆玑等人便惨死在这种纷争与搏杀的灾祸中。在这一动荡的时代里，人被分裂为各个互相倾轧、互相争夺的集团，利益的动辄转换和目标追求的倏忽变化，便使他们开始思考人生终极的意义是什么。因此，如果说汉末名士“清议”尚未越出名教范围的话，那么魏晋之际名士提出问题和思考问题的方式则完全是道家式的终极思考。他们推重《老子》《庄子》《周易》，并谓之“三玄”，其学谓之玄学。

### （二）玄学发展的三个阶段

魏晋玄学的发展寻其轨迹，大体可分为三个阶段。

1. 曹魏时期以何晏、王弼为代表的“正始之音”

玄学初兴，以魏晋之际士族地主阶级思想家何晏、王弼为代表，儒道双修，因其主要活动于三国魏正始年间，故称“正始之音”。何晏《景福殿赋》中建议魏明帝“无为”而治，“除无用之官，省生事之政，绝流遁之繁礼，反民情于太素”。何晏的提法代表了当时士族地主阶级的利益。王弼从老子“道”论中“有生于无”生发开去，建立了一个“以无为本”的哲学体系。为“无为”而治的社会政治主张提供形而上的依据。王弼在《论语释疑》中说：“道者，无之称也，无不通也，无不由也，况之曰道。寂然无体，不可为象。”也就是说万有之外有一个无体、无象的道，于是道即无。老子以道为本即以无为本。他说《老子》一书一言以蔽之曰“崇本息末”。“崇本息末”作为一种思想方法，确定了玄学一系列对立范畴的关系，从而引出了一系列玄学命题。值得注意的是对中国古代艺术思维影响极大的“言不尽意”“得意忘言”的认识论也是基于王弼的“崇本息末”的思想。王弼解《易》一反汉人繁乱支离的天道观。他用“意”“象”“言”反映《易》的产生过程，而理解、认识《易》则是“言”“象”“意”的认识过程。“意”为“象”之本，“象”为“言”之本，“崇本息末”则为“得意忘言”。王弼的“崇本息末”主张，用于社会生活领域就意味着“使民爱欲不生”，即“去欲”。“去欲”是本，采用刑法加以限制，倡导爱心加以诱导是末，唯有抓住本，做到“无心于为”，“无心于欲”，进入一种“空无”的精神状态，才能处之泰然，相安无事。老子主张“任自然”，王弼也主张“任自然”。《老子・二十七章注》言：“顺自然而行，不造不施，故物得至，而无辙迹也；顺物之性，不别不析，故无瑕谪可得其门也；因物之数，不假形也；因物自然，不设不施，故不用关键、绳约，而不可开解也。此五者，皆言不造不施，因物之性，不以形制物也。”以“自然”调和当时的“名教”思想。他认为讲究名教就势必提倡某些东西或禁止某些东西，势必违反事物的本真之性。由此可见王弼的“任自然”不同于老子的认识论（主客体关系）的“任自然”，而更触及人的本性与灵魂自由，属于价值观问题。人的心灵的无拘束状态恰是其后的玄学者所追求的境界。

2. 魏晋间嵇康、阮籍为代表的“越名教而任自然”

何晏、王弼之后，嵇康、阮籍从对司马氏集团并不笃信名教而只是利用名教为自己服务的憎恶中觉醒过来。在何、王以“自然”为本和“崇本息末”思想的基础上，进一步提出“越名教而任自然”。攻击名教是：“仁义务于理伪，非养真之要术，廉让先于争夺，非自然之所出也。”（《难自然好学论》）嵇康、阮籍是正始之后的名士，政治上，与曹魏集团联系密切。司马氏集团要篡夺曹魏政权，必然会考虑名士的影响，也确曾拉拢过嵇、阮，但当司马氏亲信钟会拜会嵇康时，嵇“箕居而锻”，表示蔑视；司马氏欲与阮氏联姻，阮大醉六十日拒绝。二人都采取不合作态度，最后终因与统治者抵牾，嵇康被诛。

阮籍与嵇康稍有不同，发言玄远，口不臧否。尽管“放荡礼法”，缙绅怒目，但仍能得以寿终。嵇康、阮籍的“任自然”尽管都表现为对统一的社会规范的鄙弃，对人的自然欲求和本真个性的高扬，但相比而言，嵇康带有更多的政治反抗色彩，而阮籍则更具有超越礼法束缚，寻求人间真性情的因素。嵇、阮“简傲”“任诞”的言行开启了魏晋士人“率任”“重情”“不拘礼教”的风范。“率任”体现着个性解放的要求，“重情”则标志着人的情感自由的觉醒。

这看似与庄子的“无情说”相悖，但究其实质是一脉相承。《庄子·德充符》说：“吾所谓无情者，言人之不以好恶而伤其身，常因自然而不益生也。”即是说，庄子否定“内伤其身”的“好恶”，并不反对自然恬淡的情感。这恰给后人留下了倡导“重情”的突破口。魏晋玄学中先由王弼提出“圣人有情说”，嵇康“情不系于所欲，故能审贵贱而通物情”（《释私论》），后有阮籍“礼岂为我辈设也！”，王戎“圣人忘情，最下不及情。情之所钟，正在我辈”，从高扬个体精神自由的角度进一步确立了“有情说”。

3. 西晋时期向秀和郭象的玄学

嵇康、阮籍死后，以“自然”抗“名教”的一些名士，逐渐入朝做官，加之贵族子弟借自然之名，纵情声色，放浪形骸，为维系社会秩序，“名教”重新得到重视。将名教与自然统一的任务最终由向秀和郭象完成。

向秀着力于调和“名教”与“自然”，试图用儒家的礼法去节制因“任自然”而可能导致的放纵。他在《难养生论》中说：“且生之为乐，以恩爱相接，天理人伦，燕宛娱志，荣华悦志。服飨滋味，以宣五情；纳御声色，以达性气。此天理自然，人之所宜，三王所不易也。”他既肯定人的生理、心理欲望的合理性，又强调对“自然之理”要“节之以礼”。如果说向秀是从人的自然本能与伦理规范的角度来调和“名教”与“自然”的话，那么，郭象则从政治伦理上使这一目的落到实处。

郭象《庄子注》之序明其志为“明内圣外王之道”。实际上是要为西晋政权的稳固收拾人心。《大宗师注》中说：“夫理有至极，外内相冥。未有极游外之致，而不冥于内者也，外内相冥。未有能冥于内而不游于外者也。故圣人常游外以弘内，无心以顺有，故虽终日挥形而神气无变，俯仰万机而淡然自然。”遵循这一逻辑则必然是“虽在庙堂之上，然其心无异于山林之中”。这样儒家与道家从根本上说也就是“一而二”“二而一”了。郭象的所谓“圣人”虽在本质上与庄子所谓“神人”“至人”不同，郭象是从治理社会的角度讲无为而无不为或无不为而似无为，但就其本体人格理想的追求而言仍是在庄子的启导下产生的，从这个意义上说玄学仍属道家。同时由何晏、王弼开创，郭象作结的这种儒道互补的形式也为宋明儒道的发展提供了思想资料。

## 二、“儒道互补”与宋明儒道家的形成

### （一）“儒道互补”的文化内涵

众所周知，与道家推崇虚静无为的“道”不同的是，儒家关注的是鲜活的现实社会，主张人们要进取有为，“乐以忘忧”（《论语・述而》），“知其不可而为之者与”（《论语・宪问》），以积极改变社会和人生面貌。但需要注意的是，儒道思想并不是截然区隔，“老庄作为儒家的补充和对立面，相反相成地在塑造中国人的世界观、人生观、文化心理结构和艺术理想、审美兴趣上，与儒家一道，起了决定性的作用”①。因此，二者在思维方式、价值追求、人生态度等方面既互有差异，又具有很强的互补性。

事实上，孔子也曾主张“危邦不入，乱邦不居。天下有道则见，无道则隐”（《论语・泰伯》），“邦有道，则仕；邦无道，则可卷而怀之”（《论语・卫灵公》），认为在“天下无道”的情况下，则可暂时退隐。虽然从本质上看，儒家之隐与道家之隐不同，儒家之“隐”实际上只是待时而动的权变之术，因此在更大程度上不是目的而是手段。但的确在后来的士人之中，亦儒亦道，儒道兼济之状却并不鲜见，如在唐代士人之中，“性习儒，素味黄老”（《唐代墓志汇编续集・贞元〇五〇》）的亦儒亦道之状就常有体现，对于古代士人身上儒道兼济的思想特征，王夫之就曾归纳道为“得志于时而谋天下，则好孔孟；失志于时而谋其身，则好老庄”。

故此，所谓“儒道互补”可被视为中国古代士人的一种普遍思想倾向，其主要特点就是道中有儒，儒中有道，外儒内道，儒道兼济，二者既对立又互相补充，共同构成一对矛盾复合体，携手铸造了中国传统士人世界观、人生观和文化观，成为影响中国古代历史文化进程的一个重要因素。

### （二）宋明儒道家的形成

如前所述，魏晋玄学把先秦道家思想发展到一个新的阶段，有人亦称“新道家”。魏晋之后，道家思想观念和价值观念，分别被道教和佛教所吸纳消融。隋唐时期人们以道教为道家，作为原本形而上意义的道家呈沉寂之状。但是，道家思想作为一种哲学思维方式，一直像一股潜流在涌动。道家

---

① 李泽厚：《美的历程》，北京：文物出版社，1989 年版，第 53 页。

所追求的自由的精神境界也为后学所阐释和吸纳。宋明之际的理学和心学的兴起表面看是基于先秦儒家思想，但其追求的精神境界实为道家所开创，乃儒、释、道三教合一所产生。宋代道士张伯端在其《悟真篇·序》中说："释老以性命学开方便门，教人修积以逃生死。释氏以空寂为宗，若顿悟圆通，则直超彼岸；如其习漏未尽，则尚循于有生。老氏以炼养为真，若得其枢要，则立跻圣位；如其未明本性，则犹堋于幻形。其次，《周易》有穷理尽性至命之词，《鲁语》有毋意、必、固、我之说，此又仲尼极臻乎性命之奥也。"还说："教虽分三，道乃归一，奈何后世黄淄之流，各自专门，互相非是，致使三家宗要迷没邪歧，不能？昆一而同归矣。"显然，张伯端主张三教合一。他的性命说也与当时名儒张载的"气质之性"与"天地之性"说法有相通之处。可见当时儒道互补之势已成。宋儒们从哲理思辨的角度所使用的一些重要概念，如"无极""太极""无""有""道""器""动""静""虚""实""常""变""天""理""气""性""命""心""情""欲"等也大都出自道家。比如周敦颐的"无极"，首出老子，后为庄子吸收，一直为道家使用，因此陆九渊直接说出周氏之"无极"实出老子。此外，程、朱论天理，更与老、庄论"道"无大殊异。朱熹所谓"宇宙之间一理而已，天得之而为天，地得之而为地，……若其消息盈虚，循环不已；则未始有物之前，以至人消物尽之后，终则复始，始复有终，又未尝有顷刻之或停也"（《朱文公文集》七十卷），此段前半似《老子》三十九章，后半则像《庄子·秋水》篇。故王廷相云："老、庄谓道生天地，宋儒谓天地之先只有此理，故乃改易面目立论耳，与老、庄之旨何殊？"（《雅述》）

不唯概念相类，就是宋儒的一些提法也与老、庄相佐。如程颢所谓"天人本无二，不必言合"（《河南程氏遗书》卷六），其实与《庄子·大宗师》"其一也一，其不一也一。其一与天为徒，其不一与人为徒"大体相同。这表明儒道的互补合流。因此到明末清初，思想家潘平格称"朱子道，陆子禅"，所谓"陆子禅"是讥讽陆九渊儒学的禅化。陆九渊所谓"人皆有是心，心皆具是理，心即理也"（《象山先生全集》卷十一），"心，一心也。理，一理也。至当归一，精义无二。此心此理，实不容有二"（《象山先生全集》卷一）。陆和王阳明同时宣称"心外无物""即心即物"。这些提法实则与禅宗佛性说一致。

庄、禅相通又为儒学公认如李泽厚、徐复观等人认为禅即庄，则心学便不能不与庄学相关。王夫之也说：周（敦颐）、程（程颢、程颐兄弟）、朱（熹）等"器外求道"，乃老氏之旨；陆（九渊）、王（阳明）等"消所入能"为阳儒阴释。潘平格、王夫之都认为,程朱理学一系承袭的是老子开创的道家思想,而陆王心学一系承袭的是佛教禅宗思想。而禅宗自魏晋以后即与玄学交融、乃与庄学一脉相承,由这一思路而言,宋明理学和心学乃是道家思想的进一步展开,我们不妨借用别人的提法称之为“儒道家”,儒道家的出现既是道家思维方式和思维框架的展开,同时也标示了道家本体追求的终结。

## 第三节 从道家到道教

道家与道教有纠结难分的关系,隋唐时期人们常以道教称道家。但道家思想与道家实际上尚有明显区别,其发展演变具有自身的独特轨迹。

### 一、老子的神化及道教的兴起

严格意义上讲,道家与道教有本质上的区别,道家是一个哲理学术派别,而道教则是宗教,以追求长生不老、得道升仙为目的。

老子被道教尊为教主,称“太上老君”。老子《道德经》等道家书奉为道教经典,道教徒们之所以附会和依托道家思想,是因为道家思想中有适合道教的因素。

老庄道学原本是无神论思想,但其有些提法受方术影响。老子将“道”述为“视之不见”“听之不闻”“搏之不得”的至高无上的存在,已涵盖了道教利用的可能性。老子对长生不老之术也有肯定倾向,《老子》五十九章,“长生久视之道”,加之老子神秘的生平,隐君子的事迹,超凡的智慧都为后人附会为神仙提供了可能。庄子:“藐姑射之山,有神人居焉。肌若冰雪,绰约若处子,不食五谷,吸风饮露,乘云气,御飞龙,而游乎四海之外。”(《逍遥游》)这也似乎肯定了神山、神仙的存在,并确认神仙是通过行气导引的功夫修成,具有神奇的功能。老庄著述中这些提法被后来道教用以说明神仙存在和修炼成仙的凭证。于是仙道合一的黄老神仙思想,在汉初盛行起来。西汉中期,道家思想出现新的分化组合。一方面,黄老道家开始朝神仙方术和神秘主义方向发展;另一方面将老庄的“道”论从本体上加以阐释,形成风行一时的魏晋玄学。

道教的产生除了道家学术思想的滋养之外,还基于对神秘主义的迷恋。据文献记载道教出现于东汉,而其源头则可上溯到古代宗教、神仙传说及迷信方术。神仙传说多出于楚文化和燕齐文化。荆楚南蛮之地，社会风俗习惯等保留了较多的原始氏族的传统“民神杂糅”，从宫廷到民间“信巫鬼、重淫祀”，由于巫风盛行，产生了许多离群遁逸的神仙故事。燕齐地处海滨，海市蜃楼的奇幻景象孕育了先民的丰富的想象力，幻化出许多神话传说。

此外，春秋战国时期，出现了一批专门从事天文、地理、医药、养生等的科学研究者，诸子百家之外，与杂家合流，自成派系。但在古代轻视自然科学的技术观念下，一律鄙之为“方伎之士”。这类方伎之士，便是后世神仙思想的渊源。这些方伎之士可以说是中国最原始的科学家，他们从思考研究宇宙人生入手，认为一个人可以用各种修炼方术，达到长生不死，超凡入仙。此等观念在老庄道家思想形成前已遍布朝野内外。

除此之外道教的产生还有来自外来宗教的影响。东汉初年，佛教开始传入中国，一方面由于外来宗教给道教提供了样板，另一方面由于宗教心理的驱使，神仙方士们，奋然群起，欲与佛教一较长短。于是道教在经历了漫长的孕育过程后，在东汉这一动荡的现实土壤上才得以正式产生。此后，道教便与中国封建社会的历史文化进程交织在一起，随着中国历史的演进经历了不同的发展阶段。

## 二、道教的演变轨迹

道教的最早组织是黄老道教。东汉末年黄老道教分两大支派，一派为太平道，首领为张角，以干吉结集的《太平经》为教义，其中许多思想源于老子，但未直接称老子为神；另一派是五斗米道，即后来的天师道。创立者是张陵，其子张衡、孙张鲁继之使该派得到发展。他们直接以《老子》为教义，据传《老子想尔注》为张陵所著。书中将传说中的“黄帝”描述为“道”的化身，将老子奉为太上老君，“道”的教化者。老子在五斗米道中已有教祖的意味。

东汉末年出现的这两大教派都属于民间宗教。太平道以建立“黄天太平”社会为政治目标。仅十余年在华北方圆八州吸纳信徒数十万人，且主要是广大下层百姓，所以后来为农民起义鼓动，汉末发动了声势浩大的黄巾起义，被东汉王朝镇压后，转入地下。五斗米道在张鲁死后也开始分化，一部分在民间传播，一部分进入上层演化为上层天师道。由于这两大教派都属民间宗教，主以符箓驱邪祛灾，故后人又称之为符箓派，迷信色彩极其浓厚，又多与农民起义相联系，故常为统治者和上层知识阶层所鄙弃。

到了两晋南北朝，道教又有新的发展。这时期，一些上层社会道教徒，开始对民间宗教进行改造，东晋的葛洪（283—343）著《抱朴子》，主张外儒内道，用道术修炼养生，儒道互补，形成有别于民间宗教的贵族化教派——丹鼎派。后来北魏嵩山道士寇谦之和南朝刘宋庐山道士陆修静，以及被称为“山中宰相”的陶弘景都继承并发展了《抱朴子》的思想，确立教阶、制定教规，整顿教团组织，对民间道教进行了成功的改造，从此道教成为“王者遵奉”的宗教，道教因此而得封建王朝的支持。

从隋唐到北宋，是道教兴盛的时期。一方面是国家统一，文化繁荣，另一方面许多帝王崇奉道教，并利用道教在民间的地位巩固其统治。这在客观上正好繁荣了道教。唐代统治者还自称老子之后，立宗庙以奉之。唐高宗尊老子为“太上玄元皇帝”，唐玄宗更为倾心，亲注《道德经》且迎道士入宫，亲授法箓，奉为道士皇帝。由于统治者的提倡，还使道教经书得以整理。宋代对道教更是采取保护政策，宋太祖亲召华山道士陈抟，赐号“希夷先生”，还在汴京、苏州等地建太一宫；真宗、徽宋对道教更为迷恋。由于唐宋统治者的崇奉，使道教一时大盛，出现了一批道教学者和道士，如孙思邈、司马承祯、吴筠、吕洞宾、谭峭、陈抟、张伯端等，在道教史上都有重要建树。道教作为中国本土宗教，在这一时期更具鲜明的维护尊长，辅佐王政的性质，对巩固国家稳定统一起到了一定作用。

宋代以后道教继续发展，但由于南宋与金、元的对峙，教派纷争局面出现。南方有龙虎天师派亦称正一道、茅山上清派、神霄派、净明派等；北方有全真教、太一道等。到了明代一些教派衰微，主要剩下正一派和全真派。明代皇室同正一教关系密切，明太祖曾封第四十二天师张正常为正一教教主，令其以护国阐祖通诚崇道弘德大真人的名义统率道教。全真道乃为金代道士王重阳（1112—1170）所创。该派不尚符，箓歪丹鼎，也不侈谈神仙。其中心是三教合一，所谓“儒门释户道相通，三教从来一祖风”。提倡读《孝经》《心经》《道德经》，认为修道的根本在于寡情少欲，使心地清静。这也为宋明理学的产生提供了借鉴。明代中叶以后道教开始日渐式微。

## 三、道教基本信仰

几乎所有宗教都无外乎人的心灵寄托或精神信仰，道教也是如此，但道教与其他宗教不同的是它不关注“人死后如何”，而着眼于“人如何不死”。

早期道教的思想体系是以“三一为宗”，即“天、地、人三者合一以致太平”，“精、气、神三者混一而成神仙”，并由此而衍化出“长生不死”“肉体飞升”“气化三清”等义理。

道教的基本概念是“气”。道教奉老子为教主，也以“道”为最高准则，但同时以为道生元气，气能化生玉清境清微天、上清境禹余天、太清境大赤天，即所谓“一气化三清”。太上老君便是住在大赤天，三清天之外还有天，除天上以外，地上也有神仙居住，神仙居住的地方叫洞天福地。据说地上有三十六洞天，七十二福地。

道教义理庞杂，属于多神信仰，既信“道”“神”“仙”，也相信有邪魔妖怪，精灵魑魅。由此导致教徒对神仙的虔诚崇拜，对神仙福地的向往及对神的惩罚的恐惧。但其教义的核心是神仙信仰。他们崇钦“真人”“仙人”，如“四大真人”，南华真人、冲虚真人、通玄真人、洞灵真人；“八大仙人”，铁拐李、汉钟离、张果老、何仙姑、蓝采和、吕洞宾、韩湘子、曹国舅。不仅如此，他们还希望自己飞升成仙，长生不死。晋代葛洪在《抱朴子·论仙篇》里企图从理论上论证仙人的存在。认为天地无穷，无始无终，人也必能成仙。但他同时强调“仙人有种”“仙人禀异气”，即不是说人生来就是“仙人”，只是有成仙的可能，还需修炼。这种神仙理论后来进一步发展渗透于中国文化的各个方面，出现了许多离奇虚幻的神怪故事。在文学方面，出现了《红楼梦》《聊斋志异》等渗透了道教虚幻宗教情感的作品。

道教升仙有许多修炼方法，如服饵、导引行气、胎息辟谷、存神诵经等，但其主要方法是炼丹术。道教炼丹分内丹和外丹。外丹是把一些矿物质如丹砂、雄黄、磁石等放于炉鼎烧炼，炼就金丹，食之长生不死。因为道教以为人之生即气之聚，人之死即气之散。自然万物都由气化而生，服食之后能补充自己耗散的元气。

葛洪说“假求于外物以自坚固”，因此炼丹术盛行。唐宋时代人们对炼丹术的热望，掀起了士大夫学道入道的热潮。唐代一些诗人，如卢照邻、王勃、李颀、李白等人，都炼制过金丹，四处求仙学道。这种对长生不老之术的热望和追求，也使得当时士大夫把道教的激情和想象带入了诗歌，给诗歌增添了奇幻瑰丽的色彩。唐代道教盛行时，皇帝大多服丹，但由于金丹中某些矿物质含毒，服之不仅不能长生不老，反为金丹所害，于是外丹术为人们所鄙视。

外丹术的失败给内丹修炼奠定了基础。所谓内丹即把人体当作炉鼎，把体内的精、气当作药物，运神修炼使精、气、神凝合而成内丹。内丹理论基于中国古代哲学中关于精、气、神的理论而加以综合发展而来。《太平经钞》说:“三气共一，为神根也:一为精，一为神，一为气。以三者共一位也，本天地人之气。”“故人欲寿者，乃当爱气、尊神、重精。”精、气、神的统一体乃为形，即人。内丹术起于何时、何地，看法不一。宋代道士把魏伯阳的《周易参同契》作为内丹术的始倡者，又有人把隋唐时期的苏元朗作内丹术的开创者。内丹术主要盛行于宋金时期的道教南北宗。他们认为人为元气所化生，但人生成之后，便具有不待于外的圆足性，长生之道也便只能向自身本性中求取。王重阳所谓“心本是道，道即是心，心外无道，道外无心”，终于以心为本，把内丹修炼归结为心性修养，这种心性学说与佛教的心性一样同样属于精神追求。因此，宋以后出现了儒、释、道融合的大趋势。道教作为真正意义上的中国本民族宗教，具有中国本民族的特色，它对中国的民族文化、民族心理、风俗习惯、科学技术、哲学思想、医药卫生乃至政治经济生活都有相当大的影响。

## 第四节　道家思想与现代人生

前面我们对道家思想及其发展轨迹进行了历史的追踪与描述，那么，我们必定要问追踪道家思想的意义与价值何在？因为文化研究本来就应有两个层面的含义:一是考察其文化事实，二是寻访文化在历史事实中所蕴含着的价值意义。作为历史描述则是尽可能还原历史，而寻访价值意义则更多与重新建构文化形态的活动及人的现时处境有关。从这个意义上说，我们研究历史文化主要是基于我们企求历史中的文化对现实人生发挥作用。道家文化的产生本身就是基于对人生的关怀，因而道家文化与现实人生的关系则更为切近，道家文化所蕴含的人生哲学意义为历代研究者所阐释。这其中有褒也有贬。有人认为道家思想是一种混世哲学、滑头主义，老子被贬为阴谋家;也有人认为道家思想有取之不尽的人生智慧和人生策略。撇开这些极端的争论不说，我们以为，从古至今道家思想为人无休止地谈论，《老子》一书被译为多种西方文字，20 世纪 80 年代欧美掀起的“老子热”，这本身就蕴含许许多多令人深思的问题。

## 一、道家人格理想的总体思考

关于道家的人格理想，人们有不同见解，隐士或圣人，各执一端。考察道家的人格理想，最好与儒家相较而谈。因为它们都产生于先秦，流布于后世，升沉显潜呈现为不同时代人们的文化心态。由孔子开创的儒家文化，追求的是个体人格意志的自足圆满，强调修身、齐家、治国、平天下，历代儒士无不以此为人生信条。他们总是把自己的人格理想同对人民生死祸福的无限关切和国家至上主义的理想信念结合在一起。比如，战国时代的屈原一开始就倡言“秉德无私，参天地兮”（《橘颂》）的人格理想，具有“定心广志，余何畏惧兮”（《怀沙》）的自足意志。屈原的伟大也正在于他的这种至高无上的人格精神。不可否认的是儒家这种人生信念对每个个体人格都会构成一种威慑。因为这种人格理想过于关注个体人格的社会历史价值和意义，并赋予个体生命以某种神圣的价值，较少询问历史王道、社会伦常、君臣义务的合理性。因而才导致了以屈原为代表的苦恼、绝望的悲剧命运。正是在这样一种文化心理背景下，人们开始倾心于道家思想。

与儒家把个体生命与社会、历史的趋同看作个体人格意志的自足圆满不同，道家则试图把个体生命退出社会、历史，回复到超功利、超道德、超社会形态的“独与天地精神往来”的自然状态。虽然儒道两家都说“天地与我并生，万物与我为一”，但其方向不同，儒家是要宏大生命，而道家则是要使生命归于自然状态。道家的“独与天地精神往来”，实际是指独与人自己的个体生命往来，因为个体的生命与宇宙生命是合二为一的东西。所谓“天地”“万物”在道家看来都是一种自然形态意义上的本体。

道家贵重个体生命是由其对“道”的论述推出的。道家的“道”神秘莫测，“道”是生命的本源。“道生一，一生二，二生三，三生万物。”“道”与万物禀道而有的生命不是一个东西，“形而上者谓之道”。万物禀道而有的生命是“德”。“德”是万物与道相沟通的中介。“天地虽大，其化均也；万物虽多其治一也；人卒虽众，其主君也。君原于德，而成于天。故曰：玄古之君，天下无为也，天德而已矣”；“为无为之之谓天，为无言之之谓德”；“形非道不生，生非德不明”（《庄子·天地》）。显然，这里的“德”不具有伦理价值的含义，而只是本然生命的含义。“道”是生命的本源，“道”的显现也使天、地、人各得其所。天、地、人的生命摆脱了种种外在的束缚和侵害，使自身的生命生机显发。道是万物生机意趣之本,也即是万物生长迁化的法则,谁违背了这一生命法则,就必然损害自己。

因此,突破一切拘限,形役和物役,返回到自然状态至关重要。个体生命合于"道"关键在于人"见素抱朴""复归于朴",排除操心、思虑、情感,不辨是非、美丑、真假,忘怀一切非生命的东西(事实形态的或价值形态的)。返归自然,也就与道沟通,"与道冥一"。也就超越了时间,超越了生死、始终、阴阳、有无,这既是一种达观,也是一种安命。个体生命的极致即顺乎自然,即达到庄子所谓"逍遥游"的自由境界。

个体生命顺乎自然,需要与时推移,安时处顺,无知无情,达到无时间性。道家所谓"真人"即这样产生的,"古之真人,不知悦生,不知恶死;其出不訢,其入不距;翛然而往,翛然而来而已矣。……是之谓不以心捐道,不以人助天,是之谓真人"(《大宗师》)。这里的"真人"似乎真实得除了生物性的原生命外一无所有,道家追求的是一种完全摆脱了事实关系和价值关系,即摆脱人与世界的对象性目的关系和人与世界的价值性目的关系,而达到主体纯粹的非意识状态。人们常说,道家精神是超功利性的,它要求人摆脱外在的名誉、利害、物欲的束缚。唯其如此,它也是超价值形态的。它否定价值关系的存在,否定人的价值关怀的意义,这势必会暗中把人引向诋毁价值,否定神圣的东西的合理根据,从而让人感到世界的黑暗和虚无。比如庄子对"王道"和当时政权的嘲笑和诋毁。在庄子看来,历史和国家不过制造出种种社会形式,给人带来一种无从逃避的强迫性困境,逼着人同它赌博,似乎人只有接受赌博的资格,而没有拒绝赌博的权利。

庄子一生都在为使这种拒绝成为可能而努力。在庄子看来,国家实际上是争权夺利的场所,充满了种种极端虚伪残暴的行径。"天下为沉浊,不可与庄语"(《庄子·天下》),他逃避责任和义务,追求人格的纯净真朴。"全生葆真",退出人生的赌博场,道家由此推出个体生命的意义必独立于社会历史形态之外。这种追求虽出于对当时乱离时代的极度不满和对自由个性的张扬,但这种价值的颠倒,势必出现荒唐的结果。顺任生命达到的结果是,人与天、地取得了和谐,共处于一种自然的时间之中,这是一种被高扬的审美境界。由此可知,道家所追求的理想的人格状态乃是超脱、隐逸、逍遥、适性的理想境界。本来人的存在即要求精神上的适意和满足,人性在本质上是趋利避害、趋乐避苦的,正是在这一点上,道家思想成了儒家思想的补正，而为人们所接受。因为，毕竟在一个价值毁灭的时代，遁世隐居很容易成为保护个体人格不致遭受现实的侵害和摧残的一点保证。

但同时，道家思想中那些非意识状态的生物性、自然性、个体性混然的追求也使人不免怀疑：它导引的是否是一个更好的去处，是否是人的真实的留居世界，是否是人的真实意义所在。完全肯定道家的路向，就意味着肯定在任何不幸的境遇中，人都有理由逃避到非人性的自然状态，摒弃爱和善的价值意义，陷入一种虚无状态，把价值等同于自然也就无所谓价值了。尽管如此，道家思想给人的人生启示却是不可否认的，正是在这个意义上，我们才有必要继续探讨下面的问题。

## 二、顺任自然，返璞归真

道家自老子始，即视人为大自然中的普通一员，主张德契自然，返璞归真，重视人的自然生命的疏导、淳朴本性的自现，并以融一己于伟大的自然生命之流，超越于世俗之外，摆脱世俗势力对人生的种种羁绊，求得安宁详和、怡然自适，作为人生的最高理想。道家倡导"见素抱朴、少私寡欲""返璞归真""复归于婴儿"，不为物役、任性逍遥等一系列人生准则。

在道家看来，人类社会罪恶的渊薮在于人的欲望过多。"罪莫大于多欲，祸莫大于不知足，咎莫大于欲得。"（四十六章）人的欲海难填，总是无止境地追逐名利财货，毫无益处。就个人而言，声色犬马，饮食男女，是人的正常需要，但过分追求反而是"五色令人目盲，五音令人耳聋，五味令人口爽，驰骋畋猎令人心发狂"（十二章）。有些人本可以长寿，但因之而短命。因此过分追求名利财货，不益贵生，反会行伤德坏，身败名裂。即所谓"难得之货，令人行妨"。

就治国来说，老子认为，社会混乱，国家祸患，均来自统治者的贪得无厌。他认为统治者"服文采，带利剑，厌饮食，财货有余"必会导致"朝甚除，田甚芜，仓甚虚"（五十三章）的结果。"民之饥，以其上食税之多"；"民之轻死，以其上求生之厚"（七十五章）。打开中国"二十四史"，随处可见封建帝王骄奢淫逸的生活写真，如齐宣王的"田猎"，楚灵王的"章华宫"，秦始皇的"阿房宫"，隋炀帝的游江南，等等；与此相对，农民起义此起彼伏，便是老子这一思想的明证。但是欲望是维持人的生命的正常动力。如何对待欲望，有不同的人生价值取向，老子反对纵欲，主张"圣人欲不欲，不贵难得之货"

(六十四章),为此他提出“见素抱朴,少私寡欲”等。在他看来,人自身存在,本性葆真,胜于外物和名誉。他说:“名与身孰亲?身与货孰多?得与亡孰病?甚爱必大费,多藏必厚亡。”(四十四章)。因此必须“去甚、去奢、去泰”,无私无欲,达到“致虚极守静笃”,即心灵空旷宁静之境。在人生修养上他提出“治人事天莫若啬”。“啬”被他奉为人生三宝之一。啬即俭。他说:“夫唯啬,是谓早服。早服是谓重积德;重积德则无不克;无不克则莫知其极;莫知其极,可以有国,有国之母,可以长久。是谓根深柢固,长生久视之道。”(五十九章)在老子看来,“啬”是治人事天养生的重要方法。这种崇俭思想也成为我们民族传统中的宝贵财富。老子的这种认识是要人保持心底澄明,精神不为外物所累,以达人性的纯洁高尚。

老子这种思想被庄子进一步阐发。在庄子看来,仁、义、礼、智以及人的物欲追求都有累于人形,都与人的自然本性对立。他提出“无己”“无功”“无名”,目的是不以物累形,“全生葆真”。他认为仁义道德会诱发人们的“爱利”贪欲,破坏无知无欲的“素朴”天性,使人“残生伤性”。他主张摆脱生死、祸福、名利、是非的牵制,使本身心灵得以解脱。追求“安时而处顺”,把“死生、存亡、穷达、贫富、贤与不肖、毁誉、饥渴、寒暑”看作“是事之变,命之行也”(《德充符》),用“不动心”的态度对待人生。以保持人的本真天性,他说:“不知悦生,不知恶死;其出不訢,其入不距;翛然而往,翛然而来而已矣。”(《大宗师》)这样才能达到“乘天地之正,而御六气之辨,以游无穷”“乘云气,御飞龙,游于四海之外”(《逍遥游》)的逍遥自在之境。道家这种人生理论有其消极遁世、泯灭价值、虚无感伤的消极面。

但另一面,这种人生理论也给人提供了一个艺术化的人生境界。如果说儒家人生理论构成了一个道德化的人生境界,那么道家的人生理论就构成了一个艺术化的人生境界;如果说儒家人生态度具有严谨的求实精神,那么道家的人生态度则飘逸出浓郁的浪漫风度。道家所追求的空灵淡泊的心境状态,不失为一种最佳的审美心境。这种顺任自然、返璞归真、虚静淡泊的人生追求,极大地影响了中国人的人生态度和生活情趣。使人们以艺术的眼光审视自然和人生,孕育了多少欣悦盎然的诗意境界。这种寻求与大自然心灵相通的境界孕育了历代士大夫恬淡、高雅、玄远、脱俗的生活情趣。即便在今天,在多元化、快节奏的现代生活方式中,这种人生追求也仍能给人某种精神的安慰。虽然它不是人灵魂的最佳去所,但在狂躁、焦虑、喧嚣骚动中也能使人暂得憩息。同时,它也有助于现代社会的协调发展,为现代人提供一个较理想的生存空间和生活环境。

## 三、柔弱处上,为而不争

人们常以出世与入世来界定人生哲学与精神。一般以为儒家是入世哲学,而道家则是出世哲学。在泯灭社会历史价值观方面,道家确有明显的出世倾向。但是,入世也并非仅指儒家的修身、齐家、治国、平天下的人生追求。探讨如何为人处世,待人接物,也未尝不是一种入世精神。在这方面道家尤其是老子反复论述其以柔克刚、以弱胜强、功成身退、谦下不争、祸福转化等处世思想及策略。《老子》七十六章:“人之生也柔弱,其死也坚强。万物草木之生也柔脆,其死也枯槁。故坚强者死之徒,柔弱者生之徒。是以兵强则灭,木强则折。坚强处下,柔弱处上。”老子指出,世上凡是刚强的东西都是脆弱不堪的。活生生的肢体柔弱而人死则僵硬;草木初生,枝叶柔软,枯槁死亡则干硬坚脆。水性至柔,但莫之能胜,“天下莫柔弱于水,而攻坚强者莫之能胜”(《七十八章》)。水韧性无比,能滴水穿石,方圆自如,可见柔弱具有强大生命力。而在一般人看来,体格健壮、力量雄强、性格刚直往往具有某种威慑力,能以力服人;而身体孱弱,为人柔顺,性格胆小只能受人欺侮。在老子那里却并非如此。老子还以柔弱论军事,“兵强则灭,木强则折”。柔弱者处在卑下的地位,反能避开世俗,过上心静如水,怡然自乐的生活。由此老子提倡功遂身退,为而不争。要“不自见”“不自是”“不自伐”“不自矜”“大成若缺,其用不弊;大盈若冲,其用不穷;大直若屈,大巧若拙,大辩若讷”(四十五章),即后来所谓的“大智若愚”。老子的“以柔克刚”衍化为中国式的人生智慧。

老子由柔弱处上推崇不争之德,所谓“天之道,不争而善胜”。不争利禄,不争地位,老子以水为例,称之为“上善若水”。水善利万物,滋养众生,而不与人争。上德之人若水。圣人也应以天道为法,“为而不恃,功成而不处”(七十七章),“功成而不居”,功遂身退,方可保存自己,名垂青史。春秋时,晋文公封赏功臣,“大者封邑,小者尊爵”,而未及封赏介子推。介子推以为这种封赏是“贪天之功以为己功”,他既不居功自傲,又不要求官禄,反而隐居山林,“至死不复见”,结果名垂千秋,为后人所推重。另有范蠡、张良、刘基等莫不是王业功成之际,毅然功遂身退,归隐江湖,因而方能保全性命,颐养天年。《庄子·天下》以“懦弱谦下为表”概括老子这一人生理论。守柔知足、谦下不争是道家重要的人生智慧,《老子》六十七章有“江海所以能为百谷王,以其善下之,是以能为百谷王”。滔滔江海之所以能容纳涓涓细流、潺潺溪水,汇纳百川正在于其善于“处下”。谦下不争能保持个体的身心自由消灾免祸,“夫唯不争,故无尤”(八章)。老子的所谓不争不是什么也不做,永远处下,而是把“为”寓于不争之中,“曲则全,枉则直,洼则盈,敝则新,少则得,多则惑,是以圣人抱一为天下式”(二十二章),他认为人们并不是不要“全”“直”“盈”“新”“得”“多”,而是不直截了当,急于求成,目的是不争而争,要知欲速则不达。

道家这种处世哲学,对中国人的人生态度及民族性格产生了深刻影响。中国人的人生格言中便有“木秀于林,风必摧之;堆出于岸,水必湍之;德高于众,人必非之”“忍得一时之气,解得百日之忧”,都源自道家思想。这些格言警句长期以来已经内化为一种民族性格和民族心理,一定程度上弱化了中华民族积极进取、创新向上的精神和意志。但另一方面道家这种人生哲学也警诫人们不要狂妄自大,而应谦虚谨慎,在物欲世界中,这也不失为一种旷达乐观的人生态度。

## 四、大度能涵,上德若谷

虚怀若谷、大度能涵一向为中国人所推崇,这也是道家人生理想的一个重要方面。老子认为“道”以“虚”为本。“道冲而用之或不盈,渊兮似万物之宗”(四章),“道”虚方生万物。“天地之间,其犹橐龠乎!虚而不屈,动而愈出。”虚方储藏无穷。因为道体即虚,体道之人也必是“至虚极,宁静笃”。老子以“谷”喻“虚”,有“德”之圣人方是“上德若谷”。在老子看来,人的心灵本来是虚静澄明、无私无欲的,但常为私欲所蔽,所以“不明”,昏昧,只有去掉私欲,使人心恢复到如水渊、山谷一样的虚静状态,才能做到处事旷达,大度能涵。由此出发,老子提出以善相待,“报怨以德”。他说:“善者吾善之,不善者吾亦善之,德善;信者吾信之,不信者吾亦信之,德信。”(《四十九章》)一般情况下,“善者吾善之”容易,“不善者吾亦善之”则不容易。老子提倡的以善相待,为后人所推崇。明代杨继盛发挥这一思想,提出“见人之善,则对人称扬不已;闻人之过,则绝口不对人言”。“人之胜似你,则敬重之,不可有傲忌之心;人不如你,则谦待人,不可有轻贱之意。”(《父椒山谕应尾应箕两儿》）老子这种观点从容人大度、谦虚谨慎方面是可取的，但也有视而不见、无是非曲直的倾向。老子不仅主张善待他人，还主张以德报怨，圣人包容万物，甚至包容仇怨。这一主张在一定意义上说也可达到调和化解矛盾的作用，故为历代所采纳。《襄阳耆旧传·李衡》记："琅琊王素好善慕义，博深广，多见以德报怨之义。"明代杨继盛也推崇"以德报怨"的品格，告诫他儿子："人有恩于吾，则终身不忘；人有仇于我，则即时丢过。……人有向你说，某人感你之恩，则云他有恩于吾，吾无恩于他；则感恩者闻之，其感益深，有人向你说，某人恼你谤你，则云彼与吾平日最相好，岂有恼我谤我之理，则恼我者闻之，其怨即解。"（《父椒山谕应尾应箕两儿》）

"以德报怨"虽为调和化解矛盾的方法，但终不能从根本上消除矛盾仇怨。"和大怨，必有余怨，安可以为善？"所以从根本上消除人间仇怨，还要"天道无亲，常与善人"（七十九章），像"道"体无己一样，"执左契而不责于人"，即所谓多给予奉献，而不应苛责于索取。清代钱永深知此理，《履园丛话·臆论·恩怨分明》篇指出："或者之言曰：'人有德于公子，公子不可忘也；公子有德于人，愿公子忘之也。'此言最妙！""上德若谷"的人生理论体现在荣辱观上便是"宠辱不惊"。惊喜皆以我之利益得失为转移，如果做到虚怀若谷，"无私""无己""无待"，置荣辱，祸福于身外，还有什么可惊喜的呢？东汉王充虽做过地方官吏，但他"得官不欣，失位不恨"（《论衡·自纪篇》）。《警世通言》有一则故事"俞伯牙摔琴谢知音"：楚人钟子期本是老子信徒，隐居山林，以打柴为生。初见晋国大臣俞伯牙，伯牙全无客礼，子期受辱不惊；后待如贵客，子期亦不欢惊。俞伯牙见钟子期宠辱不惊，甚加爱重，于是结为知音。历史上类似故事多有记载，说明道家人生理论的影响深远。

人们还由"上德若谷"引申出"人贵有自知之明""宰相肚里能撑船"等诸多形象的说法。"谦虚的人常思己过，骄傲的人只论人非。"由于缺乏"上德若谷"的气度而导致心胸狭窄，斤斤计较于琐屑之事，没有自知之明，等等，老子的这一提法对人无疑也是一种警训。这种人生追求长期以来已积淀于中国人灵魂深处，而成为一种传统美德。

# 第四章　佛教文化

佛教是世界主要宗教之一，它诞生在印度，自汉代传入中国内地，在长期的发展演变中，佛教逐渐与中国传统文化相适应、相融合，不仅使得自身面貌发生一定改变，而且对中国本土文化产生显著影响，逐渐成为中国传统文化的一个重要组成部分。

## 第一节　佛教的传入及发展

佛教形成于公元前 6 世纪的印度，其创始人是与释迦牟尼，作为人类“轴心时代”的重要成果，佛教不仅在印度一度占据重要地位，也不断向四周传播，并于汉代传入中国内地，经过与中国本土文化的相互融合，最终形成了佛教的一个重要分支——汉传佛教。

### 一、佛教的产生

佛教产生于公元前 6 世纪的古代印度半岛。任何一种宗教的产生，必有其相应的文化背景，佛教所谓“法不孤起”正是如此。佛教的产生与古印度的历史文化及宗教、哲学形态密不可分。

#### （一）佛教产生的环境

印度半岛位居南亚，北靠喜马拉雅山，南接印度洋，多数地区地势平坦，属于热带季风气候。自古以来，印度半岛的种族、文化就纷繁复杂。目前所知最古老的印度文明是约公元前 3000 年开始兴起于印度河流域的哈拉帕文化，其建立者是达罗毗荼人。从大约公元前 1500 年开始，来自欧亚草原的雅利安人不断南下进入印度半岛，雅利安人皮肤白皙，操印欧语，他们逐渐扩散到印度半岛大部分地区，建立国家，并创造了新的文化体系，即吠陀文化。

公元前6世纪,印度半岛进入所谓的列国时期,佛教就产生于这一时期,因此这一时期也常称为佛陀时期。

由于特殊的气候、地理环境及其社会文化背景,古代印度人富于神奇的幻想,且部族分领,其文化、语言至今未能统一。古印度所有的文字,有五六十种之多,笼统称其为梵文。古印度部族分领,各据一方,学派林立,学说纷呈,社会组织生活的最大特点,就是阶级区分极为严格,贵贱异等,苦乐悬殊。当时印度四大种姓,形成传统的四种阶级:一是婆罗门,为世袭而职司祭祀的专业僧侣,是宗教文化教育的中心,位居上品,受人尊敬,为精神及思想领导的高阶层。二是刹帝利,即王侯武士,集军政权于一族,为世袭的统治者。三是吠舍,为从事农工商的平民阶级。四是首陀罗,地位卑下,为生活艰辛的世奴贱民。由于婆罗门阶级享有至高无上的权利,掌握文化教育,依据其早期法典《吠陀》,对四个种姓的划分及其社会地位、权利、义务及生活方式等都做了严格的规定。婆罗门以“人间之神”自居,主宰一切,形成了印度历史文化中心的“婆罗门教”,并影响其他阶层的思想意识。

婆罗门教的普及,使古印度宗教思想极其普及,加之等级森严,专横残暴的神权统治,人们便倾向于出世思想,以求净化身心,并以林栖遁世为人生最大的享受。佛教正是在如此氛围中,产生于刹帝利种性的宗教哲学体系。

### (二)佛教的诞生

宗教的产生有其滋长的文化背景,同时也必有开创这个宗教的教主。佛教的教主是释迦牟尼,关于其生卒年代说法不一。比较一致的看法是,释迦牟尼约生于公元前565年,正当周灵王七年,至于生时月日,据传正是中国纪年的四月初八(夏历纪年),卒于公元前485年,大致与孔子同时而略早。释迦牟尼出生于中印度的迦毗罗卫城,其父亲是国王。

关于佛祖的诞生有一个极具神奇色彩的传说。相传在迦毗罗卫城贤主净饭王五十多岁那年,佛母摩耶夫人年已四十五岁,其子悉达多降世人间。那天正值春末夏初的四月初八,风和日丽,鸟语花香,佛母漫步蓝毗尼园,看到一株清荫的无忧树,举手攀折时,不经意间,释迦牟尼从她的右胁自然诞生,并有种种祥瑞之兆。这便是有名的佛诞故事。传说释迦牟尼生而能行七步,且能开口讲话,神奇异常。释迦牟尼既生,父王便邀请了很多有名的婆罗门学者,为其举行命名大典,大家认为他降生时具有种种瑞相,就定名为“悉达多”，意为“一切义成，具足吉祥”。

净饭王晚年得子，企盼他能学知识，继承王位。悉达多七岁时开始接受宫廷教育，净饭王为其遍请名师，七年之后，凡属天文、地理、典籍、议论、祭祀、占察、声论、书数、乐舞、文章、图画乃至一切技艺、方术，无不娴习通晓。由于他有超凡的智慧，始终不安于现实，探究宇宙生命，怀疑世事人生。虽位居显赫，但对芸芸众生，常抱以不可把捉的无常之痛，他以大的慈心寻求彻底解脱人生苦痛烦恼，使人得到升华、解脱的方法。出外郊游看到烈日炎炎，挥汗劳作的农人，常悲天悯人，心生厌离，陷入禅思寂默之中。他父亲为阻止他修禅学道，十七岁那年便给他娶妻建殿，并挑选学问渊博、能言善辩的婆罗门终日侍从陪伴，相与劝导，但他出家修禅的意念始终不改且愈加强烈。终于在他二十九岁那年二月初八，他自忖因缘成熟，不听劝阻，跃马离宫。从此，以云游之身到处参学、栖居林野，遍访道人，修习苦行。一天，他沐浴之后，坐在菩提树下，一坐便是四十九日之久，禅思妙境，身心放大光明。睹明星而悟道，了彻宇宙人生的真谛，爽然叹息：原来如此。时年，释迦牟尼正值三十五岁。

悟道后的释迦牟尼，因为接受人天的殷切劝请，决心宣教济世。他首先到达自古相传的圣地鹿野苑，为曾追随他的侨陈如等五侍从宣教，五人先后都得悟解。此后修习之人渐多，在波罗奈斯城先后有五十位长者的子弟皈依佛门。

此时，佛教之“三宝”——佛、法、僧俱备，佛教作为一个宗教正式创立。后来的四十多年，释迦牟尼一直说法行教，所有皈依他的出家、在家的弟子，不分种族贵贱，男女老幼都有，在名义和事实的区分上，便形成了佛的四众弟子，即所谓出家男子名比丘，出家女子名比丘尼；在家男子名优婆塞，在家女子名优婆夷。再以后一律称之为菩萨。“菩萨”即为梵语“菩提萨捶”的简称，具有自觉觉人、自利利他的殊胜妙义。

从悟道到涅槃，四十五年间，释迦牟尼经常把摩揭陀、舍卫国作南北两处的行教中心，并且随时游化于恒河沿岸的中印度各国，不论僧俗贤愚，不分贵贱贫富，无论男女老幼，一律随机说教，凡是接触过他的人格、听闻他的教理者，无不被感化而从之，皈依佛门者不计其数。随着时间的推移，佛教也形成了基本的道德教律：除戒杀、盗、淫、妄以外，渐渐订立许多规矩，以后便成为佛教的戒律了。

释迦牟尼八十岁那年夏天的一个雨季，说法既竟，便称疾不起，以右胁卧而入涅槃，当时约为公元前485年2月15日夜半。释迦牟尼一生说法，既入涅槃尚无典籍，在他涅槃之后，佛弟子们开始结集佛的说法，汇为经典。后便有佛教学说的法库总汇：经、律、论三藏。他本人被奉为佛陀，意即"觉悟者"，释迦牟尼也是后人对他的尊称，"释迦"是种族名，"牟尼"意为贤人，即为释迦族的"圣人"。从此佛教便由恒河流域而遍行全印度，一时间被奉为国教，并迅速向东南亚及西域各国流传，由帕米尔高原传入我国，再由我国传入朝鲜、日本、越南等国。

## 二、佛教传入

### （一）佛教传入我国的时间

佛教由西域传入我国内地，传入时间，学界说法不一。主要有三种说法：一是认为汉武帝时，张骞出使大夏，知旁有身毒国，"始闻浮屠之教"，霍去病击匈奴，带回"休屠王金人"的佛像（《魏书·释老志》）；二是认为汉哀帝元寿元年（前2），大月氏王遣使来华，口授博士弟子景卢以佛经材料（《三国志》裴注引鱼豢《魏略·西戎传》）；三是认为可靠的应为东汉明帝时代，因明帝夜梦金人"身有日光，飞在殿前"，欣然悦之。于是遣使者张骞（一作蔡情）等十二人，西去求经，到大月氏国，便遇迦叶摩腾、竺法兰两位法师，白马驮经，于是迎归洛阳白马寺（洛阳白马寺因此得名），并译出《四十二章经》藏于兰台石室，这段记载见于牟子《理惑论》。据后人考证，时值明帝永平十年（67）。即所谓"永平求法"。这是比较公认的看法。但从史书记载，永平八年，明帝诏令天下死罪都可以交纳缣赎罪，楚王英（明帝的兄弟）送了三十匹缣赎罪，于是明帝下诏说："楚王英诵黄老之微言，尚浮屠之仁祠，洁斋三月，与神为誓，何嫌何疑，当有悔吝，其还赎以助伊蒲塞桑门之盛馔。"（《后汉书·楚王英传》）由此可见楚王英对黄老和浮屠同样崇拜，这也说明永平八年以前佛教已传入中国，由此看来，佛教传入应在东汉初年。

### （二）佛教传入后的早期传播

佛教东来，一开始人们只不过将其当作方士道术一样看待，且多把"黄老""浮屠"看成同样的道术。桓帝延熹九年（166）襄楷上书说："又闻宫中之黄老、浮屠之祠。此道清虚，贵尚无为，好生恶杀，省欲去奢，今陛下嗜欲下去,杀罚过理,既乖其道,岂获其祚哉!”甚至佛教的信徒也自称为道术。牟子《理惑论》说:“道者九十六种,至于尊大,莫尚佛教也。”《四十二章经》亦自称“佛道”,内容有与中国道术相合者。佛教初传中国,宣教多为“灵魂不死”“因果报应”之类。而这又实为中国传统文化所固有。

到汉末魏初,佛教传人渐多,僧侣频入,译经增多,佛教影响愈大,与中国固有文化思想和儒、道学说,相互碰撞交融。这也是中国传统文化与外来文化的第一次碰撞。

在此过程中民间自由信仰日盛一日,知识分子也逐渐接受佛学思想,致使南北朝六代之间,将近两百年来,中国文化和政治的命运一样,支离矛盾。从历史发展的角度看,那个时期并不是佛教文化影响中国历史局面的转变,实为战争及政治的影响,这使佛教文化在不论民间或知识阶层(包括朝廷和士大夫)中,都有一种被吸纳接受的潜在内因。从民间的信仰而言,因连年战争,民不聊生,饥馑苦难无以解脱,正在此时,佛教思想大量涌入,生前身后,善恶业力,促成三世因果的报应和天堂地狱间六道轮回的传说,使人们更相信命运的安排,是由于前生业力的造就。乱离之中,佛教可给人以身心的安慰,佛与菩萨的原义,就一变为与传统神祇的信仰相同了。就士族官宦而言,因“佛法省欲去奢,恶杀非争斗,当民生涂炭,天下扰乱,佛法诚对治之良药,安心之要术”。“佛法”不仅顺应了统治者的需要,且满足了当时士族阶层寻觅新思想的需要,他们所崇奉的《易经》《老子》《庄子》所谓“三玄”之学,恰与佛教“般若性空”学说相遇,一拍即合,遁世奉佛,名士为然。基于以上原因,才使佛教在中国遍为传播,终致故国寂灭,中土倡行,由此而构成中国传统文化不可分割的一部分。

## 三、佛教在我国的发展及其宗派的形成

佛教自东汉初年传入我国,至今已两千年。就其发展大势,大体可划分为三个发展阶段。

### (一)译述介绍阶段

译述介绍阶段,自汉代至南北朝,历时约五百年。这个阶段以佛经翻译和解说介绍为主,所译主要为禅经和《般若经》。汉桓帝时,安息国沙门安世高来华,月氏国沙门支谶到洛阳,合译佛经数十部,共一二百卷。灵帝时,印度沙门竺佛朗也到洛阳,极力倡导佛教,此后沙门康僧会,月氏籍名士支谦,

先后东来，弘扬佛法。佛经的译介开始出现两大教派：一支是安世高为代表的小乘禅学；一支是支谶、支谦为代表的大乘般若学，即空宗学说。佛教以慈航普度，救人于生死苦海达到涅槃彼岸为最高理想，故有小乘、大乘之别。小乘强调“我空法有”和个人“涅槃”，而大乘则强调“我法俱空”和普度众生。安世高的译介多属小乘，以宣扬禅观、禅教即修炼精神的方法为主，较少涉及理论，当时主要在北方流行，而流行于南方的主要是支谶、支谦的大乘般若学，该系偏重于教义的研究和宣传，倾向哲理思辨。

魏晋时期，佛教进一步发展，朝廷开始允许中土汉人出家为僧，有了正式的中国僧人。

两晋时代，由于朝廷的支持，佛教寺院、僧尼增加。到东晋末已有汉译佛经二百五十来部，一千三百来卷。中土僧人也开始西行求法。大乘般若学正好迎合了当时以老庄思想为核心的玄学，支谶一系讨论人生的根本道理在使神反本真，而与道合，正是受老庄思想影响。支谦译《般若波罗蜜经》为《大明度无极经》，把“般若”译为“大明”当是取《老子》“知常曰明”的意思；“婆罗蜜”译为“度无极”（达到无极）也是说达到与“道”（无极）合一的境界，阐释佛经往往用此“格义”之法（格义即借用老庄哲学中固有的名词概念来进行比附）。这时大乘般若学广泛流布开来。由于般若学译经艰涩难解，理解上的分歧，使般若学内部出现了不同派别。大体而言，主要是道安的本无说，僧肇的“空”论和慧远的法性论与神不灭论。

道安（314—385），十二岁出家，名僧佛图澄的大弟子。一生专心于般若，力求得其实在。他很早就反对用“格义”之法释佛经。他用本无论概括佛教教义和所有大乘经典的全部内容，认为“如来兴世，以本无弘教，故方等深经，皆备明五阴本无”。“五阴”（色、受、想、行、识）都是“本无”，即无论客观物质世界还是主观精神世界，同属虚幻不实，“一切诸法，本性空寂，故云本无”。后来他的弟子僧叡对他的“本无”说做了完整而具体的阐发。僧叡在《大晶经序》中概括般若的基本内容说：“功托有无，度名所以立，照本静末，慧目以之生。”这句话的意思是：“度”这一名字所以成立，是把作用寄托在“有无”上；“慧”这个名字所以产生，是因为照“本”而使“末”寂静。这些说法，还是沿用“本无”这一概念以“本来”“有无”来说。“本无”也就是“自性空”（自性是“本”，空是“无”），现在对它的理解，不是片面地看成是绝对的无，而是合本末而为“性”，托有无而为“空”，统一“照本静末”与“功托有无”,这就是“本无”“性空”。后来吉藏《中观论疏》更清楚地解释道安的“本无宗”说,“夫人之所滞,滞在未有,若托心本无,则异想便息”。这就是说,人之所以有执,在于执着“未有”,若把心放在“本无”上,那么执着“未有”的“异想”就平息了。这也正是“照本静末”的意思。达到这一境界,也就只剩下一个绝对意义的没有任何感知的空寂常住的“心”,这样的“心”就是“本无”,也叫“崇本息末”。这也就是道安所谓的最高境界。

僧肇(384 或 374—414),早岁治老庄,后师从西域来华高僧鸠摩罗什精研佛学,尽得般若空宗之旨,著有《肇论》一书。他主要以龙树中观学说为依据,认为“世界是非有非真有,非无非真无”的。所谓“非有”,是说从本质上看,世界是不存在的;所谓“非无”是说从现象上看,世界不能说不存在,不过存在只是假象,是“不真空”,“譬如幻化人,非无幻化人,幻化人非真人也”。即万事万物就好像一种由幻觉产生的人像,不是说没有幻觉产生人像这回事,而是说幻觉中的人像并不算真实的人;同样,不是说作为假象的世界不存在,而是说,万事万物既都是假象,就不算是真实的存在——“不真”故“空”。

慧远(334—416),善用“格义”之法阐释佛经。曾拜道安为师。著有《法性论》。何谓“法性”?慧远说:“无性之性,谓之法性。诸法无性,因缘以之生。生缘无自相,虽有而常无,常无非绝有,……识空空之为玄,斯其至也,斯其极也。”(《大智度论抄序》)他认为法性和真如、法界、涅槃等是佛教关于最高真理的同一范畴,指最高的精神实体。他还说“至极以不变为性,得性以体极为宗”。法性是不变的,而不变是从“常无”“空空”(泯绝一切生灭)而来的。为了说明“法性”既是“常无”,又是“不绝有”,他还举“犹火传而不息”的例子。可见作为精神实体的“法性”,实质上就是“神”“灵魂”的同义语。由此又建立起他的“神不灭”论。他说:“神也者圆应无生,妙尽无名,感物而动,假数而行。感物而非物,故物化而不灭;假数而非数,故数尽而不穷。”“神”即人的精神活动,是不生不灭,推动一切变化的根本。“神”与物的关系,即精神和形体的关系。“感物而非物,故物化而不灭”,万物可尽,精神不灭。他还著有《三报论》《明报应论》,大弘因果报应,也正是以此为依据。

南北朝时期,社会动荡,佛教进一步得到发展。“涅槃佛性”论是这一时期佛学理论的核心。佛性即主要谈众生能否成佛及怎样成佛的问题,因此佛性问题是佛教的中心问题。对于佛性的阐释历来诸说不一。道生力倡“一阐提人”（即善根断尽，罪大恶极，永不翻身的人）皆得成佛，并且首倡“顿悟成佛”的意旨，因此而受到佛教徒们的攻击，于是从北方南来隐居虎丘山，自为石头说法，于是便有了“生公说法，顽石点头”的讲经故事。后来《涅槃经》全部译成，即证明了道生的先见，而事实上道生的思想则根源于《周易》《老子》《庄子》三玄之学，由此可见当时佛学思想与中国固有文化的融通之境。

### （二）创宗立派阶段

佛教在我国的发展第二阶段是创宗立派阶段，这是宗派林立的鼎盛期，时间大体为隋唐时期，历时三百多年。

经过南北朝以来帝王政权的大力提倡，隋唐之际佛教发展到鼎盛时期，寺院林立，僧侣如众。唐代皇帝多数信佛，由于历代皇权的重视，译经事业也大为发展，自汉魏以来，至唐元年间，译出经论已达一千零七十六部，五千零四十八卷。开元以后，历代有增，经、律、论三藏全部译出，唐僧玄奘因深通三藏而谓“唐三藏”，亦是佛经翻译事业的集大成者。

这种情况也促使佛教得以发展并能与传统的儒、道融合，由此而形成了四大宗派：天台宗、禅宗、华严宗、法相宗。从“空”“有”的性质来说，法相宗、华严宗属于有宗，天台宗、禅宗属于空宗。此外还有三阶教、三论宗、密宗、律宗、净土宗等。这些宗派都不同程度地吸纳融合了中国固有文化的思想。

天台宗是佛教各派中第一个中国化色彩较浓厚的宗教思想体系，创立者是隋代的智顗(538—597)。智顗居于天台山，遂以天台为宗名，天台宗推崇的经典是《妙莲法华经》，简称《法华经》，故天台宗也称为法华宗。

南北朝时，佛教分为分南北两派，南派重义理，北派重禅法。隋统一天下，佛教也有了融合的趋势。智顗则兼通南北之长，且融会贯通，使得天台宗“破斥南北”（《佛祖统纪·湛然传》），适应了隋代国家统一后的新形势，故此天台宗在隋代颇为盛行。

天台宗的基本理论为止观论、三谛圆融论和无情有性说，认为宇宙间万事万物都是“一念”之心的产物，心念活动是宇宙的本源，因为天台宗认为一切“皆由心生”，世界本体是空无的，故亦名“空宗”。

法相宗是继天台宗后创立于唐初的一个佛教宗派，其创始人是佛教哲学家和翻译家玄奘(602—664)及其弟子窥基。该派直接继承了印度大乘佛教瑜伽行派的学说,教理极其烦琐,其主要内容是认为宇宙万物皆由“识”幻化而成,故主张“穷究万法之性相”,故名“法相宗”;又因以论证“万法唯识”“心外无法”为宗旨,亦称“唯识宗”。法相宗推崇的佛经主要是《解深密经》《瑜伽师地论》和《唯识二十论》。该宗的基本观点是提出“五位百法”及以“阿赖耶识”(藏识)为中心的“八识”说、“种子”说,“三性”“三无性”等。“五位”即“心法”“心所有法”“色法”“不相应行法”“无为法”;“八识”即眼、耳、鼻、舌、身、意六根,加末那识、阿赖耶识。阿赖耶识又名藏识,是万物的本源,包含前七识的种子,因此阿赖耶识又名种子识,唯识宗是典型的唯心论。

华严宗的创立者是唐代法藏(643—712),以崇奉《华严经》而得名,基本理论主要是通过论证所谓“尘是心缘,心为尘因。因缘和合,幻相方生”,以及“法界缘起法”,宣称客观世界是依赖于主观世界而存在的。因其认为法界缘起,故又称法界宗。华严宗认为“言法界,一经之玄宗,总以缘起法不思议为宗”。宇宙万法都不外一心所缘起,又复为一心所统摄,所谓“法界”就是宇宙万有在心上所显现的境界,或者说,一切都是心的幻影,只有心本身才是唯一的、真实的,这叫“一真法界观”。法界分四个方面:事法界、理法界、理事无碍法界、事事无碍法界。宇宙万物相互联系,事事融通。因此该派又提出“十玄缘起”“六相圆融”的佛教哲学思想,华严宗的佛学思想最具哲理思辨色彩,对后来的宋明理学产生了重大影响。

禅宗是最具中国特色的一个佛教派别,从其产生起就与中国文化完全融为一起了。

这一时期佛教达到鼎盛期,在诸多方面吸纳融汇儒道思想,如以心性为宗派学说的重心,宣扬孝道,提倡“缘起”“圆融”等,从这些方面都可看出佛教受儒、道思想的影响。

**(三)佛教与中国文化的进一步融合**

在经过译述介绍和创宗立派两个阶段后,佛教在我国的发展进入第三个阶段,即佛教与中国文化的进一步融合,时间是宋至清,约公元10世纪中叶至19世纪末,持续近千年。

习近平主席在巴黎联合国教科文组织总部发表演讲时指出:“佛教产生于古代印度,但传入中国后,经过长期演化,佛教同中国儒家文化和道家文化融合发展,最终形成了具有中国特色的佛教文化,给中国人的宗教信仰、哲学观念、文学艺术、礼仪习俗等留下了深刻影响。”在前两个阶段与中国文化的碰撞交融的基础上，这个时期佛教虽无新的宗派产生，理论方面的创新也不多，但已与汉地固有的思想观念、文化艺术、民间习俗进一步融合，在思维方式、文化创造和民间信仰等诸多方面上树立了广泛而牢固的基础，尤其是禅宗、净土宗等佛教宗派影响更为深远。

宋代的佛教，“以宗儒为本”，时有“为学有三要：所谓不知《春秋》，不能涉世；不精《老》《庄》，不能忘世；不参禅，不能出世”，宣扬“孔、老即佛之化身”，这是中国文化史上必然的演变，也是佛教文化与中国文化交融的结果。到南宋末，禅宗大师们大谈其儒家学理，而且佛学儒化、儒学佛化的迹象，已相当明显，因禅宗而产生理学。经过元、明两代到清代满人入关之初，西藏密宗黄教的祖师、第五代达赖已与满人颇有默契。自顺治至康熙，都与蒙藏两地的密教息息相关。到雍正年间，开始专志参禅，且命天下禅师，可以随便找他谈禅论道，同时下诏，训诫和尚们不可学作文章诗词，要以专心修道为务。乾隆一代，承皇室传统，也笃信佛教，他是专修密宗法术，但嘉庆以后，因欧风东渐，西洋文化思想随教会以俱来，佛教的发展，也随时势的推移而日趋式微。

## 第二节　佛教基本教义界说

佛、法、僧是构成佛教整体的三大支柱，并称佛教“三宝”。而佛法则主要指释迦牟尼传授的教理，它包括了释迦牟尼及其后代佛徒们阐发的佛教教义，它是所谓教化、开悟众生的理论学说。后世佛教宗派的产生及其义理的阐释，皆本源于此，这里主要对佛教基本教义四谛说、十二因缘、三法印进行界说。

### 一、“四谛”说

相传释迦牟尼出家，是由于出游城外亲眼看到人们生、老、病、死的各种苦相。在佛教看来，世界是一个无边的苦海，那么如何摆脱痛苦，达到涅槃境界呢？释迦牟尼“初转法轮”就探讨了这一根本问题，提出“四谛”。“谛”即佛教所谓真理，“真谛”。“四谛”也称“四真谛”，即“苦、集、灭、道”，这里阐述的是佛教四个基本的道理或真理。四谛是大小乘各宗共同尊奉的佛教基本教义，其目的在于教化众生要按照佛教之法理解人生本质，获取修行之道，以求得人生的终极解脱。

### （一）苦谛

苦谛意为世间皆苦，即众生轮回苦海之中，就众生身心顺逆境中的表现而言，略有三苦八苦。

在佛教中有"娑婆"之说，这是对人世的界说。"娑婆"即"堪忍"之义，意即来到世间，时时处处充满痛苦，必安于十恶，忍受三毒及种种烦恼痛苦，才能生存下去。佛教所说的苦，种类很多，所谓二苦、三苦、四苦、五苦、八苦及至无量诸苦，世间一切皆苦，苦海无边。所谓二苦指内苦和外苦。内苦指身体的病痛和心理、感情方面的痛苦；外苦包括来自外界的各种灾难祸殃。所谓三苦，一是苦苦，即遇到苦事，如饥渴寒热逼迫而产生的痛苦；二是坏苦，谓乐事变迁，由富贵变贫贱等产生的痛苦；三是行苦，即由于事物迁流不住而引起的痛苦。所谓四苦是指生、老、病、死。这是佛教所说最根本的四苦。这四苦合一，再加上爱别离苦、怨憎会苦、求不得苦、五取蕴苦而称五苦。在佛教典籍中最常见的是八苦之说，八苦的具体内容指：生苦，人一出生就是痛苦，此后众苦接踵而至；老苦，衰老是任何人无法回避的，无论是高贵显赫还是贫贱卑微，唐诗"公道人间唯白发，贵人头上不会饶"，没有哪一个人能青春永驻；病苦，人的一生食五谷杂粮，疾患病苦在所难免；死苦，宇宙万象，生住异灭，永不住息，不论命终寿尽还是意外之灾都难免死之痛苦；爱别离苦，诗云"乐莫乐兮新相知，悲莫悲兮生别离"，生离死别，凄楚难言；怨憎会苦，此苦与爱别离相对，人生在世，恩怨是非，难免冤家路窄，仇人相见；求不得苦，欲望有大有小，微乎其微是苦，欲壑难填亦是苦；五取蕴苦，亦称"五盛阴苦""五阴炽盛苦"。佛教认为这是众苦的根源。"五蕴"（"五阴"）指"色"（物质，人的肉体感官），"受"（感觉、感情、感官体味到的喜、怒、哀、乐等感受），"想"（知觉、想象，亦即理性活动），"行"（意志、心理活动如贪、眩等），"识"（意识）。"取"指一种固执的欲望、执着贪爱，五蕴与"取"联系产生种种贪欲称为五取蕴苦。由此而见，人的身心盛贮痛苦，五取蕴苦既是其他苦的根源，又是一切苦的聚集。

佛教从苦入手，阐明人生诸问题，并由此而衍化出种种脱离人生苦海的修行方法和解脱理念。

### （二）集谛

集谛即佛教解释造成苦谛的原因，所谓众生贪、嗔、痴三毒。“集”是招聚、集合之义，在佛教中，“集”指烦恼业的积集，是世间诸方面所造成的苦果的因。佛教认为，人生之所以苦海无边，是由于人们对佛教真理的无知（无明），不懂得人生本身是一种幻影，不实在的。把人身看成真实存在，即会产生种种欲望、追求，由此而导致贪、眩、痴等烦恼，亦称“三毒”。这些烦恼正是人生痛苦的根源所在。

“贪”即贪爱、贪欲、贪名利钱财，贪为万恶之源，亦是苦之根源。“眩”即仇恨、愤怒等，固执于人事，于是起仇恨憎恶之情。“痴”即愚昧“无明”，不明佛教之真理，备尝人生之苦，除此之外，还有慢、疑、见等大烦恼，因烦恼而迷于事，迷于理，叫迷事惑、迷理惑。有了“惑”就使身、口、意作不善之业，故有三界轮回之苦。

### （三）灭谛

灭谛指的是消除苦，即灭除烦恼诸苦而清净。“灭”，佛教中亦称寂灭、入灭、灭度、圆寂、涅槃等，这是解脱痛苦而达到的最高境界。佛教认为，现实世界的一切事物都是变幻无常，现实世界只是幻象而已，人生在世烦恼无穷、生死无常，生就是苦，死才能得到解脱。但是死只是解脱的一个可能，问题还在于，肉体死了，灵魂意识并没有死，还得转生为人，或为畜生，所以仍然是痛苦；要真正解脱，出离苦海，只有从根本上摆脱生死轮回，进入理想的涅槃境界。“涅者不生，槃者不灭”，这是一个不生不灭，实质上彻底死灭的境界，这才是佛教所追求的境界，即“常、乐、我、净”的境界。

### （四）道谛

“道”即道路，佛教中指实现“入灭”“涅槃”境界的途径和方法，即消除苦的方法。佛教的这种修行方法与其他宗教的对绝对体的单纯信仰不同，注重“慧解脱”，讲求修炼。释迦牟尼初次说法时提出的中道主张，共八项，即“八正道”。随着佛教的发展又增加“三十七道品”“三学”“六度”等。所谓“八正道”即道谛修持的八种方法：正见，正确认识佛理；正思，正确的思维；正语，正确的语言；正业，正确的行为；正命，正确的生活；正精进，正确的努力；正念，正确的思想；正定，正确的心神专注。只有按八正道修炼才可以由“凡”人“圣”，由“迷”转“悟”，达到涅槃解脱。

八正道又可归结为戒、定、慧三学,即以戒、定、慧三学,应对贪、嗔、痴三毒,从而达到清净涅槃之道。其中正语、正业、正命属于戒;正念、正定属于"定";正见、正思属于"慧"。正精进指学佛的态度,也属慧的范畴。戒、定、慧之学通常被认为是学佛者修持的全部内容。戒是纯洁行为,庄严操守,为定、慧打下基础,再通过"定"(即调练心意的功夫),而生起智慧。这也即依止于戒,心乃得定;依止于定,智慧才生。三学中,慧是根本,以慧为主体,戒定为方便。

随着佛教的发展,修持方法不断增加。道谛的完善在于使人们心灵宁静、安息,通过修炼达到理想的人生境界。

以上四谛中苦谛是关键,它是佛教人生观的理论基石,正因为佛教把人生设定为一个苦难重重的历程,从而奠定了超脱世俗的立场。佛教倡扬的道德责任和奉献精神、去恶从善、约束自我,等等,都是由此而生发的。

## 二、"十二因缘"说

### (一)缘起说

"十二因缘"亦称"十二缘起"或"十二有支"。"缘起"是佛教全部宇宙观和宗教实践的基础理论。"因"指产生事物的直接原因,"缘"指产生事物的间接原因或条件。"缘起"即"诸法由因缘而起",世界上万事万物都由因缘而生,也由因缘而灭。按缘起说的观点,万事万物都处在一定的因果联系中,并随着因果关系的改变而改变。《杂阿含经》解释为"此有故彼有,此生故彼生""此无故彼无,此灭故彼灭"。"十二因缘"是以人生为中心展开。其具体内容是无明缘行,行缘识,识缘名色,名色缘六处,六处缘触,触缘受,受缘爱,爱缘取,取缘有,有缘生,生缘老死。这是佛教的人生观,佛教认为,人生是一个念念不住的流转过程,具体表现为"三世二重因果",可图示为:

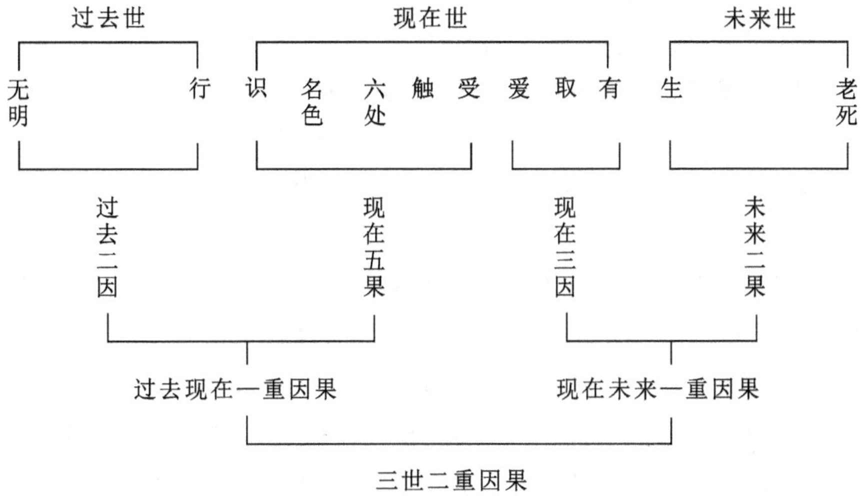


**十二因缘图**

**(二)业报轮回说**

"十二因缘"用所谓"三世二重因果"说明生死轮回的道理,认为一个人在前生(过去世)所作的"业"为今生(现在世)的受苦受罪种下了因,换言之,即今生做人受罪是前生作业的恶果。今生做人又继续作业,于是又为来生(未来世)的受苦受罪种下了因,也就是说,来世的苦难是今生做人作业的恶果。"十二因缘"说主要是用来说明"三世诸苦"的根源。如果由因推果,则"无明"是根本原因。"无明"即愚昧无知,世间诸苦均来自人们生来的"无明",而这种"无明"或愚昧的集中表现,就是坚执物质世界的客观存在("法执")和坚执一个我的存在("我执")。正由于此,看不破红尘,克服不了各种物质欲望和诱惑,陷于烦恼、痛苦之中。解脱痛苦只有看"空"一切。"无明烦恼"是一切罪孽痛苦的根源。

"行",指行为,即由"无明"而引起的好或坏,善或恶的各种行为,佛教叫"业"或"作业",并认为这种"业"一经做出,就永远不会消灭,而且要受到一定的报应。"无明"和"行"是过去世所种的因,对现在世所得的果起决定作用。这是典型的"原罪"意识。"识"是指个人灵魂、意识。人的肉体可灭,灵魂永存(神不灭论),且在投胎时,即没有形体以前,一个人的心识已先存在了,"三界唯心,万法唯识"。"名色","名"即为精神意识,无形无象以概念而存在故为"名"。"色"指形体、物质。有了名色即有"六处"或称"六人",

与“六根”同义，指眼、耳、鼻、舌、身、意，婴儿出生时六根俱全。“触”即接触，感官对外界的接触。由触而引起诸多感受。这五项是由于过去世“无明”和“行”所种的因而于现在世所产生的果。人们有了苦乐诸多感受，就会避苦求乐，有所厌弃，有所贪爱。“爱”即为爱好，包括各种物质欲望和男女情感等，佛教认为这是罪恶的，是沉沦苦海不得超拔解脱的锁链。于是就有“取”，即取得、占有。为了满足各种物质欲望而追求索取。由“取”而引起“有”，即实有，即把贪爱等欲望和满足欲望而有的行为，看作实有，不是虚无。“爱”“取”“有”是现在世所种的因，由此而引出未来世之必然的果。未来世之果，亦即“生”与“老死”。“生”指来世之生，由于“爱”“取”“有”所生起的迷惑和所作的业，必然产生恶果，从而导致来世的再生。有生必有“老死”，来世转生以后的仍归死灭。如此轮回流转，延续无尽。

“十二因缘”说明了众生生死流转的因果联系，它强调十二个环节按顺序组成因果循环链条，任何一个有情识的生命体，在没有获得解脱前都依此因果律“生生于老死，轮回固无穷”。“十二因缘”是生命现象的总结，也是生命痛苦的因由。据佛教史上有关资料记载，释迦牟尼快要得道成佛时，从相反的方向观察推衍“十二因缘”，即从“老死”推到“无明”，得出人生痛苦的根源是“无明”，即对人生实相的愚昧无知。这实际上是对苦、集二谛的进一步阐明。如果能正确认识人生实相，就能灭尽“无明”，没有“无明”也就没有“行”，直至没有“老死”，没有轮回之苦，也就能超脱生死，得涅槃成佛果了，这则又和灭、道二谛结合起来了。从这里可以看出，“十二因缘”的理论在佛教学说中占有举足轻重的地位。

“十二因缘”中的三世两重因果理论，逻辑地包含着轮回思想。释迦牟尼宣扬业力是众生所受果报的前因，是众生生死流转的动力。众生的行为和支配行为的意志，从本质上说就是业力。“业”是行动或作为的意思。做一件事，先有心理活动，是意业；后发之于口，为口业；表现于行动，为身业。释迦牟尼认为，众生的身、口、意之业往往是由无明即无知决定的。人生就是无我的，无常的，没有自体，终归要消灭的。众生却要求它有我，要求恒常不变。众生这种行为即是无知的表现。由于这种无知而发生的行为，就是苦的总根源。众生所做的恶业和善业，都会引起相应的果报。由于业的性质不同，来世就会在不同的境遇中轮回。

佛教的这种轮回说，强调了个人言行的自我责任，强调一切都是自作自受，客观上对人们的行为有一定的劝诫和约束作用。它主张人们的活动与其后果有一定的关系，会得到报应，所谓善有善报，恶有恶报，这在一定意义上有其合理的一面。但它把这种理论强调到五条件的地步，则又流于荒谬。

严格说来，中国一般人心目中，业报轮回说几乎成了佛教的基本思想。在中国佛学界看来，因果报应是佛教的实理和根本，否定了因果报应就等于摒弃了佛教。实际上，从世俗的观点来看，佛教给中国人心理以深刻影响的，主要是因果报应、三世轮回思想。

## 三、"三法印"说

佛教认为"无明"即无知，是人生痛苦的总根源。"无明"就不懂得人生"无常""无我"的道理，而固执于"法执"或"我执"，因而便永处痛苦轮回之中。为了论证人生无常、无我，佛教提出了三个命题："诸行无常""诸法无我""涅槃寂静"，即所谓"三法印"。"法"即佛法，"印"即印记、标识，"法印"即印证是不是佛法的标准，同时也是衡量是不是义法的基本准则和尺度。中国佛经翻译家以为这三大义理是佛教同其他学说异流的分水岭，佛教教义所具有的特点。三法印也称"三相"，"相"即特征，"三相"即佛教学说的三个特征，是大小乘佛教的三大纲领，整个佛学理论的枢纽。

### （一）"诸行无常"说

"诸行无常"，即指世间一切万有，生住异灭，刹那不住。"行"即迁流转变之义。佛教认为，世间一切事物都是因缘和合而生的，即世间一切造作而生的现象，包括各种物质现象、心理活动和形式概念，无一不是迁流转变，不遑而住的，这称为"有为法"，是指过去有的，现在起了变异，现在有的，将来终归幻灭，故称"行"。因万物和现象众多，故称为"诸行"。佛教认为，另外还有一种"无为法"，是并非由因缘和合而生的，是无造作的，如虚空和涅槃等，不属于诸行的范畴。"常"即恒常。"无常"即不恒常，变化不遽的。

所谓"诸行无常"即谓世间一切事物现象都是变化不已，没有常住不变的。人生无常，一切皆苦。按照佛教的"缘起"理论，宇宙万有，皆因缘和合而生。既是因缘而生，自不免有迁流变化。因此，有情的生老病死，万物的生住异灭，世间的时序流转，宇宙的成住坏空，这一切都脱不出无常的范围，《金刚经》上说："一切有法，如梦幻泡影，如露亦如电，应作如是观。"由此可见，"诸行无常"也是对人生无常、生死轮回的因缘说的系统说明。也在于进一步说明人世间苦海无边,为培养人们的出世思想做论证的。

**(二)“诸法无我”说**

“诸法无我”,是说一切世间法,都因缘和合而生,没有一个独立、永恒的自性或实体。这里,“法”即指事物、东西、存在。“诸法”即为世间一切事物,各种存在,包括事物的现象与超现象(本质),此岸世界与彼岸世界。“我”是主宰和实体的意思,“我”是恒常不变的实体,具有自我主宰的功能。也就是说,“我”是既无集合离散,又无变化生灭的实体,是独立自生的永恒不变的主宰者。所谓“诸法无我”,是说一切存在都没有独立不变的实体或主宰者,一切事物都没有起主宰作用的我或灵魂。换句话说,就是世界上没有单一独立的自我存在,自我决定的永恒事物,一切事物都只是因缘和合而成的、相对的和暂时的,即主张诸法性空,因缘而有。以人为例,从构造方面说,人是五蕴和合的产物,没有一个独立不变的实体,五蕴离散,人则幻灭;从过程而言,人生表现为从“无明”到“老死”十二个环节,按“十二因缘”说,“无明”是人生之源头,但“无明”本身并不是一个实体,故众生无本。万法亦然,一切世间法都是因缘而有的假象、幻影,没有一个独立不灭的实体,因而万法生住异灭,迁流不已。

佛教宣扬“诸法无我”,就其实质而言,是为了破除“我执”,即执着于自我。“我执”又分为“人我执(人执)”与“法我执(法执)”这是佛教所要破除的最主要观念。与两种我、两种执相对应,无我也有两种:一是人无我,二是法无我。从无常必然推出无我。“无常故苦。”人生既苦就不会自在,自己不能主宰自己,也就是无我,即人无我。不仅如此,其他一切事物都是无我,因为“诸法无常”,所以也不能说有一定的自体,称为法无我。这种人、法二无我的理论是佛教的基本学说,是在思想上区别于其他教派的根本之点。

佛教认为“我执”是万恶之本,痛苦之源,必须全力破除。世间男女最容易把自我执着为实有。佛教宣扬人生在世如水涓涓、灯焰焰、念念生灭,相续无穷,只不过是身心假合,而事实上人的生理和心理的存在状态都是无常的,死亡就是人体生命因素的解散,即无常的表现。因世俗之人不懂此理,才有把人执着为实在的我体,产生我的观念,热衷于自他彼此的差别,产生和增长贪欲、蘸、恚、愚痴,形成各种烦恼,进而造种种业,有业就有生死轮回。所以我“执”是万恶之本,必须破除“我执”才能脱离苦海。由于佛教宣扬破除人执和法执,所以必须把诸法无我的道理推广于一切方面,从而成为万法皆空的同义语，事实上是进一步为其出家修道做论证。

### （三）"涅槃寂静"说

"涅槃寂静"，指超脱生死轮回，进入熄灭一切烦恼，内心寂然不动的境界。和前两个法印不同，这里是用肯定形式表述的。所谓寂静，就是指涅槃的状态。远离烦恼、断绝相累、寂然常住，就称为涅槃寂静。涅槃寂静是三法印的终极，也是佛教徒出世修道的终极。诸行无常和诸法无我，最终显现为涅槃寂静之境。

在佛教看来，一切现象，都有"有为""无为"两方面。自"有为"方面说，一切诸法都是因缘而起，没有自性，故是"无常""无我"；若从"无为"方面说，则法性本寂，无累自在。《大智度论》说："有为法无常，念念生灭故，皆属因缘，无有自在，无有自在故无我、无常；无我、无相，故心不著；无相不著故即是寂静涅槃。""观色念念无常，即知为空。……空即是无生无灭。无生无灭及生灭，其实是一，说有广略。"也就是说，"三法印"其实是缘起性空之两面观：从缘起方面说，一切诸法生住异灭，念念不住，故"无常""无我"；从性空方面说，诸法不生不灭，本性空寂、无累自在。因此，"三法印"其实是"缘起"理论的具体发挥。

从小乘佛教到大乘佛教，"三法印"说也被进一步阐释，又被称为"一法印"，即"一实相印"。"实相"亦称"真如""佛性""如来藏""本有真心""一真法界"等。在大乘佛教看来，世间之森罗万象，出世之诸佛菩萨都是"实相"的体现。此"实相"不生不灭、无始无终，不可求，不可感，也不能用语言虚妄分别，只有达到涅槃寂静之境方能悟得，这自然是一种神秘的内省式的直觉体悟。佛教这种充满神秘色彩的，对彼岸世界的离奇描绘，是通过否定现实、肯定幻象而实现的，这里显然是否定了世间的"常""我"，却肯定了出世间的"常""我"，其主观唯心成分是不言而喻的。

## 第三节　佛教中国化的典型代表——禅宗文化

禅宗出现于南北朝时期，是当时佛教的一个派别，也是佛教中国化的产物。唐代以降，禅宗因其固有特点而大行其道，成为唐代之后影响力最大的佛教流派，也被视为佛教中国化的典型代表。

## 一、禅宗的兴起

### (一)禅与禅宗

禅宗来源于印度佛教中的禅学,原本只是印度佛教一种修行方式。禅,全称"禅那",源于梵文,"禅"意译为"静虑""禅定",原是止观的意思。止观方法即禅法,其义是指静息一切欲念,沉静思虑,意念专一,以集中思悟佛教义理的一种修持方法。

随着佛家的典籍,禅法在汉末开始传入中国。禅法本来是佛教各宗派所共同奉行的,在佛教进入中国后,因禅学思想与老庄学说以及魏晋玄学有不少契合之处,故更容易受到中土士人的认同和重视,影响力日增,并逐渐与中国传统文化相融合,最终形成禅宗。由于禅宗强调"直指人心""见性成佛",故又被称为"心宗"或"佛心宗"。禅宗是佛教中国化的典型代表,自诞生后,其声势不断壮大,逐渐成为中国佛教史上影响最大的宗派,唐宋以后,禅宗几乎成为中国佛教的代名词。但需要注意的是,"禅宗"顾名思义,是以"禅"为"宗",其实不然,除禅宗某些先驱者曾大讲其禅法外,从其实际创始人慧能开始,从根本上反对和废弃坐禅入定的修持方法;故"禅宗"一名,只不过是习惯上的称呼。

### (二)禅宗兴起的历史背景

禅宗始自南北朝,兴于唐代,并自唐代之后成为中国佛教的主流,这并非出于偶然,禅宗的崛起,有其深刻的历史背景。

当其他佛教宗派相率走进迷宫似的唯识、法相之学时,禅宗以"教外别传、不立文字、直指人心、见性成佛"相标榜,极其适合中国人的简朴和唐代思想学风朴实浑厚的要求。

禅宗一派在唐代崛起有其相应的机缘。就社会历史来看,南北朝之后,随着帝王政权对佛教的重视和提倡,寺院经济日益发展,出家僧尼增加,佛教成为影响社会生活的重要思想派别。隋唐时期统治者奉行儒、道、佛三教并重的方针,对佛教努力采取依靠、联合、利用的政策。佛教徒中的上层人士往往进到统治集团内部,被皇帝封官赐爵,而成为身披袈裟的官僚显贵,由此而逐渐失去其在佛教僧众中的威信。而寺院经济的发展,也一度使僧侣显贵阶层和世俗地主阶层产生了严重的利害冲突,从而使地主阶级想方设法利用国家政权，对僧侣显贵进行打击。佛教史上著名的“三武之难”（北魏太武帝、北周武帝、唐武宗灭佛法事件）便是这种矛盾斗争的集中反映。据载单是唐武宗反佛事件中，就使26万僧尼还俗，15万寺院奴婢获得自由，没收良田几十万顷，废毁寺院数以千万计，给佛教以惨重创伤。从佛教历史发展看，由于各个宗派的理论日趋烦琐，经卷浩繁，多数佛教名匠都钻进佛经学术的注疏、论述的迷宫里，也使普通百姓日益失去对佛教的兴趣。这时禅宗以革新派的面目应运而生。破除以前佛教各派的烦琐义理，宣扬“即心即佛”“见性成佛”“言下顿悟”。主张不读经、不礼佛、不坐禅，采用“不立文字”“直指人心”的通俗说教，宣扬佛教义理，正好迎合了时下庶族百姓的口味，也与唐代思想学风朴实浑厚的要求相吻合，因此禅宗一派很快兴盛起来。

禅宗的兴起除其社会历史的原因之外，更有其理论渊源和师承相继的关系。传说中的禅宗最早源于一个神秘的故事：相传在一次灵山大会上，大梵天王手捧金色波罗花献于佛祖，请佛祖说法以惠众生，佛祖一反往日说法的陈式，而是拈起花来，一言不发，频频示予人看，当满座木然之时，大迦叶似有所悟破颜微笑，于是，佛祖启口说道：“吾有正法眼藏，涅槃妙心，实相无相，微妙法门，咐嘱摩诃迦叶，汝当善护持之。”佛祖通过心传之法将真理传给了大迦叶。此后以心传心，至印度第二十八祖之菩提达摩来华而为中土禅宗之初祖。

**（三）禅宗创立**

禅宗始创于南北朝时期，传说创始人为菩提达摩。菩提达摩传说是南天竺国香至王的第三子，南朝梁时，他自印度渡海来到广州，从这里辗转至北魏，所经之地，传授“直指人心，见性成佛，不立文字”禅法。菩提达摩曾在少林寺面壁九年，故少林寺也被称为“禅宗祖庭”，菩提达摩因传授禅学被称为达摩祖师，被后人视为中国禅宗始祖。

达摩下传慧可、僧璨、道信，至五祖弘忍。弘忍之后，禅宗出现了两位杰出人物：神秀和慧能。

神秀和慧能二人皆主张人人皆有佛性，但被世间尘垢所遮掩，因此必须除去尘垢，发现佛性。但在如何除去尘垢，即修行方式方面，二人看法截然不同。神秀主张修行者要“时时勤拂拭”，坚持不懈，长期修行成佛，故称为“渐悟”。慧能则主张“我心即佛”，注重直觉顿悟，讲求“以心传心”的直觉顿悟方式。慧能认为，佛性人人都有，无论通过什么方式，只要能够发掘出人自身具有的佛性即可成佛，而这就要从心中“顿现”真如本性，豁然觉悟，这就所谓的“顿悟”。神秀长期在北方传教，故神秀一派称为“北宗”，慧能长期在岭南传教，故其教派称为“南宗”，时称“南能北秀”。由于南宗强调直觉顿悟，提供了一条简捷便利的信佛之道，故受到了士绅百姓的普遍欢迎，在与北宗的竞争中，南宗逐渐占据上风，成为禅宗正统，慧能也被称作禅宗“六祖”。

**（四）慧能与“六祖革命”**

实际上，慧能之前，尽管有禅法、禅学，但严格意义上的禅宗却只能说是处在初创阶段，及至慧能，禅宗作为一个佛教教派才真正建立并成熟起来，因此慧能是禅宗发展史上一个关键性的人物。

佛教发展史上有“六祖革命”之说。慧能出身寒微，早年丧父，相传一天慧能卖柴于客店门外，听室内有客诵《金刚经》，“心即开悟”，决心参禅，于是不远千里投奔湖北黄梅东山寺禅宗五祖弘忍。时弘忍门下已有神秀为徒。慧能目不识丁，初见弘忍时，表示“远来礼师，惟求作佛”，弘忍当即责问他：你是岭南人，又是噶獠，怎能作佛？慧能傲然回答：“人虽有南北，佛性本无南北；噶獠身与和尚不同，佛性有何差别？”几句话，就把禅宗后来大肆鼓吹的佛性学说扼要地说出来了。后来，他便在弘忍门下自耕自食，碓房舂米，随众听法，虽有悟但不多言，尽管如此，他还是受到弘忍的关注，独得弘忍特别教导。在他辞别南归时，弘忍还密授袈裟给他，说明他得到了嫡传。但他回南方后，并未即进行活动，而是“怀宝迷邦、销声异域，众生为净土，杂止于编人，世事是度门，混农商于劳侣”（王维为慧能所作《碑铭》），过了十六年的平民生活。一次有位内地法师讲《涅槃经》，慧能批评他讲法不当，与之争论，甚得法师佩服，名声就此传开，正式受戒出家，从事佛教活动，宣传“顿悟见性”，被称为“南宗”，主张“顿悟”。而弘忍的另一弟子神秀则主要活动于北方，主张“渐悟”，称为“北宗”，后来慧能的南宗取代了北宗，成为中国禅宗的主流。

禅宗“佛性”说是对南朝道生“涅槃佛性”说的进一步发挥，是在佛教教理方面的革新。实质上是把儒、道思想融入佛教，把宗教进一步精炼化、哲学化、世俗化；摆脱烦琐的修炼过程和经论词语的解释，由思辨推理转入神秘直觉。从而使高深难懂的佛学，完全脱离酸腐之气，一变而为纯粹通俗的平民哲学，从此禅宗在中土大为畅行。

## 二、心性本净与即心即佛

### (一)“心性本净”说

禅宗大师慧能当时名扬于岭南是因为一句话:“不是风动,不是幡动,仁者心动。”这是慧能讲法中的所谓“风幡之议”的传说。慧能的佛学思想是“直指人心”。禅宗宣扬现实世界的一切,都依存于心。这在佛教史上有其渊源关系,早在印度的部派佛教中,就有“心性本净”的说法,《阿毗达摩大毗婆沙论》载有这样一段话:“有执心性本净,如分别论者。彼说心性本净,客尘烦恼所染污故,相不清净……”这里“分别论者”首倡“心性本净”。到大乘佛教,如来藏系提出“如来藏自性清净心”,宣扬众生烦恼覆藏之中,有本性清净之如来,此“如来”则具有了本体的品格。

### (二)“即心即佛”说

中国佛教在隋唐之后大讲心性,天台宗所谓“心是诸法之本,心即总也”。也就是说,“心”才是一切诸法的本体,一切现象的总根源。这里,我们看到天台学说已开始把印度佛教的注重抽象本体,转向注重“心”,以“心”本体替代抽象本体,认为“己心”“众生心”“佛心”是平等互具的。华严宗也有类似情形,华严宗在阐述其《华严经》的法界缘起时,常常把“如来藏自性清净心”具体化为具有主体色彩的“灵知之心”。当然,这里所谓“心”还不能说完全指人心、具体心,它也常常指抽象的“真心”“清净心”,因此华严宗的重心性同样只表现为一种倾向。

慧能对“心”的阐释首先从“性”开始。他说:“人性本净。世人性本清净,万法在自性……”还说“本性是佛、离性无别佛。佛是自性,莫向身外求。自归依佛,不言归依他佛。自性不归无所依处。自性能含万法是大,万法在诸人性中”(《坛经》)。这里慧能把自性与佛视为一物,认为离自性外无别佛,所谓归依佛者,乃是归依自性,离开自性,无归依处;而所谓自性,慧能更以人性说之,也就是说,自性即人性之中,不可离生身而另求佛。后有学者希运(?—850)释之为:“若识众生,即见佛性;若不识众生,万劫觅佛难逢。吾今教汝,识自心众生,见自心佛性。吾与汝说,后代之人,欲求见佛,但识众生。……自性若识,众生是佛;自性若迷,佛是众生;自性平等,众生是佛。”(《黄檗断际禅师宛陵录》)从这段话看出,慧能已不单纯用自性说佛,而且有了自心佛性、迷凡悟圣之说。这是一个重要转折，此后，慧能就直指心源，把生佛归诸一心了。

在这之后，慧能反复强调心即佛，离心无佛。那么，他所谓心与性是何关系呢？《坛经》中慧能说："心是地，性是王，王居地上，性在王上，性去王去，性在身心存，性去身心坏。佛向性中作，莫向身外求。自性迷即是众生，自性觉即是佛。""故知一切万法，尽在自身之中，何不以于自心顿现真如本性。"由此可见慧能所谓心性之间在一定范围内并没有严格的区别，而是相互依存，互为表里，心即性，性即心，而所谓一定范围，亦即指有情众生界。在众生界，离心无别佛，故曰即心即佛。可见，即心即佛乃是自性，是佛在生佛关系上的具体表述。

从上述慧能对心性的阐述可知慧能的心性本净并不同于印度派佛教的"心性本净"，倒是更接近于大乘佛教的"如来藏自性清静心"，且主要是指当前现实之人心，并不是所谓本体存在之心。由此可见慧能把佛教烦琐的义理说得更为直截了当，直指心源，以现实的人心、人性谈佛性。强调"心生，种种法生，心灭，种种法灭"。"万法尽在自心，何不从心中顿见真如。""汝今当信佛知见者，只汝自心，更无别佛。"(《坛经》)禅宗这种直接把佛性归结于现实人性的做法和思想，与传统佛教总是把佛性诉诸抽象本体的思想，无疑是迥异其趣的。而这一做法和思想又导致了禅宗思想的另一个根本性的变化，由传统佛教注重出世得解脱，一改而成为入世得解脱，即世间求解脱。

禅宗这种直指心源的提法，客观上设定了人人皆可成佛的现实可能性。在此之前，各家强调佛性的尊严与崇高。认为佛性在彼岸，而禅宗却解构了佛性的崇高，认为"即心即佛""见性成佛""凡夫即佛"。只要自我超脱，现实的苦难即如同彼岸的极乐世界。正如禅宗佛徒所喻：你虽终日吃饭，却没有咬着一粒米的感觉；成天走路，却没有踏着一片土的体会。这样便缩小了众生与佛之间的距离，打破了在家与出家，世间与出世间，生死与涅槃之间的界限，以世俗化宗教为标志的禅宗终于为佛教争得了更大的地盘，俘获了更多的信徒，这是慧能即心即佛思想对于中国佛教的影响所在。

## 三、明心见性与离相无念

禅宗提倡心性本净，即心即佛，离心别无佛。但现实世界，诸法森罗万象，众生千差万别，智愚殊异，凡圣不一，并非人人都随时可以成佛。那么众生从本具佛性到成佛究竟需要哪些条件呢？慧能接着又提出了“明心见性”“离相无念”的佛学思想。

**(一)“明心见性”说**

慧能认为，学佛之紧要者，莫过于明心见性。《坛经》说：“不识本心，学法无益，识心本性，即悟大意。”所谓明心，亦即明了一切诸法，皆从心生，皆自心出，一心而“万法尽通，万法具备”。明心与见性是问题的两个方面，唯有明心方能见佛性本自具足，而所谓见性者即明了自心本来是佛。

**(二)“无念为宗，无相为体，无住为本”**

明心见性说起来虽简单，但做起来诚非易事。世上凡夫俗子，芸芸众生，虽然都具此成佛之心，但由于未洞见明此一即心即佛的真理，而执着于外界的种种法相，妄生分别，故有生死之相，轮回之苦，《坛经》曰：“人性本净，由妄念故盖覆真如，但无妄念，性自清净。本性自净自定，只为见境，思境即乱。于外著境，被妄念浮云盖覆，自性不得明朗。”众生所以不能明心见性，其原因在于横生妄念，执着外境。找到了不能成佛的根源，也就找到了如何见性成佛的方法。慧能称这种“顿悟法门”为“无念为宗，无相为体，无住为本”。无念是停止理性思维，无相是排除感觉表象，无住是理性认识、感性认识全都不要。

“无相”之相即指形状、相貌。人们认识世界首先是从千差万别的事物开始的，这是认识的感性阶段。禅宗的“无相为体”却根本上取消认识的感性阶段。慧能说：“无相者，于相而离相。”“成一切相即心，离一切相即佛”(《坛经》)，客观事物的存在是人心造成的，人心既能造“相”也能“离相”，做到“离相”方能成佛。他还说：“万象有而非有，一心空而非空。外于相离相，内于空离空。若全著相，即长无明。”也就是诸法有而非有，一心空而非空，“应当于相离相，于空离空”，以尽离二边，实际上是取中道思想来谈离相无念。只有“离一切诸相”即“虚空与法身无异相，佛与众生无异相，生死与涅槃无异相，烦恼与菩提无异相”。“离一切相即是佛”(《黄檗传心法要》)，这样就进到一个无世相、无差别的神秘境界。

所谓“无念”，即在“无相”基础上不动任何念头，停止理性思维活动。慧能说：“于诸境上心不染，曰无念。”他要求“于自念上常离诸境，不于境上生心”。心与境的关系，是主观与客观、认识主体与认识对象的关系。既然强调了“无相”，那么也应“无念”，所谓“心外无境，境外无心”。“无心”即“无念”。先否定“境”(相)再否定“心”(念),可见“无念”与“无相”一致。在此前佛界曾有“色即是空,空即是色”,禅宗是在此基础上的进一步发展。在慧能看来,只有“无念”方能成佛,因为“于境上有念,念上便起邪见,一切尘劳妄想,从此而生”(《坛经》)。因此他主张要“念”就只许“念真如本性”,即心、佛性。提倡“真如即是念之体,念即是真如之用”。这样完全混淆了认识的一般规律。

“无住为本。”“无住”是综合“无相”“无念”而发展起来的极端神秘主义。早期佛教肯定生灭变化无常,世界上没有常住不变的东西,这是符合辩证法观点的。但禅宗把这一观点发展到极致。所谓“无住”即绝不容许意念定住在某一点上,这叫“应无所住而生其心”。因为世界上一切事物及其差别性都是空,那么试图通过概念、判断、推理来肯定或否定某一事物,也都是空的,虚妄的。慧能认为:“一切万法皆由心生,若悟真性,既无所住;无所住心,即是智慧。”同时强调:“无住者人之本性。”“众生之心本无所住,因境来触,遂生其心,不知触境是空,将谓世法是实,便于境上住心。正犹猿猴捉月,病眼见花。”(《六祖金刚经注》)慧能思想来自《金刚经》,而《金刚经》早就谈道:“不应住色生心,不应住声、香、味、触、法生心。”色、声、香、味、触属于眼、耳、鼻、舌、身等感官认识的对象。法,无论精神的还是物质的,都属于思维意识的对象。把一切认识对象全部否定了,认识主体的“心”当然也达到“无所住”的境界了。

据《坛经》记载,慧能为其弟子神会讲法,曾用柱杖打神会三下,问他痛不痛。神会回答:“亦痛亦不痛。”这种既痛不痛的境界即为“无住”,不执着于外境。如果说痛,就着了痛的相,即受痛的假象迷惑;若说不痛,就着了不痛的相,这都不是“自性真空”。由此可见,“无住”说到底是以“无念”为宗的。禅宗倡导“无念为宗”,反对人们认识外界,要人们放弃改造外界活动,尤其反对人们在认识外界的活动中,改造自己的认识,使主客观统一起来。从社会作用来看,它要求人们安于现状,去除物欲,无疑启迪了儒家所谓“去情废欲”“弗思弗虑”“存天理、灭人欲”等宋明理学思想,这正迎合了封建王朝统治者的需要。

## 四、禅非坐卧与顿悟成佛

### (一)禅非坐卧

如前所述,禅宗一派虽号禅宗,却与传统禅风大相径庭。传统禅风少不了坐禅念经,这是修道人的一门重要功课。而禅宗一派根据其明心见性、离相无念的思想,明确提出禅非坐卧主张,彻底打破了一切形式仪轨,简化烦琐的教义。慧能对于参禅打坐极为不满,认为:“生来坐不卧,死去卧不坐;一具臭骨头,何立为功课?”(《坛经》)并批评北禅神秀的“住心观静、长坐不卧”的训徒方法。

在禅宗史上,有名的怀让磨砖的故事,也是用以说明禅非坐卧的。《古尊宿语录》载:马祖道一曾居住在南岳传法院,其师怀让因慧能曾对他说过“汝向后出一马驹,踏杀天下人”,故多方诱导之。一日将砖于庵前磨,磨了好长时间。马祖便问:“老师磨砖作何?”怀让曰:磨砖作镜。马祖就说:“磨砖岂能作镜?”怀让便趁机开导他:“磨砖既不能成镜,坐禅岂能成佛?”并说:“汝学坐禅,为学坐佛?若学坐禅,禅非坐卧,若学坐佛,佛非定相,于无住法不应取舍。汝若坐佛,即是杀佛,若执坐相,非达其理。”马祖听后,豁然开悟。禅非坐卧的思想,在禅宗史上日益深入。

### (二)顿悟成佛

禅宗非但主张禅非坐卧,而且还不以诵经为然,慧能说过:“道由心悟,岂在坐也?”若要“住心静观”并企图通过念佛或诵经成佛,禅师希运认为这是“向外求佛,著相修行,皆是恶法”(《黄檗传心法要》)。这种认识也是基于“无相为宗”的认识原则的。这种不诵经、不参禅的做法概括了禅宗“直指人心,见性成佛”说化繁为简、引难入易的全部思想。

由于禅宗夸大“心”的作用,宣扬自性是佛,见性成佛,最终归结为顿悟成佛的必然结果。禅宗提出不要累世修行,无须六度万行,直指本心,顿悟成佛。顿悟之说慧能之前已有提倡,有代表性的是晋宋之际的竺道生。但竺道生所谓顿悟是于十住后,金刚心现,而豁然开朗,这与慧能直接诉诸自心之顿悟成佛实相去甚远。慧能的佛性之说最为简约。《坛经》千言万语,究其旨归,实不出“顿悟见性、即心即佛”八个字。舍去了自心,慧能的整个佛性学说将无所归依;离开了顿悟,慧能的自心也将是混沌一团。顿悟见性，顿悟成佛，是慧能乃至整个禅宗修行理论的灵魂所在。在《坛经》中慧能多处论及此旨。“故知一切万法，尽在自身中，何不从自心顿现真如本性。”“我于忍和尚处，一闻言下大悟，顿见真如本性，是故将此教法流行后代，会学道者顿悟菩提，令自本性顿悟。”“迷来经累劫，悟则刹那间。”

这里的“悟”“顿悟”都不是指历尽累世苦修之后恍然大悟，而是人们当下之每一念心，都有可能从自心中顿现真如本性。这与次第修习了无关系，而关键在于悟与不悟。“迷”即凡即众生，“悟”即圣即佛。“迷”与“悟”成了禅宗用以衡量凡圣生佛的一把重要标尺。神会之后，南宗势力逐步扩大，顿悟法门也逐渐成为禅宗的基本思想，并且随着时间的推移，日益为佛教界所推重，进而衍化为时代潮流，这种形势的造成，一方面是由于现实社会的需要，另一方面是由于禅宗后学的大力弘扬。其中，于顿悟禅法用力最勤、宣扬最力的是马祖门下的慧海与怀海的弟子希运。

禅宗这种顿悟成佛的修持方法，是一种最简便快捷的方法，就其思维方式而言，是一种富于神秘色彩的直觉认识方法。不凭对外界事物的认识及经验积累，无须逻辑思维，仅凭感性直觉，瞬间意念，来把握认识对象，实现意境升华。这种认识方法显然不符合逻辑思维的方法，但这种顿悟式的直觉认识方法也有其意义，尤其是对唐宋以后文学艺术的发展及其诗学的建立有其积极意义。

### 五、佛教的世俗化——解脱不离世间

这个思想的正式提出和日益被注重，也是从慧能开始的。禅宗初祖的作风，从总体上说，比较重林谷而远人间。他们提倡独处幽栖、潜形山谷，泯迹人间、杜绝交往。如初祖达摩，以深居嵩山面壁禅定著称，二祖慧可也以注重坐禅闻名，三祖僧璨禅法的特点是“隐思空山，萧然静坐”。四祖道信更以山林为托，提倡“闭门坐”，教诫门人“努力勤坐为根本”，五祖弘忍亦强调“栖神山谷，远避嚣尘，养性山中，长辞俗事”。总之，慧能之前的几代祖师均以独宿孤峰、端居树下，终朝寂寞，静坐修禅为特点。

自慧能开始，发生转折，由原来的岩居穴处，潜心修行，慢慢发展到先识道、后居山，进而衍化为既在红尘浪里，又在孤峰之巅的人间佛教，最后，又流于运水搬柴皆神通妙用的泛化宗教。慧能在《坛经》中反复强调“法元在世间，于世出世间，勿离世间上，外求出世间”，“若在世间即有佛，若无世间

即无佛”这一思想被禅宗后学者进一步提倡附会，把世间与出世间打成一片。

到禅宗发展后期，佛教的世俗化、社会化进一步发展为佛性的泛化与物化，所谓一花一叶，无不从佛性中自然流出，一色一香皆能指示心要妙悟禅机。此时之禅宗，不但淡薄了世间与出世间的局限，而且混淆了有情与无情物之间的差别；不但不提倡出世苦修，而且大力宣扬法法是心，尘尘是道，直指便是，运念即乖。所谓“无明空性即佛性，幻化空身即法身，法身觉了无一物，本源自性天真佛”，“土面灰头不染尘，华街柳巷乐天真，金鸡唱晓琼楼梦，一树花开浩劫春”。

此时之禅不但主张即世间求出世，而且提倡混俗和光，作一个本源自性天真佛。从此之后，僧人和尚的形象在人们的眼中再也不是在晨钟暮鼓的苦修中身似枯槁，心如死灰的“出家人”了，再也不是伴陪着数尊泥塑，几柱残香的避世者了，无论是在诗画戏曲中还是现实人生中，他们的形象都是宽袍大袖，挥洒自然，智慧无碍，超然世外。昔日古寺青灯、灰身灭智的凄惨，被寄情山水、生命常绿的活泼所代替；昔日坐禅持戒、形影相吊的寂寞，为友佛友祖、神交天地的自由所取代。南禅所特有的这一解脱境界乃是刹那间对生命的秘密、世界的本源、佛法的真谛的直接把握；是“我”与“世界”与“佛”的直接融合。禅师们不在枯坐中与一神秘本体瞑瞑相遇，不再是出于对生命的恐惧而逃离现实生活；不再是匍匐在佛像巨大威严的阴影下寻求菩萨的庇护。南禅的解脱，是对生命和世界的秩序的体验，是在日常生活中领悟人生和大自然的真谛，因此他们劈柴担水，无非妙道；行住坐卧，皆在道场，正因此而显得无比活泼、亲切、温馨、自然。

## 第四节　佛教文化的思想核心及其美学境界

从本质上讲，佛教是一门关于人生的哲学。基于对人生本质万般皆苦的深刻体认，佛教强调通过“菩提觉悟”，看空现世，来摆脱现实中的纷扰困苦，进而实现从人生此岸到彼岸的“自渡”，并进入由此幻化而成的终极超越境界——“涅槃”。正由于此，“空”在佛教文化中就具有了特殊意义，无可置疑地成为佛教文化的核心意蕴，并使“菩提”“涅槃”一道成为展现佛教美学意境的最佳符号。

## 一、“空”——佛教文化的思想核心

任何宗教，从人的生命的需要角度而言，都是一种自由追求的虚幻满足，而这种满足又往往是建立在对现实人生形态的否定和对彼岸生命形态的幻想之上的。在世界各大宗教中佛教这一特点更为明显。佛教经卷浩繁，义理繁杂、宗派林立，文化影响深远，究其思想实质，可以一言以蔽之——“空”。

佛祖释迦牟尼宣教之初，就把他的全部教义集中在一个“苦空”观上，叫人看“空”和忘掉现实生活中的“苦”，这样才能脱离苦海，慈航普度。他还在“三法印”和“四谛”说中对“空”的真谛做了精辟论述。释迦牟尼号称“空王”，佛经亦叫“空经”，佛法即是“空法”，最奥妙的般若义理名曰“空义”，其学派名曰“空宗”，出家谓之“遁入空门”。此后各宗判教，衡量水平高低，事实上也即是以对“空”的不同体会和思辨技巧而论的。

现实世界万事万物明明实有，而佛教却要证明其是“空”，是虚妄，这就导致各派在对“空”这个范畴界说上的千差万别。

从认识论和人生观的角度而言，“空”在释迦牟尼那里已经定型。认为“空”即“法空”“我空”，即断定客观世界和主观世界的绝对虚妄性。这里的“空”只是指“生灭法”或“有为法”的世间，还有“非生灭法”或“无为法”的出世间则非虚妄，而是真实存在的一种永恒寂静的神秘境界，用概念来表达，即为“真如”“涅槃”“法性”等，其全部教义围绕“空”字而思辨。后世印度佛学家龙树在其《中论·观四谛品》中对“空”进一步阐释：“众因缘生法，我说即是空，亦为是假名，亦是中道义。”即是说宇宙森罗万象（“法”），一切事物的生灭变化，都是在普遍联系中相互为因，相互为缘，世界上没有任何一件离开这种普遍联系而独立存在的事物。但“因缘”或事物生灭变化的条件，本身只不过是一种关系，而不是实体，所以是“空”；既然如此，那么凭借因缘而生的事物，可以说是“空”的，或是“假”的。这种观点称之为“中道观”。龙树论“空”即从缘起说性空。所谓性空，不是虚无，不是没有，不是不存在，而是对独立实在性的否定，因为都是“众因缘”所“生”，因而本质上是“空”，即无自性，自性空。自性空是肯定假有的现象（幻有）是有的，是存在的。

龙树一系的中道缘起学说，随着般若类经典的陆续传人，而在中国日益产生影响。这种空论思潮，集中体现为“六家七宗”（本无家、即色家、心无家、识含家、幻化家、缘会家、本无家分化出竺法深的本无异家，合称“七宗”）的形成和僧肇“不真空论”的建立。首先是东晋之际的道安从玄学观念解佛，主张“无”在万化之前，“空”为众形之始。高唱“空”论，创立本无宗。认为“一切诸法本性空寂”。“空”“无”是宇宙的根本。

道安的“本无”实际上是“涅槃”“性空”“真如”的同义语。接着即色派的支道林（314—366）进一步发展为“即色是空，非色灭空”，就是说，物质本身就是空的，并不待物质消灭后才说是空。“青黄等相，非色自能；心若不计，青黄等皆空。”以此论证“色即是空，空即是色”。物质世界并不存在，只是人的“心象”。此后僧肇为阐发“中道观”思想，写下了《不真空论》，着重说明任何事物不外是假象，由于“不真”，所以是“空”。“诸法假号不真，譬如幻化人，非无幻化人，幻化人非真人也。”就是说，一切事物都同幻化人一样，不是说没有幻化人，而是它并不真实存在，是假的，亦即等于“空”。

后来佛教各派对“空”的认识进一步发展，提出所谓的“五眼”说，第一是肉眼，即普通人的感官视觉，是最低级的认识阶段；第二是天眼，指修习禅定达到一种精神境界时可以不问远近、内外、昼夜皆能照见的能力；第三是慧眼，用抽象思维照见“真空无相之理”的智慧，称为“空谛一切智”；第四是法眼，照见一切法门的智慧，称为“假谛道种智”；第五是佛眼，即能照见“诸法实相”的最大智慧，称“中谛一切种智”。佛教所谓“诸法实相”和“真如”“真际”“一真法界”等等，都是它信奉的最高真理的同义词，其主旨也就是“空”，所以透过各种途径最后认识到“空”就是最大智慧——菩提般若之智。到禅宗一派则最终总结了佛教各派长期以来对“空”的认识，在理论上把“空”这个实质上是否定性辩证法的概念提到以“无念为宗”“无相为体”“无住为本”的极致。一切归之于“心无”，因此，佛学即“心学”。

纵观佛教对“空”的阐释，一定程度上颇具哲理思辨色彩，一方面高谈“空”；另一方面又反对把“空”看得太死板，太过分，一般主张“非有非空”的“中道观”（如天台宗、唯识宗等）。如大乘佛教反对“空见”“空执”“顽空”等，认为这种“空”是顽固坚持“空”，是永恒绝对的形而上学见解，即把“空”看得太死。“断灭空”则认为事物原本不“空”，要待“断灭”后才“空”。从大乘佛教看来，“空”与“有”也是对立的统一，不过“空”是第一性的，是事物本质，“有”是第二性的，是事物假象而已，所以有“真空”“妙有”之说；如果离开“有”而把“空”绝对化，就是它所反对的“空见”“空执”或“顽空”。

对“空”的理解之所以不能停留在“顽空”“断灭空”等“邪见”上,还因为“遮遣曰空,建立曰有”,“空”本来是个对“有”或“存在”的否定性概念,而否定性概念的辩证法——肯定一切事物的运动发展都要走到自己的反面,即对自身的否定,这正是佛教哲学中朴素辩证法的核心。佛教既反对“顽空”之见,认为“空”不能离开“有”,那么“空”“无”里面也就不是绝对的一无所有了。

严格地说,所谓“有”只是指事物为人们感觉器官所接触、所认识的一面,但还有为人的感觉器官所不能接触到的一面,虽说“空”“无”却非等于零。总之,佛教以极其烦琐的义理阐释其思想核心——“空”。这种对现实世界的虚幻认识,为其逃离世间,脱离苦海,达到涅槃寂静的境界进行铺垫与论证。正由于佛教把世界看成空的,虚假不实的,所以,佛教徒才能达到并要求别人也达到这种境界:吹倒山岳的狂风是静止的,一泻千里的江河是不流的,迅速飘荡的游气是不动的,周旋经天的日月是不行的。进而,在人生态度上,佛教徒们苦修妙悟,追求真如佛性,超凡脱俗,决不与世沉浮。这种随缘而安、与世无争的思想正与儒家乐天知命,顺天趋势,道家无为不争、安时处顺相契合,在传统文化发展中影响深远。

## 二、“菩提”“涅槃”——佛教美学的最高境界

佛教从探讨人生问题而开始,初期佛教教义主要探讨人生真谛,论述人生无常,由此而演绎出一系列人生悲叹,最终归为众生皆苦,苦海无边。于是才有看“空”一切,达到涅槃,佛性的最高人生追求。佛教文化的思想核心是“空”,也以“空”为至高无上的善和美的最高境界。佛教认为万事万物因缘和合而生,没有恒常不变的真正自体,一切都“虚妄不实”,“四大”(地、火、风、水)皆空,万物皆空。自然界任何的美都如泡影而虚幻不真。当佛教否定了一切现实之美后,把美的最高境界托寄于天国,即“涅槃”的境界中。佛教经典指出,现实世界一切无常,皆假非真,乐少苦多,犹如苦海,涅槃境界则“寂灭为乐”,《杂阿含经》卷十八:“贪欲永尽,瞋恚永尽、愚痴永尽、一切烦恼永尽,是名涅槃。”大乘佛教的一些派别指出,涅槃具有“常”“乐”“我”“净”四种德行或“常”“恒”“安”“清凉”“不老”“不死”“无垢”“快乐”八种德性(《大般涅槃经》),这“四德”“八德”说,实际上是对涅槃境界美好特性的具体描述。

佛教以“空”为万物之本但同时认为涅槃境界不是因缘和合而生,是非

缘所生，无所造作的“无为法”，不属于“空”的范畴。涅槃是“不生”“不为”“无动”的境界，是一种客观存在的美。涅槃梵文原意为火的熄灭或风的吹散，佛教用来指“圆寂”“灭度”，指一种超越时空，超越经验，实有非有的境界。它既是实有，但又不同于“有为法”的空无，在佛教看来乃是一种真有假无的状态，是老庄所谓“天地有大美而不言”式的真美境界。

佛教把涅槃所达到的境界还描述为“佛国”“净界”“佛土”“净刹”等，这也是佛教宣扬的涅槃之后佛所居住的非人间世俗社会。由于众生生活在苦海之中，称为“秽国”“秽土”，而诸佛居住的则是美妙无比的“净土”，在佛教经典中“净土”被描绘为“弥陀净土(净土宗)”“华藏世界(华严宗)”。

“净土世界”即“西方极乐世界”。这个世界里，国土以黄金铺地，一切器具有都由无量杂宝、百千种香共同合成，到处莲花香法，鸟鸣雅音，众生没有任何痛苦，享受着无限的欢乐。“华藏世界”又称“莲花藏世界”。莲花藏世界属于佛教众生的国土，其中有无数香水海，每一香水海中各有大莲花，每一莲花中又包藏无数世界，所以称为莲花藏世界。莲花中包藏的多层次世界依次布列，其中第十三重为娑婆世界，为人类居住。由于整个华藏世界是光明灿烂的世界，因此在娑婆世界里，人人都可以成佛。人人都有佛的本性，只要光明照耀使佛的本性显现，就可成佛。

“佛土”是众生追求解脱的美好境界。同时众生亦可净心为佛。禅宗所谓“随其心净即佛土净”，只是这时，佛土之美就从身外移到了身内，就从鸟语花香百宝和合丰富多彩的美，变成了简单划一的“净心”“无念”之美。九九归一，万化瞑合，佛教把一切归于内心，心有则有，心无则无。“天地一旨，万物一观”“万物齐旨、是非同观”“浩然大均、乃曰涅槃”(僧肇《涅槃无名论》)，物性不二，诸法皆空，故彼此无异，万有一如。人间与天国，无所分别，达到梵人合一，物我同构的境界。这时“涅槃与世间，无有少分别，世间与涅槃，亦无有少分别”(《中论·观涅槃晶》)，“青青翠竹，总是法身；郁郁黄花，无非般若”(《大珠禅师语录》)。这时主体与对象完全融合。“物不异我，我不异物，物我玄会，归乎无极。”(《涅槃无名论》)这种美学境界实际上是客体正好契合了主体的心理结构。

佛教的涅槃境界实际上是物我同一、物我神游的境界，由于佛教对这一境界的阐释描述，由此而衍化出诸如“境界”“妙悟”“顿悟”“虚实相生”“圆融”“虚心纳物”“绝虑运思”等一系列中国诗学的美学范畴。

# 第五章　儒道释文化与中国古代文学

绚烂多姿的中国古代文学经历了3000多年的发展，取得了辉煌而令世界瞩目的伟大成就。古代文学体裁众多，诗歌、散文、辞赋、戏曲和小说，皆有名篇佳作；古代文学时代悠远，从远古的狩猎歌谣“断竹、续竹、飞土、逐肉”，到清末的文学变革，跨越数为数千年；古代文学名家辈出，屈原、司马迁、曹植、李白、杜甫、白居易、韩愈、苏轼、辛弃疾、关汉卿、汤显祖、袁枚等文学大师，熠熠发光，汇聚了灿若星河的文学盛景；古代文学理论深刻而全面，以“诗言志”传统为开端，到孔子、孟子、司马迁、曹丕、钟嵘、刘勰、陈子昂、王昌龄、白居易、韩愈、欧阳修、朱熹、元好问及元明清诸家对文学的产生、功用、创作、影响的探讨，穷理尽性，有力地促进了文学创作的全面繁荣。

在中国文化沃土中成长、成熟的古代文学，离不开古代政治、经济、哲学、艺术、宗教的滋养与灌溉，其中儒家文化、道家文化和佛教文化，对古代文学观念、文学题材、文学意境和文学手法影响深远，使中国古代文学透出浓厚的东方哲学意蕴，集中体现了中国文化的基本精神。

## 第一节　儒家文化与中国古代文学

源远流长的儒家文化对中国古代文学的影响是根深蒂固而又多方面的，从文学题材、文学精神，到文学意识和文学审美，渗透在文学创作和文学接受的各个阶段。

### 一、先秦儒家与先秦文学

先秦文学是中国古代文学的初始阶段，其最高成就体现在春秋战国时期文学发展的过程中。散文是以《左传》《国语》《战国策》等为代表的历史散文,及以《孟子》《庄子》等为代表的诸子散文;诗歌则是奠定了中华民族璀璨的诗歌艺术的雄厚基石的《诗三百》和《楚辞》,这是两部开创了中国现实主义和浪漫主义诗歌源头的创作。

在百家争鸣的春秋战国时期,儒家文化本身就是当时文学的一个重要组成部分。记录着儒家文化创始者孔丘,承继者孟轲、荀卿思想言论的《论语》《孟子》《荀子》,是先秦诸子散文三个发展阶段的代表性作品,它们陈述的思想、表达的情志,被视为文章之正统,是后代散文思想的主体。如其中的忧患意识、君子人格、士大夫气节等,既是士人的行为准则,也是作为正统文学的散文要传达的基本精神。

《春秋》是春秋时期孔子编定的史书,作为史学著作,它开了中国史著编年体的先河。《春秋》又是"礼义之大宗"(《史记·太史公自序》),其维护周礼、反对僭越违礼行为、贬斥邪说暴行的主要思想倾向,其"微言大义"、以一字寓褒贬、在字里行间表现爱憎的笔法,无不为后世散文所借鉴。相传为传述《春秋》而作的《春秋左氏传》(简称《左传》),维护周礼,尊礼尚德,尤其是重民、以民为本的思想,同样是作者站在儒家立场上对历史事件和历史人物做出的道德伦理评判。秦汉以后,《左传》一直为人们所喜爱,尤其是唐宋以来的古文家,都非常推崇《左传》:唐代古文运动领袖韩愈称其"沉浸浓郁,含英咀华";宋人把它与《史记》、韩愈散文、杜甫诗歌相提并论,作为学习的范本;影响了有清一代散文的"桐城派",同样推崇《左传》的散文成就。与《春秋》有关的还有《公羊传》和《穀梁传》,这两部典籍侧重阐发《春秋》经义,叙事较少,以议论为主,它们的文学价值虽不能与《左传》同日而语,但在经学史、思想史、学术史上都有深远影响。与《左传》差不多同时出现的国别体史书《国语》,其主要思想亦是儒家崇礼重民等观念。

《诗经》是中国文学史上第一部诗歌总集,原名《诗三百》或《诗》,主要收集了西周初至春秋中叶五百年间的作品,汉以后尊为经典,通称《诗经》。关于《诗经》的编集,先秦典籍中没有明确记载,汉人认为是经过孔子删定而成。

《诗经》中的作品,最初主要运用于典礼、讽谏和娱乐,是周代礼乐文化的重要组成部分,是施行教化的重要工具,正是由于它在社会现实生活中的重要实用价值,受到人们的普遍重视。孔子曾以《诗》教授弟子,并对《诗》的重要意义和社会功用做过很多阐释,其中关于道德审美特征的,如:"《诗》三百，一言以蔽之，曰：‘无邪。’”（《论语·为政》）关于情感审美的，如“《关雎》，乐而不淫，哀而不伤”（《论语·八佾》）。关于社会功用的，如“兴于《诗》，立于《礼》，成于《乐》”（《论语·泰伯》），“诵《诗》三百，授之以政，不达；使于四方，不能专对；虽多，亦奚为之？”（《论语·子路》），“不学《诗》，无以言。”（《论语·季氏》），“小子何莫学乎《诗》？《诗》，可以兴，可以观，可以群，可以怨。迩之事父，远之事君；多识于鸟兽草木之名。”（《论语·阳货》），等等。秦火以后，在汉代出现了鲁、齐、韩、毛四家诗，前三家在西汉被立为博士，成为官学；而毛诗虽未被立为官学，但在民间广泛传授，并最终压倒了三家诗，盛行于世。今本《诗经》就是“毛诗”。汉儒传《诗》，使《诗》经学化，对《诗经》有过多的曲解和附会，但从另一方面来看，自汉代形成的“温柔敦厚”的诗教传统，不仅对《诗经》的研究，对整个中国古代文学的发展，都产生了深远的影响。

从儒家哲学散文对先秦文学的最直接的贡献，到儒家学说对《左传》《国语》等历史散文思想倾向的左右和影响，以及带有浓重儒家教化功能的诗学传统的创始，相当明显地说明了儒家文化在先秦文学发展过程中的重要地位。

## 二、汉代经学与文论

《春秋》学与《诗》学是汉代经学的两大支柱。而“微言大义”的“春秋笔法”，与“诗无达诂”的诗学原则，本就是汉儒最常用的解经方法，也是当时谶纬之学的直接产物，但由于其中所包含的文学层面的东西，尤其是所蕴含的“纯粹”思想，故而为后世论文者津津乐道。

“春秋笔法”是被历代视为文章典范的写作方法，杜预在《春秋左传集解序》中说：“夫制作之文，所以章往考来，情见乎辞。言高则旨远，辞约则义微。”刘勰《文心雕龙·征圣》说“《春秋》一字以褒贬”“简言以达旨”“体要与微辞偕通，正言与精义并用”，称赞《春秋》精于文理，用字准确，行文婉曲，含义隐蔽而深刻。当“春秋笔法”由修史义例变为文章楷模之后，就成为对中国叙事散文创作影响极大的写作范式，那就是追求行文的简洁与意蕴的丰富，寓褒贬于叙事之中。之后，司马迁的《史记》、“唐宋八大家”的古文、清代“桐城派”的散文，都学习并娴熟地运用了这种笔法。

“诗无达诂”是董仲舒将《诗》作为政治与道德说教的工具后，对《诗》进行的引申与发挥。但由于它涉及诗歌的比喻象征、诗歌语言的多义性，以及在艺术鉴赏中实际存在的见仁见智问题，成为古代诗学的一个重要命题。

汉代释《诗》的鲁、齐、韩、毛四家，虽有今文与古文的区别，但有一个共同点，那就是皆视《诗》为有助于王道政治和礼教的工具，因此，“诗言志”和诗歌的“美刺”功能便成为传统诗学的核心理论。

“诗言志”是中国诗论的开山纲领。《尚书・尧典》之“诗言志，歌永言”肇其端；《左传》襄公二十七年，文子有“诗以言志”之说；司马迁《史记・乐书》有“诗，言其志也”；董仲舒《春秋繁露・玉杯》有“诗道志，故长于质”。那么，诗所言之志究竟指的是什么呢？汉代四家诗皆以为是以“美刺”为具体内容的、具有政教意义的“志”。由“诗言志”而强调以扬善惩恶为宗旨的《诗》的美刺功能，反映了汉代《诗》学以政教讽谏为目的的政治功利倾向。《毛诗大序》集中体现了这一现象，那就是：“治世之音安以乐，其政和；乱世之音怨以怒，其政乖；亡国之音哀以思，其民困。”“诗者，志之所之也，在心为志，发言为诗。”“故正得失，动天地，感鬼神，莫近于诗。先王以是经夫妇，成孝敬，厚人伦，美教化，移风俗。”

经学的思维方式及其诗学也影响到汉代的辞赋批评。赋是汉代最为流行和发达的一种文学样式，被目为“一代之文学”。扬雄将汉赋分为“诗人之赋”与“辞人之赋”，以为“诗人之赋丽以则，辞人之赋丽以淫”。较之儒家传统的以善为美，“辞人之赋”的“丽以淫”，更偏重于美的形式，且赋家竞相为侈丽闳衍之词的创作，的确也不符合儒家提倡的克己尚俭的美德，无益于政教，不能达到讽谏的目的。关于“诗人之赋”，以往人们多注重其内容是否具有讽谏之旨，因为“则”含有法则、准则的意思，即要以孔子和“五经”为中心树立起来立言和做人的准则。扬雄推崇儒家经典，他也始终喜欢文学，所以他只是否定“淫辞”，而不反对“文丽”，是要求内美与外美的结合。但以赋言志说理，要以文质相符为宗旨，消解了以往体物大赋追求声形之美的那种丽靡，从而造就汉赋文体及风格的变化，也促使汉大赋由盛转衰。之后，扬雄“丽以则”的赋学理论，又进一步被东汉的班固和王充发扬光大。班固即是以儒家崇尚实际的功利主义文学观作为准则评价文学的；王充非常看重“实事”之真，以真为美，视华美与实事为对立物，以为华与实不能相间，甚至对具有象征意义和夸饰性质的文艺多半持否定态度，将无助于崇实的汉赋的文丽一笔抹杀。

## 三、抱守儒素的杜甫与复兴儒学的韩愈

与汉代“罢黜百家，独尊儒术”不同，大唐帝国在思想方面的政策是极其开放的儒、释、道兼容并包，其文化亦是融合了各民族文化而形成的多元素、多色彩的文化，所以，唐代文学表现出来的也是多种风格、多种气象。诸如王维、孟浩然、李白、白居易、柳宗元等文学大家，他们的思想都杂糅各家，他们的作品也就渗透着儒、释、道诸种精神。但生逢唐代由盛而衰转型期的杜甫，则是唐代文学史上极为罕见的、无论穷通皆能抱守儒素的诗人。

作为伟大的现实主义诗人，杜甫的政治理想是“致君尧舜上，再使风俗淳”（《奉赠韦左丞丈二十二韵》），然而，他一生都未能获得成为大唐“廊庙具”的机会。也正因如此，他能冷静地审时度势，以一颗仁者之心，一支良知之笔，写下了大唐由盛而衰时期的“诗史”。

杜甫诗歌的主要内容是忧国忧民，风格是沉郁顿挫，探究形成二者的最主要的原因，即诗人骨子里的儒家意识。

儒家的“仁爱”与“以民为本”，是杜甫忧国忧民思想的基础，也是他诗情沉郁、诗思顿挫的根源。在诗人的五言古诗《自京赴奉先县咏怀五百字》中，其“许身一何愚，自比稷与契”“生逢尧舜君，不忍便永诀”的忠君情怀，“默思失业徒，因念远戍卒”“穷年忧黎元，叹息肠内热”的忧民情怀，“朱门酒肉臭，路有冻死骨”“忧端齐终南”“恐触天柱折”的悯世情怀，无不折射出儒者的仁慈胸怀。其《兵车行》中对唐玄宗穷兵黩武造成的“边庭流血成海水”“千村万落生荆杞”的灾难的痛心；《又呈吴郎》中对无儿无食的邻妇的恻隐，和“只缘恐惧转须亲”的善良；《茅屋为秋风所破歌》中以“吾庐独破受冻死亦足”，求得“大庇天下寒士俱欢颜”的怀抱；“三吏”“三别”中对百姓命运的关注与同情，对百姓苦难感同身受般的悲切，皆令人感动。

杜甫一生穷愁潦倒，但他并未窘困于一己之牢落不平，他诗歌的感情也因他仁慈悲悯的胸怀而更加深沉博爱。

“国破山河在，城春草木深。感时花溅泪，恨别鸟惊心。”“安史之乱”爆发后，杜甫为国事惶惶奔走，面对国家残破，百忧感心。从奉先到长安，再到凤翔，一路走来，写下了自己的触目惊心，也写下了他位卑不忘忧国的情怀。其实，杜甫的忧国是自始至终的。“安史之乱”爆发前，他已敏锐地认识到大唐盛世下潜伏的危机，其《丽人行》《兵车行》《自京赴奉先县咏怀五百字》等

写于此时的作品，便揭露了杨氏兄妹的跋扈和专权，揭示了唐朝皇帝的好大喜功，反映了阶级矛盾的尖锐，在客观反映现实的同时，表达自己对国事的深沉忧虑，并希望统治者能有所警戒。

杜甫出生于世代奉儒之家，自幼受到的儒家文化教育伴随了他的一生。对儒家理想的执着追求，使杜甫无论穷达，都一如既往地坚持“兼济天下”，在他的身上，儒士“志于道”的精神得到了充分的体现。同时，杜甫把他的人生又都放进了诗里，从一己之情性，到对妻子亲戚朋友的体贴，再到对国家天下的忧患，曲曲折折，极尽人情。“诗圣”之于杜甫是当之无愧的。

中唐的社会危机，使文人们面临着和盛唐文学精神完全不同的环境。以天下为己任的士子们，试图以振兴经世致用的儒学，来挽回大唐颓势。为配合思想领域的恢复儒学，在诗文领域同时掀起了“新乐府运动”和“古文运动”，文学运动的倡导者，都把干预社会、裨益时事视为文学最重要的功用。白居易提出“文章合为时而著，歌诗合为事而作”（《与元九书》）创作主张；其《新乐府序》明确表示：“首句标其目，卒章显其志，《诗三百》之义也。其辞质而径，欲见之者易喻也；其言直而切，欲闻之者深诫也；其事核而实，使采之者传信也；其体顺而肆，可以播于乐章歌曲也。总而言之，为君、为臣、为民、为物、为事而作，不为文而作也。”白居易的“新乐府”宣言，是自孔子以来“兴、观、群、怨”诗教传统的继承和发展。

韩愈自幼熟读儒家经典，深受以圣人为师的宗经征圣思想的影响，“文以明道”是其古文运动最重要的理论，其“道”即是儒家之道。韩愈越过汉代经学，直接孔孟以继道统，将自己视为儒学传人。他非常重视为文者的道德修养，将“道”与“文”的关系比作是根与实、膏与光的关系，认为：“养其根而俟其实，加其膏而希其光。根之茂者其实遂，膏之沃者其光晔。仁义之人，其言蔼如也。”（《答李翊书》）关于如何修养道德，他认为应该“游之乎《诗》《书》之源”，不断学习。同时，韩愈论文重“养气”，这是对孟子“浩然之气”的继承。他在《答李翊书》中还说：“气，水也；言，浮物也；水大，而物之浮者大小毕浮。气之与言犹是也，气盛，则言之短长与声之高下者皆宜。”实际上，他的“文以明道”与“气盛言宜”是相通的，都是他复兴儒学的一个重要部分。同时，韩愈重道而不废文，是追求文道合一的。

宋初诗文革新运动中，欧阳修继承了韩愈“文以明道”的主张，其论道，也奉孔孟之说为宗旨，要求文以致用，强调作者内在的道德品性修养。曾巩更是主张"畜道德而能文章"。然他们和韩愈一样,多主张文道合一。但宋代的理学却走向了极端,他们认为文止于艺而不足为道,进而还有"玩物丧志""作文害道""吟诗果无益"的议论。程颐说:"著书则多言,多言则害道。"朱熹也说:"文是文,道是道,文只如吃饭时下饭耳。若以文贯道,却是把本为末。"南宋散文的成就远逊于北宋,宋代诗歌好议论的特点,都是与此相关的。

汉代儒学仅是统治者用来治世的工具,文人们是以经学的方式去接受的,因此,儒学对文学的影响还不是深入骨髓的。到了中唐以后的韩愈、白居易、欧阳修等,借恢复儒学以达到治世之目的,并自觉融儒学于文学,以干预政治,故而,儒学对文学的影响就是多方面的。

## 四、新儒学与元明清文学

一般认为,元代文学对传统颇为叛逆,因此,儒学对元代文学的影响是很有限的。实际上,即使元代文学中最为叛逆的曲,依然笼罩在儒学的羽翼之下。

儒学至北宋中期发展为理学,后人称之为新儒学,周敦颐、张载、程颢、程颐是其奠基人。理学在当时虽然也被宣扬得沸沸扬扬,但直到南宋中期仍是私学,官方甚至以之为伪学,屡次禁止。南宋朱熹是理学的集大成者,而理学却是在他死后才兴盛起来的。宋金对峙,南北不通,理学在北方备受冷落。元攻南宋,拔德安,赵复北上燕京,讲学于太极书院,朱熹理学思想才得以在北方传播。忽必烈时期,许衡为国子祭酒,朱注"四书""五经"成为国学讲读内容;延祐二年(1315)兴科举,规定朱注"四书""五经"为考试内容;理学在元代正式升为官学,并因此渗透于社会思想与文化的各个方面。当然,由于蒙古统治者的宗教政策是一视同仁,所以对儒、释、道,甚至伊斯兰教、基督教等皆一并扶持,使各种思想都有较为自由的发展空间。但毕竟,元朝的文学仍是以汉族文人为创作主体的,无论由金入元,抑或由宋入元,他们骨子里的意识更多还是儒家的意识。

论者以元曲作者为"斗士","斗士"的含义很丰富,其中之一即对传统诗教的叛逆。但在元曲中,拨开罩在表面的"浪子风流",蕴含其中的依然是历代文人所追求的"士志于道"的精神。只是元代曲家始终处于迷乱状态,而他们的迷乱归根结底还是缘于传统的失落,与他们无助的寻觅、拷问,这一切皆因为他们心底缠缠绵绵的儒家情结与现实发生的激烈冲突。元曲作家精神的极度痛苦，根源也在于此。延佑兴科举，元曲作家的思想很容易地皈依传统。在元代后期的创作中，浓重的忧患意识、沉重的责任感、伦理道德的宣扬，无不体现着儒学精神。如张养浩“兴，百姓苦；亡，百姓苦”的浩叹；萧德祥《杀狗劝夫》的家庭伦理标准；郑光祖《伊尹扶汤》《周公摄政》对贤臣的歌颂；高明《琵琶记》的“全忠全孝”观念；等等。

元代的诗文，尤其是散文，在一定程度上可以说就是被理学笼罩着的。北方的刘因、郝经、姚燧，是散文大家，同时也是理学家，其理学思想就主要体现在他们的散文创作中。南方以吴澄为代表的“江右学派”，以金履祥、许谦为代表的“金华学派”，都是重要的理学派别，他们中很多人擅长做文章。所以，元代散文更讲求经世致用，强调理学与文章的合一，即“将义理融为文章，而学问措之事业”（刘将孙），“文章以道轻重，道以文章轻重”（姚燧），文章“一以经为法，一以理为本”（赵孟頫）。最终的结果即为论者所谓的“理学流而为文”。

一方面，元诗创作整体上受理学影响不甚大，没有太多“堕于理窟”的诗作，但元代诗论却始终没有摆脱儒家诗教的羁绊。卢挚《文章宗旨》认为：“不关于世教，义不存于比兴，诗亦徒作。夫诗，发乎情，止乎礼义。”姚燧《郭野斋诗集序》有：“今之诗虽不得方《三百篇》，可考以知国风与王政之小大，要以由于吟咏性情，有关美恶风刺而发，非徒作也。”元诗风格的雍容和平、典雅中正，莫不与此相关。元代诗文的正统观念，对明清两代文学的发展影响深远。明代“前后七子”的复古主张，“唐宋派”的散文理论，“复社”的旗帜；清代的“桐城派”“肌理说”“格调说”，晚清的经世致用文学潮流，都与此一脉相承。

另一方面，新儒学在明代中叶后由性理之学趋向心学，“王学左派”是其集大成，而这一时期的文学创作，更大程度地受到心学的影响。

心学是把人的心灵看作比性理更为本源的东西，凸显人乃万物之灵的主体性原则。张扬个性、崇尚至情的“童心说”和“性灵说”皆由此而生。

李贽是“童心说”的倡导者，他所谓的“童心”，指的就是人最初的那种纯真本心，是不受任何观念和经验影响的绝假纯真的自然心体。在文学创作上，他主张重“真己”，认为“天下之至文，未有不出于童心焉者也。”强调文学作品中人的性情的自然流露。

“性灵说”是湖北公安人袁宗道、袁宏道、袁中道(人称“公安三袁”)提出的,他们受李贽“童心说”的影响,主张文学创作应重真情、崇个性、尚自然,针对“前后七子”的复古倾向,认为“诗何必唐?又何必初与盛?要以出自性灵者为真诗尔”;“流自性灵者,不期新而新”;以性灵为真诗的源泉。他们的诗文,也“大都独抒性灵,不拘格套,非从自己胸臆流出,不肯下笔”(袁宏道《叙小修诗》)。为求真,甚至“信心而出”“信口而谈”,不惜浅露率直:“大概情至之语自能感人,是谓真诗,可传也。而或者犹以太露病之,曾不知情随境变,字逐情生,但恐不达,何露之有?”和李贽不同的是,李贽倡童心,只求随心所欲,“三袁”则最终要根于心体虚灵,归于自然平淡之逸趣。

心学本来是儒家学说中的一个支流,但是,在“王学左派”的影响下,人们强调的是个性的极度张扬和无所拘束的随心所欲,所以,也给明中叶后的社会风尚和文学思潮带来了不良的、负面的影响。文学精神在突破禁欲思想的束缚后,以纵欲为个性,以对儒家思想的彻底颠覆为回归本真,将孔孟全盘否定,助长了当时社会道德的沦丧,甚至泯灭了人性中的善与美。

随着明王朝的灭亡,清初一批思想家经过痛苦而理性的反思,高擎经世致用的儒学大旗,使一度解放的思想重归正统,儒家思想才得以恢复了它本来的面貌,文学精神也逐渐返向传统。清初三大思想家经世致用的文学观,对清代的文学思想产生了极大的影响。如延续了有清一代的“桐城派”散文,其古文理论奠基人方苞提出“义法”说,强调“言有物”和“言有序”。“义”,即文章的内容,所谓“若古文则本经术而依于事物之理”,儒家经典就是文章的宗旨;其弟子刘大櫆丰富和拓展了老师的“义法”理论,提出了“义理、书卷、经济”相结合;“桐城派”的集大成者姚鼐,主张“道与义合”“义理、考据、辞章”合一,将儒家道义与文学相结合。总之,他们所尊奉的就是儒家学说。又如沈德潜的“格调说”,以儒家诗教为本,要求诗歌“去淫滥以归于正雅”(《唐诗别裁集序》),以达到“和人性、厚人伦、匡政治”的教化作用和“一归于中正平和”的效果。

总之,儒家文化对中国古代文学的影响是根深蒂固而又多方面的。

## 第二节　道家文化与中国古代文学

道家顺任自然、返璞归真、虚静淡泊的人生追求,以其飘逸、澄净、纯真、空灵、艺术化的浪漫境界，为历代文人提供了一个诗意的栖身之所，使他们可以暂时逃避尘世的矛盾、喧嚣、焦躁、失落与名利纠缠，以一种旷达乐观、虚怀若谷的人生态度去面对现实纷扰，从而达到处惊不乱、处危不惧、怡然自得、潇洒超脱的恬淡心境。道家文化本身所包含的艺术精神，对中国古代文学产生了深刻的影响。

## 一、《庄子》思想及其诗意表现

道家思想形成于老子，《老子》一书集中反映了道家玄妙的哲学思想。老子哲学的理论基础是“道”，这是形而上的哲学问题，相当抽象而无艺术性可言，但作者却能在哲学表述过程中，融入强烈的情感，运用具有诗意的语言，因此便具有了文学特色。《老子》犹如一组哲理诗，作者运用大量的韵语和排比、对偶、比喻等修辞手法，句式参差错落，行文变化多端，文气跌宕流畅，如诗、如歌。例如：“将欲歙之，必固张之；将欲弱之，必固强之；将欲废之，必固兴之；将欲取之，必固与之。是谓微明。”又如：“曲则全，枉则直，洼则盈，敝则新，少则没，多则惑。”更重要的是，《老子》不仅在表述道家的哲学思想，因为老子的形而上学是为了应和人生与政治的要求而建立的，其出发点和归宿点依然是要落实到现实人生之上的，所以文章还表现出了作者强烈的自我意识和愤世嫉俗的情感。

庄子的“道”源于老子，又发展了老子“道”的思想。在庄子这里，“道”既是关于世界本体的观念，更是对个体生命的意义与存在价值的思考。对于哲学问题，他考虑更多的是：在乱世，如何保持个体人格的独立？脆弱的个体生命如何才能无累无害？个体存在的价值到底是什么？所以，他主张顺应自然之理，抛弃功名利禄，“绝圣弃智”。他认为“天地与我并生，而万物与我为一”（《齐物论》），当个体生命融入宇宙万物之间，穿越时空的局限，“乘天地之正”“御六气之辩”，达到“无已”“无功”“无名”的境界，就可逍遥自在，“以游无穷”；“无所用”，即“无所害”，也就“无所困苦”了。庄子的体道人生本为一种诗意人生，他所追求的与道合一、无为逍遥的自由境界，是由主体生命生发而来、超越了自然和社会的束缚、与自然和谐交融的精神境界，与文学所要表现和达到的艺术境界有太多相通之处。因此，庄子的道家思想，本身就具有明显的文学特质。

《庄子》一书虽然是哲理论文，但作者是以丰富的寓言和诡奇的想象，形象地反映哲学思想，表达他对现实社会的认识的，所以创造了一个个瑰玮的艺术境界，阅读《庄子》，犹如阅读一部洋溢着浪漫色彩的散文诗。

庄子自称其创作“以卮言为曼衍，以重言为真，以寓言为广”，多用“谬悠之说，荒唐之言，无端崖之辞”。所谓“卮言”，即无心之言，是指用作者自然流露的语言散漫流衍地把道理传播开去；所谓“重言”，即指借重长者、尊者、名人之言，使自己的道理被别人接受，实际上是托己说于长者、尊者、名人之言以自重；所谓“寓言”，即虚拟的寄寓于他人他物的语言。在《庄子》一书中，这三种形式往往融为一体，共同构成文章奇特的形象世界，而寓言，又是其中最主要的表现方式，正如庄子所说“寓言十九”（《寓言》），《庄子》中的很多篇目都是以寓言作为文章主干的。《庄子》中的寓言层出不穷，令人应接不暇：鲲鹏展翅、不龟手之药、狸牲跳梁、触蛮之争、庄周梦蝶、骷髅论道、罔两问影、运斤成风、舐痔破痈等，大量的寓言结构在一篇文章的各个段落，深邃的思想和浓郁的情感贯注于虚构的故事中，而看似断断续续的孤立的寓言与寓言之间，因了这理与情联结在一起，融为一个有机体。这些寓言从不同角度、不同层面阐释作者想要表达的哲学思想，将博大精深、深奥玄妙、富于神秘色彩的“道”之学说，通过这些荒诞的故事来象征暗示，变高深莫测为生动具体，变概念推理为形象展示，使得思辨与形象合一、哲学与艺术结合，简直就是一部寓言故事集，一篇篇哲理抒情诗。

使人叹为观止的诡奇的想象，也是《庄子》文学价值的重要组成部分。所谓“意出尘外，怪生笔端”，庄子从“道”的角度去看待万物，万物便等齐一体，物我为一，无大无小，无生无死。因此，其想象往往超越了时空的局限，泯灭了物我的差别，奇幻异常，变化无穷。其大如《逍遥游》中的北冥之鱼，“其名为鲲。鲲之大，不知其几千里也；化而为鸟，其名为鹏。鹏之背，不知其几千里也；怒而飞，其翼若垂天之云”。《外物》中任公子垂钓，以五十头牛为钓饵，蹲在会稽山上，投竿东海，期年钓得大鱼，致使白浪滔天，海水震荡，千里震惊，浙江以东、苍梧以北之人，皆可饱食。其小如杯水芥舟，朝菌蟪蛄，野马尘埃，蜗角触蛮。其幻如庄周梦蝶、骷髅论道、罔两问影。其奇如《养生主》中庖丁之刀：“十九年而刀刃若新发于硎”……发想无端，恢诡谲怪。

“寓真于诞，寓实于玄”，是《庄子》一书的主要特征，其丰富的寓言和诡奇的想象是自己哲学思想的形象反映，也是自己深沉情感迂回曲折的流露。

如前所列，不龟手之药与狸牲跳梁，分别说明无用即为有用和汲汲追求有用之害；触蛮之争通过蜗角之中触、蛮争地，伏尸数万，旬有五日而后返，揭露战国时期“争地以战，杀人盈野；争城以战，杀人盈城”的现实；舐痔破痈则借寓言辛辣讽刺了不择手段追求荣华富贵，谋取利禄，恬不知耻的小人；庖丁解牛则是说明世上万物虽然错综复杂，但只要顺应自然之理，就不会蒙受损伤。在看似胡言乱语、嬉笑怒骂中，作者深邃的见识和深沉的情感得以曲折表现，也正因此，庄子哲学是充满诗意的哲学。

《庄子》的语言如行云流水，恣肆跌宕，一泻汪洋；句式变化无穷，铺陈排比，无有定形；感情充沛自然，音调和谐，节奏鲜明，具有浓郁的文学色彩。

庄子的哲学思想及其表述方式，为世人展示了一种新的思维角度，为后世文学创作提供了丰富的艺术借鉴，之后的李白、苏轼等人，便从中汲取营养，以飘逸的才思创作，以无所滞碍的真情创作，继续发展了中国古代文学的浪漫主义精神。

## 二、魏晋玄学、文学及其道家文化精神

随着持续了四百多年的大汉帝国的崩溃，“罢黜百家，独尊儒术”的文化局面也彻底结束。目睹了社会动乱，身历了政治险境，魏晋文人对人生的短促、生命的脆弱、命运的不测、祸福的无常最为敏感，因企求长生而对不死的神仙世界充满向往，因寻求逃避而对隐逸生活格外垂青。在这种环境下，儒家思想失去了赖以生存的土壤，以老、庄为代表的道家思想则由于其对自由、全身、无为境界的追求，对现实黑暗和人生痛苦的消解意识，迎合了士大夫的心理，魏晋玄学便顺应新的潮流而生。

提到魏晋玄学与文学，魏晋风度是必须要提及的。这是魏晋文人所追求的最具魅力的人格，而构成这种人格的条件是玄心、洞见、妙赏和深情，外在特点是颖悟、旷达和真率。或者说是魏晋文人对艺术化的人生的追求，或者说是魏晋文人以自己的言行、文学与艺术使自己的人生具有艺术化的特征，当然，这种艺术必须是自然的，是个人本性的自然流露。从某种程度上说，魏晋风度下那种对人生艺术化的自觉追求，对个性的张扬，无拘无束表现自我的氛围，创造了文学发展的良好环境，而魏晋风度也确实与魏晋文学有着密切的关系：《世说新语》既是记述魏晋风度的故事集，也是一部志人小说；阮集、嵇康、王羲之、陶渊明等，既是魏晋风度的代表人物，也是著名的文

学家;而魏晋文学的摆脱政治附庸,走向文学自觉,无疑与魏晋风度及由此衍生的人物品评相关。

玄学本身是一种哲学探讨,而作为思辨性的哲学,玄学是不宜直接转化为文学的,但占据东晋诗坛达百年之久的玄言诗,却是由这种思辨性的哲学直接转化的。严格来讲,玄言诗可能并不是真正意义上的诗,因为它只是借用诗的形式在探讨玄奥的道理,“理过其辞,淡乎寡味”,缺失了构成诗歌的艺术本质。然而,一些优秀的玄言诗,借助山水风景形象譬喻,参悟或印证老、庄之道,这样,诗歌就有了前所未有的理趣。再者,玄言诗到了陶渊明手里,不是在诗中抽象地说理,而是往往将玄理融入日常生活,用格言式的既有情趣又有理趣的语言,表现自己对宇宙、历史和人生的认识,是在日常生活中体验玄理;到了谢灵运手里,玄言诗转向了山水诗,玄理的成分大大减少,山水的描写转化为诗歌的主体,从而使玄言诗获得了新的生命。诗歌虽不能成为玄理的枯燥注疏,但理趣入诗也不失为符合诗歌艺术本质的新形态,宋代诗人的“以议论为诗”,若追溯源流,玄言诗恐怕就是其源头之一。

在玄学探讨的诸多哲学问题中,它的崇尚自然、以真为美,言不尽意与得意忘言,与文学要探讨的问题更加接近。关于老、庄哲学的诗意化和诗意表现,在前面已有所论述,由老、庄哲学发展而来的玄学,其精神实质亦有诗意化的倾向。

陶渊明是魏晋南北朝最有成就的诗人,也是将道家“自然”与“真”在文学中发挥到极致的诗人。

陶渊明熟谙儒学,但他却将孔子学说道家化;他深受老、庄思想的影响,还是一个玄学家,却并不沉溺于老、庄和玄谈;与佛教中人有来往,且思想中也有与佛教相通之处,但绝非佛教徒。他对儒、道、释既融会又都不拘泥,和其他追求魏晋风度的士人一样,他是在用自己的言行和诗文使自己的人生艺术化。在他艺术化的人生中,道家“崇尚自然”的哲学是其思想和文学的核心。

自然与真,是老庄哲学特有的范畴。“自然”是一种无所恃、无所依、天然而然的状态;“真”是一种至淳至诚、不矫饰、不造作的精神境界;二者是相通的:唯有保持了天性,才可葆有其真。玄学中崇尚自然的思想对陶渊明文学最重要的影响,就是他以“自然”和“真”为文学极致的审美理想。

自然真淳,是陶渊明诗歌的总体艺术特征。“少无适俗韵,性本爱丘山”

(《归园田居》其一),“质性自然,非矫厉所得”(《归去来兮辞序》),陶渊明是把“自然”视为自己人生的归宿,“自然”也就成为他诗歌所追求的最美。后人往往用“平淡自然”概括陶渊明诗歌的风格,的确,陶诗所描写的对象,是最平常的事物:草屋、荆扉、榆、柳、桃、李、桑、麻、野草、豆苗、鸡鸣、犬吠……所运用的语言,是明白如话、朴素无华的语言,“采菊东篱下,悠然见南山”“榆柳荫后檐,桃李罗堂前”“狗吠深巷中,鸡鸣桑树颠”“种豆南山下,草盛豆苗稀”,正所谓“一语天然万古新,豪华落尽见真淳”(元好问《论诗绝句》)。只是这些平常话、平常景、平常事物,一经诗人点化便充满了情趣。实际上,诗人是无意去模山范水的,也不是留意于述说家常,他笔下看似寻常的物象,既是客观的具象,又是体现诗人主观感情与个性的意象。

“言意之辩”是魏晋玄学的主要辩题之一,对中国古代文艺理论产生了深远的影响。其中,“言不尽意”和“得意忘言”又是这个命题的关键。

“言不尽意”是个古老的命题,《周易·系辞上》记载:“子曰:‘书不尽言,言不尽意。然则圣人之意其不可见乎?’子曰:‘圣人立象以尽意,设卦以尽情伪,系辞焉以尽其言。”’庄子在《天道》篇中说:“语有贵也,语之所贵者,意也;意有所随,意之所随者,不可以言传也。”其《秋水》亦有:“可以言论者,物之粗也;可以意致者,物之精也。”魏晋时期,“言不尽意”说非常流行,西晋陆机在《文赋》中已经涉及言与意的关系,他说:“恒患意不称物,文不逮意,盖非知之难,能之难也。”言可达意,但不能尽意,因此文学创作应该是既诉诸言内,又寄诸言外,以不尽之言唤起读者丰富的联想,让读者去体味言外隽永深致的意趣。言有尽而意无穷,作为中国古代诗歌艺术的精髓,正是受了魏晋玄学“言不尽意”思想的启示。

“得意忘言”是《庄子·外物》最早提出的,他这样论道:“筌者所以在鱼,得鱼而忘筌;蹄者所以在兔,得兔而忘蹄。言者所以在意,得意而忘言。”王弼在《周易略例·明象》中以老庄解易,进一步阐述了这个论点:“夫象者出意者也,言者明象者也。尽意莫若象,尽象莫若言。”又说:“故言者所以明象,得象而忘言;象者所以存意,得意而忘象。犹蹄者所以在兔,得兔而忘蹄;筌者所以在鱼,得鱼而忘筌也。”陶渊明:“结庐在人境,而无车马喧。问君何能尔,心远地自偏。采菊东篱下,悠然见南山。山气日夕佳,飞鸟相与还。此中有真意,欲辩已忘言。”(《饮酒》)这种心与境合的灵犀,日夕、山气、飞鸟构成的美妙景象中所蕴藏的人生真谛,非忘言不足以体味;人鸟山花，偶然相对，一片化机，天真自具，当然是不可落于言筌的。

陶渊明的诗重在写心、写意。他用诗歌表现自己在生活中体验到的情理，表现自己对哲学玄奥神秘的意义的探求，平常的事物中，明白如话、朴素无华的语言内，蕴藏着的是他勘破参透的人生真谛。所以，他的诗歌言浅意深，饶有情趣。

道家的文化精神，塑造了陶渊明天然真淳、清高洒脱、不同流俗的古代士大夫理想的人格，也成就了一个安贫乐道者艺术化的人生，以及桃花源头的理想世界。

## 三、李白的超逸诗情和神仙风采

唐代近三百年间，在思想上兼容并包，政治往往取儒家，人生信仰、生活情趣、社会思潮则杂糅释、道，所以儒、释、道思想共同影响着唐代的文学。唐王室以老子（李聃）为祖先，对道家的尊崇可想而知，但道家思想对于唐代文人的影响，主要在于他们对自然的亲和，以及对自由精神的向往，庄子无为与齐物的根本精神已经偏离甚至是背离了。同时，道教的神仙思想也极大地丰富着唐诗的想象。

李白少年时代生活的蜀中，道教气氛浓郁。青城山、峨眉山以及李白家乡附近的紫云山，皆是著名的道教圣地，青城山还是道教十大洞天之一，李白自称“十五游神仙，仙游未曾歇”，的确，道教对他的影响几乎伴随了他的一生。

道家和神仙道教信仰在李白的思想中占有重要地位。他渴望人生能任随自然、逍遥自在，追求不受任何约束的自由的人生境界；他企慕神仙，对神仙世界充满幻想，甚至“名在方士格”，炼丹服食；在他近千首诗中就有一百多首与神仙道教有关，不少诗表现出人生如梦、及时行乐的思想。道家和道教信仰给了他一种极强的自我解脱的能力，赋予他独立不羁、狂傲自负的性格特点和飘逸、洒脱的气质，也孕育了他的自然率真之情，这一切发而为诗，便是“笔落惊风雨，诗成泣鬼神”（杜甫《寄李十二白二十韵》）的盖世绝伦的神奇艺术感染力，和“飘然思不群”（杜甫《春日忆李白》）的超逸诗情。

李白是多情的，这种多情也挥洒在了他眼前的山山水水中。他总是在游历，在山水之间体悟自然的美，体悟人与自然灵性相通、冥合交融的亲和、温馨。李白的感情是天真纯朴的，他总是以一颗未泯的童心去感受山水，所以，他的审美纯洁、明净、空灵、秀美。“峨眉山月半轮秋，影入平羌江水流。夜发清溪向三峡，思君不见下渝州。”（《峨眉山月歌》）家乡的山，家乡的月，家乡的水，绵邈的思情，纯净而温馨。“众鸟高飞尽，孤云独去闲。相看两不厌，只有敬亭山。”（《独坐敬亭山》）独坐的寂寞与寂静的敬亭山景悠然冥会，人与山在刹那间灵性相通，无限情思就这样在人与自然亲近时缓缓流泻。“问余何事栖碧山，笑而不答心自闲。桃花流水杳然去，别有天地非人间。”（《山中问答》）碧山、桃花、流水与闲淡之人会心的笑，人情的美与自然的美是一种怎样的契合！

独立不羁、狂傲自负是李白的个性特征。“俱怀逸兴壮思飞，欲上青天揽明月”“人生在世不称意，明朝散发弄扁舟”（《宣州谢朓楼饯别校书叔云》）；“闲来垂钓碧溪上，忽复乘舟梦日边”（《行路难》），无不在张扬着这种个性。李白有很强的功名心，而狂傲自负的个性又使他总幻想着“平交王侯”“一匡天下”而“立抵卿相”。过于理想化的人生设计让他不断碰壁，独立不羁的性格又促使他在失意后更自觉地趋向道家、道教，继而挣脱现实的烦扰，即“安能摧眉折腰事权贵，使我不得开心颜”（《梦游天姥吟留别》）。

道家思想和神仙道教也使李白的诗歌具有了独特的艺术魅力。

李白诗歌展示给读者的，往往是如行云流水般变幻莫测、摇曳多姿的神奇境界：“熊咆龙吟殷岩泉，慄深林兮惊层巅。云青青兮欲雨，水澹澹兮生烟。列缺霹雳，丘峦崩摧。洞天石扉，訇然中开。青冥浩荡不见底，日月照耀金银台。霓为衣兮风为马，云之君兮纷纷而来下。虎鼓瑟兮鸾回车，仙之人兮列如麻。”（《梦游天姥吟留别》）“西岳莲花山，迢迢见明星。素手把芙蓉，虚步蹑太清。霓裳曳广带，飘拂升天行。邀我登云台，高揖卫叔卿。恍恍与之去，驾鸿凌紫冥。”（《古风》第十九首）其他如《日出入行》《蜀道难》《远别离》《乌栖曲》等，或梦游，或游仙，或借古老的神话传说言志抒怀，这些充满着奇特构思、想落天外、虚无缥缈、奇之又奇的浪漫境界，使人飘飘然恍入仙境。

李白的诗歌感情充沛，任随性情之所之，发兴无端而又跌宕多变。如《将进酒》，从“君不见黄河之水天上来，奔流到海不复回！君不见高堂明镜悲白发，朝如青丝暮成雪”突兀无端的浩叹，到“天生我材必有用，千金散尽还复来”的自负与狂放，再到“钟鼓馔玉不足贵，但愿长醉不愿醒；古来圣贤皆寂寞，惟有饮者留其名”豪放不羁、蔑视富贵的傲岸，到最后“与尔同销万古愁”的苦闷，纵情恣意。又如《宣州谢朓楼饯别校书叔云》开头“弃我去者昨日之日不可留，乱我心者今日之日多烦忧”，亦是陡然发端，直抒内心郁结。当转入写登楼所见所感，酒酣兴高，壮思欲飞，似乎所有的烦忧都被眼前的秋风与逸兴一扫而光。但结尾处的“抽刀断水水更流，举杯消愁愁更愁。人生在世不称意，明朝散发弄扁舟”，却将诗情跌人更深重的苦闷之中。

另外，“朝辞白帝彩云间，千里江陵一日还。两岸猿声啼不住，轻舟已过万重山”（《早发白帝城》），舒卷自由、绚丽多姿的彩云，快如飞箭、轻掠过江面的扁舟，映衬着诗人轻松愉快的心情；“天门中断楚江开，碧水东流至此回。两岸青山相对出，孤帆一片日边来”（《望天门山》）。诗情画意，表现的是诗人对壮美河山的赞美；“日照香炉生紫烟，遥看瀑布挂前川。飞流直下三千尺，疑是银河落九天”（《望庐山瀑布》）。绚丽的色彩，奇绝的飞瀑，非凡的想象与夸张，显示的是诗人超逸的诗情。在李白的绝句中，蕴含着飘逸潇洒的风神，这风神来自诗人开朗的性格、率真的情感、洒脱的气质、自由的精神，以及对“清水出芙蓉，天然去雕饰”的自然美的追求。

道家的自由精神和道教的神仙世界，在李白的性格中注入了太多的浪漫与奇思妙想，他的才情与诗思，成为中华诗国中永恒的灿烂。

## 四、全真道教与元曲

全真道教是女真人占据中原之后兴起于北方地区的新的道家派别，创始人及早期门徒多系宋朝儒生。全真教“识心见性，除情去欲，忍耻含垢，苦己利人”的宗教旨归，实际上包蕴着儒、释、道共存共容的义理哲思。金元易代之际，儒业废弃，全真教成为亡金士子的逋逃薮，其道德观念、伦理原则、审美取向，也成为元一代文学——曲赖以生长的思想文化土壤。

元曲包括杂剧和散曲。受全真道教的影响，在元杂剧中，出现了一批神仙道化剧，道教中的神仙成为救世和度脱苦难的主角，他们点化痴迷的众生挣脱名利僵锁，断绝人间是非，享受乐逍遥的自由生活。“曲状元”马致远是元代神仙道化剧的代表作家，《黄粱梦》《陈抟高卧》《任风子》等是其代表作品。《黄粱梦》写的是太极真人钟离权度化吕洞宾的故事：东华帝君命太极真人钟离权度化吕洞宾，在邯郸道黄化店，钟离权劝化吕洞宾修道，吕洞宾执意功名，坚决不肯。然就在一梦之中，吕洞宾经历了人世间的功名富贵、酒色财气——中举后官拜兵马大元帅，奉命征讨吴元济，岳父高太尉为他饯行，因饮酒呕血而戒酒。双方交战，吕洞宾接受贿赂而卖阵。回家后发现妻子与人私通，奸夫又告发了他受贿卖阵之事，因此充军发配，并休妻断色。充军发配途中，又遭遇强盗追杀，在将要被杀时惊醒。一梦醒来，临睡时店婆所煮黄粱饭尚未熟，而经历了黄粱一梦的吕洞宾幡然大悟，得道成仙。《陈抟高卧》写陈抟在赵匡胤、郑恩未发迹时，曾在汴梁为他们占卜；在他们分别做了皇帝、高居王位后，派使臣请他下山进京做官，同享富贵快活，陈抟力辞不就，他以为，“三千贯，二千石，一品官，二品职，只落得故纸上两行史记”，甚至还会“向云阳市血染朝衣，死无葬身之地”。《任风子》全名《马丹阳三度任风子》，写甘河镇任屠有半仙之分，马丹阳专门去度化。因马丹阳劝当地人不吃荤腥，任屠欲杀害他，他使神通制服了任屠，任屠才拜师修道，并休妻杀子，以示决心。最后功成圆满，得道成仙。

马致远所写的神仙道化剧，都是演绎的全真教的事迹，表现出他对全真教完全尊奉的态度。不唯杂剧，他的散曲同样表现出这种思想情调。套曲【双调·夜行船】《秋思》是马致远散曲的代表作，这套曲子把作者看破红尘、彻悟古今、超然绝世的人生态度表现得淋漓尽致，但随之而来的，也就是人生的幻灭和历史的虚无：

【夜行船】百岁光阴一梦蝶，重回首往事堪嗟。今日春来，明朝花谢，急罚盏夜阑灯灭。

【乔木查】想秦宫汉阙，都做了衰草牛羊野，不恁么渔樵没话说。纵荒坟，横断碑，不辨龙蛇。

【庆宣和】投之狐踪与兔穴，多少豪杰！鼎足虽坚半腰里折，魏耶？晋耶？

【落梅风】天教你富，莫太奢，没多时好天良夜。富家儿更做到你心似铁，争辜负了金堂风月。

【风入松】眼前红日又西斜，疾似下坡车。不争镜里添白雪，上床与鞋履相别。休笑巢鸠计拙，葫芦提一向装呆。

【拨不断】利名竭，是非绝，红尘不向门前惹，绿树偏宜屋角遮，青山正补墙头缺，更那堪竹篱茅舍。

【离亭宴带歇指煞】蛩吟罢一觉才宁贴，鸡鸣时万事无休歇，何年是彻。看密匝匝蚁排兵，乱纷纷蜂酿蜜，急攘攘蝇争血。裴公绿野堂，陶令白莲社。爱秋来时那些：和露摘黄花，带霜分紫蟹，煮酒烧红叶。想人生有限杯,浑几个重阳节。人问我顽童记者:便北海探吾来,道东篱醉了也!

是的,如果将人生比为一场梦,那么,利名、是非都将显得无足轻重,在“一枕葫芦架,几行垂杨树”下“闲快活”才是人生价值之所在。

元代的白朴、关汉卿等曲作家,都有同类题材的作品。如白朴的小令【阳春曲】四首,就有“今朝有酒今朝醉,且尽生前有限杯。回头沧海又尘飞,日月疾,白发故人稀”这样的句子。卢挚的【双调·蟾宫曲】更绝:“想人生七十犹稀,百岁光阴,先过了三十。七十年间,十岁顽童,十载尪羸。五十岁除分昼黑,刚分得一半儿白日。风雨相催,兔走乌飞,仔细沉吟,都不如快活了便宜。”关汉卿【四块玉】:“适意行,安心坐,渴时饮饥时餐醉时歌,困来时就向莎茵卧。日月长,天地阔,闲快活。”关汉卿【双调·乔牌儿】套曲更是对人生意义做出了别样的理性思索和感悟。

另如传统的怀古主题,往往寄寓相当深刻的警世、喻世思想,表现作者对政治社会的关注,风格凝重深沉。但在元曲作家,同样写怀古题材,却因是从对历史的反思中感悟兴废无常、功名虚幻、宦游无聊,虽也有悲凉,但更多的是调侃。卢挚《洛阳怀古》:“放着行窝,不醉如何?”《广陵怀古》:“对平山懒赋芜城,笑豆蔻枝头,惹狂歌行。风调才情,青楼一梦,杜牧三生。更谁看桥边月明,是谁留花里飞琼。欲问承平,牛李宾朋,怀断江声。”《武昌怀古》有“千载悠悠,一笑休休”。白朴【阳春曲】:“张良辞汉全身计,范蠡归湖远害机,乐山乐水总相宜。君细推,今古几人知。”马致远【庆东原】《叹世》:“拔山力,举鼎威,喑呜叱咤千人废。阴陵道北,乌江岸西,休了衣锦东归。不如醉还醒,醒还醉。”连怀古主题都能写得如此道味十足,其他题材也就可想而知了。

言情是元代散曲中最具“蒜酪”和“蛤蜊”味的一类题材,文人的放浪、躁动在这类作品中表现得也最为突出。无才补天的元代文人,将天大的本事施展在散曲上,情之所至,深情、直率、泼辣、甚至露骨,可谓荡情驰性。如关汉卿【沉醉东风】:“咫尺的天南地北,霎时间月缺花飞。手执着饯行杯,眼搁着别离泪。刚道的声保重将息,痛煞煞叫人舍不得,好去者望前程万里。”另有【碧玉箫】:“你性随邪,迷恋不来也;我心痴呆,等到月儿斜。你欢娱受用别,我凄凉为什迭。休谎说,不索寻吴越。咱,负心的叫天灭。”白朴【阳春曲】《题情》:“从来好事天生俭,自古瓜儿苦后甜。奶娘催逼紧拘钳,甚是严,越间阻越情欢。”“笑将红袖遮银烛，不放才郎夜读书，相偎相抱取欢娱。止不过迭应举，及第待何如。”

在元代梨园颇负盛名的马致远，自称“东篱本是风月主”。放浪形骸的白朴，贾仲明的【凌波仙】悼词说他是“拈花摘叶风诗性，得青楼薄幸名”。“偶娼优而不辞”的“梨园领袖”关汉卿，不仅不以他时常“面傅粉墨，躬践排场”而尴尬难堪，反而在他的自传体性质散曲【南吕·一枝花】《不伏老》中通过对勾栏生活和浮浪行为的描写，表明了自己坚定的玩世不恭、放浪形骸的人生态度。青楼楚馆不再是文人们所不齿的污秽肮脏地，而是他们的行乐逍遥场；在这里，文人们忘记了“兼济天下”，也忘记了“独善其身”，而是自诩为“普天下郎君领袖，盖世界浪子班头”，沉醉在几乎完全忘我的对传统审美的大胆叛逆之中放荡不羁，传统的道德观念在此已是彻底崩溃。

因此，这些散曲，没有了唐诗的风韵、宋诗的议论，甚至宋词的婉曲，而是将儿女私情甚至幽会偷情宣泄无遗。正如赵义山《元散曲通论》谈到“市民作家之创作风貌”时所说：“面子已全然放倒，其立身行事，开言吐语，已非传统文士之面目。非但不自命清高与风雅，却惟恐俗不到家、俗不彻底。”“为正统士流文人所矜夸者，他们反而鄙弃；为士流所耻者，他们反以为荣，他们极端的、异乎寻常的放浪不羁，它所掩盖的恰恰是仕进无门的极大悲愤和对‘混愚贤、哀哉可怜’的现实社会的彻底绝望！正因为如此，其结果反倒显得一身轻松；面子既已放倒，便也无所顾忌。”

## 五、道教与明清小说、戏曲

纵观整个中国古代文学的发展史，诗文、戏曲、小说诸种文体中，小说戏曲中宗教因素的比重远远大于诗文。宗教神话故事脱胎于原始神话思维，极富想象力和浪漫色彩，既为小说、戏曲提供了人物、题材、主题的基本来源和范式，也增加了这两种通俗文学样式的可读性与吸引力。魏晋时期的《列异志》《搜神记》《拾遗记》等志怪小说、唐传奇中的佛道题材、宋元之际的烟粉灵怪类话本小说和元代的神仙道化剧，或直接取材于佛道故事，或反映了佛道故事的基本原型，是宗教色彩浓厚的文学作品。

明清时期，道教不复金元时的兴盛，整体呈衰落之势。从官方的态度来看，统治者对道教的基本政策是既利用其维护封建统治，又制定严格的法令，进行防范和打压。从民间的发展看，道教在民间具有不可低估的影响力。儒释道“三教合一”的倾向更为明显，道家的劝善、解脱观念，在民众中影响深远。道教斋醮打着济生度死的旗号，宣扬为生者祈福禳灾，为死者开度迁拔，受到上至天潢贵胄，下至市民阶层的追捧，成为明清人日常生活的重要组成部分。

作为文学创作主体的文人，也难以对各种宗教信仰和宗教活动视而不见。明代皇室成员朱权、朱有燉，明清其他剧作家汪廷讷、屠隆、汤显祖、徐渭、洪升、孔尚任等人身上，都渗透着浓厚的宗教意识；罗贯中、施耐庵、许仲琳、冯梦龙、凌濛初、曹雪芹、蒲松龄等小说家，也深谙宗教信仰对民众的重要性，或出于结构情节的需要，或出于取悦市民的目的，在作品中掺入大量的宗教描写。

明清小说中，明代“四大奇书”、神魔小说、“三言二拍”和清代《红楼梦》《聊斋志异》的道教因素最为明显。首先，这些小说作品中有不少道教人物，如《水浒传》中的霹雳大仙、赤脚大仙、九天玄女，《西游记》中的太上老君、太白金星、元始天尊、鸿钧老祖、赤脚大仙、南极仙翁等，《金瓶梅》中的吴神仙、普静禅师，《封神演义》中的元始天尊、太上老君、太乙真人，《红楼梦》中的跛足道人，等等。这些道教人物或推动了情节发展，或深化了小说寓意，使小说具有浓重的宗教意味。其次，《西游记》《封神演义》《东游记》《韩湘子全传》等神魔小说、“三言二拍”中的部分佛道作品，真实地反映了明清道教的发展概况。明代佛道之争异常激烈，既有地位之争，也有义旨、德行、法术、信徒之争，反映在作品中，便是《西游记》中的灭佛抑道情节、《封神演义》中大力宣扬道教教义和《韩湘子全传》中道法高于佛法的宣扬。其中《西游记》写唐僧取经的故事，本为佛教故事，但小说中却出现大量的道家术语和有关炼丹的描写，明清研究者普遍认为这是一部“证道书”，“专在养性修真，炼成内丹，以证大道而登仙籍”（王韬《新说西游记图像》）。

清代李绿园《歧路灯》中的明代皇帝崇尚道教、大臣忙于草青词，基层知识分子注释道教《文昌阴骘文》、道士假借炼丹之机，骗走谭绍闻家黄金，等等，描写了道教在明代上层和民间的传播情况。

总之，道教为明清小说提供了丰富的创作题材和典范的故事原型，明清小说折射了道教不断世俗化和民间化的进程。

道教对明清戏曲的影响主要体现在神仙道化剧的兴盛，以及明清传奇作家汤显祖、洪昇、孔尚任等人的戏曲创作中。

明代神仙道化剧沿袭元人创作，题材和种类大大拓宽，受政治环境的影响，思想内容也发生了变化，愤世之作渐少，而崇道和济世之作增多。明皇室成员宁献王朱权，著有戏曲理论作品《太和正音谱》《琼林雅韵》等，因“见疑于成祖”，对政治心灰意冷，遂创作大量的神仙道化剧，如《瑶天笙鹤》《白日飞升》《独步大罗天》等，以寄托自己的对现实政治的不满，希望在神仙世界中寻求解脱的心境。朱权的侄子朱有燉也是神仙道化剧的创作高手，其杂剧作品今存世 31 种，神仙道化剧就有 16 种之多，如《张天师明断辰钩月》《吕洞宾花月神仙会》《瑶池会八仙庆寿》《华东仙三度十长生》《紫阳仙三度长椿寿》《南极星度脱海棠仙》等。与元人度脱剧借神仙题材曲笔抒发人生悲凉的意趣不同，朱有燉的度脱剧呈现出欢乐祥和与雍容华贵的特点。明代无名氏的神仙道化剧如《许真人拔宅飞升》《李真卿得悟升真》《孙真人南极登仙会》《吕纯阳点化度黄龙》则更多体现出对“道”的崇拜，神仙是“道”的化身，掌握着凡人成仙证道的要诀，只有潜心向道，才能得到神仙的指引，飞升成仙。清代的神仙道化剧主要有郑瑜《黄鹤楼》、叶承宗《狗咬吕洞宾》、唐英《清忠谱正案》、杨潮观《韩文公雪拥蓝关》《灌口二郎神初显圣》、蒋士铨的《西江祝嘏》等。这些剧作标榜出世高蹈的旨趣，蔑视富贵功名，描绘和歌颂道教清净淡泊、逍遥自在的神仙情趣，流露出一种对现实不满的悲凉气息。

明清传奇戏曲有的以道教神仙故事为主干情节，如汤显祖《邯郸记》写吕洞宾度脱卢生看破红尘的故事，苏汉英《吕真人黄粱梦境记》写汉钟离度脱吕洞宾的故事，无名氏《韩湘子九度文公升仙记》写韩湘子度脱韩愈的故事，《张子房赤松记》写西汉张良慕仙得道的故事。这类作品多借宗教题材，批判现实政治的黑暗腐朽，宣扬人生如梦，富贵美色皆幻，只有潜心修道才能获得永生永寿的道家教义。

有的剧作穿插道家人物的活动场面，如汤显祖《牡丹亭》中的石道姑，先为杜丽娘修斋祈禳，丽娘病亡后虔诚为她守墓、热心帮其生还，人物形象幽默粗俗又善良淳朴，对戏曲情节的发展起到推波助澜的作用。孔尚任《桃花扇》中的张道士，是统摄全剧的灵魂人物，他一出场就以《满江红》点明戏曲主旨：“公子侯生，秣陵侨寓，恰偕南国佳人；谗言暗害，鸾凤一宵分。又值天翻地覆，据江淮藩镇纷纭。立昏主，徵歌选舞，党祸起奸臣。良缘难再续，楼头激烈，狱底沉沦。却赖苏翁柳老，解救殷勤。半夜君逃相走，望烟波谁吊忠魂？桃花扇、斋坛揉碎，我与指迷津。”故事结尾，男女主人公侯方域、李香君经历国破家亡、奸臣构陷、爱情离合之后意外重逢，悲喜交加，正欲诉相思之苦时，却被张道士当头一喝：“两个痴虫，你看国在哪里？家在哪里？君在哪里？父在哪里？偏是这点花月情根，割它不断么？”而猛然醒悟，双双入道，寄寓了情缘易逝、世事沧桑的道教空幻理论，凸显了作品“借离合之情，写兴亡之感”的思想主题。

有的将主要情节设置在寺庙道观里，《牡丹亭》中杜丽娘和柳梦梅在道教清净之地梅花观幽会，成就生死爱情；明代高濂的《玉簪记》中潘必正和陈妙常在女贞观中两情相悦，私定终身。这一现象看似与宗教的禁欲主义相悖离，其实不然，《易传·系辞上》说“一阴一阳之谓道”，即男女两性关系是自然之道，是生命产生的本源，从哲学高度上肯定了男女情爱的合理性。道教经典《太平经》也说：“男女者，乃阴阳之本也。”加之明代中期心学盛行，突破传统道德伦理的束缚，反对禁欲主义，肯定世俗情爱的呼声很高。因此，爱情剧作中出现的道教内容，就不足为怪了。

## 第三节　佛教文化与中国古代文学

佛教自东汉初年传入我国，大致经历了三个发展阶段：译述介绍及与中国本土文化两相浸润的东汉至南北朝时期；宗派林立、发展鼎盛的隋唐五代时期；蜕变、停滞的宋至晚清时期（详情见本书第四章“佛教文化”）。而佛教对中国古代文学的影响或多或少、或深或浅，则与此相始终。下面，我们将依照佛教在我国经历的三个发展阶段，分别介绍佛教与中国古代文学的关系。

### 一、佛教与魏晋南北朝文学

佛教真正对中国古代文学产生影响，已经到了魏晋玄学兴起之后。玄学本是魏晋何晏、王弼等为矫两汉经学之偏而“援道入儒”的结果，而佛教的大乘般若学正好迎合了这种以老庄思想为核心的学说，这样，清谈与悟空合一，文人与僧侣合流，为魏晋南北朝文学营造了一种新的文化氛围和文化土壤。

西晋末年，士族清谈玄理的风气，导致了占据东晋诗坛达百年之久的玄言诗的产生。玄言诗的兴盛,虽然是东晋文人心态与老庄玄理、江南山水之美相混合的产物,但在一定程度上,与佛教的流行也关系极大。严格地说,玄言诗只是借着诗歌的躯体去阐释玄理的,尚不能算得真正的艺术的诗歌,但其中的理趣,却为中国诗歌注入了新的东西,并对后来的山水诗和宋代的诗歌提供了很好的借鉴。而玄学与佛教在文学中的交汇点也就在“义理”之上,玄释合流,成为玄言诗的重要特征。

僧支道林,名遁,东晋初人,善文学,有诗才。现存诗十七首,以表现佛理为主,杂以玄言,间有对山水的描述,如《咏怀诗五首》《八关斋诗三首》等。其诗多就玄佛之理铺排,即使写景,也多堆砌雕饰之语,与其他人的玄言诗一样,枯燥无味,缺乏形象。但他融玄言佛理于山水之中的创作,开了后来山水诗的先河。另外,他用铭赞体写的十六篇赞佛文字,如《维摩诘赞》,无论内容与体裁,都对后世文学产生了重要影响。

与支遁交往密切的佛教信徒孙绰、许询,又是东晋玄言诗的代表人物。他们既深谙老庄之学,又倾心佛理,其渗透玄佛的结果便是融玄言与佛理为一体的思想和生活方式。孙绰自称“掷地作金石声”的《游天台山赋》,在当时颇得盛名,他此篇赋作的特点正是亦玄亦佛,老释参用。但是,从整体上来看,其玄言诗中虽有钟嵘所谓“理过其辞,淡乎寡味”的特点,但佛学的痕迹并不太重。不唯孙绰、许询,支遁的玄言诗也是如此。真正开始以佛理入诗的,应该是东晋末年的僧人慧远。

慧远幼而好学,博综六经,尤其喜好老庄,后随道安出家,晚年卜居庐山,修行东林寺。慧远是比较自觉地提倡以文学形式宣传佛教的僧人,其《庐山东林杂诗》,就是将山水游乐的描摹与佛理的阐发结合起来,以写景寓超世情怀的作品;其《庐山记》也是一篇较早描绘庐山风光的散文佳作。

南朝刘宋,士大夫普遍崇尚佛教,许多文人在创作中表现出浓厚的佛教意识。关于这一点,我们从在中国文学史上真正开始大力创作山水诗、并在当时和后世产生巨大影响的谢灵运的文学创作中可以得到验证。谢灵运一生好佛,与东林寺僧慧远相交颇密,其《辩宗论》折中儒释,沟通佛家的心性与儒家的正心诚意,去佛教的渐悟而取其能至,去儒家的不能至而取其宗极,主张“去物累而顿悟”,论证了顿悟可以成佛的观点。汤用彤先生《魏晋玄学论稿》称之为“提示当时学说二大传统之不同,而指明新论乃二说之调和。其作用不啻在宣告圣人之可至,而为伊川谓‘学乃以至圣人’学说之先河。则此论在历史上有甚重要之意义盖可知矣”(《汤用彤学术论文集》)。其实,谢灵运的观点,不仅如汤用彤先生所言,开了二程学说的先河,而且也开了隋唐禅学的先河。谢灵运大力创作山水诗,是与佛教有关的;他的山水诗作,也往往渗入了自己的宗教意识。例如他的《石壁精舍还湖中作》,前面用大量的篇幅描写时序变化,最后“虑澹物自轻,意惬理无违。寄言摄生客,试用此道推”。即是在对自然风光的生动描写中流露出出世的意识来。另外,谢灵运还写了不少阐发佛理的文章。除了《辩宗论》,《佛影铭》《山居赋》《庐山慧远法师诔》等,皆包含着佛理。

历来与谢灵运并称的颜延之,是刘宋文坛的代表人物,他也倾心佛教,并与当时名僧慧静、慧彦等结交,佛学素养深厚,并写下了一些论佛的文字,如《释何衡阳达性论》《重释》《又释》等。

佛教在南朝齐,对文学产生的最大影响莫过于“永明体”诗歌创制。沈约为一代文坛领袖,笃信佛教,精通内典,好山水。与周颙等人参照佛经转读,结合中国传统的诗赋音韵知识,总结出“四声八病”,创“永明体”,成为近体格律诗的先驱,为唐代诗歌的全面繁荣开了先声。沈约晚年退居钟山,曾招僧俗百人为八关斋,并为此写下了著名的《郊居赋》。赋中阐述了自己的人生哲学,渗透着佛家“空”的意识。其《栖霞精舍铭》是一篇铭赞文,也是一篇把写景与佛理相融合的作品。

南朝佛教到梁武帝达到极盛。梁武帝早年受佛教熏陶,善文学,精音律,通习儒、玄、释,以儒术治国,又敬僧礼佛。在他的直接影响下,梁、陈两代文坛都表现出浓重的佞佛倾向。当时的著名文人徐陵、江总等,无论在创作题材还是文学观念上,佛学的痕迹都相当明显。但是,在他们的创作中,一方面是轻靡绮丽、艳媚的宫体,奢侈的贵族生活;另一方面却是佛家义理,若探究情理,倒有点不伦不类了。

在北朝,杨衒之的《洛阳伽蓝记》,是作者在经历了历史的沧桑巨变后,追忆北魏极盛时洛阳佛寺“栉比”“骈罗”的壮景,目睹北魏分裂、洛阳不复为京城后“寺观灰烬,庙塔丘墟”的萧条而作,字里行间流露出浓烈的兴亡之叹、黍离之悲。在这里,故都伽蓝不仅是北魏佛教隆盛的象征,也是北魏国运的象征。由于作者奇特的创意和个人的才情,使这部记载佛寺建筑的著作,成为现存文史典籍中寺塔记的典范之作。

佛教传入之前,中国传统思想中只有今生此世,佛教带来了三世的观念，因果、轮回的观念，还有三界、五道的观念，因为这些观念，文学创作也开始关注今世的善恶因果与来世的幸与不幸，于是就有了刘义庆的《幽明录》、王琰的《冥祥记》、颜之推的《冤魂志》、吴均的《续齐谐记》等小说的出现。这些小说，或直接取材于佛经故事，或以中国本土故事来印证佛教思想，有些就是虚构故事反映因果报应的。之后，唐代的俗讲与变文，还促成中国白话小说的产生。这应该是佛教对文学最直接的影响。

当然，这个时期的文学作品，对佛教义理的艺术表现还比较肤浅和简单，佛教对文学的影响也更多停留在思想意识和文学题材上，并未渗透到文学的本质。

## 二、唐代文学中佛教意识的渗透与影响

隋唐五代是中国佛教的繁盛期，佛教与中国传统的思想文化进一步融合，对文人与文学产生的影响就更加深刻。这一方面缘于统治者的大力倡导，另一方面也缘于佛教义学的高度发展和各宗派的形成，而儒、释、道三教的进一步调和，特别是儒、释的调和，无疑也是重要的原因。

佛教在唐代有很大发展，天台、三论、法相、华严、禅宗等教派，在佛教中国化方面，都已经到了相当成熟的阶段，禅宗尤其如此，它已经深深嵌入中国文化之中。唐代统治者大多礼僧敬佛，并自觉地利用佛教为自己的统治服务；文人们研习佛学理论也是一时之风气；尤其是自初唐兴起至中晚唐达到全盛的禅宗，甚至可以视作中国知识分子自己的佛教。

佛教对唐代文学的影响，主要通过影响诗人的人生理想、生活情趣等方面，从而反映到作品中。唐代的很多作家，如王绩、宋之问、张说、王维、孟浩然、岑参、常建、李颀、杜甫、李白、韦应物、元稹、白居易、柳宗元、刘禹锡、李贺、许浑、皮日休、陆龟蒙、罗隐、杜荀鹤等人的作品中，都有佛教影响的印记。他们有时在诗中直接讲佛理，如"会理知无我，观空厌有形"（孟浩然《陪姚使君题惠上人房》）；"始觉浮生无住著，顿令心地欲皈依"（李颀《宿莹公禅房闻梵》）；"有起皆有灭，无睽不暂同"（白居易《观幻》）。有时用诗歌表现禅趣、禅机，如"君问穷通理，渔歌入浦深"（王维《酬张少府》）；"行到水穷处，坐看云起时"（王维《终南别业》）。另外，禅宗是讲究体的自性的，是言语道断、心行处灭的，是凭依着一种具体的物象，来表现难以言传的一点禅机，这些对唐诗的影响更是全面的、深层的，唐诗中空寂的境界、明净空灵的

趣味、淡泊深厚的含蕴,就是来自禅机与禅趣。王维可以看作是唐代作家中文学创作受佛学影响最多、最典型的一个。

王维,字摩诘,开元九年(721)进士。他踏入仕途时,正是佛教禅宗大盛的时候,也正是唐王朝统治阶级内部矛盾相当复杂和尖锐的时候。一生习禅的王维,与僧人有密切往来;身陷统治阶级内部矛盾之中的王维,仕途看似顺利,其内心却很苦闷,所以也逐渐消磨了早年的用世之心,以所谓"亦官亦隐"的两栖作为,在官场求生活,在佛门寻求精神的解脱。后世称之为"诗佛"。

王维信仰的是禅宗。禅宗北宗主张渐修,要人静坐守心;南宗主张人性本自清净,顿悟即可成佛。这些主张和中国传统儒学的"正心诚意"有相调和的地方,尤其由南宗理论派生出的随缘任运的人生哲学,很容易为中国知识阶层所接受。王维始习北宗禅,后来倾向于南宗禅,与南、北宗僧人都来往密切,他的思想和文学创作受到禅宗极其深刻的影响。当然,王维的佛学思想与许多传统文人的思想一样,涂抹着儒、释相调和的意识。

王维不仅有深厚的佛学理论素养,还是一位优秀的诗人。作为诗人,他不仅用诗文阐释佛理,更重要的是,他还把佛学思想以及自己的宗教感情化为诗思,融入诗情,用一种别致的态度观照自然人事,借用佛理佛机丰富诗歌的表现方法,创造出诗坛上前所未有的玲珑空灵的诗歌境界。

王维早年虽也积极入世,但因仕途多坎坷,且屡受打击,心中难免抑郁不平,诗中也就不免牢骚不满。可是,由于佛家思想影响,他往往能用一种容忍或者逃避的态度去消弭这些,而以一念净心去对待外境,从而保持内心的宁静。尤其是他的功名之心消磨之后,在诗歌中更是表现出一种空寂、幽静、悠然、娴雅的境界。

就佛教对王维诗歌创作艺术的影响而言,以禅趣、禅意入诗,成为王维诗歌独特艺术之所在。其著名的《辋川集二十首》,是晚年隐居辋川别业时写的一组小诗,诗境澄澈明秀,诗人自甘寂寞的山水情怀、完全摆脱了尘世之累的宁静心境,让读者沉醉在一片纯美、空灵的境界之中。如《鹿柴》:"空山不见人,但闻人语响。返景入深林,复照青苔上。"《竹里馆》:"独坐幽篁里,弹琴复长啸。深林人不知,明月来相照。"《辛夷坞》:"木末芙蓉花,山中发红萼。涧户寂无人,纷纷开且落。"又如《送别》:"下马饮君酒,问君何所之?君言不得意,归卧南山陲。但去莫复问,白云无尽时。"与他"行到水穷处，坐看云起时”（王维《终南别业》）一样，诗中舒卷自由的白云，既是随遇而安、自由自在生活的象征，也是禅意禅心的流露。

与王维齐名而同样以写自然山水见长的诗人孟浩然，其行吟之作自然平淡，情思的净化、语言的清淡，和诗境的明秀融为一体，自然流走，冲淡闲远，将自然纯净的山水之美与人的情感的单纯淡泊之美和谐透彻地表现出来。

另如与王、孟诗风相近的裴迪、常建、储光羲等诗人，也都与禅僧有很密切的往来，作诗也深受禅风的熏陶。

佛禅思想对王、孟等人的影响是多方面的，但其中最有影响的应是佛家的“无生”观念。“无生”之说，出于佛典的大乘般若空观，是“寂灭”和“涅槃”的另一种表述方式，流行于唐代士人中的《维摩诘经》就有“无生无灭是寂灭义”的说法。学“无生”所要达到的是一切皆空的“无我”之境，学“无生”的具体方法是坐禅，即静坐澄心，最终使人的心体处于寂灭的虚空状态，进入物我冥合的“无我”之境。这种观念，对王、孟等人的艺术思维和观物方式影响极大：他们习惯于把宁静的自然作为凝神观照而息心静虑的对象，从而使山水诗由早期的写形图貌，发展到对空灵自然的诗歌意境的创造。空灵之境是禅的最高境界，也是王、孟等人在山水诗创作中所追求的艺术境界，在他们创造的明秀诗境中，既有澄澈精致的画面，又有清幽宁静的情韵，表现出心境的空明与寂静，使得清幽的禅趣化为诗的情韵。与此相关，王、孟等人多喜欢写独坐时的感悟，将禅的静默观照与山水的审美体验合二为一，在对自然山水的描绘中，折射出禅趣、禅意。

诗与禅本属不同的两种范畴，一为文学，一为宗教。但诗与禅又都重内心体验与省悟。禅宗在唐代确立后，在诗人中即产生了广泛的影响，他们谈禅、参禅，在诗歌中表现禅理、禅趣，从此，禅渗透于诗，赋予中国古代诗歌新的风格。

禅对诗的渗透有两个方面，一是以禅入诗，二是以禅喻诗。以禅入诗，是把禅意引入诗中，如王维的很多山水诗所体现的清净虚空的境界。以禅喻诗是到了宋代以后的事情：苏轼《赠祥瑛上人》中的“得句如得仙，悟笔如悟禅”；吴可“学诗浑似学参禅”；尤其严羽《沧浪诗话》所提出的“妙悟说”，“大抵禅道惟在妙悟，诗道亦在妙悟”，对后世诗论产生了很大影响。安史之乱后，空寂、冷漠、衰飒之气弥漫诗坛，大历诗人们以一种孤独寂寞、惆怅悲凉的冷落心境，用凄清萧瑟、细微清幽的意象，清雅闲淡的艺术追求，表现宁静淡泊的生活情趣，佛家的空寂境界再次成为诗人们对诗美的最高追求。如韦应物的“春潮带雨晚来急，野渡无人舟自横”（《滁州西涧》）；“万物自生听，太空恒寂寥。还从静中起，却向静中消”（《咏声》）；诗歌情调冷落寂寞，诗人冷漠遁世的心理倾向就在这空寂的意境中流露出来。白居易的思想突出表现了唐代诗人儒、释、道融合的特征。如果说王维的佛学思想是缘于他的信仰，那么，白居易则是按他自己对佛学的理解，又为自己确立了一种理想的人生态度和生活方式。

白居易曾是一个对政治相当热情的诗人，但被贬江州后，他一方面要在黑暗的政治环境中自保，另一方面又要寻求精神安慰，这样，思想中本来已经存在的佛、道思想更是占了上风，在他创作的“闲适诗”中明显地表现出这种倾向。所谓“七篇《真诰》论仙事，一卷《坛经》说佛心”（《味道》），“便得心中适，尽忘身外事。更复强一杯，陶然遗万累”（《效陶潜体十六首》），多是禅理道行的议论。诗中淡泊悠闲的意绪、出世逃禅、知足保和的思想，即他归趋佛、道的结果。白居易是把道教的齐生死、等物我与佛教的禅悟净心，道教的神仙飞升与佛教的涅槃寂灭，看作同样的东西，在调和儒、释、道矛盾的基础上，选择了一种独善其身、安贫乐道、知足保和的认识哲学，在社会矛盾面前泯灭是非，做个“闲人”。

白居易早年即栖心释梵，受佛教思想的影响，他的诗歌创作，除了那些直接宣扬佛教思想的作品外，其创作倾向的由积极向消极的转变，也是与他的佛教观念有着相当大的关系的。另外，白居易诗歌艺术上的平易浅俗，也与他的心境有关，而他的心境则得力于他的佛学修养。

佛教对唐文学最为直接的影响，是唐代出现了大量诗僧。《全唐诗》共收入唐代诗僧 113 人，诗歌 2783 首，其中有佛理诗、劝善诗、偈颂，但更多的还是与其他诗人一样的吟咏，如王梵志、寒山等，在当时和后世诗坛都有很重要的影响。而士人与僧人之间的唱和赠答诗也在《全唐诗》中占了不少篇幅。值得一提的还有中唐诗僧皎然的《诗式》与晚唐诗人、诗论家司空图的《二十四诗品》，以禅语论诗，以禅意释诗，以禅境比诗境，颇多独到新颖之处，对后世诗论影响很大。

另外，因为佛教，唐代文学还出现了新的体裁：俗讲与变文。佛教传入中土后，僧徒为弘扬教义，运用多种形式布道化俗。佛家讲经，因听者不同而有僧讲与俗讲之别，俗讲即僧徒依经文融讲说与咏唱为一体，为俗众宣讲佛家教义的一种宗教性说唱活动。俗讲由佛家讲经衍出，底本即为讲经文。讲经文取材全为佛经，其中一些作品，也通过生动的故事情节，叙事、描绘、抒情等手法，广譬博喻，把深奥的佛家教义用通俗的语言形象呈现，引人入胜。变文有世俗故事与佛教故事，也是将说唱结合起来，叙事与代言并用，声情并茂演述故事的一种艺术形式，它的出现，与佛教在中土的通俗化、本土化过程应该有着直接关系。而且，在现存敦煌变文中，说唱佛经故事的宗教性变文不少，如《大目乾连冥间救母变文》《降魔变文》《破魔变文》等。与讲经文不同，变文不直接援引经文，而是选取佛经故事中最有趣味的部分铺陈敷衍，渲染发挥，较少受佛经的拘束。作为较早的俗文学体裁，俗讲与变文在语言的通俗化、韵散结合的形式等方面对后世文学产生了深远的影响。

## 三、宋元明清文学中佛教思想的浸润

自中唐始，佛教与中国传统思想之间的矛盾日益尖锐化，在彼此反复的斗争中，儒学从佛学中汲取了理论思辨，实现了由汉儒章句之学向宋儒性理之学的转变；佛学在面临衰落时，又有意识地向世俗靠拢，所谓“修身以儒，治心以释”，儒释沟通，相互为用；白居易之后，在知识阶层居士佛教大盛，这虽然也说明了佛教势力的扩张，但同时也宣告了真正的佛教的瓦解。从宋至明清，文人接受佛教的情况相当复杂，对佛教教义的解释和利用也相当自由，而佛学对文学的影响也就更显多样化。譬如宋以降诗歌的理趣；再如受居士思想影响，在文学理论和实践上主张外儒内释的，宋代“三苏”父子、江西诗派之宗黄庭坚等，他们的文学与佛学就有很深的渊源。在此仅以苏轼为例做简要论述。

苏轼的家乡蜀地自唐代佛教就非常发达；其父苏洵、母程氏皆笃信佛教；弟弟苏辙亦是悉心梵释，所谓“《楞枷》四卷即生涯”，“手披禅册渐忘情”；在这样的家学氛围中，苏轼对佛教的接受就很正常了。苏轼通判杭州，结交慧辩、辩才法师，与怀琏、契嵩、惠勤、惠思等都有密切来往，用他自己的话就是“吴越名僧与余善者十九”。但佛学对苏轼产生重大影响，是在他因“乌台诗案”被贬黄州后。初到黄州，苏轼住在定惠院，随僧蔬食，因“惊起却回头”的余悸，他“不复作文字，惟时作僧佛语耳”，与佛印了元禅师和诗僧廖参交往密切，并自号“东坡居士”。之后，他再贬惠州、儋州，这个时期，他对佛理的参悟更为深入和透辟,并以禅理禅意认识现实、对待人生,从而以一种超逸之思、旷达之行出离尘俗。

在苏轼的文学创作中,佛学的影响是多方面的。譬如前举的“得句如得仙,悟笔如悟禅”的诗论;他还有不少直接阐释佛理的诗文,如《中和胜相院记》《祭龙井辩才文》《追和沈辽顷赠南华诗》《题西林壁》等;更多的还是通过他对佛理的理解而表现出来的对人生现实的态度,如《定风波》(莫听穿林打叶声)的“也无风雨也无晴”的洒脱;《病中游祖塔院》中“因病得闲殊不恶,安心是药更无方”的安心;《黄州安国寺记》中“焚香默坐,深自省察,则物我相忘,身心皆空”“一念清净,染污自落,表里翛然,无所附丽”的静心;《次韵王廷老退居见寄二首》中“回头自笑风波地,闭眼聊观梦幻身”和《念奴娇》(大江东去)中“人生如梦,一樽还酹江月”的“如梦”感慨;《泗川僧伽塔》中“我今身世两悠悠,去无所逐来无恋”和《儒僧明操思归龙丘子书壁》中“更厌劳生能几日,莫将忧思扰衰年。片云会得无心否,南北东西只一天”的任运随缘;等等。

苏轼的思想综合了儒、释、道各家,佛家思想对他产生的影响主要是超然、洒脱的人生态度的修养,这种人生态度与儒家用世思想相互作用,使他临危不惧、宠辱不惊、履险如夷,故而能在创作中始终保持一种放达之风。

元代的佛教实际上糅合在了被确定为官方思想的理学和在知识分子中相当流行的全真道教之中。理学的开山祖师周敦颐出入老、释而归于儒:他的《太极图》本源于道家的“太极先天图”;其理学思想的集中体现者《太极图说》的形成则与禅宗的“顿悟”关系密切;理学的集大成者朱熹,早年读书也是杂糅儒、释、道,且“出入于释、老者十余年”,其理学中重要的“理一分殊”说,即借佛家“月印万川”来说明的。周敦颐极力倡导的“主静”说,二程教育学生要求“自得”,朱熹“主敬”“节欲”“窒欲”等心性论也都明显受到佛家思想影响。全真教在金元时期北方兴起,其宗教旨归中的“识心见性,除情去欲”,与北宋理学和佛教禅宗就有着深刻的渊源联系,表现出三教共存共容的倾向。而理学与全真教教义即元代文学特征形成的文化基础,所以在元代文学中,佛学的渗透是不言而喻的,尤其是在占据了文坛主导地位的通俗文学中。如元一代之文学——曲,内容上的善恶报应、山林隐逸、持心修行等;再如宋元话本,有直接取材于佛教故事或直接宣扬佛教思想的,宋人“说话”就有专门“说经”的,现存《大唐三藏取经诗话》就是当时说经的底本。与此相关,金院本的《唐三藏》、元杂剧的《唐三藏西天取经》、明代长篇小说《西游记》,其中的佛教色彩都非常浓重。

明中叶之后,源于宋陆九渊的“心学”,经由“王学左派”的发展影响了当时的文坛,而与心学颇有相通之处的禅宗,也在文人阶层中广泛渗透。明代狂禅之风甚炽,他们强调本心是道,本心即佛,与心学相结合,为文坛带来了新的气象。李贽的“童心说”接受的是心学主张,而与禅宗的“一念净心”之间就有必然联系。李贽自称“学佛人”,他学佛主要取禅宗一念净心的观念,把这种观念引入文学,便是他“绝假纯真,最初一念之本心”的“童心说”的诞生。李贽还说“谈诗即谈佛”,以佛家所谓的“烦恼障”与“所知障”,批评理学与功名利禄之心对文学的染污。受李贽影响,“公安三袁”又提出了与佛学“心性”有关的“性灵说”的文学主张,在创作上要求“师心”。而此“能为心师,不师于心”,则借用了佛学《大涅槃经》中“宁作心师,不师于心”的言论。“三袁”皆好佛,其中袁宏道在文学史上成就最大。他倾心佛说,与禅僧多有来往,并于避暑德山塔院时著《德山尘谭》,后增补为《珊瑚林》;又著《坛经节录》等佛学著作;诗文中也常常论及心性、禅理,受佛教熏染颇深。当然,袁宏道是个文人,不是纯粹的佛教徒,他的言论也不背弃儒道,而是禅宗儒旨一以贯之。他认为:佛家的心性与圣人之道并不是冲突的,而是相互补充的;同时,对佛教各宗派,他也是融通的,主张顿悟,而不废渐修。反映在文学上,就是他以“性灵”为核心的文学观。《西游记》、《金瓶梅》、“三言二拍”,是明代长、短篇小说最高成就的代表,《西游记》唐僧师徒西天取佛经的执着,在肯定佛教以及佛教对文学的影响方面自不必说;即便如《金瓶梅》,作为一部世情小说,其中对吃斋、礼佛、宣卷、斋僧等的详细描写,说明佛教意识已经渗透到了市井生活;而作品中“为人多积善,不可多积财;积善成好人,积财惹祸胎”的劝诫,作品最后吴月娘因好善念经而终得好报;等等,将世事皆纳入了佛教的因果轮回。“三言二拍”中诸如《明悟禅师赶五戒》《佛印师四调琴娘》《梁武帝累修成佛》《庵内看恶鬼善神,井中谈前因后果》等,佛教意识的表现各种各样。再者,佛典中的形象、夸饰幻设的情节都在影响着中国古典小说的艺术创造。

清初经世致用的实学思潮,清朝统治者对程朱理学的独尊,使得佛学在有清一代极其衰落,即便如此,文学与佛学的联系始终没有断绝。蒲松龄《聊斋志异》中的幻境、异域、善、恶、空等佛教宗教意识,对于以神仙狐鬼精魅为描写对象的短篇小说来说是很普遍的。在中国古典小说巅峰之作的《红楼梦》中，石头的际遇、太虚幻境的游历、《好了歌》及其注解的隐喻、一僧一道的时隐时现、三生石畔的木石前缘、泪尽而逝的悲情、“落了个白茫茫大地真干净”的谶语和结局……无不彰显着佛家“色空”“如梦”“解脱”的意识。

《歧路灯》中写佛教之处很多。尼姑从方方面面参与谭绍闻家的事务，包括从谭绍闻父亲谭孝移治病、到谭孝移殡。谭绍闻的所有歧途或多或少与尼姑的参与有关。在谭绍闻从亳州回来遇难，作者借老教读之口，讲述了大量的中原佛教寺院情况及寺内管理情况，是珍贵的河南佛教发展史料。

佛教的传入，不仅为中国古代文学提供了大量的创作素材，对文人的文学意识、创作观念产生了极大的影响，同时也丰富了文学的艺术表现手段，提高了文学的表现力，推动了文学理论的发展和创新。但是，佛教也给中国古代文学带来了不少消极的影响，致使宗教迷信思想在文学作品中泛滥，像因果报应、生死轮回观念，虚无主义、厌世情绪，都制约了文学的健康发展。

概言之，中国古代文学在儒家、道家和佛教思想的影响下，既体现出了一以贯之的哲学理性精神，又呈现出圆融、空灵、天马行空的浪漫主义精神，成为中华文苑中最耀眼的一颗明珠。

# 第六章 汉语汉字和汉文典籍

语言文字是人类文化的标志性符号，承载了民族文化的全部，像镜子一样反映出民族文化各个方面的特点。汉语是中国历史文化的"活化石"，通过对汉语进行考察，可以了解中国历史文化的发展概况。汉字及其记录下来的浩如烟海的汉文典籍，承载着深厚的文化传统，维系着中华民族的文明及发展，是我国古代文化遗产的重要组成部分。

## 第一节 汉语与中国传统文化

语言与文化的关系十分密切。一方面，语言是文化存在的重要标志符号，没有语言，便没有文化。美国著名人类学家怀特在《文化科学》一书中写道："全部文化（文明）依赖于符号。正是由于符号能力的产生和运用才使得文化得以产生和存在；正是由于符号的使用，才使得文化有可能永存不朽。没有符号，就没有文化。"语言是重要的符号形式，它以语言和书写的文字形式成为人类文化的标志符号。可以这样说，一个民族文化的形成和发展都要通过语言去实现，民族文化发展的历史也就是民族语言发展的历史。语言承载了民族文化的全部，它像镜子一样反映出民族文化各个方面的特点。另一方面，文化是语言的"底座"，没有文化，语言也不复存在。美国著名的语言学家萨丕尔在其《语言论》中说："语言有一个底座……语言也不脱离文化而存在，就是说不脱离社会流传下来的，决定我们生活面貌的风俗和信仰的总体。"语言的意义属于文化范畴，它是各种文化现象和文化产品的抽象与概括。语言与人的思维活动密切联系并与意识交织在一起。如果没有文化，没有任何人类创造的物质文化和精神文化，语言自然也就不会成为语言。语言只有以文化作为自己的"底座"，才能够随着人类文化的发展而不断发展。

在世界语言、文化之林中,汉语和中国传统文化具有独特的样态。它们所集中体现出来的东方汉民族的精神面貌,对于惯于用西方语言和文化来解释整个世界的西方人和部分西化的东方人来说,是一个强有力的挑战。汉语和汉文化的研究正成为东西方文化冲突、融合过程中的一项举世瞩目的文化工程。

## 一、汉语是中国历史文化的"活化石"

语言的历史与文化的历史是相辅而行的,语言文字是历史文化留下的"活化石"。正如英国科学家贝尔纳在《历史上的科学》中所说的那样:"语言是现今仍活着的古代遗物。"我们可以通过对汉语的考察来了解中国历史文化的发展概况。

### (一)汉语反映的中国历史发展特征

在语言的诸要素中,词汇对社会的发展最敏感,透过丰富的汉语词汇宝库,我们可尽情观览中国历史的壮丽画卷。

殷商时代,中国已步入农业社会。在这之前出现过什么生产方式呢?从甲骨文中"田"既表示田猎又表示田耕可以看出,我国在农耕的生产方式之前还存在田猎的生产方式。这一文化信息从上古词汇"獲"(表示田猎)、"穫"(表示田耕)同音也可得到证实。据统计,甲骨卜辞中关于田猎的记载有 197 条,其中有 11 条是渔猎。《易经》中有很多关于渔猎的字句,甲骨记载的猎物大多是"鱼""鹿""狐""雉""隼"等。这又说明田猎生产方式的早期还存在着渔猎时代。我们还可从反映上古语言词汇的《尔雅》中得到启示。在《尔雅·释畜》中,"六畜"的名称已相当丰富,它们有许多的专用名称,其中,"马"的专名 51 个,"牛"的专名 18 个,"猪"的专名 13 个,"羊"的专名 11 个,"犬"的专名 10 个,"鸡"的专名 6 个。事物的专名越多,意味着它们与人们生活的关系越密切,所以人们对它们的观察越细微,分类的名称便越多。由此可以证明商代田猎时代之后还应有一个牧畜时代,进而发展为农耕时代。

从秦汉时"车裂""弃市""枭首""腰斩""汤镬"等刑罚名词之繁和"囚法""盗法""捕法""户法"等法律名词之多,可以了解当时社会的封建极权制度。从魏晋时期各种与人物品评、佛学和玄学有关的表清谈词语的繁富,我们能够感觉到魏晋时期的时代风尚。近年来，汉语中新词大量出现，例如“八荣八耻”“核心价值观”“微信”“微博”“晒”“粉丝”“作秀”“外卖”“低碳”“房奴”“拼车”“闪婚”“抖音”“5G”等等，在这些汉语词汇中，跳动着鲜明的时代脉搏。

汉语和中国历史的联系，最典型的表现是方言与移民史的关系。移民是汉语方言分化的重要条件之一。由于战事或垦荒等原因，人们由原居住地移住他处，由于高山大川的阻隔，渐渐形成了相对独立的生活集体，再加上封建制自给自足的自然经济的影响，使不同地域的居民彼此很少往来，而这些不同地域的人们使用的语言却在不断地变化，逐渐产生分歧，分歧大了，就会形成不同的方言。因此，我们既可以从移民史确定汉语方言区域，更可以从方言区域的分布来探讨移民史。东晋末年的永嘉之乱是一场连续百年的激烈的民族斗争，《晋书·王导传》载：“中州士女避乱江左者十有六七。”中原一带许多居民举家南迁，到达新的定居点后，人们在新的环境中接触到许多新的事物，于是便不断给自己的语言增添新的成分；同时，因为离开故土，又不可避免地丢掉了原有语言中一些无用的成分，于是逐渐形成了一种既不同于原来的“中原话”，也不同于迁入地区语言的新方言——客家方言。近年来，一些学者开始从汉语方言分布的特征来探讨历史上移民的情况。例如，北方方言内部大面积的一致性，表明 19 世纪前 50 年山东人和河北人“占据式”地向整个东北地区移民。广西、贵州、云南地区“蛙跳”型分布的方言，表明明代平定云贵之后在各地驻军设置兵屯的“墨渍式”移民。吴语区由北向南的渐变型分布方言，表明汉人在东汉末三国之后逐渐向南的蔓延式移民。福建的洋屿话处于闽东方言的包围之中，成为孤岛型方言，反映了清朝政府汉军移驻福建，驻扎在洋屿城堡的闭锁式移民。

在语言与历史的联系中，地名反映的文化历史特征也是值得注意的。地名作为名词，它的词义主要是概括地理位置和社会特征，反映了人们对地形、地物及地理位置的具体认识或该地的历史人文情况。有些地名具有鲜明的方言或异族色彩，对研究历史地理和文化语言是很有价值的材料。例如《汉书·西域传》有“温宿国”一名，唐代颜师古注：“今雍州（陕西）醴泉县北，有山名温宿岭者。本因汉时得温宿国人令居此地田牧，因以为名。”古温宿国在今新疆阿克苏县。汉代温宿岭即因移民而得名。蒙语“胡同”一词指“水井”，今天蒙古族居住的地方有井仍称“忽洞”（胡同）、如“赛音忽洞”（好井)、“乌克忽洞”(死井)、“哈业忽洞”(双井)等。元代蒙古人统治中国，随着蒙古人的南移，部分蒙语词汇融入汉语之中，“胡同”一词即由蒙语借入。据统计，北京的“胡同”名称有1320条，天津有1728条。有人按照胡同名称在当地街道名称比例中占有的百分比进行统计，齐齐哈尔为55.81%，居第1位；天津为23.45%，居第10位；北京为21.6%，居第11位。而南方城市“胡同”名很少，一般是用“巷”“里弄”等。“胡同”用作街道名，呈由北向南的渐变型分布，反映出蒙古族向南影响的渐弱趋势。

**(二)汉语反映的社会伦理特征**

社会伦理关系在汉语中的典型表现，莫过于亲属关系的称谓。上古汉语中把丈夫的父亲称为“舅”，丈夫的母亲称为“姑”，直到汉代还有人这样叫。《礼记·内则》载：“妇事舅姑如事父母。”《尔雅·释诂》载：“妇称夫之父曰舅，称夫之母曰姑。”“妻之父为外舅，妻之母为外姑。”这种称谓反映了先民曾流行表兄妹通婚、“亲上加亲”的伦理观念。当认识到“男女同姓，其生不蕃”(《左传·僖公二十三年》)后，人们的伦理观念发生了变化，表兄妹结婚不再盛行，便采用“公婆”称谓代替“舅姑”称谓。

中国人注重家庭伦理关系，可以从古代职官名称中得到证明。古代国家组织中，重要官职都由亲属担任，并依靠宗族的血缘纽带，分封同宗子弟。周武王得天下后，“封建亲戚，以藩屏周”(《左传·僖公十一年》)，当时分封71国，其中周王姬姓亲属50多国。周代官爵称谓多来自亲属称谓，例如“公、侯、伯、子、男”等爵位名称，以及“王、公、卿、大夫”等职官名称，大都源自亲属称谓。今天，我们还用“公”(公公)、“伯”(伯伯)、“子”(儿子)为亲属称谓。周天子有时以“伯舅”“叔舅”称异姓诸侯。用亲属称谓作职官、爵位名称，反映了古代血缘族姓伦理关系是古代宗法制的远源。

中国人注重社会伦理关系，表现在用亲属称谓去称呼非亲属。例如：“大哥”“大嫂”“大爷”“大娘”“阿姨”“奶奶”“伯伯”“叔叔”“姐”“弟”等。这种亲热的称呼所表现的人际关系，同西方晚辈对长辈直呼其名显然是很不相同的。用亲属称谓去称非亲属，反映了我国几千年农业社会人们同居一地、安土重迁、人际关系密切的社会面貌。值得一提的是，这些称谓是以男方的年龄大小为坐标的，女方的年龄大小并不重要，视女方与男方的关系而定。可见女性称谓是从属于男性的。这反映了中国文化注重血缘关系、重男轻女的伦理观念和父权家长制的家庭结构。

值得注意的是，在汉语中，许多自然神的名称采用亲属称谓，反映了中国传统文化中天人合一的观念。古代，天、地、日、月、风、雨等一切自然神秘力量，都成为先民信仰的对象。他们给这些自然神取名，都附加上人间的亲属称谓，以表示对自然神的敬重。例如：天——老天爷、天公；地——土地爷、土地公、土地奶奶；日——太阳公公、老爷、日头公；月——月亮娘娘、西王母、月母；风——风伯；雨——雨师；雷——雷公；闪电——电母；云——云婆，等等。用亲属称谓与自然物名组合成自然神的名称，体现了古代中国人把自然神也纳入人间宗族范畴的现象。

汉语反映的社会伦理关系，还可以从许多方面去研究。例如，不同时代的避讳语、禁忌语、委婉语、咒语等，都能体现该时代的社会伦理特征。

**（三）汉语反映的文化交流特征**

每个民族传统文化的发展，都要不断地吸收、融合其他民族的文化来作为养分和补充，从而丰富自己的传统文化。汉文化自古以来便不断地与其他民族文化进行交流，中国历史上有过几次较大规模的中外文化交流，汉语历史发展的形态深深地留下了这种文化交流的烙印。我们以佛教文化与汉文化的交流来说明这个问题。

随着佛教的传入，大批的佛学经典被译成汉文。东汉初期，佛教词汇就已见于皇家公文。《后汉书》记载汉明帝的一条批复云："王诵黄老之微言，尚浮屠之仁慈。清斋之月，与神为誓，何嫌何疑，尚有悔吝。其还赎以助伊蒲塞、桑门之盛馔。"其中就有"浮屠""伊蒲塞""桑门"（沙门）等佛教用语。早期译经用语多生涩难通。魏晋时期，由于统治者大力提倡，佛经汉译数量大增，一般是合作翻译，通梵文的口译，通汉语的笔录，译后专人校定。译文迅速汉化，文辞优美。到了隋唐，译语更加准确、生动、易懂。史载唐玄奘译经"意思独断，出语成章，词人随写，即可披玩"。这说明佛教语汇汉化已到了很高的水平。当时有很多佛教用语演化为汉语的习用词语，直到今天还在使用。例如：世界、实际、实相、众生、觉悟、正宗、净土、刹那、彼岸、本行、因缘、烦恼、出世、出息、方便、解脱、悲观、因果、法宝、庄严、慈悲、香火、大纲、献身、速成、修行、罗汉、菩萨、泡影、功力、救世主、阎罗王、五体投地、清规戒律、一针见血、三生有幸、三头六臂、伤风败俗、不二法门、不生不灭、万劫不复、在劫难逃、劫后余生、功德无量、牛头马面、牛鬼蛇神、隔靴搔痒、拖泥带水、心猿意马、盲人摸象、唯我独尊、不可思议、僧多粥少、味同嚼蜡、快马加鞭、皆大欢喜……

有人估计,在古代汉语外来借词中,佛教的外来借词占90%左右。

佛教文化对汉语的影响是多方面的。王力先生说过:“佛教的传入中国,对汉语的影响是大的。‘声明’的影响只是在汉语体系上(如“等韵学”);‘因明’则影响到逻辑思维的发展。”因为受佛教文化逻辑思维的影响,汉语句子组织形式开始严密化。过去需要重言叠句才能表达清楚的内容,当时可以极其概括地一言以蔽之;过去似断似连的零星短句,当时可以整合为逻辑关系严密的较长的整句。我们从《敦煌变文集》附录,就可以看出现代汉语中一些重要的语法现象在唐代就已经产生。例如,人称代词、疑问代词、数量表示法,都已形成一套规范的体系。在句法上,判断句、被动句、补语句、处置句都已完善化。在佛教文化的影响下,汉民族语言思维形式逐渐精密,初步呈现出现代汉人语言思维的某些特征。

汉语是中国历史文化的巨大宝库,它全面地反映了中华民族的历史风貌,探讨汉语自身所承载的历史文化现象,是研究中国传统文化的重要课题。

## 二、汉语的文化特征

汉语的文化特征是在与西方语言的对比中显现出来的。西方语言是一种严格受形态规定制约的“法”治语言,汉语则是没有形态制约的“人”治语言。汉语组词造句没有西方语言那种非此即彼的冷静的客观意识,而是在语言单位的形式与功能的变化上,持有一种非常灵活的主体意识。这是汉语全部文化特征的本原所在,我们从三个方面来说明这个问题。

### (一)意合性

西方语言的语法是一种形合语法,它通过词形变化和各种连词、介词来表现语词之间的相互关系。汉语语法是一种意合语法。这种意合性,表现在四个方面。

首先,汉语中词的组合,在形式上没有特定的要求,只讲究逻辑意义的通顺。我们通常所说的“搭配不当”“主谓不合”“动宾不配”大都是逻辑问题。我们分析一个联合词组,不是考虑并列的成分在词形上是否相同,而是考虑它们是否属于同一等级的不相交叉的概念。我们分析一个偏正词组,不是看修饰语和中心词之间在性、数、格上是否一致,而是看定语、状语、补语和中心语之间是否正确、恰当地表达了修饰和被修饰、限制和被限制、补充和被补充的关系,是否使概念更加明确。我们把一个个短语组成句子,考虑的是推理正确。例如用“因为……所以……”联系的两个分句必须是因果关系,而无须像英语那样考虑两个分句中动词的时态、体貌形式是否用对了。王力在其《中国语法理论》中说:“就句子的结构而言,西洋语言是法治的,中国语言是人治的。”“法治”和“人治”的区别,就是形合和意合的区别。

其次,汉语中的关系词用得很少。吕叔湘先生在《语文常谈》中认为,汉语词与词、句子与句子间的语法关系常常靠读者或听者自己去领会,“尤其在表示动作和事物的关系上,几乎全赖‘意会’,不靠‘言传’。汉语真正的介词没有几个,解释就在这里。”这种意合特点在古汉语里表现得非常明显。阎征在《〈孙子〉语句的连接方式》一文中指出:《孙子》一书,各句子成分之间,以及各分句之间的连接,采用意合法,即不依赖连词来连接的句子占92.6%,而采用连词来连接的句子仅占7.4%。在古代文学作品中,用意合法的例子更为多见。例如,马致远《天净沙·秋思》。

枯藤老树昏鸦。小桥流水人家。古道西风瘦马。夕阳西下,断肠人在天涯。

整首小令只用两个动词,其余全是名词,没有一个连词。这种诗句耐人寻味,它需要人们从句法、语义、语境三个方面协调联系、融会贯通句意。这就是说,要从整体上去意合,方能看出这些诗句的浑然天成:它描写了小桥流水的美丽山村景色,夕阳晚照,西风瑟瑟,令远离家乡的游子思念家乡、倦于漂泊的缠绵悲凉的情调油然而生。

现代汉语中,意合的句子也很普遍。例如,鲁迅在《文学与出汗》一文中写道:

类人猿、类猿人、原人、古人、今人、未来人……如果生物真会进化,人性就不能永久不变。

这句话开头用了六个名词,概括说明了人类进化的历史过程,没有用连词和介词,完全靠意合去理解。如果用连词和介词,那么这句话应写成:“(从)类人猿(演变为)类猿人,(从类猿人演变为)原人,(从原人演变为)古人,(又从古人演变为)今人(及至)未来人……”

再次,汉语的词义功能具有发散性。汉语的词就像多功能的螺丝钉,可以灵活搭配,只要语义清楚,事理明白,就可以粘连在一起,这与西方语言词类那种把词的性质固定在词形上的样态是不同的。古代汉语中词类活用现象十分普遍就说明了这一点。例如《左传》中单音词‘衣”的动词用法占61%，名词用法占39%；“妻”的动词用法占31%，名词用法占69%；“雨”的动词用法占62%，名词用法占38%；“冠”的动词用法占40%，名词用法占60%。因此，汉语词语活动能量很大，搭配起来非常灵活。这就为语词运用的艺术化提供了很大空间，形成了汉民族文学的独特风格，即从作者方面来说是“造境”，从读者方面来说是“联想”。古代文学往往使每一个词语，都散发着历史文化的丰富联想，它使我们由衷地感叹词语组合意会所产生的丰富多彩的艺术效果。

最后，汉语的意合性还表现在一些超常搭配上，有时甚至不顾语法上是否合理，随意地用几个意义点合在一起表意。例如：“打扫卫生”“恢复疲劳”“吃食堂”“晒太阳”“养病”“看医生”“救火”等。“病”是该治的，怎么能“养”呢？“火”是该“灭”的，怎么能“救”呢？可是这些词语在语义上谁都清楚是什么意思。在一定的语境中，超常的意会组合更生动多样。例如“三个钟头的汽车”“这种脑袋没地方买帽子”“猪耳朵下酒”……这些例子的意义往往要说几句话才能说明白，但中国人在表达和理解时只需要选几个有代表性的字眼合在一起就可以了。

意会的结果，是汉语表达的简明性，也就是“文贵约而指通，言尚省而趋明”（王充《论衡·自纪》）。清刘大櫆《论文偶记》云：“凡文笔老则简，意真则简，辞切则简，味淡则简，故简为文章尽境。”郭绍虞先生进一步认为，中国人的思想是很能够从错综复杂的现象中理出头绪，寻出规律，使之简易化，然后再从简易入手，驾驭各种变化和复杂事情的。正因其简易，所以要明其变。而正因其变，所以要观其通，在灵活多变中找出各种通例，发现规律。这是中国人学汉语所以能“神而明之”的缘故。

### （二）顺序性

通常情况下，西方语言中句子的谓语必然是由限定动词来充当的。如果句子中出现其他动词，那一定采用非限定形式以表明它与谓语动词的区别，句中所有的其他句子成分都是以谓语动词为中心组织起来的。抓住谓语动词，句子的格局就纲举目张。因此，“主—谓”或“主—动—宾”是西方语言句子的常态。

汉语中，虽然动词也往往居于核心地位，但大量的句子是以流水句的面貌出现的。有单个句读内多动词的流动，如："马阿姨站在井边上看到了直咂嘴。"有多句读的流动，如："小辣椒见是书记，一愣，松开手，跟着就瘫了下来，滚地皮，大哭大叫。"即使在"主—动—宾"型句子中，也有一半句子是长宾语。如："只见过他的父亲抽大烟，吸白粉，急急匆匆地活了不到三十年，他的妈妈也从来不事生计，靠变卖家当度日。"这些句子的主要表达内容往往在长宾语上。句首的主语、动词谓语其实只是一种"话搭头"，现代汉语中还有许多类似的话头，如："谁知道……""你敢说……""你没看见……""看你……""我想……"等。如果把这些句子都看成是"主—动—宾"型句子，那是用西方语法的框子曲解汉语的表达功能。因此，所谓"长宾语"不是宾语内部的扩展，本质上依然是句读的流动。这种流动是按照时间顺序或逻辑事理顺序进行的，而不是依靠某个动词作中心来控制的。句子结构的流动之形和逻辑事理顺序进行之神，是汉语造句区别于西方形态语言的一个基本特征。

汉语不仅动作性成分要按先后或因果次序列位，就是受制于中心词的修饰成分也是如此。例如《红楼梦》中，刘姥姥初进荣国府，与王熙凤正说着话，"只听一路靴子脚响，进来一个十七八岁的少年，面目清秀，身材俊俏，轻裘宝带，美服华冠"。如果把对少年的相貌、身段、打扮的一串评价放在前面作修饰语也未尝不可："只听一路靴子脚响，进来了一个十七八岁的、面目清秀、身材俊俏、轻裘宝带、美服华冠的少年。"但汉语的习惯却不愿意在宾语前加上很多修饰成分，从而使它离开动词太远。因为这样一来句子的"气"就滞住了，流动不起来。从逻辑上说，刘姥姥偷偷见着王熙凤，正忐忑不安，忽听靴子声响，有个男人进来，她最关心、急于知道的是"谁来了"，所以先看见的是"少年"，然后才看清楚他的服饰、身段、面目。可见汉语句子的流动建构，确实是一种心理时间的逻辑天籁。被西方语言的句子视为轴心的动词，在汉语句子组织中并不是最有价值的成分。

汉语的句子讲究抑扬顿挫，也就是讲究节律，句子的流动和句子的节律浑然一体。汉语句子的生动之源就在于流动之中显节律，于循序渐进之中显事理。流动的节律与顺序性有机地结合起来，由"音句"进入"义句"，随事态变化的自然过程，"流"出千姿百态的句子来。西方的言语表达总是一口气念下去，须一句讲完才作一顿。汉语的言语表达则从容不迫，断续相间，并不重在一口气说完全句，而让一个个发散性的意象团块自然拼接，推宕语气，组成言语传达的全息景观。音句与义句相辅相成，互为条件。音句不仅以它的顿挫表现了节律，而且以它的停顿传达了句子的脉络。汉语的句子一旦采取音句铺排的形式，往往可以不用关系词而显示出关系来。音句的顿进将语气和语法脉络有机协调地结合起来，这是汉语语法流动建构的一大特色。

### （三）具象性

所谓具象性，是指汉语在反映客观事物时，习惯于用具体、形象的语汇，用意象组合的方法，使语言表述富于图像化，即便在论述抽象的概念道理，也常用意象的比附，使语言具体、形象、生动。

著名语言学家高名凯在其《汉语语法论》中说："中国语是表象主义的，是原子主义的——'表象主义'就是中国人的说话，是要整个的、具体的，把他们所描绘的事件，'表象'出来。'原子主义'的意思，是把这许多事物，一件一件地，单独地排列出来，不用抽象的观念，而用原子的安排，让人看出其中所生的关系。结果中国的语言，在表现具体的事物方面，是非常活泼的；而抽象关系的说明方面，则比较地没有西洋语言那样精确。"汉语的表象主义和原子主义便是汉语具象性的特点。我们可以从汉语复合词的构成和汉语表述的特点这两个方面来看汉语具象性的鲜明特点。

汉语复合词的构成，在反映客观对象方面有两种方式：一是概括式，一是表征式。其中表征式复合词最能反映汉语具象性的特点。表征式的构词常着重反映对象的具体形象、易为人感知的特征。例如："穿山甲""映山红""笑面虎""落网""蜜月""水墨画""猫头鹰""铁路""心腹""手足""风云""续弦""矛盾""草包""走狗""耳目""蚕食""爪牙""巾帼""布衣""裙衩""裙带""粉黛""股肱""坏蛋"等等。这种表征式构成的复合词，通过描写或喻指的方式使语言具体、形象地显示它所标志的对象。"映山红"，指杜鹃花，它的名称描写了杜鹃花盛开时一片嫣红，与青山相辉映的美丽景象。"猫头鹰"，点出了这种鹰的脑袋像猫一样的特征。"耳目"，借用人五官种的耳和目，喻指权贵身边亲密的侍从。"裙衩"和"巾帼"，是以女子的衣着和饰品来代称女子。"股肱"，是以人体重要的四肢来喻指国家的得力臣子。"布衣"，以平民所穿的衣服代称一般的平民百姓。"粉黛"，以妇女的化妆品代称美女。

在汉语表述方面，也具有鲜明生动的具象性特色。这方面的例子较多。

例如:屈原《离骚》善用形象的词汇,喻指各种类型的人物。汉代王逸《离骚经序》云:“善鸟香草,以配忠贞;恶禽臭物,以比谗佞;灵修美人,以媲于君;宓妃佚女,以譬贤臣;虬龙鸾凤,以托君子;飘风云霓,以为小人。”在现代汉语中,用“梅花”象征坚强不屈的性格,“狐狸”比喻狡猾的人,“荷花”象征高洁,“豺狼虎豹”喻指凶残。汉语的这种表述方法,具体、生动、形象,随处可见。汉语的这种具象性特征,即使在一些说理性的文章中也十分突出。荀子的《劝学》全文较长,从中学语文课本节选部分看,节选文共290字,用于说明事理的比喻多达20多处,计225字,占全文77.5%。而真正用于说理议论的语言仅只有5句,计65字,占22.5%。这虽然是节选文,但也可以反映具象性语言在议论文中所占的比重之大。

汉语的具象性是与中国人的传统思维方式密切相关的。中国的传统文化轻视自然科学的研究,比较重视具体的、经验性的思维,这与西方重抽象思维的思维方式有较大区别。不同的思维方式,使语言表述方式显示出明显的差异。汉语具有更为突出的具象性特点是可以理解的。

## 第二节　汉字与中国传统文化

文字是一种信息符号体系,也是文化的载体,记载了文化发展的丰硕成果。汉字是古老的表意文字,字形与字义之间有着非常密切的联系。认真分析汉字的构形,我们可以从中得到丰富的深层的文化信息,看到数千年文明古国的文化景观。

### 一、汉字的构形特点

汉字是表意文字,早期汉字是因义而构形的,也就是说,汉字依据它所记录的汉语语素的意义来构形,所以词义和据词而造的字形在汉字里是统一的。这一点,在小篆以前的古文字阶段表现得更为直接、明显。

“六书”是分析汉字造字结构的传统理论。“六书”之称,语出《周礼·保氏》,但并没有具体说明“六书”的性质和内容。东汉郑众注《周礼》,以为“六书”指“象形、会意、转注、处事、假借、谐声”。这只是东汉注家的理解,不能肯定《保氏》所谓“六书”就是这个意思。《汉书·艺文志》也提及“六书”,内容是“象形、象事、象意、象声、转注、假借”,并指出是“造字之本”。许慎在

《说文解字叙》中不仅提出“六书”名称，还一一做了阐释。

### （一）象形

许慎说：“象形者，画成其物，随体诘诎，日月是也。”意思是说，象形造字的特点就是字形把它所表示的客观物体的外部形态画出来。例如：“日”字篆文作，是太阳的形象，中间一短横表示是实的而不是虚的（“日”像一个圆面而不是一个圆环）；“月”篆文作，像月缺形。金文“日、月”，象形程度更高。

象形造字法用线条勾画事物的形状，显示象形字源于图画。但二者有本质的区别：象形字是形、音、义的统一体，是符号化了的文字；图画则不然，它不表示语言中的词或词素，只能通过图形表示一定的意义，不是形、音、义的统一体，不是文字。

象形是最原始的造字法，造字的局限性很大。一是自然界万事万物的形体众多、复杂，要全部用线条勾画形状是非常困难的。二是很多抽象概念根本无形可象。所以汉字里象形字极有限，《说文解字》中只有 264 个象形字。但是，象形字是其他几种造字法的基础。

### （二）指事

许慎说：“指事者，视而可识，察而见意，上下是也。”所谓“视而可识”，是说一看就可以大体认识，“察而见意”是说仔细观察就能发现它的意义。许慎所举的“上下”二字有两点不同于象形。从字形上看，甲骨文“上”作，“下”作，不是客观事物形象的描绘，而是抽象符号；从字义上看，“上”“下”不是某种客观事物的名称，而是一种表示方位关系的比较抽象的概念。

指事造字虽然能表达某些抽象的概念，济象形造字之穷，但是指事字的造字绝大多数是以象形字为基础的，这就决定指事字的数量不会多，《说文解字》中指事字只有 125 个。

### （三）会意

许慎说：“会意者，比类合谊，以见指撝（huī），武信是也。”意思说，会意就是合并物类（偏旁）合成意义，由此体现它的意义指向所在。“武”由止戈二字组成，许慎据《左传》“止戈为武”之语，认为“武”的本义是制止干戈（战争），所以用“止戈”来会合成意。“信”的本义是诚实，人言必诚实，所以用

“人言”来会合成意。

会意造字法，弥补了象形、指事的不足，许多抽象、复杂的概念都可以由会意字会合出来。会意字的组合多种多样，所以会意字的数量要比象形、指事多得多，《说文解字》中的会意字有1260个。会意造字法在今天汉字简化中仍然在运用，如“灶”“尘”“体”等。但是会意字也有自身的弱点，几个形体会合出来的意义往往不是唯一的，不同的人用不同的推理方法，可以会合出不同的意义，会意字的意义指向有时并不明确。因此，它并不是一种很完美的造字法。

### （四）形声

许慎说：“形声者，以事为名，取譬相成，江河是也。”“以事为名”指形符而言，即以事类作为形符的名称；“取譬相成”指声符而言，即以读音相近的字合成形声字，“譬”谓比拟其音。“江”字的结构从水，工声；“河”字的结构从水，可声。

形声造字法，利用已有的象形字、指事字和会意字，采取多种组合方式创造大量的新字。同一形符加不同的声符，或同一声符加不同的形符，都能构成新字。形声字的能产性，解决了象形、指事、会意造字法难以解决的需要创制无数图形符号的问题，大大提高了汉字记录汉语的能力。据统计，甲骨文、金文中形声字约占20%，《说文解字》中80%是形声字，现代汉字中形声字已达90%以上。直到今天，人们仍在用形声造字法造字，如“镭、铱、氡”等。汉字简化时，也利用了形声造字法，如“虾、样、厅”等。可以预见，这种灵活、简便、能产的造字方法将来仍是汉字造字的主流。

### （五）转注

许慎说：“转注者，建类一首，同意相受，考老是也。”许慎的界说并不明确，《说文解字》中除了说考、老二字为转注字外，没有其他用例。后人对转注的解释很多，分歧很大，直到今天仍无定说，我们不必深究。一般的说法，转注是指有相同部首，音、义相同或相近，可以互相注释的一组字。如“考老、巅顶、凋琢”等。如此看来，转注不能创造新的汉字，是一种用字方法。

### （六）假借

许慎说：“假借者，本无其字，依声托事，令长是也。”所谓“本无其字”，是说语言中的某一词，本来没有为它造过专用字；“依声托事”是说依据读音而把本无其字的某个词的意义寄托在另一个音同或音近的文字中。按许慎的解释,“令”的本义是“发号也”,“长”的本义是“久远也”,而在东汉时代,“令”“长”都假借成为县级行政长官的名称。

假借字的字形与字义毫无联系,它被当成纯粹的记音符号来使用,因此,假借字的出现,表明汉字向表音文字方向发展又迈进了一步。假借虽然没有创造新的形体的汉字,但是它扩大了已有汉字的使用范围,是汉字发展史上的一种进步。

上面简单地介绍了许慎关于文字结构的“六书”理论。许慎“六书”不仅是最早的汉字构成理论,而且科学地反映了汉字构成的客观状况,在文字学史上的影响是非常深远的。因此,自汉代以来,历代文字学家都非常重视对这种理论的学习和阐释,这种理论至今还被学术界和教学系统所采用。

## 二、汉字构形与中国历史文化

汉字产生以后,由于书写便利的要求、书写工具的改进以及政治、经济、文化的影响,汉字的形体曾经发生过几次重要变化,先后经历过甲骨文、金文、大篆、小篆、隶书、楷书等几个阶段。进入隶楷阶段以后,汉字形体的象形性和象意性已大大减弱,符号性大大增强。今天,我们想非常直观地从楷书字形上去分析汉字的造字结构是不容易的,但是,汉字的表意本质没有改变。我们通过汉字笔意的恢复和字形的追溯,依然能辨识汉字的构形特点,这正是汉字所具有的区别于拼音文字的最突出的文化特征。

由于汉字独有的文化形态和深厚的文化内蕴,它成为中国历史文化的真实而又丰繁的镜像。认真分析汉字的构形,我们可以从中得到丰富的深层的文化信息,看到数千年文明古国的文化景观。毫不夸张地说,几乎每一个古汉字都可以解读一部分文化史,这包括字形的解读和字义的解读。以甲骨文为例,它是三千多年前殷王朝的占卜之辞,大到祭祀、征伐,小到耳鸣、牙疾,都可以从中观察到。论农耕的卜辞中有各种农作物资料,论田猎的卜辞中有许多动物的形象,论天文的卜辞中有最早的日食记载。从甲骨文到金文,社会发展了数百年,汉字构形也对其作了全面的映射。例如:与衣有关的字,甲骨文只有一个衣字,金文中已有衣、裹、裔、褻、裕等 12 字(据容庚《金文编》,下同);与食有关的字,甲骨文只有一个食字,金文中已有食、饴、馑、飨等 10 字;与住有关的字,甲骨文中有家、宅、安、寓等 12 字,金文中已有富、守、寒、宗等36字。从金文到小篆，社会又发展了数百年。《说文解字》中衣部字已达116个，食部字已达62个，宀（mián）部字已达70个。

汉字的历史文化解读可以从多个方面展开，下面通过对一些汉字的构形分析，揭示汉字与历史文化的联系。

**（一）汉字与古代货币**

货币是社会经济形态发展到一定的程度以后才出现的东西。那么汉民族社会的货币是什么时候才有的？它存在形式是什么样的？远古社会的人们是如何进行交易的？这些都可以从汉字的构形里体现出来。

许慎《说文解字》（以下简称《说文》）云："贝：海介虫也。居陆名猋（biāo），在水名蜬（hán）。象形。古者货贝而宝龟，周而有泉，至秦废贝行钱。凡贝之属皆从贝。"又释"賏（yīng）"为"颈饰也"，"婴"也为"颈饰也"。《盐铁论·错币》云："夏后以玄贝，周人以紫石，后世或以金钱刀布。"原来"贝"字本海中贝壳之象形，因贝壳色彩斑斓，远古人最初把它当作颈项上的装饰品，又因贝在古人眼里是一种珍贵之物，是财富的象征，在夏代就已经把贝当作货币。到了周代又以一种葛麻布当作货币来使用，代替贝壳，称作"布"，当这种"布"存储于官府之中时，称为"泉"，但此时，"贝"仍是货币的一种，即许慎所言"周而有泉，而不废贝也"。到了秦代，"贝"就开始不作货币用了，这时开始出现了"钱"。"钱"从构形上分析是一种农具，《说文》云："钱：铫（yáo）也。古田器。从金，戋（jiān）声。"其实"钱"就是"泉"的借音字。

尽管"金"后来成为货币，完全取代了"贝""布"，但"金"作为"金银财宝"的象征，在造字时期却并非如此。《说文》"金"部收字210个，基本上没有表示财富之义的，主要是作为一种金属出现，依义序排列主要为"金属种类""金属器皿类""金属重量单位类""金属乐器类""金属兵器类"。《说文》"贝"部所收59字，在意义上都有财富义或与财富义有关，现代表示财富的字大都仍是从"贝"构形而不是从"金"构形。

从交易方面来看，古汉字与交易有关的字大都从"贝"构形。例如"买"字，甲骨文象贝置于网中形。与买卖有关的"购""贩""贸"，与借贷有关的"贷""贳""赊"，与抵押有关的"赔""质""赘"，与送礼有关的"贽""赠""赂"，与赏赐有关的"赐""赏""赣"，与纳税有关的"贡""赋"等都从贝。"贝"渗透在日常生活的各个方面。甲骨文"贮"字像贮贝于器中，说明贝

还有储蓄的功能。“宝”字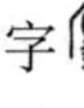像屋中积有玉和贝。“得”字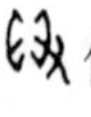像行路时以手持贝。“宾”字像来客携贝进屋。“贫”以“分贝”会意。

汉字就像一块块年代久远的化石，凝聚着不同历史时期的文化积淀。“贝”“布”“钱”“金”及用它们来构成的一串串汉字，无声却详细地诉说着我们古代货币及远古人经济生活的历史。

**（二）汉字与古代战争**

战争是古代社会生活的重要方面，人类进入阶级社会后，战争就没停止过，这一点从汉字及其构形中也可以看出来。据统计，甲骨文中与战争有关的字，如兵器的戈矛、战时的射卫、俘虏的杀戮等，占总字数的8%，大大超过有关衣（1.7%）、住（6%）、行（3.6%）方面的字数。

弓箭是古人很早就已经掌握的“远程”进攻武器。《说文》云：“弓，以近穷远。象形。”弓箭既可进攻敌人，又可射杀野兽，人们特别偏爱这种武器，对它及其使用的每一过程都进了相当细致的描写。把弦安在弓上叫作“张”，拉开弓箭叫作“引”，把箭射出去叫作“发”，放完箭叫作“弛”，持弓矢为“弯”，射箭的响声叫“弘”，射箭瞄准的靶子叫作“侯”，插箭的袋子叫作“函”，摆放箭的架子叫作“箙（fú）”，等等。这样详细地描绘与一种兵器有关的各种名物、动作、声响，在当时是绝无仅有的，从这些汉字的构形中我们可以详尽地了解古代弓箭的基本知识。

像“弓”一样的上古作战武器，从文物中能够看到的已寥寥无几。然而，我们从汉字的构形中却可以看到一些武器的轮廓，进而了解其功用或操作方法。

“王”，本为斧形武器。甲金文字形都像一把斧头形状。金文上端是斧把，下端是斧刀，如同古代武士所持的大板斧。斧头在上古可能是一种重要的武器，有了这种武器，就表明掌握了大权。帝王之“王”可能由此得义。

“盾”，是一个合体象形字。厂像盾之侧见形，十像盾之握，目像人之眼。盾的构形，以很形象的笔形画出用一个防范之物蔽遮在人的眼睛之上，表示防守的武器。战斗中，人体最重要而又最易受到伤害的莫过于眼睛，一个“盾”字写尽了古人的聪明。

“斤”，是一个象形字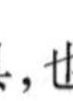，甲金文像曲柄斧形。《说文》云：“斫木斧也。象形。”是古人伐木的工具，也用于兵器。“兵”像两手持斤形；“斧”字从

斤，是砍杀用的纵刃大斧；“斯”字从斤，是劈开的意思；“断”字从斤，是截断之义；“斫”字从斤，是砍击之义；等等。汉字中构形从斤之字，大都与斤的砍击义有关。其他的字也是这样，例如从“刀”、从“戈”之字，都与“刀”“戈”的功用相联系。

有些汉字的构形演变还反映出战争装备的演变。例如，“礮”（pào）字从石从马从交，是一个形声字，石、马是表意构件。《新唐书·李密传》云：“以机发石，为攻城械，号‘将军礮’。”“礮”字构形反映出驾车（“马”代表战车）以机发石的古代攻城方式。“礮”后来演变成“砲”，从石包声，这一构形演变反映出“以机发石”已不再在战车上进行，所以象征战车的“马”被省去，从车上移到地上。“砲”后又用“炮”来表示，“炮”本为古代的一种烹饪方法，兼表“砲”的意思，显然是因为炮的内涵发生了变化。炮由从石变为从火，说明它不再是发石机，而是真正的火炮了。《说文》火部 127 个以“火”作义符的字中，竟没有一个是专门为战争、杀戮而造的，这说明构成现代战争显著特征的“火”，在汉字造字的初始阶段还没有与战争搭上边。

分析一些与兵器、战争有关的汉字构形，我们仿佛看到了一幅古代社会兵戎相见的全景图。

**（三）汉字与古代的社会生活方式**

远古社会汉民族是怎样生活的？汉字的构形为我们描绘了一幅汉民族先民的生息图。

民以食为天，人类与饮食俱在。战国简书“炙”形正像一块吊着的肉在火苗上烘烤。“焦”像置鸟于火上烧烤。“晨”字从臼从辰，臼是掬的古文，意为双手捧蚌蛤而食。“羹”字古文下为“鬲”，像古代烹调器具形；上“羔”两旁弓形，表示烹饪热气蒸腾；“羔”表示美味羊肉，会合其意指羔羊之肉在鼎鬲等炊器中调味、烹熟成羹，后来字变作“羹”。“采”字从木从爪，是摘取果子的意思。古人之饮食还可以从多种多样的食具反映出来。“镬”字甲金文都像鸟在锅中煮，“鼎”字像两耳三足或四足的炊具，“曾”（甑）字像底有箅子的蒸食炊具，“豆”像高脚盘子，“甾”像口大颈小的酒器，“壶”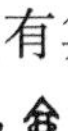描绘的是盖、口、腹、底俱全的酒器，“斗”字像挹酒的器具，“俎”字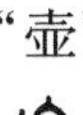像长方形的切肉或献肉的器具。

从穿的方面看，较原始的衣服来自兽皮。《说文》云：“剥取兽革者谓之皮。”甲金文“皮”字从手从半革，是把制好的“革”叠好，收藏起来。“表”字和“裘”字均像有毛部分在外的皮衣。“衣”字甲金文像上衣左右襟交复之形。“卒”字本从衣从十，是古代当差之人所穿有标志的衣服（号衣），故当差者也称为“卒”。“帽”字，《说文》云：“小儿及蛮夷头衣也。”甲骨文帽字像动物头形。今湖南等地小儿的帽子常绣有各种兽类的头作装饰，上面出来的两耳据说可以避邪，与甲文字形相符。“市”（fú）字，《说文》云：“上古衣蔽前而已，市以象之。天子朱市，诸侯赤市……从巾，象连带之形。”“市”形状与现在的围裙相似，比“巾”多一腰带，实为古人的遮羞布，后来为贵族专用表示职位的标志。后来又作“韨（fú）”“绂”，这说明“市”最早是用“韦”（熟皮革）作的，后来才用丝织品制作。

从住的方面看，甲骨文“宀”像有顶有墙的屋子形，是“宅”字的初文。“广”字和“厂”字，表明远古人建房，借山崖为一面墙，再加一个房顶和另一面墙以蔽风雨。“舍”字像掘地为坎，上覆屋顶，中间有立柱的住所。“宫”字像古人穴居时代的洞窟之形，“宀”像洞口，“吕”像彼此相通的小窟。“突”字，甲骨文像犬从洞穴中冲之形。“京”字像高大的屋宇。“高”字像在高台上建筑的亭阁。“归（歸）”字，古文由山堆、树梢和脚构形，意为回家的人或住山堆里，或住在树梢上，正印证了古文献的记载：“上古穴居而野处。”（《易·系辞》）“昔者先王未有宫室，冬则居营窟，夏居橧（zēng）巢。”（《礼记·礼运》）“明”字，从月照窗会意，从“明”字的构形可知上古的房屋有圆形窗，有方形窗，有曲棂，有直棂。

祭祀是古人生活中的重要方面。中国古代曾经有过对自然神、对祖先的狂热迷信的时代，祭祀活动非常多。如春祭、夏祭、冬祭、天祭、地祭、祖祭、求福之祭、除灾之祭等等。这些活动的具体情形，我们可从汉字构形中窥见一二。“祝”字的金文，左边“示”表示神灵，右边“兄”是一个面朝左跪着的张口的人，表示祈祷、求福。“祭祀必祝之”，这是古人的祭祀之礼。“祭”字的甲骨文构形象手持肉献于神前。据考察，其左边是一块肉，似还滴着血水，右边是一只手，“示”像神主牌位。先民相信，在行祭之时，先王先妣的灵魂会从天而降，附于神主之上，并对所祭之肉加以享用，从而对子孙的事奉感到愉悦，这样他们就会保佑后代子孙。“燎（liáo）”字的甲骨文构形从木从火，周围有数小点，数小点表示火焰上腾之状，整个字形表示以火烧木柴之祭，是一种祭天的仪式。

**（四）汉字与汉民族原始思维**

汉字的构形是一种思维活动，它不仅记录了先民对客观事物的认识和理解，而且透露出在认识世界的过程中先民所形成的种种观念与意识。

甲金文中与女性有关的字，在构形上往往有被动、受污辱之义。例如，“妻”字构形像一只手抓住一个女子的头部，这只手象征外力强制性作用。“娶”字构形是一只手抓住女人的耳朵，是抢女子为妻。“妇”字像女子持帚打扫之形。“奴”字像以手抓女人。“妾”字在女形之上加古代罪人、贱人的标志，“妥”字是女人头上有一只大手……，这些字都是古代女性卑微意识的映射。有些字的字义恶劣，也取女形，如“奸”“妖”“婪”等。

汉字中，大凡指称少数民族的字，都带有兽类偏旁取蔑视义。例如：“羌”字指西方的少数民族，名字从“羊”；“狄”字指北方少数民族，名字从“犬”；“蛮”字指南方少数民族，名字从“虫”；“貉”字指东北部少数民族，名字从“豸（zhì）”。孔子云：“貉之言貉貉，恶也。”《说文》释狄云：“北狄也，本犬种。狄之为言淫辟也。”这些兽类偏旁，直观地反映了古代中原民族对四方少数民族的蔑视与恶感。

“玉”的甲骨文构形是一枚刻着数节的玉棒的象形，是玉柄形器的专称。《说文》云：“玉，石之美者。”玉是一种温润而有光泽的美石，因此，先民赋予它神秘、美好的文化内涵。这种观念在以玉为表意构件的汉字中得到充分体现。例如：“璧、环、璜、璋、琮”等从玉，是祭祀天地四方的礼器。“珥、玦（jué）、鎏（liú）、琫（běng）”等从玉，是玉制或嵌玉的精美佩饰物。“玟、碧、琨、珉”等从玉，是似玉的美石。“玓（dì）、瓅（lì）”从玉，是明珠的光色。“玲”字从玉，是玉相撞击而发出的美声。“瑬（dàng）”字从玉，是金之美者。“琀（hán）”字从玉，是送终时含在死者口中之玉。“灵”字从玉，是用玉事奉神明。“瑰”字从玉，表示圆好。“瓛（huán）”字从玉，是大臣持执的玉器。今天，“玉”成为品德、信义、祥瑞、才华、美貌等的象征物，是原初玉文化观念的延续和发展。

汉字反映的原始意识是多方面的。例如，甲骨文“好”字以妇女携孩子构形，“毓”字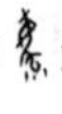构形也像妇女生子（“毓”后来有“好”的意思），可见繁衍后代多生多育是当时普遍的社会意识。“雷”字甲骨文是一组车轮造型，反映出先民对“雷”的观念：天神驾车在天上经过，发出的轰隆声。“化”字在甲骨文中是用一正一反的人形来会意的，在古人的意识中人由生到死正是一个演化的过程。“大”字是手腿张开、直立的人的正面形象，表示人的伟大，是先民自我肯定意识的表现。“夫”字像是一个正面的人（即“大”）头上加簪束发的形象，指束发加冠的成年男子，表现出男子汉大丈夫昂首挺立的形象，反映了先民的男权意识。

**（五）叠体汉字的文化探索**

所谓叠体字就是由同一个独体字（或偏旁）重叠而构成的汉字。《汉语大字典》大约收了400个叠体汉字，重叠组合主要有二叠、三叠两种形式。二叠字，如炎、圭、多、林、赫、朋等；三叠字，如嚞、聶、鑫、森、猋等；四叠字，如叕、㗊等；五叠及五叠以上的汉字，《汉语的字典》中仅见“口”五叠一例、“子”六叠一例。叠体汉字的构形与构意有其独特的文化内涵。

1. 形体繁简适中

叠体汉字一般是以形体重叠次数的“多”来达到表意目的的，从这个意义上说，叠体汉字求繁；但是汉字是书写符号，重叠过多，形体太繁，人们就不堪书写的重负，从这个意义上来说，叠体汉字也求简。在上述几种叠体汉字中，二叠字是主要形式之一，但二叠字古代明显多于现代，这是叠体字求繁的结果，因为在汉文化中一般不以“二”为“多”，所以表多数由二叠字逐渐让位于重叠次数更多的叠体字；四叠字古代有一些，而现代汉字中几乎消失，五叠以上的汉字古今都极少，这是叠体汉字求简的结果，重叠太多确实不便于书写。矛盾斗争最后在三叠汉字上达成统一，三叠叠体字是古今叠体字的主要类型，现代汉字中三叠字数量明显多于二叠字。三叠字在叠体汉字中形体既不太繁又不太简，区别律与简易律恰到好处，这是三叠字数量多的重要原因。

2. 结体对称、平衡、稳重

叠体汉字中，二叠字和三叠字比较多，其中二叠字以左右结构为多，三叠字以“品”字形结构为多，这并非出于偶然，是汉字结体的美学追求使然。二叠体字，左右结构比上下结构更显对称与平衡，更能体现汉字的“方”形美。三叠汉字的形体虽然在叠体字中繁简适中,但在整个字形系统中属于较繁的一种。左中右结构的三叠字在书写上易写成横宽形,上中下结构的三叠字易写成竖长形,这两种结构都显得松散,不紧凑。“品”字形三叠字长宽适度,避免了松散、不紧凑的缺点;再者,“品”字形三叠字,上小下大,重心较低,视觉上能给人一种稳重的感觉。

3. 构意多表数量、性状

(1)表数量。叠体汉字的构意几乎都与数量有关系,大多数叠体汉字表数量“多”。例如“雥”,《说文》:“群鸟也。”“鑫”,《玉篇》:“多金也。”“茻”,《说文》:“众草也。”“森”,《说文》:“木多也。”

表确数。有一部分叠体汉字表示的是确数,其中二叠汉字表确数较多。例如“豩”,《说文》:“二豕也。”“屾”,《说文》:“二山也。”“林”,《说文》:“二水也。”“灥”,《说文》:“三泉也。”“掱”,《汉语大字典》:“俗称扒手为三只手。”

叠体汉字表数量的文化内涵是值得探究的。从汉字构形与构意来看,古人有用造字表数的意图。其一是分别造字表数。例如《说文》“马”部一岁马、二岁马、三岁马、八岁马分别造字;“牛”部二岁牛、三岁牛、四岁牛分别造字;“豕”部三个月大的猪、六个月大的猪、一岁猪、三岁猪分别造字;等等。这种分别造字表数的结果是汉字数量无限膨胀,所以没有延续下来。其二是叠体字表数。世界上许多语言的名词都有单复数分别,汉语没有,古人似乎有过用叠体汉字表双数、表多数的意图。上举例字证明,二叠汉字一般表双数;三叠字古汉字里有少量表确数,随着汉文化中以“三”为多、以“三”为全的数量观念的逐步形成,三叠汉字几乎全部表多数。

(2)表性状。叠体汉字构意的另一显著特点是表示人、事物或动作行为的性质、状态。

表强、大、好等。叠体汉字中表示人、事物或动作行为具有强、大、好等性状的字较多。例如“淼”,《说文·新附字》:“大水也。”“弜”,《说文》:“强也。”“垚”,《说文》:“土高也。”“炎”,《说文》:“火光上也。”“皛”,《玉篇》:“美目也。”

表弱、小、差、恶劣等。以形体重叠来表示人、事物或动作行为弱、小、不好的叠体字不多,但构意颇有启发性。例如“孨”,《说文》:“谨也。”徐灏注笺:“此当以弱小为本义,谨为引申义,三者皆孺子,是弱小矣。”“㼌”,《说文》:“微弱也。”段注:“蔓一而瓜多,则本微弱矣。”“毳”,《说文》:“兽细毛也。”段注:“毛细则丛密,故从三毛,会意也。”“惢”,《说文》:“心疑也。”“姦”,《玉篇》:“姦邪。”“舙”,《康熙字典》引《六书精蕴》:“象其反复,故重三舌,明意二三其言也。”上举“晶”字,还有“目浑”意,一字兼有正反两个意义。

任何事物或行为都有其相对性,相反相成、对立统一是中国传统哲学思想的精髓。表性状叠体汉字构意的相对性正体现了中国传统文化的这一哲学思想。

汉字是表意文字,它的构形往往嵌入社会文化因素,是汉民族历史文化的宝贵遗存和生动镜像。汉字的文化解读,不仅是了解和继承中国古代传统文化的重要手段,而且是建设中国新文化的必要途径。

## 第三节 中国古代文化典籍概览

我国是世界上有悠久历史的文明古国之一,文化典籍浩如烟海。据统计,中国现存古籍十万余种,它们跨越历史的时空,传承着深厚的文化传统,维系着中华民族统一的文明及其发展,是我国古代文化遗产的重要组成部分。学习和研究中国传统文化,必须了解这些文化典籍。

传统的典籍分类方法主要是“四分法”,即把典籍分为经、史、子、集四大部类。我们就从这四个方面,再加上丛书和类书来介绍中国古代的重要典籍。

### 一、经部

我国古代经部典籍非常丰富,据《四库全书总目》著录,共有 1773 部,20427 卷,主要包括“十三经”、解经的书和小学(文字、音韵、训诂)类的书。

“十三经”是儒家尊为经典的十三部古代典籍的合称。先秦时期已有《诗》《书》《礼》《乐》《易》《春秋》“六经”的名目。汉代时《乐经》亡佚,汉武帝“罢黜百家,独尊儒术”,立“五经”于学官,遂有“五经”之称。唐代初年以《周易》《尚书》《毛诗》《周礼》《仪礼》《礼记》《春秋左氏传》《春秋公羊传》《春秋穀梁传》为经,称为“九经”。唐文宗太和、开成年间(827—840),又增《论语》《孝经》《尔雅》为经,合为“十二经”。宋代《孟子》入经,合称“十三经”。

《诗经》是我国最早的诗歌总集，原称《诗》或《诗三百》。书成于春秋晚期，共305篇，分"风""雅""颂"三大类，大抵是周初至春秋中叶五百多年间的作品，产生于今陕西、山西、河南、山东及湖北等地。据《史记》等书记载，《诗经》曾被孔子删订过。这些诗歌从许多方面表现了当时社会生活，具有重要的史料价值和文学价值。

《书经》是我国古代最早的一部记言体史料汇编。原称《书》，因记上古之事，故名《尚书》（尚，古通上）。所记上起原始社会末期的虞舜时期，下讫春秋时秦穆公，按时代先后分为《虞书》《夏书》《商书》《周书》四个部分。《书经》是研究我国原始社会末期和夏商周社会历史的珍贵资料，有些材料可与甲骨文、金文相互参证，以考见历史的本来面目。

《易经》，又名《周易》。它由卦、爻两种符号和说明卦的卦辞、说明爻的爻辞构成，分上下二卷，共六十四卦三百八十四爻。以卦和爻来占卜和象征自然和社会变化的吉凶，有一定的迷信色彩，也保存了古代社会的一些情况和某些思想认识资料，其中包含着朴素辩证法思想的萌芽。《易经》年代久远，辞义古奥。后人多方发挥，异说纷纭。两汉时《易经》被谶纬化，魏晋时被玄学化，宋明时被理学化。

三礼，《周礼》《仪礼》《礼记》的合称。《周礼》是关于先秦职官与各种典章制度的书，汉初名《周官》，分为《天官冢宰》《地官司徒》《春官宗伯》《夏官司马》《秋官司寇》《冬官司空》六篇。其中《冬官司空》在汉初佚失，补以秦时作品《考工记》。《周礼》是考求古代各种制度的必备书，对后世影响很大。《仪礼》原名《礼》，汉人以其所讲为士人所必习的礼节，称之为《士礼》或《礼经》。到晋代时，以其所讲为具体仪节，不是礼的意义，才称之为《仪礼》。全书共十七篇，内容包括冠、婚、丧、祭、射、乡、朝聘等方面的基本仪节，是历代王朝制定礼制的重要依据。《礼记》原是解说《仪礼》的资料汇编，出自孔子弟子及其后学之手，反映了古代社会的伦理观念、宗法制度、阶级关系、儒家思想等内容。自汉代郑玄作注后，《礼记》摆脱了从属于《仪礼》的地位而独立成书。

《春秋》三传，《左传》《公羊传》《穀梁传》三书的合称。《春秋》是我国现存最早的编年体史书，春秋时鲁国的史记。记载了上自鲁隐公元年（前722），下至鲁哀公十四年（前481）的历史。《春秋》文字过于简洁，242年的历史，总共只写了17000多字，多省略史实过程，仅记结果和结论。后世学者对《春秋》这部经典作了许多引申和解释,称之为“传”,最有名的就是“春秋三传”。鲁国史官左丘明所著《春秋左氏传》主要是从史实方面解说《春秋》,文字简练、生动,极具文学性。齐人公羊高所撰《春秋公羊传》、鲁人穀梁赤所撰《春秋穀梁传》以解《春秋》经文为主,注重阐发微言大义,但往往穿凿附会。

《论语》是孔子弟子或再传弟子关于孔子和孔门少数弟子的言语行为的集录,成书于战国初期。汉初所传《论语》,有古论、鲁论、齐论的分别。今本《论语》是东汉郑玄混合各本而成,共二十篇。《论语》的主体是纯粹的语录体,章节简短,一言一事各自起讫,前后不相连属,也无长篇大论,但言简意深,耐人回味,是研究孔子及儒家思想的主要材料。南宋朱熹为建立儒家道统,把它和《大学》《中庸》《孟子》合为四书。元、明以降,“四书”一直成为封建王朝开科取士的必读教科书。

《孝经》相传为孔门后学所著,成书于公元前 3 世纪初,它从维护封建统治出发,论述封建孝道,宣传宗法伦理思想。

《尔雅》是我国最早的一部词典,也是古代训诂资料汇编。所收集的材料早至西周,晚至西汉,经过许多人的不断增补,最后成书于西汉初年,共 19 篇。《尔雅》是研究古代词义和古代名物的重要资料,后世经学家常常以该书来解释儒家经义。

《孟子》是战国时孟子及其弟子万章等著,现存 7 篇。书中记载了孟子的政治活动、政治学说、哲学伦理教育思想等,是研究孟子思想的重要文献。

## 二、史部

中华民族是一个富于历史传统的民族,历史典籍浩如烟海。中国古代史籍分类体制早在《隋书·经籍志》里就已初步形成。《隋志》把史籍分为 13 类:正史、古史、杂史、霸史、起居注、旧事、职官、仪注、刑法、杂传、地理、谱系、簿录。清乾隆时期编撰的《四库全书总目》,其史部分类更细。《总目》分史籍为 15 类:正史、编年、纪事本末、别史、杂史、诏令奏议、传记、史抄、载记、时令、地理、职官、政书、目录、史评。丰富的历史典籍,全面、连贯地反映了中国历史的进程,体现了中国传统文化的博大与精深。

### (一)编年体

编年体是我国传统史书的一种主要体裁,它以年月日顺序编写史实。

这种体裁以年月为经,史实为纬,史实和时间紧密结合,给人以明确的时间观念,使人容易了解历史事件发生、发展的过程以及时代背景和因果关系。西周春秋时期已有编年体史书存在,如《宋春秋》《齐春秋》《晋乘》《秦记》等。

鲁《春秋》是我国现存最早的编年史,它以鲁国历史为主,兼及周王室和其他诸侯国史事,是鲁国史官系统叙述春秋时期历史的著作。详见本章经部。

东汉末年,荀悦奉汉献帝之命作《前汉记》。《前汉纪》是关于西汉的编年体断代史,与《汉书》所叙史事相同。《前汉纪》在编年体的写法上有创新。过去《春秋》记事不记言,文字过分简略,史事零碎不连贯,《前汉纪》克服了这些缺点,在编年叙事时,主记一事,附记相关史事,首尾连贯,根据需要补叙前因后果,这样,就使编年史同纪传史一样能广泛地记载历史事件、人物和典章制度,为编年史的编写开辟了一条新路,它被视为我国断代编年史的最早代表作。

《后汉纪》是仿《前汉纪》体例而作的一部东汉编年史。作者袁宏博采众家之长,多方取材,经八年努力,撰成此书。《四库全书总目提要》评此书云:"其体例虽仿荀悦书,而悦书因班固旧文,剪裁联络;此书则抉择去取,自由鉴裁,抑又难于悦矣。"自两《汉纪》之后,继起的断代编年史有孙盛的《魏氏春秋》,阴澹的《魏纪》,陆机等的《晋纪》,裴子野的《宋略》,吴均的《齐春秋》,刘璠、何之元二家的《梁典》。至北宋司马光,打破断代格局,撰成我国古代杰出的编年体通史《资治通鉴》。

《资治通鉴》(简称《通鉴》)记事上起周威烈王二十三年(前403),下至五代周世宗显德六年(959),共1362年的历史。全书294卷,另有目录30卷,考异30卷,合计354卷。《通鉴》取材除十七史外,尚有野史、传状、文集、谱录等223种,史材十分丰富。该书专评治乱兴衰,内容以政治、军事为主,兼及经济、文化。书名"资治",目的在于供封建统治者从历代治乱兴亡中取得借鉴。《通鉴》刊行后,影响很大,迅速在史学界掀起一股"编年热",续编、仿作、注释、评论之书络绎不绝。南宋李焘仿《通鉴》体例,竭40年心力,修成《续资治通鉴长编》,共980卷,记事上起宋太祖建隆元年(960),下至宋钦宗靖康二年(1127),记载了北宋九朝168年史事。南宋李心传,直承李焘,致力史学,作《建炎以来系年要录》,共200卷,叙述了南宋高宗一朝从建炎元年至绍兴三十二年(1127—1162)共36年的事迹。南宋徐梦莘撰《三朝北盟会编》250卷,此书叙史上始北宋徽宗政和七年(1117),下终南宋高宗绍兴三十一年(1161),虽不是前两部史书的续编,但仍为编年史,叙史比前两部史书更详。

到了清代,著名史学家毕沅在邵晋涵、章学诚等学者的帮助下,历时20年,四易其稿,编成《续资治通鉴》。在这之前,续司马光《资治通鉴》的,有明王宗沐《宋元资治通鉴》64卷,明薛应旂《宋元资治通鉴》157卷,清徐乾学《资治通鉴后编》184卷。毕沅此书以徐书为底本,博采众书之长,后出转精。该书记事上起宋太祖建隆元年(960),与司马光《资治通鉴》相衔接,下至元顺帝至正二十八年(1368),共409年事迹,合200卷。此书对宋、辽、金、元四朝史事同样重视,改变了过去史书详宋,略辽、金、元的弊病。清张之洞在《书目答问》中赞云:"有毕鉴,则诸家续鉴皆可废。"可见毕书价值之高。后人曾把毕氏之书与司马光书合刻,称为《正续资治通鉴》。毕沅为清乾隆年间人(1730—1797),续《通鉴》本应下至清代中叶,但毕终于元末,这是因为叙明清之史,易犯禁忌,故缺而不载。直至清末,文网渐疏,才有陈鹤撰《明纪》60卷,夏燮撰《明通鉴》90卷。

汉以后的编年体史书中还有一个重要系列,这就是各个朝代的"起居注"和"实录"。"起居注"按照时间顺序专门记载帝王的言行,"实录"是历代所修每一皇帝在位期间的大事记。例如,在明朝200多年中,共修成自明太祖至明熹宗十三朝实录3000多卷,有清一代实录多达4300多卷。这些史料常常被史家采入正史。

**(二)纪传体**

《隋书·经籍志》把《史记》视为纪传体之祖。司马迁在《史记》中采用了本纪、表、书、世家、列传五种叙事体例。"本纪"依年月顺序记载帝王事迹,专述当时政治、经济、军事、文化大事;"世家"记载诸侯列国世系和特殊人物的历史;"表"是用列表格的方式记载各重要历史事件发生的时间;"书"专记典章制度;"列传"主要记述各时期将相大臣及各阶层代表人物的事迹。以上五种体裁,分则自成体系,合则相辅相成,构成了一个完整的体系,其中又以纪、传为中心,所以称之为纪传体。

《史记》记事,上起传说中的黄帝,下至汉武帝太初年间,记载了我国3000多年的历史,是我国第一部纪传体通史。全书包括12本纪、10表、8

书、30 世家、70 列传，共 130 篇，52 万多字。《史记》独创的体例，丰富的史材，先进的思想，生动的语言，赢得了后世学者极高的评价，鲁迅赞《史记》是“史家之绝唱，无韵之《离骚》”。

司马迁《史记》之后，东汉班固沿袭《史记》体例著《汉书》，开创了纪传断代为史的先河。《汉书》叙史，上起汉高祖，下终汉平帝、王莽之诛，记载了西汉一代 230 年的史事，凡 120 卷，80 多万字。《汉书》仿《史记》的纪传体而略有变更，如改“本纪”为“纪”，改“书”为“志”，取消“世家”并入“列传”。全书由四体构成，即有 12 纪、8 表、10 志、70 列传，共 100 篇。班书以下，表、志或有缺略，但一定有纪有传，凡属这一体例的，都称之为纪传体。

《汉书》体例完整，编排严密，史料丰富，文赡事详，对后世影响很大。此后每换一个朝代，就修一部前朝的断代史，到清代便有“二十四史”的形成，其中除《史记》《南史》《北史》外，全都是纪传体断代史。

《史记》《汉书》和后出的《后汉书》《三国志》并称为“前四史”。

清乾隆年间，朝廷把原“二十一史”和当时定稿的《明史》加以刊刻，又增入《旧唐书》《旧五代史》，合称二十四史，并被视为“正史”。具体指：西汉司马迁撰《史记》130 卷，东汉班固撰《汉书》120 卷，南朝宋范晔撰《后汉书》120 卷，西晋陈寿撰《三国志》65 卷，唐房玄龄等撰《晋书》130 卷，南朝梁沈约撰《宋书》100 卷，南朝梁萧子显撰《南齐书》59 卷，唐姚思廉撰《梁书》56 卷、《陈书》36 卷，北齐魏收撰《魏书》114 卷，唐李百药撰《北齐书》50 卷，唐令狐德棻等撰《周书》50 卷，唐魏徵等撰《隋书》85 卷，唐李延寿撰《南史》80 卷、《北史》100 卷，后晋刘昫等撰《旧唐书》200 卷，宋欧阳修、宋祁撰《新唐书》225 卷，宋薛居正等撰《旧五代史》150 卷，宋欧阳修撰《新五代史》74 卷，元脱脱等撰《宋史》496 卷、《辽史》116 卷、《金史》135 卷，明宋濂等撰《元史》210 卷，清张廷玉等撰《明史》332 卷。再加上柯劭忞撰《新元史》257 卷、赵尔巽等撰《清史稿》536 卷，又有“二十六史”之称。总计 4026 卷，用纪传体的形式记载了上古至清代的历史。

### （三）纪事本末体

除编年体、纪传体之外，史书还有纪事本末体。南宋袁枢《通鉴纪事本末》始创其体，这部书完全抄摘司马光《资治通鉴》。《资治通鉴》的优点在于以年月时日为经、以史事为纬，容易看清历史事件之间的联系。缺点是有些事件发生和延续的时间很长，不便于集中了解历史事件的全貌。袁枢为补编年体之不足，独创新体，改为以历史事件为中心，将每一事件的演变过程，按时间顺序编写，独立成篇，避免了编年史书中一事隔越数卷，首尾难稽的弱点。他从《资治通鉴》所载的1362年的史事中，选取历史上239件重要事件，每事一篇，一一叙其始终，成42卷。

纪事本末体是一种较好的编纂方法，它眉目清楚，旨趣明白，历史知识系统完整，便于人们记忆、检索史事。清章学诚在《文史通义·书教下》赞袁书云："文省于纪传，事豁于编年。"

袁书之后，仿袁书体例而作者，首推南宋孝宗时章冲所著《春秋左传事类始末》（或称《春秋类事始末》）5卷，成书于宋孝宗淳熙十二年（1185），是我国断代纪事本末体的首创。该书把《左传》所记史事，按内容分类重编，因事命篇，自具首尾。其后，南宋理宗时杨仲良著有《续资治通鉴长编纪事本末》150卷，凡345篇。以上两书，分部门类多且细碎，都不及袁书谨严精粹。

明清时期，纪事本末体又有新的发展，明陈邦瞻著《宋史纪事本末》109卷，记载了从宋太祖建国到南宋文天祥、谢枋得被害（960—1289）三百余年的历史，内容上包括有宋、辽、金和元初的历史。元修《宋史》记事芜杂，陈书辑录宋史，很有条理，得此一书，互相参考，对读史者来说很方便。陈邦瞻另著有《元史纪事本末》27卷，内容较简略，价值不及前书。其后该体裁的史书有：清李有棠撰《辽史纪事本末》40卷、《金史纪事本末》52卷，清张鉴撰《西夏纪事本末》36卷，清谷应泰撰《明史纪事本末》80卷，近人黄鸿寿撰《清史纪事本末》80卷等。清魏源撰《圣武记》14卷，记爱新觉罗氏崛起至道光年间史事，也是纪事本末体。

### （四）政书体

历代所制定的典章制度是重要的史料，我国古代史家非常重视典章制度的记录。《史记》专设八书来记天文、地理、文物制度，其后史籍均仿《史记》，设志来记录历代典章制度。自唐杜佑撰《通典》，典章制度作为专史才从其他史籍中独立出来。

《通典》是我国历史上第一部记载历代典章制度的通史。全书200卷，分九门，各门又分若干子目。记事上起传说中的黄帝，下至唐天宝末年，附载肃宗、代宗、德宗时事，集中保存了从远古传说时代到唐德宗年间的政治、经济、军事、刑法、民族等方面的资料，是研究唐及以前历代典章制度的重要史籍。《通典》的产生，在编年、纪传二体之外，又创立了一种新史体，即"政书体”，为我国史学的发展开辟了一条新的途径。后来的《文献通考》《续通典》《续通考》，以及各种“会典”“会要”等，都是在它的影响下产生的，形成了一套贯通古今的政书系列，为后人研究历代典章制度提供了完整而系统的史料。

《续通典》最初由北宋人宋白等编撰，记事上与杜书相衔接，下至后周世宗显德末年（959），后该书亡佚。今《续通典》是清乾隆三十二年（1767）“三通”馆臣所撰，上自唐肃宗至德元年（756），下至明思宗崇祯末年（1644），共150 卷。与此同时，“三通”馆臣还修有《清朝通典》100 卷，叙事从清初至乾隆五十年，是《续通典》的续编。

宋末元初的史学家马端临，仿《通典》体例，增广门类，作《文献通考》348卷，论述了上古至南宋宁宗嘉定末年历代典章制度的沿革，开后世历史考证学的先河。马端临搜集材料，一是采自历代史籍，所谓“文”也；二是录自学者议论，所谓“献”也。经作者详细考证，精心编排，就是“通考”。张舜徽先生在《中国历史要籍介绍》中说：“马端临既就杜氏《通典》补充其内容之所未备，分析其门类之所未详，并且把它向前发展了，可以说《通典》一书的精华，已包含在《文献通考》中。”马书之后，明有王圻撰《续文献通考》254 卷，上与马书相接，下至明神宗万历年间；清有官修《续文献通考》250 卷，上起南宋理宗宝庆元年（1225），下至明思宗崇祯十七年（1664），是马书的续编；清还有官修《清朝文献通考》250 卷，上起清朝开国元年（1616），下至乾隆五十年（1785）；近人刘锦藻撰《清朝续文献通考》，上起乾隆五十一年（1786），下至清亡（1911），是《清朝文献通考》的续编。

南宋史学家郑樵私人编修《通志》200 卷，《通志》本为纪传体通史，其中纪传部分采自他史，并无新义，其中“二十略”是郑樵最自负的部分。《通志·总序》云：“江淹有言，修史之难，无出于志，诚以志者宪章之所系，非老于典故者不能为也。……臣今总天下之大学术而条其纲目，名之曰略，几二十略，百代之宪章，学者之能事，尽于此矣。”《通志》的“略”就是正史中的书志，记事自传说时代至唐及北宋，在时间上贯通古今，在内容上无所不包，充分体现了他所主张的“会通”思想。“二十略”是全书的精华，特别值得史家珍视。《通志》对后世影响较大，清乾隆三十二年（1767）官修《续通志》640卷，体例仿《通志》，其中二十略上起五代，下至明末；同时，又官修《清朝通志》126 卷，体例只存二十略，是《续通志》的续编。

由于《通志》二十略成就突出，人们常把它与《通典》《文献通考》合在一起，称为“三通”。“三通”及其续编七种合在一起，又有“十通”之说。“十通”共2660卷，贯通中国几千年典章制度的历史。在“三通”的影响下，历朝还有专记一个朝代或一定历史时期的典章制的断代史书。私人编修的多称“会要”；官修的多称“会典”，主要有：北宋王溥撰《唐会要》100卷、《五代会要》30卷，南宋徐天麟撰《西汉会要》70卷、《东汉会要》40卷，清姚彦渠撰《春秋会要》4卷，清孙楷撰《秦会要》26卷，清杨晨撰《三国会要》22卷，清徐松辑《宋会要辑稿》366卷，清龙文彬撰《明会要》80卷，明官修《明会典》228卷，清官修《清会典》100卷，等等。

### （五）史评

史评是指评论史事或史书的著作。评论史事是指对历史事件和历史人物的品评，《左传》《史记》开其端绪，西汉贾谊《过秦论》是较早的评论史事专篇。唐宋以来，评论史事之风颇盛，重要的有：唐朱敬则《十代兴亡论》，宋吕祖谦《东莱博议》，明张溥《历代评论》，清王夫之的《读通鉴论》《宋论》等专著。评论史书是指对史家、史书或某种史学现象、史学思想的品评。南北朝时就出现了史学评论的专篇文章，即刘勰《文心雕龙・史传》。唐代刘知几的《史通》对史学评论做出了巨大贡献。

《史通》是我国古代第一部史学评论专著，也是我国最早的史学史。书成于唐中宗景龙四年(710)，共29卷49篇。内篇36篇，多论史书源流、体例和编撰方法；外篇13篇，多论史官建置沿革和史书得失。刘氏主张编修断代纪传体史书，应增补都邑、氏族、方物、方言四志。认为史学家必须具备“史才”“史学”“史识”三长，而特别重视史识。写史要“不掩恶、不虚美”“良史以实录直书为贵”，反对“妄生穿凿，轻究本原”。史书不能拟摹古文，应用当时语言，忌浮词滥调。对当时官史弊病，多有揭发；对旧史失真和浮泛之处，也详做评论。总之，《史通》是一部很有价值的史学评论名著，它总结了唐以前和唐人的史学成就，对后世史学的发展起了指导作用。

宋元明清之际，史学评论更为发达，出现了许多形式各异的史学评论著作。主要有：明末清初顾炎武撰《日知录》32卷，以读书札记的形式讨论大量历史问题；清章学诚撰《文史通义》8卷，谈史论文，颇多创造性见解，对治史的宗旨、任务、态度等都有独到的认识，是我古代史学理论的代表作；清赵翼撰《廿二史劄记》36卷，作者意在总贯群史，故对二十二史，逐部述著作沿革，评品得失，然后提出若干问题，从原书排比史事，考核比较，提出己见，为后世治史者所重。此外，清钱大昕《廿二史考异》100卷，清王鸣盛《十七史商榷》100卷，近人王国维《观堂集林》44卷，等等，都是价值很高的史论、史考专著。

总之，中国古代史学典籍繁富，各类史书应有尽有，各有源流，自成体系，相互补充，彼此印证，真实而全面地展示了中华民族悠久的文明史。正如李约瑟博士《中国科学技术史》（第一卷《导论》）所说："中国则是全世界伟大的有编纂历史传统的国家之一。"

## 三、子部

清《四库全书总目》子部书共分为14类：儒家、兵家、法家、农家、医家、天文历算、术数、艺术、谱录、杂家、类书、小说家、释家、道家。《汉书·艺文志》将诸子分为10家：儒、道、墨、阴阳、法、名、纵横、杂、农、小说。我们通常所说的"诸子百家"中的"诸子"是指先秦至汉初的各学派的著作，主要有《论语》《孟子》《荀子》《老子》《庄子》《列子》《墨子》《晏子》《尹文子》《管子》《商君书》《慎子》《韩非子》《孙子》《吴子》《吕氏春秋》等。

《荀子》32篇，是战国时荀况所著。据《史记·孟子荀卿列传》载，此书是荀子晚年对春秋战国时期百家争鸣的各学派学说进行研究总结，有所吸收有所批判，提出了自己完整的学术思想而著述的。在政治上，坚持儒家的"正名"之说，"法后王"，承认今胜于古；主张"令行禁止""天下为一"的统一的中央集权的封建统治秩序。在自然观上，反对"天命论"，提出了"制天命而用之"的人定胜天思想。在人性问题上，反对孟子"性善说"，提出"性恶说"，认为人的道德观念是后天形成的，重视礼仪教育和环境影响，强调"积善成德""化性起伪"。

《孙子》13篇，春秋齐国军事家孙武所著，亦称《孙子兵法》或《孙武兵法》。它是我国最早的一部兵法经典，历来被列为我国兵书之首。它强调"知己知彼""攻其无备，出其不意"，提出了"五事""七计"的著名理论，追求"不战而屈人之兵"的用兵理想。其军事思想，对中国历代用兵思想发展的影响极其深刻。公元8世纪，《孙子兵法》传入日本，18世纪后有法、英、德、俄等10多种译本，成为世界人民共同的文化财富。《孙子兵法》的基本原则和思想，还被运用到军事以外的社会生活领域，在企业管理、体育竞赛等活动中都得到广泛的重视和应用，日本将它列为企业管理人员的必读书。

1972 年,在山东临沂银雀山西汉墓中发现的《孙膑兵法》,是战国齐人孙膑著,该书和战国吴起的《吴子》、尉缭子的《尉缭子》都是古代重要的兵书,对我国古代军事思想的形成和发展都产生过重要影响。

《墨子》现存 53 篇,是春秋战国时期墨子及其后学的言论著作集。其中《尚贤》《尚同》《兼爱》等 10 论 23 篇,体现了墨子学术思想的基本内容。“兼爱”是墨子思想的核心。《非儒下》是对儒家主张和他们为人处世态度的批评。其他篇目,是墨家关于伦理学、政治学、经济学、哲学、数学、力学、光学、逻辑学、军事学等多种学科的研究成果所作的纲要式的阐述。可见《墨子》是一部反映战国时期墨家学术思想、活动及学术成果的文集。

《晏子春秋》,旧题春秋齐晏婴撰,是记述晏子言行佚事之作,《汉书·艺文志》把它列于儒家,唐柳宗元疑为齐国墨子之徒所作。

《管子》现存 76 篇,是春秋时管仲及管仲学派的著述总集。先秦时期的儒、道、法、名、农、阴阳等各学派思想,在书中均有所反映。其中的法治思想,是先秦法家学说的先河。《管子》有大量经济论说的文章,在进行论说时特别重视定量分析,这比西方早了近千年。

战国末秦相吕不韦令门下宾客各著所闻,集成《吕氏春秋》,内容以儒、道思想为主,兼及名、法、墨、农及阴阳家言。《汉书·艺文志》将它列入“杂家”。

《韩非子》55 篇,战国时韩人韩非撰。他继承了荀子的思想,批判地吸收了老子“道”的理论和墨子“尚同”思想,综合发展了申不害、商鞅和慎到的“术治”“法术”“势术”学说,成为先秦诸子中杰出的法理学家。韩非的思想是适应新兴地主阶级的历史要求而提出来的,深得封建统治者的欢心。战国时赵人慎到著《慎子》7 篇,卫人商鞅著《商君书》24 篇(据考证,多为后人所作),都是法家学派的代表作。

汉魏六朝诸子代表作有西汉陆贾的《新语》、贾谊的《新书》、淮南王刘安的《淮南子》、桓宽的《盐铁论》、扬雄的《法言》;东汉王充的《论衡》、崔塞寔的《政论》、王符的《潜夫论》、荀悦的《申鉴》、仲长统的《昌言》;南朝宋刘义庆的《世说新语》;北齐颜之推的《颜氏家训》;等等。

诸子之书,在我国卷帙浩繁的典籍中,占有很重要的位置,对我国两千多年的文明史产生了巨大影响,是今天我们研究中国古代政治、经济、思想和文化的重要资料。

## 四、集部

集部主要是中国古代典籍中的诗、文、词等书。《隋书·经籍志》集部分三类：楚辞、别集、总集。《四库全书总目》集部分五类：楚辞、别集、总集、诗文评、词曲。

总集是指汇集众人作品的集子。《诗经》是中国最早的诗歌总集。西汉时，刘向收战国楚人屈原、宋玉及汉代淮南小山、东方朔等人辞赋编辑成集，名曰《楚辞》，是楚地方言诗歌的总集。其后总集类的诗歌集有：南朝陈徐陵编《玉台新咏》10 卷，宋郭茂倩编《乐府诗集》100 卷，明代冯惟讷编《古诗纪》156 卷，清王士禛编《古诗选》32 卷，清陈沆编《诗比兴笺》4 卷，清杜文澜编《古谣谚》100 卷，清王闿运编《八代诗选》20 卷。断代诗歌总集有：南宋洪迈编《万首唐人绝句》100 卷，金元好问编《唐诗鼓吹》10 卷，明高棅编《唐诗品汇》90 卷，清彭定求等编《全唐诗》900 卷，清吴之振等编《宋诗钞》106 卷，清郭元釪编《全金诗》74 卷，清顾嗣立编《元诗选》3 集，清朱彝尊编《明诗综》100 卷，清沈德潜编《清诗别裁》12 卷，等等。

我国最早的诗文总集是梁萧统编的《昭明文选》，简称《文选》。全书 30 卷，分 37 类，选录先秦至梁的诗文辞赋，兼及史书的论赞，已初步注意到文学与其他类型著作的区别。唐许敬宗等编《文馆词林》1000 卷，是《文选》后最古的诗文总集。其后重要的诗文总集有：宋李昉等编《文苑英华》1000 卷，宋姚铉编《唐文粹》100 卷，南宋吕祖谦编《宋文鉴》150 卷，金元好问编《中州集》11 卷，元苏天爵编《元文类》73 卷，明程敏政编《明文衡》102 卷，清沈粹芬等编《清文汇》12 卷，清严可均编《全上古三代秦汉三国六朝文》746 卷，清吴楚才、吴调侯编《古文观止》12 卷，清董诰等编《全唐文》1000 卷，等等。

五代后蜀赵崇祚编《花间集》，是我国现存最早的词总集；清陈元龙编《历代赋汇》184 卷，是搜集历代赋体文学作品最完备的总集；清王先谦编《骈文类纂》46 卷，选录先秦至清末骈文，是搜集历代骈体文较完备的总集。

1998 年，北京大学古文献研究所耗时 10 年，从浩瀚的典籍中钩沉点校、整理出版《全宋诗》，共收录两宋 300 年间 8900 家诗人的诗作，总字数 4000 万，是《全唐诗》数量的十倍，也是近年来重要的古籍整理成果之一。

2006 年，四川大学古籍整理研究所经 20 余年整理出版《全宋文》，是一部包含两宋320年间所有现存单篇散文、骈文、诗词以外的韵文的大型断代总集，更是目前已经出版的规模最大的文学总集。全书分15个大类，共360册，总字数逾1亿字，内容遍及文学、艺术、历史、哲学等各个方面。在全书所收的10余万篇各种体例文章中，不少资料是首次公开发表，95%的作家在此以前未被编入过专集。因此，在许多方面具有拓荒与填补空白的史料价值。

“别集”是指收录个人诗文的集子。历代大家，大都有自己的文集行世。如东汉蔡邕《蔡中郎集》，三国曹植《曹子建集》，东晋陶渊明《陶渊明集》，唐杜甫《杜工部集》，韩愈《昌黎先生集》，白居易《白香山诗集），北宋范仲淹《范文正公集》，南宋陆游《渭南文集》，金元好问《遗山先生集》，元戴表元《剡源先生文集》，明汤显祖《玉茗堂全集》，清钱谦益《初学集》，等等。

“诗文评”是指品评作家及其诗文的专著。

南朝梁刘勰撰《文心雕龙》10卷，总结自先秦至齐梁以来的文学现象，建立了完整、严密的文学理论体系，成为我国古代文学批评史上杰出的著作。南朝梁钟嵘撰《诗品》3卷，把汉到齐梁间122位诗人分为三等，品评其作品优劣，是我国第一部诗论专著。其后重要的诗文评著作有：唐僧皎然撰《诗式》5卷、司空图撰《二十四诗品》1卷；北宋欧阳修撰《六一诗话》1卷、阮阅编《诗话总龟》100卷；南宋胡仔编《苕溪渔隐丛话》100卷、姜夔撰《白石道人诗说》1卷、严羽撰《沧浪诗话》1卷、魏庆之撰《诗人玉屑》20卷；明李东阳撰《怀麓堂诗话》1卷、王世贞《艺苑卮言》12卷、胡应麟撰《诗薮》20卷；清叶燮撰《原诗》4卷、王士禛撰《带经堂诗话》30卷、李渔撰《闲情偶寄》16卷、赵翼撰《欧北诗话》12卷、刘熙载撰《艺概》6卷；等等。

《四库全书》对文学典籍的收录有两点值得注意：一是集部除文学作品外，还包括非文学的内容。在许多总集和别集中包含了许多非文学作品。二是集部没有统括全部文学性文献，经、史、子部都有不少文学方面的内容。（集部其他文学典籍请参阅本章第三节。）

## 五、丛书与类书

### （一）丛书

丛书，或称丛刊、从刻、全书等，是汇集多种著作而冠以一个总名。

清代的《四库全书》是中国古代最大的一部丛书，分经、史、子、集四部，故名“四库”。据《四库全书总目》统计，它著录书籍3461种，79309卷；存目书籍 6793 种,93551 卷;总计 10254 种,172860 卷。不仅囊括了从先秦至清代乾隆以前中国历史上的主要典籍,而且涵盖了中国传统学术文化的各个学科门类和各个专门领域,故称“全书”,历来有“典籍总汇,文化渊薮”的美誉。

《四库全书》的编纂从 1773 年开始,经十年编成。当时政治稳定,国家统一,经济发展,文化繁荣。明末清初时期以经世致用为宗旨、以朴实考经证史为方法的实学思潮,在学术本身内在的逻辑发展和清统治者推行的文化政策的作用下,逐渐演变成汉学复兴乃至鼎盛的局面。学者普遍强调通经,重视实证,致力于汉代经说的发掘和研究,并进一步推而广之,扩展到对古代典籍以及传统文化的清理和总结。乾隆初年,学者周永年提出“儒藏说”,主张把儒家著作集中在一起,供人借阅。此说得到社会的广泛响应,这是编纂《四库全书》的社会基础。

据统计,参与修书的专职人员当在 400 人以上,其中很多是学有专长、名重一时的文人学者,如纪昀、陆锡熊、戴震、邵晋涵、周永年、翁方纲、姚鼐、朱筠、金榜、王念孙等,堪称“贤俊蔚兴,人文郁茂,鸿才硕学,肩比踵接”。他们荟萃一堂,各以其学识专长,在不同的职任上,为《四库全书》的编纂做出了重要贡献。书成之后,馆臣又奉敕撰《四库全书总目提要》200 卷,对每一本书都做了提要,并考其源流得失,对中国古代典籍做了广泛评价。

《四库全书》修成之后,誊缮七部,分藏于紫禁城内的文渊阁、盛京(今沈阳)宫内的文溯阁、北京圆明园的文源阁、河北承德避暑山庄的文津阁,此为北四阁,又称为内廷四阁,仅供皇室阅览。另三部藏于扬州的文汇阁、镇江的文宗阁、杭州的文澜阁,即浙江三阁,又称南三阁,南三阁允许文人入阁阅览。中国近代,由于战乱不断,七部《四库全书》中完整保存下来的仅存三部。文汇阁、文宗阁藏本毁于太平天国运动时期;文源阁藏本被英法联军焚毁;文澜阁所藏亦多散失,后经补抄基本得全,然已非原书。1948 年,国民党政府撤离大陆,前往台湾,将故宫博物院的一些珍贵藏品运往台湾时,将《四库全书》中最为珍贵的藏本文渊阁《四库全书》带到台湾,文渊阁《四库全书》现存藏于台北故宫博物院内。

1919 年,商务印书馆编印《四部丛刊》,收四部之书 323 部,装订成 2112 册,是一部影印精善的大丛书。1934 年又出续编,共 500 册,后又出了三编。继商务印书馆之后,中华书局又编印了《四部备要》,注重实用,选书多为学者必备之书，收书336种，2000多册，可补《四部丛刊》之缺。1935年，商务印书馆开始印《丛书集成初编》，以实用与罕见二者为标准，选集丛书100部，收古籍4100余种，分装成4000册。

丛书将数人之书合为一编，便于学者系统阅览，也对古籍的保存和推广起了很大作用。我国共有多少丛书，每部丛书收了哪些作品，可查上海图书馆所编《中国丛书综录》。

**（二）类书**

类书是辑录各门类或某一门类的资料，按照一定的方法编排，便于寻检、征引的一种工具书。它所收的内容，上自天文，下自地理，旁及社会生活、科学技术，无所不容，具有百科全书性质。

我国最早的类书是三国时刘劭、王象等编的《皇览》，但此书早已亡佚。大批类书出现始于唐代。

唐代有四大类书。唐初虞世南编《北堂书钞》160卷，共分19部，852类。该书摘录群书中的名言隽语，供作文采摭辞藻之用。唐高祖时欧阳询等编《艺文类聚》100类，分46部，727个子目，采录古籍1431种。宋代目录学家陈振孙说："其所载诗文赋颂之属，多今世所无之文集。"可见《艺文类聚》保存了不少文学资料。唐玄宗为其儿子易学，命徐坚等撰《初学记》30卷，共23部，313个子目。《四库全书总目》称："叙事虽杂取群书，而次第若相连属，与其他类书独殊……其所采摭皆隋以前古书，而去取谨严，多可应用。在唐人类书中，博不及《艺文类聚》而精则胜之。"此书为历代学者所珍爱。唐代后期，文人学者自撰类书之风颇盛，其中白居易的《白氏六帖》最有名。此书30卷，共1000余门，是白居易为储备撰文作诗资料而编的，主要辑录唐以前经传百家书中的典故、辞藻和诗文中的佳句。

宋代类书卷帙浩繁，内容丰富。宋太宗时李昉奉帝命编修《太平御览》1000卷，共分55门，5474个大小类目，引书1690种，前此类书，未有广博宏富如此者。《太平御览》所引之书，今大多数已亡佚，是古代保存佚书最多的类书之一。与《太平御览》同时开编的还有李昉等的《太平广记》，它专收野史、小说、传记等，共500卷，92大类，150多个细目，引书470余种。该书保存着许多珍贵的文学文献，是研究古代文学的珍贵资料，也是辑佚和校勘古小说的重要资料。宋太平兴国七年（982），宋太宗又命李昉等编撰《文苑英华》，既是一部诗文总集，又是一部大型类书。选录了从梁到唐的作家2200

余人,作品 20300 余篇。此书的价值在于保存了许多前代尤其是唐代文学文献资料。宋真宗景德二年(1005),王钦若等奉敕编撰《册府元册》,至大中祥符六年(1013)成书。全书 1000 卷,分 31 部 1104 门,900 余万字,是一部关于历代政事的百科全书。该书取材为正经正史,不改旧文,是后世校史、补史的重要资料。

明代的《永乐大典》是我国历史上卷帙空前的大类书。永乐元年(1403)七月,明成祖命解缙等编纂,永乐五年成书。参编者凡 2169 人,共 22877 卷,凡例和目录 60 卷,分装 11095 册,计 3.7 亿字。《永乐大典》编成后只写了一部,本打算刻版印行,但因工程太大而未果。为预防不测,嘉靖四十一年(1562)命令重录一部,藏之他处。正本存南京,清人入关后被焚毁;副本遭八国联军的劫略和焚毁,现仅存 800 多卷,只占原书的 3.5% 左右。《大典》存书巨富,清《四库全书》开馆时,从中辑出佚书 385 种,4946 卷。明成祖曾述其缘起和目的:"悉采各书所载之物,类聚之而统之以韵,庶几考索之便,如探囊取物尔……凡书契以来,经、史、子、集百家之书,至于天文、地志、阴阳、医卜、僧道、技艺之言,备辑为一书,毋厌浩繁。"(《明太宗实录》卷二〇)

清代有四大类书。《古今图书集成》是我国现存的最大的一部类书,由陈梦雷等编辑,在雍正三年(1725)定稿,雍正六年由内府铜活字印 64 份。全书共 10004 卷,另目录 40 卷,共计 5020 册。该书将清代所能见到的古籍分为历象、方舆、明伦、博物、理学、经济六编,下分 32 典,6117 部。陈梦雷在《上诚亲王〈汇编〉启》中称此书"凡六合之内,巨细必举"。国外称之为《康熙百科全书》,用途极广。康熙五十年(1711),张玉书、陈廷敬等奉敕编修《佩文韵府》556 卷,收单字 1 万个,引录文章典故多达 140 万条。此书原是为文人作诗填词、搜集辞藻用的书,现在我们可以用来查检古代诗文中典故的出处。康熙五十八年(1719),吴士玉等奉敕编《骈字类编》240 类。此书只收双音实词,按天地、时令、山水等 13 大类编排,是《佩文韵府》的姊妹篇。康熙四十年(1701),张英等撰《渊鉴类函》445 卷,它以《唐类函》为基础,将明嘉靖以前的各种类书、正史、诸子、文集的有关内容按部补入,从而使该书成为在时间上贯通古今、在内容上也远较同种类书更为丰富的检索文章辞藻的类书。

20 世纪 80 年代中期,由 18 家古籍出版社负责人提出倡议,包括钱锺书、冯友兰、任继愈、钱学森、季羡林在内的 300 多位学者联名向国务院呼吁开始修撰《中华大典》。这是继唐代《艺文类聚》、宋代《太平御览》、明代《永乐大典》和清代《古今图书集成》之后的大型类书，也是迄今规模最大的古籍整理工程。全书共有24典，116分典，辑录先秦至清末的古籍2万余种，总字数近8亿字，超过了我国所有古代类书字数的总和。全典历时25年终告完成，于2017年年底由上海古籍出版社正式出版。这是对中国古籍的一次全面、系统的研究和分类整理，其编纂出版是中国经济文化繁荣昌盛的重要标志。

1997年，四川大学古籍所率先提出编纂《儒藏》，这项工程相继列入国家"211工程""985工程""中国孔子基金会重大项目"。全书共收录自先秦至清末(或民初)儒学文献5000余种，分经、论、史三部(下设24个子目)编排，形成"三藏二十四目"著录体系。内容上采用"影印加点校""叙录加提要"等方式，构筑了目前最大的儒学史史料集成，为学界研究中国儒学史提供了丰富、系统的文献资料，在深度与广度上推动中国儒学史与儒学的研究。历经20年的编纂，川大《儒藏》硕果累累，2005年至2014年出齐《儒藏·史部》全274册，2016年出版《儒藏·经部》"诗经类"22册，2017年相继推出《儒藏·经部》"三礼类"62册、"孝经类"5册，至此，经部已出版89册。全套精装本《儒藏》650余册，总字数将近5亿字，也于2018年完整推出。

继《儒藏》之后，华东师范大学主持编纂的《子藏》工程也于2010年3月启动，预计总收书近5000种，整合成精装16开本、1300余册出版，收录的子学典籍不仅远超《四库全书》中的诸子百家，也将超过《四库全书》所收著述总目。2011年12月，首批成果《子藏·道家部·庄子卷》发布，共收书302种、162册，一经出版立即在国内外产生巨大影响，许多版本在数年内被不断整理编印。2014年4月，第二批成果发布，包含道家、法家两大部类，收书672种、116册。2017年4月，第三批成果发布，包含道家、法家、名家、杂家四大部类，收书618种、215册。2018年12月，第四批成果《子藏·道家部·老子卷》发布，共收书457种、120册。2019年11月，第五批成果《子藏·兵家部》发布，共收书438种、55册。这项工程历时10年，即将完成，它不仅关注百家之显者，也关注百家之隐者。它的系统收集与整理，既为学者们提供了大量一手资料，也有利于推动诸子之学的全面发展。

# 第七章　中国传统艺术

中华民族是一个勤劳智慧的民族，在长期的历史活动中，形成了道德理性与艺术审美精神兼备的民族性格，不仅创造出了指南针、火药、万里长城、都江堰和大运河等享誉世界的物质文明，而且积累了丰富的艺术审美经验，在音乐、舞蹈、书法、绘画、戏曲、建筑、雕塑等艺术领域，自成一体，成就斐然。

中国传统艺术扎根于华夏大地，又能博采众长，形成鲜明的民族特色。宫廷音乐雍容典雅，宗教音乐神秘幽远，文人音乐情感真挚，富有感染力，民间音乐明快通俗；中国书法历史悠久，体式多样，能方能圆，刚柔相济，富有形体美与哲理美；中国绘画内容丰富，类型多样，技法各异，偏重传神达意；中国戏曲综合各种艺术手段，表演程式固定，长于虚构，以抒情写意为主，唱腔优美，舞台表演典雅含蓄；中国雕塑，线条优美，技术精湛，形神兼备。这种特殊的风格特点，是中华民族文化—心理结构的反映，与中国的地理环境、社会结构、经济状况、伦理宗教、风俗习惯等因素密切相关。民族的就是世界的，富有民族特色的中华艺术，正以其独特的魅力，对世界艺术的发展产生重要影响。

## 第一节　中国传统艺术的基本特征

中国传统艺术在其数千年的发展演变中，虽然流派林立、风格多样，但由于其共同的民族生活实践和历史文化背景，形成共同的民族心理和民族思维，反映在艺术创作中，就是遵循和谐的审美规律，注重教化的艺术观和虚实相生的内在艺术精神。

## 一、强调和谐

“和谐”观念在中国文化中起源很早,《尚书·尧典》中就有“八音克谐,无相夺伦,神人以和”的记载,《左传·襄公十一年》中也说“如乐之和,无所不谐”,强调音乐的互相配合,从而产生和谐的艺术效果。其实,和谐的内容远不止于此,中国哲学中的和谐,更强调人与人、人与社会和人与自然的和谐共处。《易传》记载:“古者包牺氏之王天下也,仰则观象于天,俯则观法于地,观鸟兽之文,与地之宜,近取诸身,远取诸物,于是始作八卦,以通神明之德,以类万物之情。”观物取象、依类通神,成为中国艺术的创作起源与追求精神境界的缘起。因此,中国古代艺术也强调一种包举天、地、人三才于一体的审美理想,追求天人合一、物我合一的审美境界。

首先,中国艺术精神中的和谐,是丰富多样的艺术要素互相作用而产生的形式上的和谐。因为“和实生物,同则不继”(《国语·郑语》),艺术也必须按照“有无相生,难易相成,长短相形,高下相倾,音声相和,前后相随”(《老子》)的审美原则进行组织,才能形成和谐的整体。中国音乐要有五音(宫、商、角、徵、羽)配合,绘画要有“错画为文”“墨分五彩”,书法要讲究八种笔法(侧、勒、努、趯、策、掠、啄、磔),戏曲舞台上要有多种角色(生、旦、净、末、丑),戏曲演出时要冷热场互相调剂,于最丰富的形式变化中,彰显各个艺术门类的整体之美。此外,艺术要素之间有主有次,主次分明,从而突出艺术作品的整体性。音乐须有主音,最好是宫调,因为在五行体系里,宫是中。绘画必须突出主要人物或主峰,人物画中主要人物要大于其他人物,山水画中“画山者必有主峰,为诸峰之拱向”(刘熙载《艺概·书概》)。书法要“每字中立定主笔,凡布局、势展、结构、操纵、倾泻、力悖,皆主笔左右之也。有此主笔,四面呼吸相通”(朱和羹《临池心解》)。雕塑亦是如此,佛教雕塑中,每一庙或窟之中必有一个中心,这一雕塑既处于观者视点的中心,又是最高大的,其余雕塑则服从它,呼应它,从而构成整体效果,如龙门石窟中的卢舍那大佛,就是整组雕塑的中心。建筑群要有主体建筑,于故宫是太和殿,于寺庙是大雄宝殿。这种形式上的和谐,是中国传统艺术审美最直观的表征。

其次,中国传统艺术更强调内在精神的和谐,追求物我合一的艺术境界。中国古代艺术不强调对自然客体的如实“摹写”,不追求物肖其形,而看重作品呈现出来的自然神韵和精神品格，正如欧阳修所云“古画画意不画形”（欧阳修《盘车图》）。艺术家通过观察，体悟自然，积累素材，把握事物的变化规律，再经过神与物游的主观创造活动，才能够将自然意象变成艺术审美意象。陆机谈文学创作时强调创作者要“收视反听，耽思傍讯，精骛八极，心游万仞”（陆机《文赋》），只有充分发挥想象力和主观能动性，才会创造出精妙的艺术作品。经历了这一创作阶段，艺术创作才能进入天人合一或称物我合一的最高阶段。文与可画竹讲究“成竹在胸”，把握竹的整体精神气韵，宋代画家郭熙创作前会“饱游饫看”“历历罗列胸中”（郭熙《林泉高致》），将主体情感投射于自然事物中，做到“登山则情满于山，观海则意溢于海”（刘勰《文心雕龙・神思》），物我一体，艺术作品才具有神韵和气骨。

中国文人画中的梅、兰、竹、菊等自然意象，因投射了画家的主体精神，从而彰显了文人的精神品格和风采神韵。王冕以墨梅表现高蹈出尘之追求，郑燮以竹石表现坚劲不屈之品格，八大山人朱耷以枯枝、残叶、衰草、怪石、寒江表现悲愤孤傲之落寞。绘画如此，书法亦如此，王羲之、张旭、欧阳询、颜真卿、柳公权、苏轼、黄庭坚、徐渭、吴昌硕等大家的书法，精妙绝伦，个性特征鲜明，但又在一定程度上反映了书法家的人格风貌。雕塑艺术中，威武雄壮的秦始皇陵兵马俑，彰显了秦王朝的赫赫军威；霍去病墓前的“马踏匈奴”，象征着霍去病将军抗击匈奴、保家卫国的豪迈民族精神；敦煌莫高窟、龙门石窟又展现了不同朝代的政治、哲学和文化风貌。

最后，中国艺术所追求的从形式到内在精神的和谐，正是中国哲学中天人合一观念的具体体现。老子认为“道生一，一生二，二生三，三生万物”，还说“人法地，地法天，天法道，道法自然”。（《老子・四十二章》）自然是宇宙的最高本体，自然之道是宇宙的最高法则，与之相应，人类社会和艺术领域也应该遵循这一法则，君臣父子纲常伦理是社会和谐的表现，物我合一、神与物游是艺术和谐的最高追求。艺术作品遵循这一和谐的美学规律，又以其独特的艺术魅力，不断地感染和陶冶着人们的性情和操守，达到人类精神本体的内在和谐，这样方能实现人与人、人与社会、人与自然的和谐共生。

## 二、重教化，追求美善合一的审美旨趣

中国古代的教育是以音乐为中心的教育，《周礼・春官宗伯》记载：“大司乐掌成均之法，以治建国之学政，而合国之子弟焉。凡有道者、有德者，使

教焉……以乐德教国子中、和、祗、庸、孝、友。以乐语教国子兴、道、讽、论、言、语。以乐舞教国子舞云门、大卷、大咸、大磬、大夏、大濩、大武……”《尚书·尧典》也有如下记录:“夔!命汝典乐,教胄子,直而温,宽而栗,刚而无虐,简而无傲。诗言志,歌永言,声依永,律和声。八音克谐,无相夺伦,神人以和。”可见音乐在人类早期社会中起到抒发情感(“言志”“咏志”)、规范伦理(中、和、孝、友、直、温、宽、栗、刚、无虐、简、无傲等)、学习参与政事和祭祀的重要作用。

孔子也很重视诗教乐教,他提出诗可以“兴观群怨”,对人类个体的认知和社会群体的和谐发展意义重大,音乐必须“尽善”“尽美”,才能对伦理教化有所裨益。班固《白虎道德论》卷二《礼乐》篇所引孔子的一段话,更详细地阐明了这一观点。

> 子曰:“乐在宗庙之中,上下同听之,则莫不和敬。族长乡里之中,长幼同听之,则莫不和顺。在闺门之内,父子兄弟同听之,则莫不和亲。故乐者,所以崇和顺,比物饰节。节文奏合以成文,所以和合父子君臣,附亲万民也。是先王立乐之意也。”

《乐记》同样强调音乐的社会政治功能:“是故治世之音安以乐,其政和;乱世之音怨以怒,其政乖;亡国之音哀以思,其民困。声音之道,于政通矣。”

中国早期乐教中的言志、尽善尽美的审美旨趣,对后世艺术影响深远。中国文学一直有“言志”的传统,诗文要求“明道”“载道”,通俗小说强调“导愚”“适俗”(冯梦龙《醒世恒言序》),使“怯者勇、淫者贞、薄者敦、顽钝者汗下”(冯梦龙《古今小说序》);戏曲多演绎明君贤相、忠贞节烈的动人故事,为世人树立道德榜样;绘画也有宣扬道德伦理的功能:“夫画者:成教化,助人伦,穷通变,测幽微,与六籍同功……”(唐代张彦远《历代名画记》)

强调艺术在伦理道德上的感染作用,表现在理论上,便是高度强调美与善的统一。美是艺术的特质,善是道德伦理的内容,在古代哲人、艺术家那里,美善可以互通,美的对象一定象征着善,美的必然是善的。清代人张潮就能从美的事物中,体悟出其对人精神情志的陶冶作用:“梅令人高,兰令人幽,莲令人淡,牡丹令人豪,松令人逸,桐令人清,柳令人感。”(张潮《幽梦影》)正因为此,中国古代往往把人品、人格看作艺术之本,鉴赏或评价艺术作品时,尤其看重艺术家的人品修养和道德操守,将它作为评定作品的重要依据。宋代的蔡京、秦桧,明代的严嵩,其书法与文学皆臻高品,却被后人弃之，湮没不传。而那些艺术修养极高，人品又卓越的艺术家，如王羲之、颜真卿、王冕、苏轼、黄庭坚、石涛、郑燮等，其作品则世代流传，随着时代的演进，渐成稀世之珍。

## 三、巧妙处理“实”与“虚”

虚实相生是中国传统艺术的一个显著特点，它的哲学渊源在于老庄道家的崇无论。老子把“道”作为宇宙的最高本体，认为“大音希（稀）声，大象无形”“天地万物生于有，有生于无”，有无相生。“无”并不是什么都没有，而是至大无边，“视之不见”“听之不闻”“搏之不见”的“道”，是一种“虚”。道虽然玄奥邈远，但也会通过具体“象”去暗示、表现出天地间无所不在的“无”和“虚”，即老子所说的“道之为物，惟恍惟惚。惚兮恍兮，其中有象；恍兮惚兮，其中有物”（《老子・二十一章》）。因此，建立在老子“有”“无”哲学上的“实”与“虚”，便具有了深广的内涵，它的根本宗旨就是要通过一鳞半爪的“实”的事物，去揭示那个“虚”而博大的宇宙、世界万物的本源、变化的规律以及人类社会必须遵循的准则。“实”与“虚”在文艺创作上，便自然形成了中华民族所特有的以少总多、“不著一字，尽得风流”（司空图《二十四诗品》）的含蓄特征，成为东方美学的重要艺术准则。

在悠久的艺术创作历史中，古人又总结出以虚代实、以实写虚和虚实相生的具体表现方式。

以虚代实，也称“化实为虚”“避实就虚”，这是一种将实有景物化为虚像的情感和思绪的创作方法，清代人方士庶说：“山川草木，造化自然，此是实境也；画家因心造境，以手运心，此虚境也。”（《天慵庵随笔》）客观事物经过艺术家主观心灵的过滤和情感化，从而产生带有审美意蕴的艺术境界，这便是化实为虚。王国维词论中的“有我之境”“无我之境”，亦是虚实理论的具体阐发。避实就虚，还要求艺术家能够取舍，懂得事物之间的映衬关系，不能将所表现之物穷形尽相地展现出来。清人布彦图总结画美人的经验时说：“美人风姿艳世，趋走荒郊，虽双眸秋水，十指春葱，领如蝤蛴，鬓舞翡翠，而一览无余，于美人何趣焉？”反之，美人“绿纱迷影，湘箔拖裙，或临窗拂镜，或倚槛凝思，偶露全容，如云如雾，幽香不吐，而妙处不传。斯美人之隐显也。隐显叵测，或美人之意趣无穷矣”（《画学心法问答》）。这里就强调了以虚代实对艺术创作的重要作用。

以实写虚则正好相反，它要求创作者把不易表达的情感、难以描述的事物用具体的物象表达出来，使之生动可感。《诗经》中的大量比兴，就是将复杂的情感或事物具象化的一种写作手法，如用“关关雎鸠，在河之洲。窈窕淑女，君子好逑”隐喻青年男女两情相悦，用“桃之夭夭，灼灼其华”比喻明艳美丽的新嫁娘，等等。宋代画院中曾出过一个考题“踏花归去马蹄香”，踏花、马蹄是具体可感的事物，易于表现，“香”则抽象不可捉摸，难以用图画表达，因此难倒了众多应试者。只有一个画者独辟蹊径，画了一匹疾驰在花丛中的骏马，马蹄周围追逐着几只蝴蝶，这样就巧妙地化虚为实，形象地突出了题面上的“马蹄香”的意境。

虚实相生指的是在一件艺术品中，“虚”和“实”互相影响，相互转化，达到虚中有实、实中有虚、含蓄浑厚的艺术境界。中国文学讲究含蓄蕴藉，以意象传达思想和情感，注重“言外之意”“弦外之音”，如唐诗名句“雪上空留马行处”和“唯见长江天际流”，以空间上的留白，表现了诗人送别友人的深情厚谊；“遥知兄弟登高处”和“今夜鄜州月，闺中只独看”，从虚拟的空间写起，宕开一笔，将诗人和远方亲人、爱人的思念联结起来，产生虚实相生的艺术感染力。中国绘画注重留白，“虚实相生，无画处皆成妙境”（清笪重光《画筌》）。画上的空白处，看似无用，实则可作为画中之要素，可“作天，作水，作天断，作云断，作道路，作日光”（清华琳《南宗抉秘》），使画作意蕴更加丰富。中国书法追求“潜虚半腹”（隋代释智果《心成颂》），“计白当黑”（清邓石如《艺舟双楫》），即将字里行间的虚空（白）处，当作实画（黑）一样布置安排，达到实与虚、显与隐、有限与无限的高度统一，使欣赏者获得涵咏不尽的审美享受。

虚实相生也是中国古典戏曲美学的显著特征。明代戏曲理论家王骥德指出：“戏剧之道，出之贵实，而用之贵虚。”（《曲律》）意谓戏曲来源于现实生活，但戏曲中的人物和情节又不是对生活原封不动的照搬，而是经过艺术加工和提炼，以虚拟性的表演手法演绎出来。这种写意性，首先表现在中国戏曲的脸谱特征上，红色代表忠勇侠义，如关羽、姜维；黑色代表直爽刚毅，如包拯、张飞；白色代表阴险奸诈，如曹操；紫色代表刚正威武，如廉颇、常遇春；等等。这种以脸谱寓忠奸褒贬的表现，本身就具有象征性。中国戏曲充分运用虚实理论，突破时间和空间的限制，自由转换时间和地点，演绎复杂的故事情节。戏曲的舞台布景，虚虚实实，一桌一椅、一台一砚、一匾一旗，皆能模拟丰富多样的社会生活场景。戏曲表演也具有虚拟性。中国戏曲表演中的唱、念、做、打等表演手段，既有生活的影子，又有严格的舞台规范性，如关门、上马、坐船、走路等，都有一套固定的动作，且根据行当不同，呈现不同的表演特色，形象地传达人物的身份和情感。戏曲的虚拟化和写意性突破了舞台的限制，增强了艺术的广阔性和深度，是中国戏曲美学的精华所在。

总之，中国传统美学的“虚实”理论来源于哲学，又渗透在民族艺术的各个方面，使中国书法、绘画、戏曲等艺术产生意境深远，涵咏不尽的艺术效果。

## 第二节　中国传统艺术的主要成就

中国传统艺术大致有视觉艺术、听觉艺术和表演艺术几大门类，具体成就体现在音乐舞蹈、书法、绘画、戏曲和雕塑艺术中。在漫长的艺术发展史上，各艺术门类的成熟时间不一，音乐、舞蹈、书法、绘画、雕塑艺术在先秦时期已经起源并逐步发展，传统戏曲的成熟较晚，宋元之际才形成固定的程式。

### 一、音乐舞蹈

中国传统的音乐舞蹈起源于原始劳动，那时生产力低下，社会分工尚不明确，人们为了调节劳动的动作与节奏，开始呼喊整齐划一的号子，并以乐舞的形式传授狩猎或种植技艺，形成诗乐舞三位一体的原始艺术形态。《吴越春秋》中有一首原始狩猎歌谣《弹歌》，“断竹，续竹，飞土，逐肉”，就形象地反映了先民们砍竹、制作工具、猎取禽兽的完整过程，其简洁明快的歌词，富有节奏感的调子，正是先民狩猎生活的真实再现。同一时期，人们还发明了鼓、石磬、陶埙、骨哨、陶哨等乐器，大大提高了乐舞的艺术内涵和表现形式。

到了氏族社会后期，乐舞从即兴抒情发展到具有初步稳定的形式，音乐从呼号到具有简单的旋律和唱词，道具服装从纯自然形态到象征性装饰的出现。这说明，原始乐舞艺术与审美水平在不断提高。

春秋战国时期，民歌大量涌现，除了《诗经》中的“风雅颂”，楚国也出现不少音乐作品，如《阳春》《白雪》《下里》《巴人》《涉江》《采菱》等。屈原创作的《九歌》等大型音乐歌舞，以编钟和建鼓伴奏的“钟鼓之乐”，也是此期乐舞繁荣发展的明证。同时，歌唱家韩娥和演奏家俞伯牙，留下了“绕梁三日”和“高山流水”的千古美誉。孔子从儒家伦理角度，对音乐有不少论述，如“恶郑声之乱雅乐也”“子曰《韶》，尽美矣，又尽善矣”（《论语》），但缺乏系统的理论总结。从理论上对音乐进行评论和总结，并形成先秦音乐理论体系的是公孙尼子所撰的《乐记》。《乐记》对音乐的产生、社会功能与政治的关系、音乐艺术的最高标准做出了详细的论述。首先，他认为音乐源于现实生活，“凡音之起，由人心生也。人心之动，物使之然也。感于物而动，故行于声，声相应，故生变，变成方，谓之音”。其次，他论述了音乐的社会功能与政治的关系，“是故治世之音安以乐，其政和；乱世之音怨以怒，其政乖；亡国之音哀以思，其民困。声音之道，于政通矣”。最后，他强调了音乐内容的重要性，“德成而上，艺成而下”，这一点与孔子的观点不谋而合。

秦汉时期，音乐舞蹈艺术不断发展，出现了相和歌。相和歌是“徒歌”（清唱民歌，没有音乐伴奏，称为“徒歌”或“谣”）的进一步发展，演唱者手执一种叫“节”的打击乐器，与笙、笛、琴、瑟等管弦乐器伴奏应和，即“丝竹更相合，执节者歌”（梁沈约《宋书·乐志》）。初期的相和歌曲式较简单，后来逐渐发展称为艳—曲—乱的曲式结构，与舞蹈结合起来，又称“相合大曲”。汉代的舞蹈艺术成就突出，不仅出现像戚夫人、赵飞燕这样的宫廷舞者，而且民间舞蹈也多姿多彩，形式多样。

魏晋南北朝时期的乐器更为丰富，演奏水平也极高。重要的器乐独奏作品有东晋桓伊创作的笛曲《三弄》，采用了“上声弄”“下声弄”“游弄”的曲式结构，使主旋律在高、中、低三个乐章中反复再现，婉约深沉，节奏明快，后被改编为著名的《梅花三弄》。其他的器乐演奏曲还有梁武帝的《江南弄》、陈后主的《玉树后庭花》《春江花月夜》等。这些反映宫廷生活的音乐作品，具有华美的形式和巨大的艺术感染力。

隋唐音乐别具风采，兼容并蓄，将少数民族音乐和外来音乐引入本土音乐体系。隋炀帝时定下了九部乐：《清乐》《西凉》《龟兹》《天竺》《康国》《疏勒》《安国》《高丽》和《礼毕》，规范了我国的乐部，整体上提高了中国传统音乐的水平。唐初的雅乐沿袭了隋朝的九部乐，唐太宗时期增加了《高昌》乐，至此变为十部。唐代舞蹈舞姿优美，节奏跌宕多变，风格豪迈雄健，如《七德舞》《九功舞》《上元舞》等。玄宗创作的《霓裳羽衣曲》虽是大曲，却以歌舞表演形式出现，其舞姿旖旎婀娜，极具观赏性。民间舞者公孙大娘的《剑器舞》，刚健英武，飘逸洒脱，杜甫曾写《观公孙大娘弟子舞剑器行》一诗，高度赞美公孙大娘出神入化、叹为观止的舞姿："昔有佳人公孙氏，一舞剑器动四方。观者如山色沮丧，天地为之久低昂。"

宋元之际，以诸宫调为代表的说唱艺术代表了此期音乐的最高水平。诸宫调是流传于宋元之间的一种说唱艺术，它取同一宫调的几个曲牌连缀成一个套曲，然后把这些不同宫调的套曲组合成系统化的大型长篇说唱，因此又称诸般宫调。诸宫调连缀多种宫调，富于变化，结构恢宏，富有艺术感染力。无名氏的《刘知远诸宫调》、董解元的《西厢记诸宫调》、元代王伯成的《天宝遗事》等诸宫调作品，情节完整，人物形象鲜明，演唱对白和音乐体系上自成风格，对后来的元杂剧影响巨大，《西厢记诸宫调》被元代作家王实甫改编成《西厢记》，成为享誉中外的戏曲佳作。

以上是对中国传统音乐发展历程的大致梳理，从中可以窥见不同历史时期音乐的发展概貌。从类别上看，中国传统音乐主要有宫廷音乐、宗教音乐、文人音乐和民间音乐，因其产生、功用和审美情趣不同，也呈现出不同的风格特点。

宫廷音乐指的是历代统治者在宫廷内或朝廷仪式中为宫廷统治者演奏的音乐，它具有功利性、礼仪性和旋律节奏"雅化"的特点。西周的"雅乐"和唐朝的燕乐，是宫廷音乐发展的两座高峰。

雅乐是礼乐结合的产物。它是在前代乐舞和民间音乐的基础上形成和发展起来的，包括六代之乐、房中乐和诗乐。其中六代之乐是《云门》《大咸》《大韶》《大夏》《大濩》《大武》等规模宏大的典礼音乐，是诗乐舞综合的音乐形式。六代之乐是当时国家的典范音乐，盛行于夏商周三代，其内容或祭祀天地山川，或歌颂贤德的圣王，如《大韶》《大夏》赞美了舜和尧的功德，《大武》则以战歌的形式，表现了武王伐纣的赫赫军威，再现了周灭商的雄壮场景，对后世影响巨大。房中乐为宫廷后妃所唱的音乐，多从民间采集而来，以琴瑟伴奏，所以《诗经·关雎》中以"琴瑟友之"形容夫妻恩爱和谐。诗乐则是由专人采自民间，进行加工配乐，用"雅""颂"声调歌唱的一种音乐，《诗经》中保存了大量诗乐。

唐代燕乐主要是十部乐，玄宗时分为"坐部伎"和"立部伎"，分别指堂上坐着演奏的音乐和乐伎与堂下立着演奏的音乐和乐伎。“坐部伎”音乐多抒情典雅,“立部伎”音乐则粗犷狂放。唐燕乐中以《霓裳羽衣曲》为代表的大曲将国家的宫廷音乐推向了顶峰。

宗教音乐指由宗教信徒为宗教信仰目的而演奏的音乐,具有仪式性、教义性和神秘性的特点。主要有佛、道两大音乐体系。

佛教音乐包括唱诵音乐和器乐两种,常用于佛教法事活动中。唱诵音乐中的梵呗,演唱速度缓慢,曲调平稳,庄严肃穆。管、笛、笙、云锣、箫、琵琶等乐器,法鼓、手鼓、大磬、木鱼等法器,也常用于佛教音乐中。佛教音乐来自异域,具有明显的异国情调。它又与中国本土音乐相结合,形成“和、静、清、远、古、淡”的审美意境。

道教音乐则是在斋醮和其他活动中使用的音乐,主要有独唱、齐唱、散板式吟唱和鼓乐、吹打乐以及合奏等多种形式,用以赞美神仙,总体风格沉静庄穆、典雅悠缓。

文人音乐是文学与音乐的结合,主要是知识阶层创作的音乐,用以抒情言志,具有独特的文人审美情趣。代表作品有送别之作《阳关三叠》、忠君报国之作《满江红》。《阳关三叠》取自唐代诗人王维《送元二使安西》“西出阳关无故人”一句,又称“阳关曲”,抒发了与友人依依惜别的情谊。《满江红》是宋代文人根据抗金英雄岳飞的词作《满江红》所作的曲调,节奏铿锵,情感激昂,表现了岳飞精忠报国的赤子之心,对后世的仁人志士产生了巨大的精神感召力。

民间音乐多是普通民众所作,具有简易性和集体性特点,传播方式大多是口头传播。中国民乐的代表作有古琴曲《高山流水》《广陵散》《胡笳十八拍》和琵琶曲《十面埋伏》,这些作品或高远,或雄浑,或愁苦,或激愤,展现了不同的演奏特点和音乐风格。此外,还有民间歌曲、歌舞音乐、说唱音乐、戏曲音乐等类型。

## 二、书法

书法是中国独有的艺术门类。中国书法的起源,要追溯到秦代,秦代的小篆笔画线条稳健清丽、秀逸肃穆,结构严谨缜密,均衡对称。秦隶则整齐秀逸,结构平衡工稳。隶书的出现,标志着今文字的最初滥觞,为今后书法艺术的发展开辟了宽广的道路,隶书也成为中国书法字体中的重要一类。

汉代书法成就卓著，各体皆备，隶书在秦汉之际到达顶峰状态，草书、行书、楷书也不断完善，还出现蔡邕、张芝、钟繇等以书法为纯艺术的书法家。晋代王羲之、王献之的出现，将书法艺术推向了新的高峰。王羲之的行书天下第一，被尊称为“书圣”，代表作《兰亭序》等。

唐代创立了“书学”，专门培养书法高级人才，并将书法列入取仕的官制之中，这一举措促进了唐代书法艺术的繁荣发展。初唐尊王（王羲之）风气很盛，当时的四大书家虞世南、欧阳询、褚遂良、薛稷，主要取法于王的字体。中唐书法代表人物有李邕、孙过庭、张旭、李阳冰，之后颜真卿博采众长，创出了丰腴端庄、气势雄浑的“颜体”。至此，唐代书风正式形成。另一位楷书大家柳公权，则创立了清瘦刚健的柳体，显示了大唐的气骨与风度。楷书之外，唐代草书成就突出，草书名家张旭、怀素被称为“颠张狂素”，彰显了唐代豪放飘逸的艺术观念和审美意识。

宋代书法崇帖倾向严重，能多方取法而不断创新者是苏轼、黄庭坚、米芾和蔡襄（世称宋四家）。明清时期的书法艺术整体上比较保守，但仍有一些大家出现，如祝枝山、文征明、徐渭、王铎、傅山、金农、郑板桥、邓石如、何绍基、赵之谦、吴昌硕等。

中国书法从字体类型上分为篆、隶、草、楷、行五大类，每一类都有自己独特的风貌。

篆书出现最早，有大篆、小篆之分。大篆包括殷代甲骨文、钟鼎文和周代的石鼓文。甲骨文以刀代笔，线条有精细方圆的变化；钟鼎文也叫“金文”，整体呈工整凝重之势；石鼓文刚柔相济，结构齐整匀称，呈现出气势浑厚庄重的风格。小篆是在大篆基础上简化和发展而来的，李斯是小篆的鼻祖。小篆与大篆相比，最大的不同在于更加抽象化与规范化。李斯的小篆作品有秦代刻石《泰山刻石》和《峄山碑》，其行笔不疾不徐，线条圆匀劲健。后代篆书多作为艺术欣赏之用，实用价值较小，篆书名家有唐代的李阳冰，五代的徐铉、徐锴兄弟，明代的李东阳，清代的邓石如、吴昌硕等。

隶书首创于秦，汉代被广泛运用，并具有了审美功能。汉代碑文中出现大量的隶书碑刻，如《张迁碑》《礼器碑》《华山碑》《石门颂》等，端庄典雅，拙朴厚重，展示了汉代书法艺术的辉煌成就。隶书的名家有“清初三隶”郑簠、朱彝尊和王时敏，以及金农、邓石如、伊秉绶等。

草书分章草和今草。章草是隶书的草体，由隶书简化而成，可独立成字，现存最早的章草是西汉史游的《急就章》，另有西晋索靖的《出师颂》和陆机的《平复帖》比较有名。今草是章草的进一步“草化”，上下字之间的笔势往往牵连相通，偏旁做了许多省略假借，即今天通称的草书。汉代末年的张芝是今草的创始人，其草书笔势连绵奔放、变化莫测。东晋王羲之、王献之父子对于今草的确立和发展做出了最重要的贡献。王羲之的今草用笔锋藏势逸，流畅俊美，王献之则用笔外拓开朗，锋芒外露。唐代书法家张旭将今草变为狂草，笔势纵横跌宕，气势雄伟，代表作《古诗四帖》，行笔迅急，气势磅礴，线条飞扬跳跃，把书法艺术的抒情性升华到前所未有的高度，人称“草圣”。

楷书源于隶书和章草，孕育于汉代，开始于三国，盛行于魏晋南北朝，鼎盛于唐代。楷书的点画形式更为丰富，结构变化多端，凸显了汉字的艺术性。初唐四大家都擅长写楷书，中晚唐的颜真卿兼备众体，形成“点如坠石、画如夏云、钩如层金、戈如发弩，纵横有象，低昂有志”（宋代朱花文《墨池编》）的“颜体”，以骨力雄强，筋肉丰实见长，强烈地表现了盛唐气象。正如苏轼所言：“诗至于杜子美，文至于韩退之，书至于颜鲁公，画至于吴道子，而今之变，天下能事毕矣。”（苏轼《东坡题跋》）颜真卿的代表作有《麻姑仙坛记》《颜家庙碑》，被后世奉为至宝。颜真卿与后来的柳公权并称“颜柳”，对后世楷书的发展影响巨大。

行书是介于草书与楷书之间的一种书体，自汉代以来一直备受欢迎。晋代是行书发展的第一座高峰，王羲之是最杰出的代表。他的《兰亭序》被称为“天下第一行书”，该作品用笔有藏有露，侧笔取势，遒媚劲健，自然精妙；结构上则变化多姿，匠心独运，譬如文中 20 个“之”字，7 个“不”字，6 个“一”字，5 个“所”字，3 个“足”字，虽重复出现，却无丝毫雷同；章法上则疏密邪正，大小参差，承接呼应，虽字与字之间绝少牵丝连带，却一气连贯，神采焕然。作者的气度、风神、襟怀、情愫在这件作品中得到了充分的体现。唐代是行书发展的第二座高峰，李邕取法二王而又有六朝气势，笔力沉雄，结字沉稳，自成一家，代表作是《云麾将军李秀碑》。颜真卿的行书代表作《祭侄文稿》，因苍劲挺拔的气骨和卓然的气节，被誉为“天下第二行书”。宋代是行书发展的第三高峰，开启了“尚意”的新风。宋四家是其代表。苏轼的行书用笔圆润含蓄，结构生动自然，以气韵见长，代表作是《前赤壁赋》和《寒食帖》。黄庭坚的行书遒劲洒脱，代表作《松风阁帖》《苏轼寒食帖跋》。

米芾的行书飘逸洒脱，节奏强烈而气势磅礴，代表作有《蜀素帖》。蔡襄行书则以温淳婉媚为特色，代表作《自书诗卷》。元代赵孟頫、鲜于枢，明清文征明、董其昌、刘墉、何绍基和赵之谦也是行书名家。

中国书法兼具实用性与艺术性，体现了文人的审美情趣和艺术观念，又融入了中国传统哲学思维方式，既彰显了人之美，也象征了宇宙自然之美。首先，中国书法彰显了人之美。书法是情感和人格的外化，是书法家个人风貌的体现，所谓“书如其人”。王羲之超逸俊美的行书，表现了他飘逸潇洒的风度；颜真卿庄严整肃的楷书，表现了他豁达的心胸和凛然的傲骨，正因为此，他才能写出令人泣血的《祭侄文稿》，才能在70岁高龄慷慨赴国难；张旭狂放不羁的草书，表现了他的喜悦、悲愤、思慕、不平等心态。其次，书法象征了宇宙之美。篆、隶、草、楷、行虽书体不同，风格各异，但都遵循美与和谐的自然规律。书法家用笔锋的藏露、运笔之迟速、转折之方圆、收笔之锐钝、谋篇布局之整饬错落，营造动静有致、虚实结合的审美艺术境界，使中国的书法艺术具有抽象之美。最后，书法也受时代风尚影响，反映一个时代的审美风貌。

### 三、绘画

中国的绘画，可追溯到彩陶和青铜纹饰，如西安半坡的仰韶彩陶文化和河南郑州大河村的阳鸟纹饰，线条流畅，图案生动，反映了初民的艺术审美水平。春秋战国时期，出现了壁画、帛画和漆画。这一时期的壁画有写实倾向，善于刻画人物特征，《孔子家语》中载：“孔子观乎明堂，睹四门墉，有尧舜之容，桀纣之像，而各有善恶之状，兴废之诫焉。”能从画像中窥见人之形貌善恶，可见当时的绘画已经达到一定水平。漆画是指漆器工艺品上的彩绘，从今天河南信阳、湖南长沙、湖北江陵等地出土的精美漆器看，漆画的题材内容非常丰富，既有对现实生活如狩猎、歌舞、出巡、奏乐、射杀、宴庆的描绘，也有神话传说内容，如夔龙、凤鸟、鹿等。

汉代绘画成就主要体现在帛画、壁画、画像石、画像砖上，另外还有木版画、漆画等。汉代的帛画，以长沙马王堆一号墓出土的帛图最为精彩。汉代壁画多为墓室壁画，画像石、画像砖多用于建筑，存世较多。汉代瓦当是建筑中的附属物，上面多用图案、纹饰或文字装饰，也被当成了一种艺术。瓦当艺术由秦入汉进入它的极盛期，题材广泛，青龙、白虎、玄武、朱雀等“四神”是瓦当上最常见的图案。瓦当绘图总体风格古朴凝重，简约洗练，富有神秘气氛和浪漫精神。

魏晋六朝是中国绘画的形成期。随人物品藻兴起了“以形写神”的人物画，顾恺之是其代表；随寄情山水产生了使人可“澄怀味象”的山水画，宗炳、王微是其代表；随佛寺佛窟的兴建产生了宗教壁画，敦煌壁画是其代表。

唐代绘画主要有人物、山水、花鸟动物等，阎立本、吴道子、张萱、周昉善画人物，李思训、李昭道、王维、张操善画山水，薛稷、曹霸、韩幹、边鸾善画花鸟动物。唐代宗教画以敦煌莫高窟壁画为代表，莫高窟的人物典丽雍容，婀娜多姿，集中体现了唐代社会勃发强盛的精神和包容开放的审美心理。

宋元时期，古代绘画艺术达到了新的高峰。宋代帝王多喜好绘画，北宋建立“翰林书画院”，以培养和储备优秀的绘画人才，《清明上河图》的作者张择端便是优秀的宫廷画师之一。宋代绘画具有浓厚的世俗风味，风俗画反映不同的生活场景，如踏歌、耕织、村牧、捕鱼、七夕夜市、清明上河等，不拘一格，具有重要的民俗学价值。宋代山水画也极为兴盛，据统计，宋代山水画家有 180 人之多，其中以李成、范宽、郭熙、李唐、马远、夏圭为卓越代表。元代山水画继承了两宋的画风，并借以遣兴抒怀，赵孟頫、黄公望、王蒙、倪瓒、吴镇等人，以其共同的审美情趣和卓越的画技，把元山水画推到了一个历史新高度。文化的兴盛，带来了文人画的勃兴。文人画重在抒情写意，内容多为梅、兰、竹、菊，如王冕就以画梅著称，其《墨梅》诗中有“不要人夸好颜色，只留清气满乾坤”的品格写照，体现了文人画轻技法、重写意的艺术特点。

明清两代的绘画呈现总结与嬗变的特点。明代山水画有浙派和吴派两大流派，浙派以戴进为代表，画风舒朗淡雅，善于运用水墨的浓淡变化表现山水百态，多用劈皴，线条跌宕坚劲，奠定了浙派山水的基本美学风格。吴派画家崛起于明代中期的苏州，以沈周、文征明和唐寅为代表。唐寅一生遭际坎坷，放浪形骸，诗酒风流，其作品《松溪独钓图》《风木图》《骑驴归思》等，大都抒发他的人生失意和愤慨之情。此外，以董其昌为代表的华亭派、以蓝瑛为代表的武林派、以项元汴为代表的嘉兴派，也是明代山水画的重要流派。

此外，明代民间版画也十分盛行。版画主要有三类，一类是风俗版画，如年画、孝行图、九九消寒图等；另一类是小说插图；还有一类是木刻的画谱。风俗版画与人们的日常生活息息相关，根据不同的节气，用到不同内容的版画，如除夕张贴门神，十一月张挂《九九消寒图》，等等。明代中叶以后，通俗小说戏曲非常流行，于是小说戏曲的插图也成为一种独特的版画。这些插图能紧扣故事主题，反映主要故事情节，人物和场景细腻逼真，为小说戏曲增色不少。成功的小说戏曲插图如“三言二拍”《忠义水浒传》《金瓶梅词话》《琵琶记》《西厢记》《牡丹亭》等，代表了明代版画的最高水平。

清代画坛有两个派别：宫廷派和在野派。宫廷派的绘画风格工稳典雅，精湛华美，体现技巧和功力；在野派作品则蓬勃率简、狂放不羁，侧重表现情感意趣的抒发。“四王”（王时敏、王鉴、王翚、王原祁）是统治者公认的“正统”，是宫廷画派的代表。“四僧”（张仁、髡残、八大山人、石涛）的画风奔放，不拘一格，流露出伤感落寞的情绪及不平郁愤之气，受到失意文人的追捧。不同于明代花鸟画的写意，清代花鸟画流派众多，风格多样。“扬州八怪”（汪士慎、金农、郑燮等八人）的作品体现独特的美学理念，即超越纯物象的模拟束缚，重点突出和表现观念、情感的哲理化境界与象征寓意，使物象具有人格化的显示，从而充分展现人的主体精神与个性抒发。如金农的“布置花木，奇柯异叶，设色尤异，非复尘世间所睹”，郑板桥（郑燮）的“长于兰竹，兰叶尤妙，焦墨挥毫，以草书之中竖长撇法运之，多不乱，少不流，脱尽时习，秀劲绝伦”（《国朝画征录》），即体现这种“无法而法”，自由创作的特点。清末的“海派”画家包括任熊、任薰、任颐、吴昌硕等，他们敢于突破传统，兼容并蓄，为当时的画坛提供了新的审美与表现方法，同时也为现代绘画艺术的发展做了铺垫，有承前启后的历史作用。

中国绘画的题材主要有三类：人物画、山水画和花鸟画。

人物画在中国绘画领域里历史最悠久，也是与社会生活和文化发展最为密切的绘画形式。目前能见到的最早人物画是春秋战国楚墓帛图《龙凤画》和《御龙图》，图中的龙凤和御龙升天的形象，反映了楚地的原始神话信仰。历史上比较著名的人物画有晋代顾恺之的《洛神赋图卷》、唐代阎立本的《历代帝王图》、吴道子的《送子天王图》和宋代张择端的《清明上河图》。

顾恺之，东晋最伟大的画家，精于人像、佛像、禽兽、山水，谢安曾称赞他“苍生以来，未之有也”，对其推崇备至。顾恺之与陆探微、张僧繇和曹不兴合称“六朝四大家”。其《洛神赋图卷》是根据曹植的辞赋名篇《洛神赋》而创作的，以曹植和洛水女神宓妃的相遇、相恋和分离展开，分段描绘赋意，充满了浪漫的色彩与伤感的气息。绘画技巧上,运用“高古游丝描”勾画人物,使人物风姿毕现;采取俯视角度,视野开阔。画作色彩艳丽而不媚俗,意境典雅绮丽,是古代绘画艺术中的珍品。

初唐画家阎立本身居高位,擅长帝王题材,其《历代帝王图》共画了从汉至隋的13位帝王,分别是:前汉昭帝、汉光武帝、魏文帝曹丕、吴主孙权、蜀主刘备、晋武帝司马炎、陈宣帝陈顼、陈文帝陈蒨、陈废帝陈伯宗、陈后主陈叔宝、北周武帝宇文邕、隋文帝杨坚、隋炀帝杨广。每位帝王旁均有榜书,有的还记述其在位年代及对佛道的态度。这些帝王既有作为封建统治者共同的气质仪容,又由于政治作为和命运遭际不同,呈现不同的个性特点,如魏文帝曹丕机敏能干,晋武帝司马炎气宇轩昂,陈后主则轻靡浮躁,可见此画有鉴戒教训的政治意图。

吴道子,唐玄宗时著名的宫廷画师,阳翟(今河南禹州)人。擅佛道、神鬼、人物、山水、鸟兽、草木、楼阁等,尤精于佛道、人物,长于壁画创作,史称“画圣”。据北宋《宣和画谱》载:“吴道子,少孤贫,客游洛阳,学书于张颠、贺知章,不成,因工画。未冠,深造妙处,若悟之于性,非积习所能致。”可见他早年即醉心于书画,后敢于“出新意于法度之中,寄妙理于豪放之外”(苏轼《书吴道子画后》),终成一代名家。其代表作《送子天王图》,又名《释迦降生图》,是一幅宗教题材的画作,共分三段,描绘了佛祖释迦牟尼降生为悉达多王子后,其父净饭王和其母摩耶夫人抱着他去朝拜大自在天神庙时,诸神向他礼拜的故事。作者想象奇特,以释迦牟尼降生为中心,使天地诸界情状历历在目,令人神驰目眩。画作布局合理,张弛有度,重线条和运笔,以动势表现生气,打破了长期以来沿袭顾恺之的“游丝线描法”,开创了兰叶描。又因其笔势圆转,所画人物衣带如被风吹拂,飘逸轻盈,后人誉为“吴带当风”。画中人物皆为异域人物,吴道子却将其形象中国化,图中天神、帝王、婴儿、侍女的服饰、造型,都与大唐帝王、后妃及其他阶层人物极为相似。可以说,《送子天王图》开创了中国宗教画本土化的新时代,给日后的宗教题材绘画尤其是佛教壁画带来深刻的影响。

《清明上河图》是张择端的风俗画,充满着生活气息,以鸟瞰式构图,描绘了清明时节,北宋京城汴梁(今河南开封)从城郊到城内街市的繁荣景象。画中有士农工商、医卜僧道、男女老幼550多人,百态具备,姿色各异,为世罕见。作者用传统的手卷形式,采取“散点透视法”组织画面。画面长而不冗,繁而不乱,严密紧凑,如一气呵成。画中所摄取的景物,大至寂静的原野,浩瀚的河流,高耸的城郭;小到舟车里的人物,摊贩上的陈设货物,市招上的文字,丝毫不失。画面中,穿插着各种情节,组织得有错落有致,同时又具有情趣。整幅画作气势宏大、构图严谨、笔法细致,充分表现了画家对社会生活的深刻洞察力和高超的艺术表现能力,为中国十大传世名画之一。

山水画是中国古代绘画中最兴盛的一个画种,是中国绘画艺术有别于西方绘画艺术的一个显著标志。山水画成熟较晚,魏晋六朝还仅作为人物画的背景,隋朝展子虔的《游春图》是现存最早的山水卷轴画,他创立了"青绿山水法",对唐代绘画影响深远。唐代山水画有两大派别,一是李思训、李昭道父子的青绿山水画派,一是王维的水墨山水画派。王维的《辋川图》,笔墨清润婉约,气韵恬静淡雅,湖中山水相映,有一种深远空遂、清高幽僻之美,与其山水田园诗有异曲同工之妙,故苏轼评其画曰:"味摩诘之诗,诗中有画;观摩诘之画,画中有诗。"(苏轼《东坡题跋・书摩诘〈蓝田烟雨图〉》)后世山水画名作有五代董源的《潇湘图》、元赵孟頫《秋郊饮马图》、黄公望的《九峰雪霁图》和倪瓒的《渔庄秋霁图》。

花鸟虫鱼也是中国绘画表现的内容之一,花鸟画始于中唐,成于晚唐,盛于五代,自兹以后才蔚然成风。中国的花鸟画名作有五代时黄筌《写生珍禽图》和徐熙的《雪竹图》、宋代文同的《墨竹图》、元代王冕的《墨梅图》,以及清代"八大山人"朱耷的《荷花小鸟图》、郑燮的《悬崖兰竹图》和吴昌硕的《桃实图》。

中国绘画技法多样,有工笔、写意、勾勒、没骨、设色、水墨,以勾皴点染、干湿浓淡、阴阳向背、虚实疏密和留白等表现手法来描绘物象与经营构图。取景多用散点透视,视野开阔,使人游目骋怀。主张"意存笔先,画尽意在",如苏轼《文与可画筼筜谷偃竹记》中所说的"胸有成竹""得其意",偏重传神达意。此外,中国绘画与文学、书法、篆刻互相影响交融,形成了诗、书、画一体的艺术传统,在世界美术领域中别具风格。

## 四、戏曲

中国古典戏曲经历了漫长的发展时期,一般认为古代傩戏中便有了戏曲表演的因子,汉代百戏、唐代参军戏和宋金院本、诸宫调为戏曲的发展积累了丰富的艺术经验,至元杂剧,戏曲这种综合舞台表演艺术才以成熟的面目出现在中华曲苑中，其后的明清传奇则将戏曲表演艺术和戏曲美学推向了顶峰。

在戏曲发展史上，人们对“戏曲”概念的理解并不一致。“戏曲”一词最早见于元代人陶宗仪所撰的《南村辍耕录》中：“唐有传奇、宋有戏曲、唱浑、词说，金有院本、杂剧、诸宫调。”这里的“戏曲”，实际上指的是宋代勾栏瓦肆中流行的杂剧本子，并不能概括所有戏曲类型。清末姚燮《今乐考证》把戏曲作为一种表演艺术，至王国维的《宋元戏曲考》，戏曲才开始作为中国传统戏剧文化的总称逐渐被世人认可。

中国传统戏曲起源于原始歌舞，“歌舞之兴，其始于古之巫乎？巫之兴也，盖在上古之世”（王国维《宋元戏曲史》）。意即上古的歌舞活动，与原始巫术有直接关系。周代以后用于祭祀活动的傩戏，可以说是最古老的戏曲。傩戏包括傩舞和巫舞，都具有表演性质。傩舞是一种驱鬼的仪式，表演者要带着恐怖的面具，着奇怪的服装，边跳边狂叫，保留着原始时代的一些舞蹈动作。巫舞是祭祀时的歌舞，有一定的情节和人物，如屈原《九歌》中“灵偃蹇兮姣服，芳菲菲兮满堂”（《东皇太一》），“成礼兮会鼓，传芭兮代舞”（《礼魂》），就再现了当时隆重肃穆的祭神、娱神仪式。故此，王国维先生认为，这种祭祀活动，“或偃蹇以象神，或婆娑以乐神，盖后世戏剧之萌芽”（《宋元戏曲史》）。

汉代“百戏”盛行，所谓“百戏”，应该是民间乐曲、角抵戏和各类杂技的总称，不是单纯的戏曲表演。张衡《西京赋》中有“临迥望之广场，程角抵之妙戏。……跳丸剑之挥霍，走索上而相逢”，还有“吞刀吐火，云雾杳冥。画地成川，流渭通泾。东海黄公，赤刀粤祝。冀厌白虎，卒不能救”的记载，其中《东海黄公》的角抵戏，说的是东海人黄公，年轻时有法术，能兴云雾制蛇御虎。但年老力衰，法术失灵，终为虎所杀的故事。这一角抵戏有演员饰演人物，并表现一个完整的故事，是我国古代的短剧之祖。

唐代的歌舞戏和参军戏，是中国戏曲的雏形。歌舞戏如《踏摇娘》《兰陵王》《拔头》等，由演员装扮角色，运用歌舞手段，表现简单的戏剧冲突。《踏摇娘》是当时流行的歌舞戏，据《旧唐书·音乐志》记载：“踏摇娘生于隋末河内。河内有人，貌恶而嗜酒，常自号郎中；醉归，必殴其妻。其妻美色善歌，为怨苦之辞。河朔演其声而被之弦管，因写其夫之容；妻悲诉，每摇顿其身，故号‘踏摇娘’。”作品演绎了一个美貌而善歌的女子，被丈夫虐待的故事，对宋金院本和诸宫调影响很大。

参军戏略晚于歌舞戏，以动作和说白为主要表演手法，一般有“参军”和“苍鹘”两个角色，互相问答，情节简单，即兴表演，以滑稽讽刺为主。歌舞戏和参军戏对后世戏曲的发展，产生了重要影响。

宋金元时期，诸宫调兴起。诸宫调是从变文和教坊大曲、杂曲的基础上发展而来的，因集若干套不同宫调的曲子轮递歌唱而得名。以说唱为主，又因为它用琵琶等乐器伴奏，故又称“弹词”或“弦索”。诸宫调在两宋和金元之际广受欢迎，以至于北宋时“士大夫皆能诵之”（宋王灼《碧鸡漫志》），南宋时杭州知名诸宫调艺人还有六七人。诸宫调篇幅宏大，结构完整，是由说唱、歌舞到戏曲的演化过程中的过渡形式。

元代杂剧是一种真正成熟的戏曲艺术，代表了元代艺术的最高成就。元杂剧是金院本和诸宫调相结合的产物，它有机融合了前代各种表演艺术成果，创造性地把唱念科舞等艺术有机结合一起，形成一种用北曲演唱的，表演完整故事，人物角色众多的综合性的表演艺术形式。元杂剧的剧本体制，绝大多数是“四折一楔子”，一折即一个剧情段落，大致暗含了故事的发生、发展、高潮和结局四个段落。楔子一般放在第一折前，起到补充、说明的作用，类似于后来戏曲中的“序幕”。元杂剧以歌唱为主，说白为辅，每一折由同一宫调的若干支曲子联成一个套曲，一韵到底，一人主唱（由扮演男主角的正末或扮演女主角的正旦演唱），因此有末本戏和旦本戏之分。元杂剧的角色主要有末、旦、净、外、杂几种，后来随着戏曲艺术的发展，不断丰富和增加。元杂剧创作方面，主要有关汉卿、马致远、白朴、郑光祖、王实甫等，前四人又称“元曲四大家”，皆有佳作传世。关汉卿的杂剧有历史剧、爱情剧和公案剧，代表作《窦娥冤》以窦娥的不幸遭遇，痛斥了官府的黑暗虚伪，表达了对劳动人民的深切同情。王实甫的《西厢记》，取材于唐元稹的传奇《莺莺传》和金代董解元的《西厢记诸宫调》，热情歌颂了张生和崔莺莺为争取爱情和自由而表现出的强烈抗争精神，并提出了“愿天下有情人终成眷属”的爱情主题，对明清的小说戏曲产生深远的影响。

明清时期，杂剧日益衰落，兴起于南方民间的南戏则蓬勃发展，并最终成为中国戏曲发展史上的另一座高峰——明清传奇。明代传奇的主要声腔有海盐腔、弋阳腔、余姚腔和昆山腔等。明代中期，戏曲音乐家魏良辅改革了昆山腔，使其由粗俗的民间小调，变成备受文人士大夫追捧的“昆腔”，因其细腻柔婉，也叫“水磨腔”。这一改革，大大提高了明代传奇的艺术品位，使昆曲成为“百戏之祖”。明初南戏以高明的《琵琶记》为代表，叙写蔡伯喈和赵五娘的“全忠全孝”，成就有限。明中叶以后的《宝剑记》《鸣凤记》和《浣纱记》，或取材于历史故事，或直斥现实，表现了强烈的反封建、反礼教精神，彰显了个性解放的要求。

明代传奇最杰出的作品是汤显祖的《牡丹亭》。汤显祖一生共创作四部戏曲作品，即“临川四梦”，包括《紫钗记》《邯郸记》《南柯记》和《牡丹亭》。《牡丹亭》取材于话本《杜丽娘慕色还魂》，共55出，借杜丽娘为追求爱情死而复生的故事，强烈地表达出对封建礼教的挑战和反叛，对青春、爱情和自由的无限向往。他提倡“至情”说，“情不知所起，一往而深。生者可以死，死可以生。生者不可与死，死而不可复生者，皆非情之至也”（汤显祖《牡丹亭·题词》），主张以情反理，用浪漫主义和现实主义结合的艺术手法，召唤被封建礼教裹挟的人性之光，对《长生殿》《桃花扇》《红楼梦》等巨著有深刻的启迪意义。《牡丹亭》情节曲折，人物形象鲜明生动，曲词华美典雅，其中第十出《游园》中【皂罗袍】的唱词“原来姹紫嫣红开遍，似这般都赋予断井颓垣。良辰美景奈何天，赏心乐事谁家院”意境优美，抒情深婉含蓄，备受后世赞誉。《牡丹亭》因其深刻的思想内容和卓越的艺术成就，成为昆曲舞台上流传四百年而常演不衰的经典剧目，汤显祖也因此被誉为“中国的莎士比亚”。

清代传奇的代表作是《长生殿》和《桃花扇》，戏曲史家将这两部杰作视为传奇的“压卷之作”，是传奇达到顶峰的标志，也是明清传奇创作最后的辉煌。

明清时期，昆曲被视为雅部正声，乾隆年间，梆子、皮黄和弦索等地方剧种开始兴起，这些剧种被称为“花部”或“乱弹”。花部作品直接取材于民间，富有生活气息和旺盛的生命力。1790 年，为了给乾隆做 80 岁寿诞，“三庆班”入京演出。至嘉庆、道光年间，出现了京都舞台“四大徽班”同盛的局面，“花雅之争”也愈演愈烈。徽班进京后在艺术上精益求精，善于融会贯通，最终形成了今天的国粹——京剧。雅部昆曲在清后期迅速衰落，多数剧目以折子戏的形式流传。新中国成立后，文艺界展开拯救传统戏曲的活动，昆曲渐渐恢复了艺术生命力，并于 2001 年 5 月 18 日被联合国教科文组织认定为第一批“人类口头和非物质文化遗产”。

被称为“花部”的地方剧种，在清中叶以后蓬勃发展起来，其中豫剧的发展引人注目。豫剧原名河南梆子，也叫河南讴、靠山黄、豫梆、土梆戏、高调等。一般认为，它发源于河南开封，据徐珂《清稗类钞》“土梆戏”条载：“土梆戏者，汴人相延之戏曲也。其节目大率为公子遭难、小姐招亲及征战赛宝之事。道白唱词，悉为汴语。”从乾隆年间至今，已流传了 250 年。豫剧经典曲目众多，表演艺术精湛，戏曲名家层出不穷，而且在漫长的发展历程中，形成了具有典型中原文化特色的表演风格，唱腔粗犷豪放、大气磅礴、质朴通俗、节奏明快、热闹红火，富有生活气息，体现了中原人豪爽干脆的精神气质。如今，豫剧是全国五大戏曲剧种之一，因拥有最多的专业戏曲团体和从业人员，成为中国第一大地方剧种。豫剧名家常香玉、马金凤、牛得草、李树建、金不换等，继承中有创新，把豫剧艺术不断地发扬光大，而《花木兰》《抬花轿》《七品芝麻官》《程婴救孤》等豫剧名作，已成为河南戏曲文化的响亮名片。

中华戏曲是最具民族特色的表演体系，它呈现出三个特征：高度综合性、虚拟性和程式化。中国戏曲是高度综合的舞台艺术，它全面运用了歌、舞、说、唱等艺术手段，并兼容了诗词、小说、艺术、杂技、音乐、绘画、雕塑等多方面的艺术或技术因素，充分发挥了空间艺术和时间艺术的长处，形成了别具特色的表演体系。中国戏曲以虚拟作为反映生活的基本手段，以虚拟动作和虚拟台词，表现复杂的剧情和漫长的时间过程，突出强烈的写意性。戏曲表演程式化，唱、念、做打等艺术手段源于生活，又经过舞台加工，形成固定的表演程式。

当前，中华剧坛百花齐放，百家争鸣，传统戏和现代戏互相辉映，共同谱写了繁荣昌盛的梨园盛景。

## 五、雕塑

雕塑艺术在中国起源很早，河姆渡文明中的陶猪、青铜器上的浮雕，如河南洛阳出土的司母戊大方鼎上的夔龙、饕餮纹样，都彰显了早期人们的艺术创造力。秦汉之际，雕塑艺术全面成熟，代表作品是秦始皇陵兵马俑和霍去病墓前的石雕群。隋唐时期是宗教雕塑艺术的黄金时代，莫高窟、麦积山、天龙山、龙门石窟等，各具特色。宋元之际陶瓷艺术兴盛，宋元瓷器兼具工艺性、实用性与审美性，在世界上享有盛誉。明清的雕塑偏于模式化，整体艺术水平不高。

中国雕塑主要有四个集群组成：一是陵墓集群，包括陵墓表饰（华表、石人、石兽等）、墓室雕饰（墓门、墓道、宫床等墓内建筑雕饰及墓内肖像）、明器艺术（陪葬用的俑和动物造型、建筑模型和器物模型）。二是宗教集群，包括佛道寺庙和佛教石窟里的塑像、浮雕。三是建筑装饰，包括宫殿、苑囿、会馆、牌坊、居民、桥梁等建筑物上的装饰性雕塑。四是工艺雕塑，包括工艺性的泥塑、瓷塑、金属塑铸、木雕、干漆雕塑、竹雕、根雕、石雕、玉雕、牙雕、骨雕、角雕、果核雕等。前两类由于与中国文化的两大重要事务（敬祖与宗教）有关，因而规模更加宏大，成就最为突出，文化内涵更为厚重。第三类从功能和艺术类型的旨趣上可以并入第一类。第四类则纯为个人兴致和爱好，为私人清赏所用，数量和规模较小。

明器雕塑。明器也称冥器、盟器，指古代用于陪葬的代替实物的模型。在陪葬之风盛行的夏商周时代，贵族墓穴中往往以人、兽和日用器物陪葬。汉代后期，以明器陪葬就盛行起来，隋唐还出现了专门销售明器的店铺，时人谓之“凶肆”。明器雕塑主要有人像、动物、建筑和车船模型，反映了人们希望死后继续享受生活的美好愿望。秦汉和隋唐时期，是明器雕塑艺术发展的两个高峰期。

秦始皇陵兵马俑是秦朝明器雕塑的代表，被誉为“世界第八大奇观”。它于1974年在陕西临潼出土，是秦代较完整的规模巨大的雕塑群。共有三个葬坑，一号坑埋葬着与真人真马等高的陶塑兵马俑约6000件，系以战车和步兵混合编组的主力部队；二号坑概有俑器1500件，为弩兵、战车、骑兵穿插组成的混合部队；三号坑最小，共有俑器69件，有战车、马匹、御者、武士、系统帅一、二号坑的军事指挥部，从而组成一个统一完整、威武雄壮的军阵构图。秦陵兵马俑规模宏大，气势雄伟，令人惊叹。兵俑个体形象塑造非常成功，他们形态各异，大致有军吏俑、着甲步兵俑、轻装步兵俑、立式弩弓俑、蹲式弩弓俑、骑兵俑、车士驭手俑等7类。这些兵俑面部特征富有个性，或威武庄重，或沉着刚毅，或木讷老成，或稚气活泼，形象逼真，无一雷同，但又共同具有秦川一带人物的相貌特征。秦始皇陵兵马俑以其写实性和卓越的艺术性，为后世陶俑的发展，提供了有益经验。

唐代是中国明器雕塑的全盛时期。唐代国力强盛，文化开放，唐人自信乐观，明器雕塑也彰显了这一时代精神。唐代贵妇俑体态丰腴，仪态温婉大方;武林俑则脚踏夜叉、全副戎装、表情严肃。艺术技巧上,唐代明器雕塑采用写实和夸张相结合的手法,如大部分贵妇俑,其脸部上小下大,颈部丰硕,五官往中间集中,小口,以突出妇俑的富贵相。工艺上,唐人发明了三彩釉,并将它作为明器雕塑上的彩妆,使明器雕塑异彩纷呈。

陵墓雕塑。陵墓雕塑指陵墓周围设立的石人、石兽等仪式性雕塑,它是古代厚葬制的产物。汉代以前的陵墓雕塑有历史记录,但时代久远,实物已经不可考。汉代帝王陵墓的地面建筑也已破坏殆尽,仅存汉武帝茂陵的陪葬墓——霍去病墓前的一组珍贵石雕群,代表着汉代陵墓雕塑的最高水平,其价值足以与秦陵兵马俑相提并论。这一石雕群的作品约有十几件,其中有卧象、卧牛、跃马、卧马、蟾、蛙、鱼、野猪、伏虎及“怪兽食羊”“野人搏熊”“马踏匈奴”及无腿胡人等,全部用花岗岩雕成。“马踏匈奴”为墓前石刻的主像,长 1.9 米,高 16.8 米,为灰白细砂石雕凿而成,石马肥壮矫健,昂首站立,尾长拖地,腹下雕手持弓箭匕首、长须仰面蹙眉挣扎的匈奴人形象,狼狈不堪,象征性地歌颂了霍去病将军抗击匈奴的赫赫战功,是最具代表性的纪念碑式的作品。

唐代陵墓雕塑的代表是“昭陵六骏”,它是以唐太宗李世民征战沙场时最爱的六匹骏马为原型雕刻成的浮雕作品,由唐代工艺家阎立德和画家阎立本共同完成。六匹战马姿态各异,或伫立,或缓行,或疾驰,但都有孔武剽悍的体魄,勇猛不屈的品质。“昭陵六骏”造型优美,雕刻线条流畅,刀工精细、圆润,是珍贵的古代石刻艺术珍品。

佛教造像。佛教雕塑起自魏晋南北朝时期,是伴随着佛教的兴盛而产生的一种雕塑种类。佛教造像包括四个部类,分别是佛部像(释迦牟尼及其衍生的三世佛)、菩萨部像、声闻部像(佛的弟子及罗汉)和护法部像(保护佛法的天王、力士等)。从样式上看,主要有石窟造像和寺庙造像。

中国的石窟造像数量众多,难以统计,主要集中在敦煌莫高窟、大同云冈石窟、洛阳龙门石窟以及天水麦积山石窟等几大著名石窟中。不同时代的石窟造像受当时审美风格的影响,呈现出不同的艺术风格。总体而言,魏晋六朝,瘦骨清相;隋唐五代,圆满丰腴;有宋以降,匀称多媚。同时,随着佛教在中国的本土化及世俗化,造像也呈现这一特点。早期的石窟造像宗教色彩浓厚,神、人距离较远,具有强烈的神秘感。魏晋南北朝及隋唐时期,石窟造像的人神关系变得更为亲近、和谐,最具代表性的雕塑作品是唐代建造、保存于洛阳龙门石窟奉先寺的卢舍那大佛。卢舍那大佛是武则天根据自己的容貌仪态雕刻的佛像,通高 17.14 米,头高 4 米,耳长 1.9 米。大佛身着通肩大衣,自右肩回绕至左肩,覆盖着全身的舒缓的衣褶,飘逸而浩荡。看似流水,然而在薄薄的衣襞下却显示出壮硕躯体的健美之质感。透过佛身壮实厚重、韵律般的道道曲线,以及额面上大而弯曲的眉线和微微浮起的唇线,我们看到了旺盛的生命力和鲜活的艺术气息。

寺庙造像与石窟造像产生的年代大致相同,但材料不同,石窟为石雕,寺庙造像多为泥塑,因此保存的时间有限,今天能见到最早的地面寺庙造像是建于唐代的五台山南禅寺大殿和佛光寺大殿的泥塑造像。虽然经过后世重修,但基本保持了唐代的造像风貌。宋代寺庙造像主要是罗汉和菩萨像,代表性作品是山东长清灵岩寺罗汉群像和苏州甪直镇保圣寺的罗汉群像。灵岩寺今保存40 尊罗汉塑像,以写实手法雕刻而成,风格细腻逼真。甪直镇保圣寺的罗汉群像,原有 18 尊,后经历风雨侵蚀、战火洗礼,今仅剩 9 尊。

中国古代雕塑的写意特点非常鲜明,无论是早期陶器、青铜器上的雕饰还是秦汉以后的大型陵墓雕塑和佛教造像雕塑,都与客观对象保持较大的距离,不重视事物的再现,而重视雕塑作品所蕴含的社会理想和审美理性,具有高度的意象性。

# 第八章　中国古代科技文化

科学技术史是人类文明史中一个极其重要的组成部分，融入了劳动人民的智慧和汗水。英国科学家李约瑟在他的巨著《中国科学技术史》中写到，中国人“在许多重要方面有一些科学技术发明，走在那些创造出著名的‘希腊奇迹’的传奇式人物的前面，和拥有古代西方世界全部文化财富的阿拉伯人并驾齐驱，并在3世纪到13世纪之间保持一个西方所望尘莫及的科学知识水平”。中国古代的科学技术为世界文明发展做出了巨大的贡献，诚如李约瑟所说：“要是没有这种贡献，就不能有我们西方文明的整个发展历程。”

## 第一节　中国古代科技文化的特征

科技文化指的是人类在认识世界和改造世界的过程中，利用科学技术使自身生活方式不断发生变革所获得的能力及其产品的总和。中国古代科技文化是以农业、畜牧业和相对弱小的手工业为物质基础，以自然经济为主要经济形态，以血缘为主要社会关系而形成的各种文化因素的总和，存在于中华民族文化中。从远古时代到近代自然科学诞生以前，中国文明的发展趋势总体上是不断向前的，中国古代科技曾长期处于世界领先的位置。作为中国传统文化的重要组成部分的中国古代科技文化，不仅推动了古代中国社会的发展，而且为世界文明的进步做出了重要的贡献。就其发展特点来说，主要呈现出直观经验性、实用性和整体性的特征。

### 一、直观经验性特征

在科学不发达的古代，人们对自然界的认识往往是靠感性直觉和猜测领悟来实现的,中国古代的科技也呈现出明显的“直观经验性”特点。譬如古代数学,大量的应用题只有题目而无中间计算过程,“发展了两千多年仍没有形成自己的逻辑体系,没有发明自己的符号系统,甚至连个引号也没引入”。再譬如,拥有丰富观测资料的天文学,也只是为制定历法服务,缺乏理性探讨。从春秋到清末哈雷彗星共被记录31次,但最终还是英国天文学家哈雷发现了其出现的平均周期为36年。中国是记录哈雷彗星最多的国家但却没有发现其出现的周期,这显然与古人重经验概括、轻理论抽象的思维定式有着密切关系。

这种直观经验性与中国古代的偏重工艺技术和经验知识的工匠传统有着密切关系。与重理论思维和数学思维的学者传统不同,工匠传统常常是对经验事实的总结和归纳,很少进行模拟自然过程的人控实验和经验材料的量化分析,缺乏科学技术由经验形态上升为理论形态的动力、需求和条件。中国古代的科学家大多是由工匠、失意文人学者、僧侣学者和官方科学家组成,工匠和偏工匠传统的学者是古代科技文化发展的基本力量。古代科技名著中经常出现“博采众方”“虚访勤求”“询请老成”现象,这就能看出中国古代科学家研究方法和方式的局限性。整个古代重经验、重实用的传统在很大程度上限制了中国古代科学向高级形态的发展。

## 二、实用性特征

从中国科学技术本身来说,它具有强烈的实用性特点。一般能直接满足人们的实际需要,却很少能用逻辑方法对这些经验材料进行整理,做出理论概括和分析。一切学科、一切研究,都以“国家”的实用为最终目的。比如中国古代天文学有很高的成就,而且比较发达,其科学研究活动都是为王朝的一统天下寻求“授命于天”的根据,历法的准确与否,被看作是王朝是否顺应天意的标志。历代统治者重视天文历法的“敬授民时”,也是出于对全国农业生产实践宏观管控以维护国家利益的考虑。中国古代的农学也很发达,仅农书即达300余种,它是历代王朝“以农立国”和“民以食为天”的一种反映。天文学的发达也使得数学发展起来,因为古代数学发展的许多方法都是在解决天文历法计算问题中产生、形成和发展的。中国古代数学体系,始终是以计算见长,以解决实际问题见长的,而且以此为其显著特点。

中国古代的科学著作大多是经验性的总结,而不是理论性的探讨,所记各项发明,都是为了解决国家与社会生活中的实际问题,而不是为了在某一研究领域获得重大突破,以带动科学事业的发展。中国古代社会是一个伦理型的社会,儒家思想占主导地位,其主要强调"修身、齐家、治国、平天下",强调人的道德修养和人格完善,整个教育的目标只是培养维护封建统治秩序的各级官吏,因而与此相悖的科学技术活动被视为"旁门左道"。从写满帝王将相、文人学士、贞女烈妇事迹却偏偏没有科技发明者的专门篇章的"二十四史"也能窥到一二。

秦始皇焚书坑儒和汉武帝的"独尊儒术",一方面,结束了百家争鸣,也在一定意义上阻碍了中国科学技术发展的进程。正如一些学者指出的那样,"科学知识的进步在整体上没有出现春秋战国时期那样的大繁荣,人们追求科学知识和研究自然的风气已从春秋战国时代向后退了一步"。另一方面,广阔的社会生活和大一统政治统治的需要又推动着与生产和实际生活联系密切的那一部分学科的迅速发展,这就开始形成中国古代科学重实用重经验的特点和技术化、伦理化的倾向。

## 三、整体性特征

中国古代科技重综合,直接从现象中进行整体理论综合。所谓的整体性是指概念或者范畴的不可分解性或有机性、关联性。从研究方法来说,中国科技重视综合性的整体研究,重视从整体上把握事物,而不是把研究对象从错综复杂的联系中分离出来,独立研究它们的实体和属性,细致探讨它们的奥秘。譬如,中国古代的医药体系特色突出,它以中国古代盛行的阴阳五行学说来说明人体的生理现象和病理变化,阐明其间的关系,并将生理、病理、诊断、药物、治疗、预防等方面串起来,形成了一个统一的、有机的整体观念。又比如,中国古代农学理论也始终把天、地和人作为一个有机整体,强调获取农业丰收必须把顺天时、量地利和用人力三者加以有机结合并进行统筹规划。从中国传统科技发展的动力来看,中国古代大一统的封建王朝的实际需要,使得科技可以利用国家的权利和集中组织的社会力量来推动和发展。譬如中国古代的"太医院"等专门的科学研究机构,就是以国家之力搜罗大量的从事天文、数学、医学以及工艺技术研究的专门人才。从中国传统科技文化的思想来看,中国古代科技蕴含着"整体性"的理念。中国古代"天人合一"有机自然主义精神几乎涵盖古代中国的一切文化领域,孕育出“整体圆融、通体相关”的思想意识，运用科技探索大自然时强调人与自然的统一，追求社会与自然的和谐，这也反映了中国人宏观把握世界的智慧，构成了中国传统科技文化独特的理论模式。

## 第二节　中国古代主要科技成就

中国人民以高度的智慧和创造力创造了光辉灿烂的古代文化，使之成为世界上罕见的长达数千年间不曾中断的文化系统。在科技文化领域，天文学、医学、数学、农学等领域的科技成就蔚为大观。

### 一、天文学

#### （一）天文观测实践与成就

中国是世界上天文学研究起步最早的国家之一。中国古代的天文学十分发达，历朝历代都极其重视天文历法，并且把制定历法和现象授时作为重要的政典之一，具有很高的成就。中国古代天文学是从天象观测开始的，是为了了解时间的变化，如《周易》所说：“观乎天文，以察时变。”历代对天象的观测，积累了丰富的天文学资料，也留下了早于世界各国的天文学古迹。现存最早的天文台遗址在古洛阳的南郊（今河南省偃师市），古名“灵台”，汉代天文学家张衡（78—139）曾在此进行天文学研究十余年，写成天文学专著《灵宪》，提出了“宇之表无极，宙之端无穷”的科学见解，并创制了“浑天仪”和“候风地动仪”。

中国人民的天文观测开始很早，发现太阳黑子的时间比欧洲早了8个世纪。目前世界公认的关于太阳黑子的最早记录是在汉成帝河平元年（前28）：“三月己未，日出黄，有黑气大如钱，居日中央。”《汉书・五行志》中记载的太阳黑子活动的时间和位置很详尽，而且，还记录了更早的太阳黑子活动时间：汉元帝永光元年（前43），“日黑居仄，大如弹丸”，而欧洲这方面最早的记录是在807年。据统计，从公元前43年到1638年，中国共有关于太阳黑子的文字记录106条。中国也有世界公认的关于哈雷彗星的最早记录，哈雷彗星是第一颗运动周期被人类所掌握的彗星，目前发现的关于哈雷彗星的最早的文字记录出自中国古代的文献，比西方早了600多年。《春秋・文公十四年》（前613）中记载：“秋七月，有星孛入于北斗。”1974年，在江苏省盱眙县的西汉墓中发现了一幅《盱眙星象图》，比 1 世纪的耶路撒冷彗星图还早 100 多年。“彗星总是背向着太阳”这一现象也是中国古人首先观测到的。除此之外，中国对新星、超新星的记录，对日食、月食的记录，也是世界上最早和资料最丰富的。如《汉书 · 天文志》记载，公元前 134 年夏六月，“客星见于房”，已发现的殷商甲骨文有五次日食记载。《春秋》一书还记载了鲁隐公三年二月己巳日（公元前 720 年 2 月 22 日）的日全食。

**（二）天文观测仪器的创制和使用**

中国古代天文学方面的贡献还在于天文仪器的创制和使用。土圭，又叫圭表，是我国最古老、最简单的天文仪器，用以观察太阳光投射的杆影，通过杆影移动规律和影的长短来测定冬至和夏至日。公元前 4 世纪至公元前 1 世纪之间，中国发明了浑仪，这是用于观测天体球面坐标的仪器。西汉时天文学家耿寿昌创制了浑象。东汉时的张衡创制了世界上第一架利用水利作为动力的浑象。宋代是中国天文仪器发展的高峰，创制了五大浑仪，在数量和规模行为历代王朝之冠。《宋史》中记载了燕肃在 1031 年发明了莲花漏壶，首次使用了漫流系统。1074 年沈括向朝廷连上三道奏本，即后人合成《浑仪浮漏景表三议》的《浑仪议》《浮漏议》和《景表议》，这是中国古代重要的天文仪器专著。

元代是中国天文仪器制作的鼎盛时期。著名天文学家郭守敬先后设计制造出简仪、高表、窥几等十几种新天文仪器，其中最重要、最独特的是在前人基础上改进并创制的简仪，完成了中国浑仪发展史上由繁至简的改革。郭守敬还在前人基础上创造出高表，高表高四丈，并在表上增以水平横梁，在圭面上设以利用小孔成像原理制成的景符。当太阳、横梁和景符小孔连成一线时，圭面上形成的太阳和横梁的倒影清晰可见，大大提高了观测精度。这些天文仪器都极大地推动了中国古代天文学的发展。

明末清初，西方天文学传入我国，南怀仁的《灵台仪像志》《崇祯历书》等开始大量介绍西方的天文仪器，中国的天文仪器制造开始出现中西合流的趋势。

**（三）历法的编订与影响**

中国古人在观测天象的基础上不断总结，掌握自然规律，最终编制成历法。中国历法，是中国历史上由我国先民自己创制出来的各种历法。中国是世界上最早发明历法的国家之一，历法的出现对国家的经济和文化的发展有着深远的影响。汉朝初期全国统一历法,历法也成了一门较为独立的科学技术。司马迁等人编写《太初历》,之后的刘歆编写《三统历》,这两历的重要特点是年岁和一,一年的整数天数是365天。之后中国历朝颁布的历法,均与太初历大同小异,大多历法涉及节气的推算、每月的日数分配、月和闰月的安排等,还包括许多天文学的内容。随着观测仪器的改进,天文学家也在不断地完善历法。西汉时首次将二十四节气编入历法,这也是中国历法史上的第一次大变革。东吴时期的刘洪、徐岳创立定朔算法。十六国时的姜岌首创用月食算太阳位置的方法。南宋的杨忠辅计算出有史以来最精确的回归年长度365.2425日,即现行公历回归年长度。

中国古代历法发展的顶峰是元代的郭守敬等人1280年编撰的《授时历》。《授时历》取义于"敬授民时"的古语,在天文观测数据的精确度和历法推算的数学方法上都取得了辉煌的成就,一般通称之为"考正七事"和"创法五事",是中国古代历法史上划时代的产物,也是中国古代最优秀的一部历法。历法采用365.2425日作为一个回归年的长度,这个数值与现今世界上通用的公历格里历相同,但比其早了300年。《授时历》中还创立了天文上五项新的推算方法,即用招差法计算日月运动,推算太阳每日绕地球运行的速度等。采用三次差分的内插法原理,成为历法中的一大创举。弧矢割圆法类似两个球面三角公式,是我国独特的球面三角学,是数学方法在天文学中应用的一大创新。《授时历》是中国历史上使用时间最长最精密的一部历法,约360年,在明代改为《大统历》。《授时历》还传播到海外,元朝时期朝鲜高丽王朝就照搬照用,日本1684年采用的《贞享历》也利用了《授时历》的原理和方法。

**(四)富有中国特色的星宿理论**

在长期的天文观测与探索中,中国古人逐步掌握了日、月、星的运行规律,并在此基础上坚持进行了长期的星图绘制事业,最终形成了具有中国特色的二十八星宿理论。"七曜"和"二十八宿"是中国古代天文学知识的代表,它们与我们人类的关系比较密切。所谓"七曜",指日、月和金、木、水、火、土五大行星。日起日落为一天;月缺月圆为一月;日、月周而复始为一年;至于金、木、水、火、土,则是人们实际观测到的五颗行星。所谓"二十八宿",是指黄道、赤道附近的28个星宿,每个星宿都是若干颗星的集合。而"二十八宿"又以方位分为四组,与中国古代四方保护神相配,分别为:

东方苍龙七宿：角、亢、氐、房、心、尾、箕

北方玄武七宿：斗、牛、女、虚、危、室、壁

西方白虎七宿：奎、娄、胃、昴、毕、觜、参

南方朱雀七宿：井、鬼、柳、星、张、翼、轸

从甲骨文的记载中我们可以看出，二十八星宿这一理论体系自商代中期就开始逐步发展。从先秦典籍的记载中也可以看到这一理论体系的发展轨迹：公元前8—9世纪的《诗经》中出现了八个星宿，《尚书·尧典》中提到四个，公元前4世纪中叶的《夏小正》记录了六个星宿，在《淮南子》《尔雅》等西汉典籍中，二十八星宿的称谓已经齐全。公元前4世纪左右，石申和甘德对二十八星宿重新进行了度量和整理，形成了“石氏—甘氏系统”，后来汉武帝修订太初历时对石氏的度量系统进行了认证，并确立了石氏度量系统最佳的地位。

与古希腊、古埃及以及近代欧洲的天文学相比，中国古代的星宿理论是非常独特的：古人在没有天文望远镜的情况下，只能依靠自己的肉眼进行观测和记录，但是白天观测时太阳光太强会把其他恒星的光芒遮盖起来，中国古人不像古埃及人那样采用“偕日法”（即观测黄道附近的恒星在日出和日落瞬间的出没情况），而是选择了“冲日法”，即通过观测永远不升不没的极星和拱极星来确定其他恒星的位置。这也充分证明了中国的二十八星宿体系是中古先民独立思考和创造的产物。

法国思想家伏尔泰在评价中国古代的天文学成就时说：“全世界各民族中，唯有他们的史籍，持续不断地记录下日食和月球的交会，我们的天文科学家在验证他们的计算后，惊奇地发现，几乎所有的记录都真实可信。”

## 二、医学

中医药学是中国传统科学中至今依然屹立于现代世界科学之林的唯一学科，是中华民族在长期医疗实践中国逐渐形成的具有独特理论风格和诊疗特点的医学体系。它的产生和发展，除了实践检验外，还与中国传统文化有着密切的关系，是历史的延续性与创新性的辩证统一。

### （一）中医理论和药学

古代中古的医药在世界医学史和药学史上极具特色，中医学是中国传统文化中最珍贵的遗产之一。春秋战国时期的《黄帝内经》是我国现存最早

的医学理论著作，全面奠定了中医理论的基础，开创了中医学独特的理论体系，它不仅对中国医学发展影响极大，对世界医学的发展亦有不可忽略的影响。历史上朝鲜、日本等国，都曾将其作为医学教科书，该书的部分内容还曾被译成日、德、英、法等国文字。

中医学的理论和实践是中华民族对人体、自然和心理进行长期思索和在防治疾病的实践中创造出来的。中医基础理论、临床诊治和预防养生三部分共同构成了中医学完整的理论体系。诊断和治疗的整体观念是中医的最大特点，它以阴阳五行学说和系统学说等中国古代自然哲学为基础，形成了一套独特的“辨证施治”的理论，该理论是把人放在天地与社会中去考察，充满了整体观念。它把人体的生理机能看作一个整体，进而把人体的生理机能与自然环境看作一个整体，把治病过程看作一个统一性运动。早在春秋时期，中医就形成了分科诊疗的临床医学体系，中医的四步诊疗法也长期在世界上处于先进地位。中医诊治强调“四诊”“八纲”。“四诊”即“望”（望色）、“闻”（闻味）、“问”（问情）、“切”（切脉），“八纲”即“阴”“阳”“表”“里”“寒”“热”“虚”“实”。医生正是在“四诊”的基础上，依照“八纲”之间相互对立统一的关系，对病人进行综合的辨证施治。

中国古代的药物学以大自然中的各种物质为基础，运用物质的相生相克原理而辨证下药。据文献记载，远在四五千年前的原始社会已开始有医药。传说中的神农遍尝百草发现药材，可以看作是这一事实的佐证。成书于汉代的《神农本草经》则是我国现存最早的药物学专著。它对春秋战国及秦汉以来的药物知识进行了系统的总结，共收载药物 365 种，在每一种药物下，都载有其异名、气味、出处、主治等内容。该书还在《黄帝内经》“君、臣、佐、使”主次配伍原则的基础上，进一步提出七情合和、四气无味等药物学理论。《神农本草经》不但为我国古代的药物学奠定了基础，而且对后世药物学的发展产生了深远的影响。唐政府组织苏敬等 20 余人集体编写的《新修本草》载药 9 类 844 种，是中国古代第一部、也是世界上最早的药典，比外国最早的药典即成书于意大利佛罗伦萨的药典早了 835 年。

### （二）杰出的医学家

司马迁在《史记》中描写的战国扁鹊和西汉淳于意（仓公），可说是早期杰出医学家的代表，成语“病入膏肓”和“讳疾忌医”，都出自扁鹊治病的故事，而仓公则在中国医学史上首创病历。扁鹊和仓公二人一直是中国药王庙里供奉的鼻祖。

1. 扁鹊

扁鹊是中国医学史上一位继往开来的大医学家，奠定了中国传统医学诊断的基础。在诊断方面，扁鹊采用了四诊合参法，即望色、闻声、问病和切脉，《史记》中说"至今天下言脉者，由扁鹊也"；在经络藏象方面，扁鹊提出病邪沿经络循行，由表入里传向脏腑的传变理论；在治疗方法方面，扁鹊提出辨证论治和综合治疗相结合的方法；在科学预防方面，扁鹊提出了六种病不能治，即"骄恣不论于理，一不治也；轻身重财，二不治也；衣食不能适，三不治也；阴阳并藏气不定，四不治也；形羸不能服药，五不治也；信巫不信医，六不治也"。其中的"信巫不信医"就反映出扁鹊朴素的唯物主义思想。

2. "医圣"张仲景

被称为医圣的东汉人张仲景"勤求古训，博采众方"，倾其毕生心血所著的《伤寒杂病论》是中医四大经典之一，系统总结了汉朝及其以前的医学理论和临床经验，是我国第一部临床治疗学的专著，奠定了传统中医辨证施治的理论基础，创制了众多疗效可靠的方剂，成为中国传统医学最重要的经典著作之一。书中创造性地提出了中医诊断学中的"六经辨证"和"八纲原理"，确立了中医传统的辨证施治医疗原则，奠定了我国中医治疗学的基础。《伤寒杂病论》是一部里程碑式的著作，书中有世界医学史上的三个第一，即首次记载了人工呼吸、药物灌肠和肠道蛔虫治疗方法。其成书之后，成为中国历代医家研究中医理论和临床治疗的重要典籍，并在隋唐后远播海外。

张仲景在中医方剂学上也取得了很高的成就。《伤寒论》和《金匮要略》中共记载药方300多个，使用药物200多种。张仲景还调制了不少新的复合方剂，大大发展了方剂学。后世很多医家称《伤寒杂病论》中的药方为"众方之祖"，或称之为"经方"。

3. 外科医学鼻祖华佗

华佗以其精湛的外科手术技艺流誉千古。华佗在精研前代医学典籍的基础之上结合自己的实践总结创立出新的学说并自成一派，最突出的成就是用麻沸散进行外科手术。在遥远的古代，华佗能成功地进行这样的外科手术，在世界医学史上也是一大奇迹，他对麻醉学的贡献现已得到国际医学界的普遍承认。民间关于华佗的传说故事不胜枚举，譬如为关公刮骨疗伤。在临床诊治方面，他灵活运用养生、针灸、方药和手术等手段，辨证施治，疗效极好，被誉为“神医”。华佗对预防医学和医疗体育也做出了突出贡献，他根据古代导引术的方法，模仿虎、鹿、熊、猿、鸟五种禽兽的自然动作，编制、发明了一套“五禽戏”来强身健体。

4. 王叔和及《脉经》

魏晋隋唐时期的中医中药在理论和实践上都有新的总结和提高。晋代王叔和在总结前代经验的基础上，编写了《脉经》一书，详细描述了脉象所反映的各种病症，是中国医学史上现存第一部有关脉学的专书，是公元 3 世纪以前我国有关脉学知识的一次总结，奠定了中医脉学的基础，在中国医学发展史上有着重要的位置，而且也对世界医学产生了重大影响。唐代太医署就把它作为必修课程，日本古代医学教育仿唐制也作为必修课程。《脉经》一书篇幅简练、集中，便于学习，书中记载 24 种脉象，并准确描述了各种脉象的不同指下感觉，基本上已包括所有循环系统生理病变等现象，很多地方具有很高的科学价值。

5. 唐代名医孙思邈

唐代名医孙思邈(581—682)的出现标志着中医学在理论实践上发展到了一个较为成熟的阶段。孙思邈先后编成的《千金要方》和《千金翼方》，载方 6000 余条，涉及中医百科，被誉为中医百科全书式的巨著。他在《千金药方》中还收集了 800 多种药物的使用方法，并对其中 200 多种药的采集和炮制做了详细论述，在中药学上有极高的价值，被后世尊为“药王”。在医学基本理论上，他发展了张仲景的《伤寒论》学说，对其关于治疗传染病的学说和经验进行了整理，并自创了三纲论治传染病的新学说。除此之外，孙思邈在养生长寿学说上的贡献也令人钦佩。他认为在精神上要“十二少”(如少思、少念、少欲、少事等)，在生理上要注意适当运动，辅之食治、食疗、食养，从而使我国养生之道和延年益寿的学说大大向前推进了一步。

6. 宋代医学及金元四大家

宋代统治者重视医学，曾下令搜集民间所藏的医学典籍，还颁布了许多方书和本草药典。范仲淹的名言“不为良相，愿为良医”成为一时风尚，医学研究队伍的水平大大提高。宋代编修的《开宝本草》收药物 983 种，后来的《嘉祐本草》所收药物增至 1082 种。大约在哲宗元祐年间的医生唐慎微编写的《经史证类本草》在本草学发展史上占有重要的地位。该书收药物 1700 多种，每药附图，并有单方 3000 余首，方论 1000 余首，内容之丰富，超越了之前历代的本草著作。这部著作后经宋政府几次修订，由官方颁布，成为《本草纲目》出现以前最好的本草著作。法医学方面出现了世界第一部法医学专著——《洗冤集录》，宋代王惟一的《铜人腧穴针灸图经》和元代滑寿的《十四经发挥》统一了以前各家对腧穴的不同说法，定周身腧穴为651个，成为后世针灸取穴的标准。

宋元时期在医学理论上的重大成就是产生了金元四大医学流派，反映了医学理论在历代经验积累的基础上有了重大突破。金朝刘完素通过研究"运气"学说，得出"火热"是导致疾病的主要病因，治疗上主张用寒凉药物，人称"寒凉派"，其代表作为《素问玄机原病式》《素问病机气宜保命集》和《宣明论方》等。金代张从正则认为邪气是一切疾病产生的根源，非人身所固有，主张用汗、吐、下三法攻邪祛病，人称"攻邪派"，主要著作为《儒门事亲》；金元医家李杲提出脾胃是元气之源，所谓的"内伤脾胃，百病由生"，主张治病应以升举中气、温补脾胃为主，人称"补土派"，代表作有《内外伤感惑论》《脾胃论》等。元代朱震亨认为人体是"阳常有余，阴常不足"，湿热相火耗伤真阴为病最多，治疗上主张用滋阴降火的方法，人称"滋阴派"，著作有《格致余论》《局方发挥》等。金元四大家从不同的侧面继承并发展了《黄帝内经》的医学理论，使我国的医药学体系发展到新的高度。

6. 药物学的杰出代表李时珍

明代的李时珍花费30年时间查阅了数百家文献，并且亲自外出考察、研究，录入1892种药物，编定了52卷、192万字的药典巨著《本草纲目》，成为医学的集大成者，是我国古代本草史上记载药物最多的一部著作，为中国医学写下了光辉的篇章，至今仍在世界药学界具有重要的影响。该书以部为纲，以类为目，分类科学，这个纲目分类法已具有与现代科学双名法相同的性质。李时珍提出的生物学分类方法还触发了他产生生物进化论的思想萌芽，这一点在《本草纲目》动物排列次序是表现得尤为明显。《本草纲目》不仅是一部伟大的药物学著作，同时还涉及矿物、化学、天文、地学以及物候学等多方面的科学知识，也是一部伟大的博物学、生物学和化学著作。

李时珍不仅是一位伟大的药学家，而且也是一位伟大的医学家，在经络学、脉学、中医脏象学等方面都具有突出的贡献。其所著的《濒湖脉学》成就超过前人，对后世影响极大。其科学成就，在国内外都有着深远的影响。明万历年间《本草纲目》传至日本，以后逐步传向欧洲，被译为英、德、法等多种文字。生物进化论奠基人达尔文在其著作中就多次引用《本草纲目》的内容。在20世纪70年代美国出版的《科学家传记辞典》中,李时珍的传记与世界各国著名的科学家并列。

**(三)富有特色的中医疗法——针灸**

中国医学的又一突出成就是针灸,它在世界上是独一无二的疗法。"中医针灸"于2010年11月被联合国教科文组织列入"人类非物质文化遗产代表名录",是中医的重要组成部分,起源于中国传统哲学和古代医学实践,历史悠久,具有适应证广、疗效明显、操作方便、经济安全等特点。

对针灸疗法的探讨与总结,魏晋时皇甫谧的《针灸甲乙经》是世界上最早的针灸学专著,提出了适合针灸治疗的疾病和症状等共计800多种。该书阐明了针灸方法和临床禁忌,提示进行针灸时必须掌握时机,根据病人的体质和病情的不同,采用不同的针刺艾灸的手法和技术。《针灸甲乙经》是一部理论联系实际,有着重大实用价值的针灸学专著,被人称为"中医针灸学之祖",唐代医家王焘认为是"医人之秘宝,后之学者宜遵用之"。唐代时医署设立针灸科,并把该书作为医生的必修教材,1000多年来,它始终是针灸医生提供临床治疗的具体指导和理论依据。后来,该书还传播到日本和韩国等国家,从而享誉世界。

至北宋时,针灸专家王惟一以针灸疗法制造针灸铜人,作为针灸的样本,而后又写成《铜人腧穴针灸图经》,进一步普及和规范了针灸疗法。明代杨继洲不但有丰富的临床经验,而且还总结了明代以前的针灸学的辉煌成就,编写出《针灸大成》,在中国针灸史上具有承前启后的作用。明代还有徐凤著《针灸大全》、高武著《针灸聚英》,连同杨继洲的《针灸大成》合称为明代"三大针灸巨著"。

清代针灸学继明代又有新的发展,出现众多的针灸学著作。据北京宣武中医院针灸科杨光统计,现存清代针灸学著作86种,居历代现存针灸著作数量之最。清代的针灸学发展主要特点有五:一是在治疗急症如痧症、喉科急症、外科急症方面有较大发展。如《喉风论》《济世神针》等著作。二是出现了太乙神针的疗法,如最早见刊于康熙五十六年(1717)韩贻丰撰写的《太乙神针心法》以及后来流传较广的范毓裔的版本。三是节要性和小型针灸著作居多。如《刺疗捷法》《麦度运行考》等,反映了针灸学在明代集大成之后开始向专科方向发展的趋势。四是针灸歌赋继续流行。五是开始出现中西和参的针灸著作，如刘钟衡撰于1899的《中西会参铜人图说》等。

新中国建立以后，设立了专门的针灸研究机构和针灸医院，促进了针灸疗法的现代化发展。

目前针灸在海外也受到一定的欢迎。2018年12月14日，中国中医科学院针灸研究所副所长荣培晶在凯拉尼亚大学孔子学院举行主题为中国针灸的讲座，分别从针灸概况、针灸发展、耳针疗法等方面对中医针灸进行了介绍和展示。部分孔子学院在“孔子学院日”也举办过针灸体验。中医孔子学院也在欧洲开花，它是由华裔或国外学院联合国内知名医学院校在国际上设立的教育机构，也叫仲景学院。

## 三、农学

中国自古以农业立国，是世界农业的重要发源地之一，几千年来始终把农业放在社会政治和经济生产的首位，把农业生产作为生存与发展的根本。约公元前五六千年前，我国的黄河、长江流域就已经出现农耕作业。到西周时期，以农为主、以畜牧业为辅的生产格局已经形成。由于农业是中国社会的经济基础，历来统治者都非常重视农业生产，我国很早就形成了独具特色的农学体系，对农学的研究也取得了丰硕的成果。

在春秋战国以前，人们基本上使用石制或骨制农具。在春秋时期，人们已部分使用铁器，并逐渐代替石器，劳动工具的变化大大提高了劳动生产率，促进了农业生产的快速发展。战国时代的《神农书》《野老书》已经失传，其内容不得而知。《管子·地员》可以看作我国最早的土壤分类学文献，《尚书·禹贡》则记载了依据土壤肥沃程度划分土地等级的方法。《吕氏春秋》中《上农》《任地》《辨土》《审时》这四篇文章，不但提出了流行数千年的重农思想，阐述了土地利用的原则，而且从天、地、人的角度阐述了农业生产三要素的关系，总结出“不违农时”的生产规律。

### （一）中国古代的四大农书及其农学思想

《氾胜之书》《齐民要术》《王祯农书》《农政全书》被称为中国古代四大农书，代表了中国古代农业科技所达到的水平。

魏晋南北朝以前，我国的经济重心主要在黄河流域。西汉的氾胜之根据当时农民的实践经验，记载总结出一部反映黄河流域，尤其是关中一带的古农学专著《氾胜之书》已具有完整的农学思想体系，书中提出了“趣时”

“和土”“务粪泽”“早锄早获”的生产原则，在先秦以至汉代的古农书中是杰出的代表，也是目前流传下来的最早的农书。从《氾胜之书》所保留下来的内容来看，主要有耕田法、收种法、溲种法、区田法，以及各种作物等的栽培管理。它所涉及的范围广泛而深入，其对农学的论述要比《吕氏春秋》中的4篇更为准确和丰富，“大大超过了现在所能见到迄至北魏《齐民要术》出现以前的古农书”，达到了很高的水平，是我国农学进入成熟阶段的一个重要标志。

北魏时的贾思勰所著的《齐民要术》是中国历史上最重要的农学著作之一，也是现今完整保存下来的最古的农书，堪称一部农业巨著，也是世界上第一部涉及多方面知识而被完整保存下来的农学巨著。《齐民要术》系统总结了黄河流域的农业生产经验，阐述了古代因地制宜、因时制宜的农学思想，并根据北方农业生产的特点，以实用为特点对农学类目做出了合理的划分，建立了较为完整的农学体系。该书提出了一系列精耕细作的技术原则，实际上标志着北方旱地精耕细作体系的成熟。《齐民要术》所包含的内容广泛而全面，从农业基础科学角度看涉及植物学、植物生理学等内容，详细介绍了季节、气候和不同土壤与不同农作物的关系，还系统总结了如何利用土地、改良土壤以达到“用地养地”的方法。书中对作物种子的选育非常重视，譬如介绍谷子的品种就有80多种。除此之外，《齐民要术》还记录了许多其他方面的科学成果，在畜养方面总结了相畜法和饲养管理等的宝贵经验，这是我国现存最早而且比较系统的畜牧科学文献；在兽医方面收集的方法和经验是中国及世界兽医学上的最高成就。

《齐民要术》作为一部农学百科全书，在中国农业发展史上具有里程碑的意义，不仅奠定了我国农学发展的基础，在世界农业科技发展史中也占有重要地位。

隋唐以后，我国的经济重心南移。南宋陈旉所著的《农书》，书中论及以水稻为主的耕作法，谈及麻、粟、养牛和蚕桑，内容切合实际，所论都依据实践，这也是现存最早的论述南方水稻区域的农业技术与经营的书。元代王祯所著的另一部《农书》，又被称为《王祯农书》，总结了自《齐民要术》以来黄河流域旱田和江南水田的耕作技术两方面的生产经验，全面系统地解释了广义农业生产所包括的内容和范围，在中国农学史上占有极其重要的地位，是中国农业科学技术史上第一部兼论南北、从全国范围总结农业生产经验的农书。书中还涉及农田水利建设和水的利用,具有很高的科学技术价值。该书还把农具列为综合性农书的重要组成部分,这在农学书中是一次首创。“农器图谱”是《王祯农书》的重点,也是这部书最具特色的部分,其篇幅约占全书的80%,书中的绝大多数附图也是农器。“农器图谱”在数量上和质量上都是空前的,是我国现存最古、最全的农器图谱。也正是从这个角度说,建立了较为完整的农学体系是《王祯农书》超越前人的一大成就。

明清时期,西方科技逐渐传入中国,对中国的农学研究产生了一定的影响。明朝时期的徐光启(1562—1633)所著的《农政全书》的主导思想是“富国必以本业”,涉及内容规模宏大,共60卷,达70万字,共分12个项目,主要包括农政思想和农业技术两大方面,内容涉及农业耕作、土地开垦、水利建设、食品制造、果树技艺等众多方面,尤以系统而集中地叙述了屯垦、水利工程和备荒为一大特色,是对宋代以来农桑种植经验和水利建设的全面总结,而且提出了许多新的思想,堪称中国农业科学遗产的总汇,是中国古代最大的一部农业百科全书。《农政全书》在对前人的农书和有关农业的文献进行综述的基础上融入自己的研究成果,其中,贯穿始终的基本思想即徐光启的治国治民的“农政”思想,这也是《农政全书》不同于其他农书的特色。《农政全书》全面总结了中国2000多年以来农业科学的成果,还吸收了西方农业科学知识,是中国古代农学集大成之作,它的科学性和实践意义都远远超过以前的同类著作,在农学史上有着重要的地位,产生了很大的影响。刘献廷在《广阳杂记》中给予了很高的评价,称之“人间或一引先生独得之言,则皆令人拍案叫绝”。

总括起来说,中国的农学研究重在解决农业生产中的实际问题,对关系到收成的每一个环节,都予以高度重视,并且形成了一整套农业生产的技术体系,为全人类的生存与发展做出了应有的贡献。

### (二)中国古代的农具

“工欲善其事,必先利其器。”农具在农业生产中具有重要的作用。农业和农具是同时产生的,二者形成了相辅相成、辩证统一的关系。在原始农业时期,农业生产相当粗放,农具的材料以石、骨、蚌、木为主。夏、商、西周时期的农具有所改进,西周时出现了用于从池塘和井中取水灌溉用的吊桶和戽桶,西周末年出现了一些青铜制作的中耕农具和收割农具等,还出现了用于碎土和砸实田埂的木质榔头。这个时期的农具为后来铁质农具的发展奠定了基础。

春秋战国时期冶铁业的兴起,使得农具出现了大变革。铁质工具代替了木、石材料农具,从而使农业生产力实现了质的飞跃。铁犁和牛耕的出现,以及农田水利事业的发达,标志着我国传统农业的真正到来。这一时期,播种耧车的出现是利于提高农业生产效率的一大进步。

牛耕在西汉中期已普遍使用,这一时期传统农具有了更多发明,如耦犁、耢、耙、转磨、翻车等。唐代晚期南方水田已普遍使用曲辕犁。唐末陆龟蒙《耒耜经》是我国最早的一部专论农具的书。元代发明了耘荡用于中耕,形成了耕—耙—耖—耘—耥相结合的水田耕作体系。《王祯农书》中的"农器图谱"既包括了当时南北通行的农业生产工具,还包括当时处于世界先进水平的纺织机械、灌溉机械等。对于已经失传的机械也绘出了复原图,譬如西晋发明的一牛转八磨,东汉发明的用于冶炼的鼓风机械——水排等都得到了复原。其中,还记载了王祯设计的一种叫"水转连磨"的机械,这种机械可以加工粮食,在干旱时节在主轮上安装上水筒还可以引水灌溉,具有相当高的科学技术价值。明末出现绳索牵引的代耕架,是将用于辘轳的绞关用于犁的牵引,可以"坐而用力,往来自如"地进行垦耕。这时期中国北方出现露锄,南方则出现了虫梳和除虫滑车等。

传统农具是中国先民在农业生产实践中发明创造的,众多的农具发明家及能工巧匠,譬如鲁班、杜预等,所创造研制的农具在历代农业生产中不断改进与提高,表现出我国先民的智慧和创造才能。

## 四、数学

古称"算学",产生于结绳记事。十进制计算法是中国人对世界文明的一大贡献。商代甲骨文和周代钟鼎文,已见"一""二""三""四""五""六""七""八""九""十""百""千""万"这十三个数字记数,而《尚书》中也屡见"亿""兆"等数,足见我们的祖先对十进制的运用已非常熟练。

### (一)代表性的数学著作和数学家

在中国算学发展的辉煌史上,《周髀算经》是流传至今最早的数学著作,是后世数学的源头,也是对先秦数学发展成果的总结,反映了先秦以至西汉数学发展所达到的水平。数学知识方面,书中记载了周代商高提出的直角三角形的"勾三股四弦五"的关系,即所谓"勾股弦定理",亦被称为商高定理，成为世界上关于勾股定理的最早记录。《周髀算经》的作者认为天文历法都是可以用数学方法解决的，书中还用数学方法构建了盖天宇宙模型，是中国最早的数理化的宇宙理论著作。

刘徽的《九章算术》以例题集的形式对中国古代积累的数学知识进行了总结，包括初等数学中的算术、代数和几何相当大部分内容，形成了自己的体系，称为数学著作的经典。书中记载了当时世界上最先进的四则运算和比例算法，对以后历代算学产生了深刻影响。含有九类问题的解法，共收集有246个数学应用问题，书中运用的开平方、开立方及在此基础上求解一元二次方程、联立一次方程的方法等，其中，求解高次方程的正根都成为“开方”，是中国古代数学中最发达的领域。首次引入了负数概念，并提出了正负数的加减法则，且在实际运算中进行了正负数的乘除，在世界数学史上，第一次突破了正数范围，扩充了数系的概念。所讲的负数与最小公倍数的概念，都比印度和欧洲要早得多；《九章算术》方程章中的方程术，也就是线性方程组的解法，是这部经典中最杰出的成就。书中还第一次提出了“极限思想”，创造性地运用割圆术等若干新算法，推算出圆周率在3.1415926与3.1415927之间，这个数值领先世界前年之久。《九章算术》取得的数学成就是全面的、杰出的。书中涉及的问题大都来自人们实际生产生活中，开创了数学理论密切联系实际的风格。全书也没有任何数学神秘主义的内容，体现了朴素的唯物主义观点。因此说，《九章算术》奠定了其在中国古代数学中的崇高地位，也对后世的数学著作产生了深远的影响。

南北朝时的大数学家祖冲之（429—500）进一步把圆周率精确到3.1415926至3.1415927之间，这在当时的世界上是最先进的。祖冲之因此入选世界纪录协会世界第一位将圆周率值计算到小数第7位的科学家。祖冲之对圆周率数值的精确推算值，对于中国乃至世界是一个重大贡献，后人将“约率”用他的名字命名为“祖冲之圆周率”，简称“祖率”。

宋元时代的算学成就更是辉煌，先后涌现出不少杰出的数学家。北宋的贾宪在《黄帝九章算法细草》一书中，提出指数为正整数的二项式定理系数表，史称“贾宪三角”，凭此可以求出任意高次方程的数解值，这比欧洲阿皮纳斯的系数表要早400年。南宋数学家秦九韶在《数学九章》中，提出了“大衍求一术”和“正负开方术”，这是中国古代数学的一项伟大成就，在当时都领先于世界。譬如“大衍求一术”被介绍到西方后，引起了欧洲学者的高度重视,西方数学史家成这一定理为“中国剩余定理”。秦氏被美国科学史家称为“所有时代最伟大的科学家之一”。

元代朱世杰所著的《四元玉鉴》是宋元数学高潮的又一部代表作,书中几乎所有问题都与方程或方程组有关,其中主要记载了四元术这一伟大创造。四元术用天、地、人、物四元和它们的乘幂的系数分别列在“太”字的下、左、右、上,相邻二未知数和它们的乘幂的积的系数,记入相应的两行相交的位置上,不相邻的几个未知数的积的系数,记入相应的夹缝中。虽然受到筹算的局限,朱世杰只达到四元高次方程,但这一成果却在世界上长期处于领先地位。

### (二)特色算法“珠算”

中国算学的一大特色计算法是“珠算”,它是一种独特的数学工具和手段。它由以竹签作筹码进行运算的“筹算”发展而来,是以算盘为工具进行计算的一种方法,主要体现在是用珠盘作为器具,用珠算口诀作为运算依据。

明代程大位所著的《直指算法统宗》详细说明了珠算盘式图、珠算各种算法口诀等,并举例说明具体用法。《直指算法统宗》是一部数学书,列有595个应用题的数字计算,是以珠算为主要的计算工具。该书完善了珠算口诀,确立了算盘用法,完成了从筹算到珠算的彻底转变。在程大位之前,没有任何关于近代珠算算盘的完整叙述,可以说是集成计算的鼻祖。英国李约瑟评价说“在明代数学家当中,最引人注目的是程大位”。汉代徐岳的《数术记遗》说道:“珠算,控带四时,经纬三才。”其计算方式形成口诀,至今仍十分流行。

2013年12月,珠算被列为人类非物质文化遗产名录,这也是我国第30项非遗项目。

## 五、地学

地理知识的增长与人们活动的区域范围、经济的发展和交通有着密切的关系。成书于春秋战国时期的《夏小正》,已经涉猎成系统的物候知识。《诗经》中也有大量描写地理环境方面的文字,还记录着丰富的物候、气象、地形和植物的关系等知识。譬如,《十月之交》中说“烨烨震电,不宁不令。百川沸腾,山冢崒崩。高岸为谷,深谷为陵”,记录的就是地震的情况,从中看出已经有地壳变动的思想萌芽。到春秋战国时期，人们开始对地理知识进行系统的整理和综述。《周易·系辞上》记载“仰以观于天文，俯以察于地理，是故知幽明之故”，在这里提出了“地理”的概念并且指出了它的重要性。在此背景下，不同时期产生了有影响的地理学著作。

### （一）《禹贡》

《禹贡》是关于先秦地理环境的著作，是我国最古老的地理文献。全片不足1200字，内容却涉及九州、导山、导水、五服四个部分。其中，“九州”是以名山大川为标志的自然地理区域，分别记叙各州的山川、湖泊、物产、土壤、水陆运输路线和少数民族等情况。九州划分的方法在历史上经常采用，九州划分和分区对比的方法是自然区划思想的萌芽，对我国的地理观念产生了深远的影响，具有重要的研究价值。导水部分按照从北到南，从上游到下游的顺序叙述了弱水、黑水、黄河等九条河流的水源、流向、流经地区等情况，九州内河流水系的分布情况一目了然，这也是我国有关河流水系的最早记录。导山和导水两部分是中国古代地理学分区域、分部门进行研究的开始。五服是以500里为距离，由王都向四面等距离扩张，并规定了相应的管理方法和缴纳赋役的等级。《禹贡》中的不少地理概念如冀、豫、渭水、华山、衡山等直到今天还在使用。

### （二）《水经注》

北魏郦道元的《水经注》是一部以记载河道水系为主的综合性地理著作。全书40卷，30多万字，以水道的干流或大支流为主题，主题下大小不同的段落都有纲领性的说明为“经”，详细引用有关资料为“注”。全书有以下几个亮点：一是体例上，以水道为纲记述地理情况的体例形成我国古代地理学著作的一种独特的体裁，是《水经注》不同于以往地理著作的地方。二是全书所记地理范围之广、内容之丰富，是空前的，所记水道达到1252条，峡谷近300处，瀑布60处，湖泊500多处，古都180座，城邑2800座，桥梁约100座，涉及的地名约20000个，还介绍了13个民族的语言和风俗习惯等，除此之外，还记载了多样的植物和动物种类，以及大量的农田水利设施也是该书的一个突出特点。其中，书中记载的淡水鱼类的洄游现象在世界上是最早的。

目前关于《水经注》的研究已形成一门“郦学”，涉及的领域包括沿革地理、经济地理、城市地理和兵要地理等。当代的历史地理学者，也会以《水经注》为重要根据来复原古代的地理情况。

### (三)《徐霞客游记》

明代徐霞客所著的《徐霞客游记》是一部日记体裁的地理著作,共10卷,80余万字,按照时间顺序记载了作者的游踪和研究心得,是我国及世界上最早系统记述和研究岩溶地貌的科学文献。全书内容涉及地貌、地质、气候、水文、动植物、历史地理、经济文化、民族风俗等多方面,内容的丰富度大大超过前人,而且对自然地理现象还有了细致的观察和研究,在理性认识的探讨上更具有科学性,开拓出中国古代自然地理研究的新方向。

《徐霞客游记》中最大的科学价值在于对岩溶地貌广泛而深入、系统而科学的考查。徐霞客将岩溶地貌的许多地形进行了分类命名,譬如,漏斗地形为"盘洼",干谷地形为"枯涧"等,以"石山""石峰"统一命名峰林地形,这样的归类和命名,体现出科学的研究方法。《徐霞客游记》另一个值得人惊叹的地方在于,当时没有任何科学仪器设备辅助,而徐霞客根据自己的观察和推理得出的结论,竟然大多符合现在的科学原理。游记中还对不同地区的岩溶地貌特点相对比,力求找出不同地区的分布规律和发育特征。

徐霞客对我国河流探源工作也做出了贡献。在其《江源考》中明确指出"推江源者,必以金沙"也就是说长江的源头是金沙江,打破了过去人们认为长江源头是岷江的看法,这在地理学上意义重大。

### (四)其他有代表性的地理文献

司马迁的《史记·货殖列传》是我国最早的经济地理学著作。班固的《汉书·地理志》是我国第一部用"地理"命名的地理学著作,也是我国最早的以疆域政区为主体的地理著作,同时也是我国沿革地理的最早著作,在我国古代地理学体系的形成上具有重要地位。作者和成书年代至今尚无定论的《水经》是中国第一部记述河道水系的专著。《佛国记》是现存的最早的以真实地理为对象的游记,开创了地理著作中游记式的新体裁。唐代《沙洲都督府图经》是现存最早的地方志,现存最早的古都志是北宋的《长安志》,南宋范成大的《吴郡志》体例完备、记述全面,被称为"地志中之善本"。唐代李吉甫《元和郡县图志》是现存最早的一部全国性的地理总志。宋代编著的《太平寰宇记》是一部大型的全国地理总志,王应麟编著的《通鉴地理通释》是我国第一部系统的沿革地理专著。明清两代,地理学发展到了鼎盛时期,取得了显著成果。譬如,《郑和航海图》是我国现存最早的亚非航海图。

## 六、建筑

中国古代建筑具有自身独特的形象,是一朵灿烂夺目的智慧之花。在设计上,具有以下几个特点:一是拥有多姿多彩的屋顶,这也是中国古代建筑最为明显的特征。屋顶的设计不仅考虑到优美的造型,还兼顾到实用的效果。譬如,飞檐翘角的设计,不仅在造型上增加了美感,同时还解决了采光的问题,具有科学、合理的实用效果。二是采用独特的木结构屋身。除了屋顶和台基使用瓦和专属材料外,建筑的主要部分完全使用木材。三是具有华美的台基。台基既可以满足木构件防潮、防腐的需要,而且可以增加建筑外观的稳定感。四是中国古代建筑都有生动精美的殿脊装饰。在宫殿、庙宇、楼阁和庭轩等古建筑的屋脊、檐背上装饰有造型精美的动物形象,称之为"吻兽",这是建筑实用构件与建筑装饰艺术造型完美结合的产物。

在传统建筑中,城市建筑是最重要的一类。古代的城市叫作"城池","城"指城墙,"池"指城外环绕城墙的河池,俗称"护城河",这种设计是一种封闭式的防御性设计,要求城市的建设要"固若金汤",即所谓"金城汤池"。河南省偃师市发现的商代早期都城遗址,是迄今发现的年代最早、规模最大、保存最好的古代都城遗址。

我国历史上最大的古城是隋大兴城,唐朝时改名为长安城,全城面积为84.1 平方千米,约为现存西安古城(明代建)的七倍半以上。全城由郭城、皇城和宫城三部分组成,东、西、南、北四面各开三个城门。城内划分为 108 个里坊(唐代增为 110 个)和都会(东市)、利人(西市)两个市场。南北向有 11 条大街,东西向有 14 条大街,其中六条主干道宽 100 米以上,由皇城朱雀门通往明德门的朱雀大街宽达 150 米。其宏伟规模反映了隋唐时代的兴盛气象。

明清的北京是在元"大都城"的基础上改建而成的,面积 60.2 平方千米,是封建社会后期全国最大的城市。旧时北京,外城、内城、宫城有三道护城河。全城有两条与中轴线平行的干道,一起崇文门,一起宣武门。由于明清商业经济的发展,城内街巷通常以集中的行业命名,如羊市、马市、米市、花市、珠市等。

中国建筑文化中有三大瑰宝,即壮丽的宫殿、雄伟的长城和曲折多变的园林。宫殿体现崇拜与信仰,长城体现意志和力量,而园林则体现趣味和感情，这些建筑都蕴藏着丰富的精神内涵。

宫殿是随着封建中央集权制度的建立而成为帝王居住和施政的专用场所的。宫殿的建筑设计追求高大、雄伟、壮丽。它反映了唯我独尊的文化心理，适应了统治万民的政治需要。中国封建时代的宫殿建筑，有极为严格的等级规定，其中以殿顶形式及其装饰表现得最为突出。中国的殿堂（包括宗教殿堂）都采用大屋顶，主要形式有悬山、硬山、虎殿、歇山、卷棚、攒尖六种。

历史上的著名宫殿有：秦代的阿房宫、“汉三宫”等。秦始皇在统一六国的战争中，每消灭一个国家就让人将那个国家的宫殿画下来，然后在国都咸阳进行仿造，形成一片辉煌壮丽的宫殿群，称为“六国宫殿”。汉代在长安城内建有三组巨大的宫殿，这就是未央宫、长乐宫和建章宫，合称“汉三宫”。唐代的长安城也有三组宫殿，即太极宫、大明宫和兴庆宫。这些宫殿几乎都毁于战乱，得以保留完好的并不很多，主要有北京明清故宫、沈阳故宫、曲阜孔庙、承德避暑山庄、拉萨布达拉宫等宫殿建筑群。北京明清故宫占地72万平方米，是世界上现存最大、最完整的古代木结构建筑群。北京故宫的全部主要建筑都严格地布置在同一条中轴线上，而次要建筑则布置在主轴线两侧，形成对称的布局，体现出“中央为尊”的封建宗法礼制思想。沈阳故宫的建筑布局分为东、中、西三路，并没有按照“三朝五门”的制度布置，具有浓厚的民族特色和地方风格。布达拉宫既是宗教活动的场所，又是地方政府的所在地，主要分为白宫和红宫两大部分。布达拉宫里殿堂密布，长廊交错，雕柱林立，四通八达，装饰布置豪华，所有殿堂都是雕梁画栋，也是一个壁画的世界。

中国古代园林是中国文化宝库中的主体画卷。中国园林可分为四类：皇家园林、私宅园林、寺庙园林和公共园林。由于历史原因，北方的主要是“皇家园林”或称“帝王园林”；南方多“私宅园林”；“公共园林”多分布于山水胜地，但“寺庙园林”所存无几。据《史记·殷本纪》载，殷纣王“益广沙丘苑台，多取野兽蜚鸟置其中”。这“沙丘苑台”是见于史书记载的第一座中国园林，也是最早的帝王园林。这类园林集朝会、居住、游赏、狩猎于一体，是一个多功能的处所，承德避暑山庄就是典型的例子。私宅园林始于西汉，如王维在长安终南山下的“辋川别业”、裴度在洛阳城南的“绿野堂”等，其园主人多为贵族、富豪，在中国园林史上都有重要地位。寺庙园林多利用自然景物加以人工点缀，大量出现于佛教传入和道教产生以后，是寺庙的附属建筑。现存较大的寺庙园林是山西省太原市的“晋祠”公共园林约略出现于唐代,长安城外的“曲江池”是突出的代表。

历史上闻名中外的皇家园林是“圆明园”,包括圆明园、长春园、万春园三园,占地达5200余亩,建造各种景点达140多处,有“万园之园”“人间天堂”等美称,可惜毁于英法联军和八国联军之手。现存完好的三大皇家园林是北京三海(北海、中海、南海)、颐和园和承德避暑山庄,以避暑山庄为最大。南方私宅园林多集中于苏州、扬州、杭州等地,苏州被称为“园林之城”。其中以“沧浪亭”“狮子林”“拙政园”“留园”最负盛名,合称“苏州四大名园”。

“建筑是凝固的音乐。”中国古代建筑不仅是凝固的音乐、政治、经济和社会的种种元素,也是凝固的中国传统文化。中国建筑结构具有明显的人文特性,建筑规模表现出严密的等级秩序,同时注重于环境的和谐,形成“天人合一”的建筑人文理想。

## 第三节　中国古代科技对世界的贡献

中国古代取得的杰出科技成果是劳动人民的勤劳智慧和创新精神创造出来的,为推动世界文明进步做出了不可估量的贡献。中国古代的科技文化不仅仅包括科技成果,也包括科学方法、科技思想、科技精神等,极大丰富了人民的物质和精神生活,推动了中国的历史进程,同时也推动了世界历史进程的发展,为世界文明的多样性做出了贡献。

### 一、推动世界历史进程的发展

在源远流长的中华文化中,科学技术文化占据着非常重要的地位,对中华文明乃至整个人类文明的发展做出了杰出的贡献。从秦汉到宋元的千余年间,中国的科学技术曾长期处于世界的领先地位,众多的技术发明除过人们所熟知的“四大发明”以外,还有许多发明和创造,经由旅游者、探险家、传教士和商人等先后传向欧洲和世界各地,对推动世界文明的发展做出了巨大的贡献,对世界的近代化过程起了酝酿、引发和推波助澜的作用。

英国哲学家培根认为活字印刷术、火药、指南针等发明“首先在文学方面、其次在战争方面、再次在航海方面,改变了整个世界许多事物的面貌和状态,并由此产生无数变化,以致似乎没有任何帝国、任何宗教、任何显赫人物,能比这些技术发明对人类事业产生更大的威力和影响”。从公元6世纪到15世纪,中国一直是世界上科技最为发达的国家。全世界首创性的发明中,中国占了一半以上。指南针、船尾舵大大促进了航海业的发展,水磨极大提高了农业生产的效率。又如中国首创的中医学,是中国古代科技的杰出代表,是中国传统文明长期孕育的产物,贯穿着中国传统文明的精髓,可以说贡献给世界的是中国文明的精华:在医学方面,中医学有别于西医学的思维方式、理论内容、治疗方法、可以补西医学的不足,为人类的健康做出特有的贡献;在科学发展方面,中医学关于人的生命运动的复杂现象和深层规律的认识有力推动了生命科学的研究,为人类文明进步做出了重大贡献。

中国古代科技对世界历史进程的影响,正如美国科学家罗伯特·坦普尔所说的:“如果没有从中国传入船舵、指南针和桅杆,欧洲人绝不会有航海大发现……如果没有从中国传入马镫,欧洲历史上就不会出现骑士时代……”也如李约瑟所说:“要是没有这种贡献,就不可能有我们西方文明的整个发展历程。因为如果没有火药、纸、印刷术和磁针,欧洲封建主义的消失就是一件难以想象的事。”

## 二、丰富了人们的物质与精神生活

古代的科技涉及当时生产、生活和社会活动的很多方面。制造器物和建筑工程领域的成就,如陶瓷工艺、纺织工艺、酿造工艺、亭台楼阁、道路桥梁等大大丰富了人们的物质生活。古代的物理学和化学方面的知识对相关领域带来的成就,如古代建筑技艺、工具机械制造等进一步丰富人们的物质生活。古代的天文观测记录、古代的算术等都体现出古人的智慧和思想。古代科技的发展加大了各民族间的联系和经济文化的交流,也促进了生产力的发展。譬如,活字印刷术的发明降低了书籍的成本,大大促进了文化知识的传播和普及,很大程度上丰富了人们的精神生活。华佗创制的医疗体操“五禽戏”,在提高人们身体素质的同时也丰富了精神生活。元代棉纺织布技术的使用以及黄道婆木棉纺纱车的发明,使得棉布逐渐成为人们的主要衣料,提高和丰富了人们的物质生活。科技的发展促进农业生产工具和手工业方面的器物制作,在此基础上商业活动的增加进一步丰富人们的物质和精神生活。

科技中蕴含着先人的思维方式和独到见解，科技的进步和发达在丰富古人物质生活的同时也极大地丰富了人们的精神生活。

## 三、对世界文明多样性做出了重要贡献

在源远流长的中华文化中，科学技术文化占据着非常重要的地位，对中华文明以及整个世界文明的多样性做出了杰出的贡献。英国科技史家李约瑟博士也说过："中国人在研究大自然并用以造福人类方面，很早就跻身于全世界先进民族之林了。"《自然科学大事年表》记载，明代以前，世界上重要的创造发明和重大的科学成就大约 300 项，中国占约 175 项，占总数的 57%以上。

中国古代天文观测的连续性、资料保存的完整性是世界上绝无仅有的。造纸、印刷术、火药和指南针的发明，是古代中国科学技术的伟大业绩，对世界近代文明做出了无法估量的贡献。除此之外，在农学、天文学、中医药学、数学、陶瓷技术、丝绸技术以及建筑学上都有一定成就，都是对世界科学有推进作用的。如，农学著作《齐民要术》《农政全书》等。天文学上的"四分历"，张衡的浑天仪，还有祖冲之和郭守敬等科学家的科技思想。中医学上名医华佗、张仲景、孙思邈，李时珍等的医学理论和实践等。数学领域的《九章算法》的十进位制算法，对代数学的复兴做出了杰出贡献。唐代贡献出了唐三彩的高超制陶技术。丝绸领域的养蚕法和丝织技术一直是处于世界领先，是我国对世界文明的一大贡献。至于建筑学的杰出代表则有万里长城、历代皇宫、赵州桥以及各种佛教建筑的代表性佛塔等。这些科技成就在世界范围内发挥积极作用，对世界文明做出了永恒贡献。

人类宝贵的科学文化遗产是没有国界的。在中国政治制度土地上生根、开花的中国古代科技文化和成就极大丰富了人类文化的宝库，推动了整个世界文明的进程，同时，中国的科技文化和成就与世界其他各国的科学长期以来交相辉映，相互渗透，共同发展，促进了人类社会的文明进步。

# 第九章　中国古代教育文化

教育作为文化的一个重要组成部分,从来就与文化密不可分。人们不难发现,政治或经济对社会文化发展的巨大作用往往不能离开教育这一中介,而作为文化媒介的教育,又正是促使政治或经济深入发展的一个不可或缺的手段。中国古代教育是中国古代文化的一部分,古代教育将传统文化(包括政治、经济等在内)加以有目的、有意识地传递与保存,并通过选择与重组而实现传统文化的改造与创新,由此影响社会生活与精神。考察中国古代学校与传统教育的若干特点,对于我们深入地理解和把握源远流长的中华民族文化及其精神是十分有益的。

## 第一节　中国古代学校教育的源流和特点

自古以来,很难说学校是人才培养的唯一途径,但它确确实实是最基本的途径。至于培养出来什么样的人才,则取决于学校的具体性质与类型,取决于学校教育的目的、内容和相应的方法,以及整个社会大环境的相互配合与受教育者自身的实践努力。与悠久的中华文明相对应,中国古代很早就产生了学校,先后出现了官学和私学两种办学形式。我们将循着历史发展的轨迹对中国古代学校源流做一概述和分析。

### 一、原始社会与学校的萌芽

人类在无限地发展自身力量的历史进程中,教育是一个必不可少的重要手段。社会越向前进,生产技术水平越高,年轻一代要把劳动经验继承下来,就更需要依靠成人有目的、有意识的传授和指导,这就是教育的起源。大量的考古研究表明,远古时期从原始人群打制和使用粗石器开始,便产生了以传授劳动经验和原始礼仪为内容的教育。为了使年轻一代能够更好地生存下去，长辈很自然地把如何制造石器和运用火种的知识告诉给晚辈，这就渐渐地产生了最初形式的教育活动。在漫长的原始社会时期，一般来说，教育是在劳动和生活的实践过程中进行的，没有专门的组织形式，表现为自然形态。

学校教育是人类社会发展到一定历史阶段的产物。古代学校的产生并非一朝一夕的事情，而是在相当长的历史时期中孕育、萌芽、成长的过程。据古代文献记载，中国古代学校的萌芽大致是在原始社会末期，那时候社会生产有所发展，人们在维持自身和家庭成员的生活之外，逐渐有了劳动产品的剩余，使得少数人可以在别人的劳动产品供养之下从事脑力劳动的工作，这就为学校的萌芽准备了条件。

## 二、奴隶社会与官学盛衰

关于夏代的学校，古籍有许多记载。如《礼记·明堂位》说："米廪，有虞氏之庠也。序，夏后氏之序也。"《孟子·滕文公上》说："设为庠、序、学、校以教之。庠者，养也；校者，教也；序者，射也。夏曰校，殷曰序，周曰庠，学则三代共之，皆所以明人伦也。""校者，教也。"夏代的"序""校"虽还不能说是真正传授文化知识的机构，但也应该说是一种进行军事训练和伦理教育的场所。这些一鳞半爪的记载，已朦胧地反映出夏代的"序""校"已接近于古代学校的性质，不过迄今为止还没有从出土的文物中得到证实。且从狭义的教育概念看，所谓的庠、序、校指的还不是专门化的学校教育。

商代的学校是中国最早的官学的雏形，不仅有文献上的记载，而且还得到了地下出土文物特别是甲骨文的证实。商代很重视学校，设立了贵族学校——序、庠、学、瞽宗等，教师由国家职官担任。商代文字趋于成熟，成为有效的教育手段，按年龄划分教育手段，成为设立不同层次教育组织的依据；多方面的教育内容，包括宗教、伦理道德、军事和一般文化知识等。

西周继承和发展了夏、商的学校教育，学校教育制度已经发展到比较完备的形式，建立了典型的政教合一的古代官学体系，并有了国学和乡学两个系统。国学是中央官学，设在王城和诸侯国都里，乡学则是地方官学，设在郊外的乡、州、党等地方行政区域之中。关于国学，可分为大学和小学两类。其中大学一般都设在郊区，周天子的王城设的大学名叫辟雍，各诸侯国的国都设的大学名叫泮宫。西周的教育内容可以总称为“六艺”教育。所谓六艺,包括六门课程。①礼。礼的内容极广,凡政治伦理、道德、礼仪皆为其包括。②乐。乐的内容包括诗歌、音乐、舞蹈。③射。指射箭的技术训练。④御。指驾驭战车的技术训练。⑤书。指的是识字和书写。⑥数。指的是算法。“六艺”包含多方面的教育内容,既重视思想道德,也重视文化知识;既注意传统文化,也注意实用技能;既重视文事,也重视武备;既要符合礼仪规范,也要求内心情感修养。随着“六艺”教育的形成和文化课程的加强与提高,大学教师多改由不同等级的典司礼乐的文官担任。如大司乐、大乐正、小乐正、大师、少师、大胥、小胥等。西周在科学技术方面,如天文、历法、医药、建筑、冶炼、机械制造等方面,都有很大的发展,但贵族们认为学习这类东西是同高等贵族的身份不相称的,所以学校中并不重视科技教育,这是古代学校的一个特点。科技知识的传授是通过另外的渠道,由专门事务官祝、史、医、卜及“百工”担任,父以子传,世代相继,成为“世业”。

私学始于春秋而盛于战国。战国时期养士之风盛行和百家争鸣的展开促进了私学的发展。私学是建立在土地私有的个体经济基础上的,是分散的,有“学在四方”的特点,促进了学术下移。私学冲破了西周官学等级森严的旧传统,使学校从官府和宫廷移到民间,教育对象从贵族扩大到平民。私学以具有知识技能的贤士为师,因此教师成为社会中的一种独立职业,以传授知识和经验,培养人才作为自己谋生的手段。教师以私人身份随处自由讲学,学生亦可以自由择师,教学内容与现实生活有了较广泛的联系,由于各家学派相互争论,又相互补充,促进了中国教育思想和教育理论的发展,还出现了百家争鸣的盛况。这既促进了学术思想的发展与繁荣,同时又培养出了大批社会需要的人才,还造就了一批闪烁着智慧光芒的私学大师,如孔子、墨子、孟子、荀子等,以及像《大学》《中庸》《劝学》等这样的教育专著,成为这一时代丰富的学校教育经验与教育思想的总结。

## 三、“大一统”封建社会与多样化学校网络

封建社会除了拥有源远流长的官学系统外,丰富多彩的私人办学在整个社会中基本保持了相对连续性,特别是私家书院办学有其独特之处。

### (一)齐国的稷下学宫

稷下学宫是战国时代齐国设立的一所著名学府。稷下学宫不同于西周

以前的官学,也不同于春秋战国时期的一般私学,而是一所由官家操办而私家主持的既从事教育,又从事学术研究,还具有咨询政治的一个多功能的学校教育机构。它所独创的办学形式,集讲学、著述、育才与咨政为一体的职能模式,自由讲学和自由择师的教学方式,学术争鸣与学术自主的办学方针,尊重知识分子及教师的政策,严格完备的学生守则,都显示了它的成功之处。

### (二)秦代的学校

为了适应统一的封建国家的需要,秦代在文教方面采取了一些重大的措施:统一文字,编写了标准文字范本推行于社会,并供学童识字之用,成为汉以后蒙学识字课本的先驱;普设学室(地方官学);设博士官;颁"禁私学令";"焚书坑儒"。总之,秦王朝以法律代替教育,以官吏代替教师,对学校教育采取否定的态度,实际上是否定了教育对国家对社会所发生的维护和促进作用。

### (三)汉代的学校教育制度

在汉武帝实行的"独尊儒术"的政策指导下,汉代的官学和私学都得到空前的发展,学校教育制度已初具规模,逐步形成了儒学独尊的学校教育体系。汉代官学分中央官学和地方官学两大类。中央官学最重要的是大学性质的以传授儒家经典为主的太学,由九卿之一的太常实行领导管理。太学的教师是"博士","博士"本是博识多能的文官,后又增加了"太学"的教官这一职能。太学的学生初称为"博士弟子",东汉时多称"诸生"或"太学生"。太学初建时,学生的名额较少,后来太学发展,出现了一种称为"大都授"的集体上课形式,这说明大班上课的形式已出现。此外,次第相传的教学形式也在太学出现。以高业生教授低业生,这种方法在私学中早已流传,太学借鉴此法,在一定程度上缓和了教师不足的矛盾。太学以儒家经典为教材,它的教学制度并不严密,没有规定学习年限,也不注意考勤,但却非常注重考试,用考试来督促和检查学生的学习成绩。汉武帝规定用"设科射策"的方法,每年考试一次。

中央官学在东汉还曾设有鸿都门学、官邸学等特殊性质的学校。鸿都门学在性质上属于一种研究文学艺术的专门学校,它打破了儒学独尊的教育传统,以社会生活所需要的诗、赋、书画作为教育内容,是教育的一大变革。另外,鸿都门学是一种文艺专门学校,作为一种办学的新型形式是有意义的，因为它不仅是中国也是世界上最早的专门的文学艺术学校。汉代的官邸学可以分为两种：一种是政府专为皇室及贵族子弟创办的贵胄学校，另一种是以宫人为教育对象的宫廷学校。

汉代的地方官学按行政区划，郡国设"学"，县道邑设"校"、乡设"庠"、聚(村落)设"序"等。地方官学以儒学为教育内容，以推广教化为主要任务。

汉代私学十分发达，在组织形式上可分为两种：一为书馆，二为经馆。书馆又称书舍，是童蒙学习的私学，教师称为"书师"，学习内容主要是识字习字，后期开始接触儒学基础内容。经馆又称精舍、精庐，是高一级的私学，实际上是一些著名学者聚徒讲学之所，经馆在西汉时就已出现，东汉时更为兴盛。当时一些经师鸿儒，受业弟子已达百人以上，如名儒董仲舒由于学生太多，不得不采用高年级学生教低年级学生的办法，这种弟子之间转相授受的办法非常流行，形成了以名儒讲诵为主，弟子们转相授受为辅的教学方法。总体上，书馆承担了基础教育的任务，经馆对社会所产生的实际教育效果更大，实际上是后代书院的历史渊源。

**(四)魏晋南北朝的学校**

魏晋南北朝是我国历史统一转为分裂和长期战乱的时期，长期的动乱影响了学校的正常秩序，这个时期学校教育时兴时废，似断又续，废置无常，特别是官学，在数量上大大减少了，但也出现了一些新型的学校，私学、家学得到了一定程度的发展和重视。

1. 魏晋的学校

三国时期，魏、蜀、吴三国，为巩固其政权，各就其国情，采取了一些发展学校教育的措施，如曹魏创办了律学，蜀国立太学，置博士学官，吴国立国学，设都讲祭酒以教学诸子。但由于战事频繁，政局动荡，加之学官遴选不精，学生择取不严，以及学官升迁及官员考选制度有弊等，所以三国时期学校教育的发展成就是十分有限的。

西晋除继续兴办传统的太学外，还创办了一所旨在培养门阀世族子弟的国子学，官至五品以上弟子许入国子学，而太学则成为六品以下子弟的求学之所。这是门阀世族阶层所享有的政治特权在学校教育制度上的反映，也是西晋教育制度的一个主要特点。东晋时出现了国子学与太学并存的局面。

2. 南北朝的学校

在南朝的近170年间，学校教育仍处于时兴时废的状态。宋、梁是这个时期统治时间较长、学校教育也较为兴盛的朝代。宋时设立“儒、玄、史、文”“四学”，这种分科的教学制度，对于隋唐时代专科学校的发展是有直接影响的。梁的“五馆”有独特的风格，南齐学制多袭南朝宋，而南陈多因南朝梁制。

北朝时教育的大融合成为民族大融合的一个重要组成部分。北魏立国子学、太学、四门小学，建立了新的官学体系。北魏还重视地方官学，在郡国立学。中国古代郡国学制的建立，应该说是始于北魏。这也是北魏在中国古代学校教育发展史上的贡献。北齐也很注重州郡立学，并在郡学内立孔庙，这为后来在各级学校内普设孔庙开了先河。

3. 专科和私学

魏晋南北朝时期专科学校得到发展。如前所述，魏设律学，后秦设律学，南朝梁陈设律学，北魏、北齐、北周亦置律学，可见这时期律学很普及。西晋武帝时立书学，学习书法，北魏北周亦设有书学，以教授书生。南朝宋文帝元嘉二十年(443)开设医学，北魏时也设有太医博士及助教教授弟子。北周还设立算学，学生称算法生。由此可见，这时期专科学校得到发展，不仅有人文学科，亦有自然专科，这对于以后专科学校的发展是有影响的，也表明了“儒学独尊”逐渐为“儒、佛、道”并行的局面所代替，科学技术的传授开始在学校教育中取得了一定的地位。

这个时期私学呈现繁荣局面，名儒聚徒讲学仍占很重要地位。儒学、玄学、佛教、道教的结合，是这个时期私人讲学的特色。科技教育也是当时私学的重要内容。这一时期的童蒙读物也有所发展，范岫所著的《字训》、王褒所写的《幼训》已具有童蒙课本的性质。梁武帝时周兴嗣的《千字文》，依次叙述有关天文、博物、历史、人伦、教育、生活等方面的知识，是以识字教育为主，兼有封建思想教育和常识教育的综合性课本。值得一提的是，在南朝已有被任命为博士的妇女，如吴郡韩蔺英，齐武帝曾命她为博士，教六宫书学，当时人们尊称她为“韩工”。

宗族和家庭教育在这个时期有所发展。家族的学术传授在当时很普遍，许多经学家、玄学家、科学家、文学家、艺术家都是通过这种形式培养起来的。颜之推的《颜氏家训》可以说是这时期家庭教育的代表作。

### (五)隋唐时期的学校

1. 隋代

隋初统治者为革新政治,特别重视统治人才的培养,注意学校的建设和发展,从中央到地方广泛建立了学校。朝廷设立了国子寺,置祭酒,总管全国的学校教育工作,这是我国历史上设立专门教育行政管理部门和设置专门的教育长官之开始。在国子寺下设立五学:国子学、太学、四门学、书学、算学,前三者是儒学,学习内容是儒家经典。后二者以教授专科知识为主,属专门学校,标志着隋代专科学校的多样化。公元607年隋改国子寺为国子监,成为独立的教育领导管理机构,国子祭酒作为教育行政长官。国子监的名称一直沿用至清朝。

2. 唐代

在政治统一、经济繁荣、文化科技水平发达的基础上,经过百余年的经营和发展,唐代学校教育制度已相当完备。

先来看官学系统。由中央直接设立的学校有"六学""二馆"。中央六学属于直系,包括国子学、太学、四门学、书学、算学、律学。"二馆"是崇文馆和弘文馆,属于旁系。在唐代,还有地方设置的学校,各府有府学,各州有州学,各县有县学,县内又有市学和镇学。所有府州县市的学校统属直系,由地方教育长官长史主管。唐代有比较完备的学校行政管理制度,对各类学校入学者的身份与名额、入学年龄、入学手续及仪式、教育长官、学籍管理都有一定的规定。教学内容主要是儒家经典,另外还有书法及各项礼仪,教学内容的完成有明确的时间限制。教师有博士、助教、直讲,教法为分经讲授,有读有讲。考试有旬考、月考、季考、岁考等名目。

唐代的专门学校范围广、门类多,有律学、算学、书学、医学、兽医学、天文学、音乐学校、工艺学校等。唐代明文鼓励私人办学,私学遍布城乡,制度不一,程度悬殊,既有名士大儒的传道授业,也有村野启蒙识字的私立小学。

唐代的留学生教育是相当成功的。唐代国力强盛,国都长安不仅是全国政治、经济、交通、文化的中心,而且也成为东西各国文化教育交流的集中点。各国不断派遣大批学生留学长安,如日本、新罗、天竺、百济、高丽等国。唐朝对留学生给予学习和生活的多方面照顾和优惠待遇,使得唐代具有历史上罕见的大规模的留学生教育。留学生教育的最大特点是广泛学习,互取精华。这种教育不仅具有深远的历史影响,而且具有重要的文化价值,中国文化通过留学生的来往而传播到东西方世界各国。唐代的文化教育是开放型的,是面向世界的,这一对外开放的文化教育政策是唐代形成彪炳千古的文化教育高峰的重要原因。

### (六)宋辽金元时期的学校

1. 宋代

宋代在前朝的基础上,官学制度有了新的发展,有了自己的特色。一是管理体制进一步完备,从中央到地方建立起了专门的教育行政管理机构。二是官学类型多样化,中央官学除国子学、太学、四门学学习传统的儒家经典外,专科学校也很发达,有武学、律学、医学、算学、书学、画学等,其中武学与画学是宋独创的。地方官学,州学县学除学习传统的儒家经典外,还分别设置了武学、医学和道学,其中武学与道学也是宋独创的。三是中央官学在招收学生时放宽了家庭出身等级的限制,书学甚至取消了这种限制,这与唐代相比是一个明显的进步。四是学田制度的建立。宋代地方学校一般均有学田,宋朝政府向各地州、县学校赐学田,作为学校经费的主要来源,这对于地方官学的发展起了积极的推动作用。这一制度为后来的元明清三代所长期沿用。

2. 辽金

辽的官学、留学生教育都有一定程度的发展。金朝的中央官学,除了国子监、小学和太学外,又建立了专门以培养女真族人为目的的女真国子学、女真小学和女真太学,这在中国古代学校发展史上是颇具特色的。

3. 元代

元代朝廷视学校为"风化之本,出治之源",所以注重学校教育,从中央到地方建立起了较为完备的官学体系和教育管理机构。元朝的中央官学有国子学、蒙古国子学和回回国子学。另外,元朝还在司天台和太史院附设学校,培养天文历数方面的人才。元朝还积极创办各级各类地方学校,并且重视学田的设置和管理,使教育经费有一定保证。在边远地区广设学校,促进了这些地区的开化和发展。

4. 宋元蒙学

宋元时期是我国蒙学教育发展的一个重要阶段,蒙学思想广为流传。涌现许多像朱熹、张载那样的蒙学教育家。他们或编订蒙学教材,或开馆讲学,推动宋代蒙学教育事业的发展。宋元时期的蒙学教材流传最为广泛的是:《三字经》《百家姓》《千字文》。这一时期的蒙学教材按专题分类编撰,使蒙学教材在内容和形式上呈现多样化。蒙学教材注意儿童心理特点,采用韵语形式,文字简练,通俗易懂,并力求将识字教育、伦理道德教育和基本的社会自然常识教育有机地结合起来。

**(七)明、清时期的学校**

明代的学校,中央有国子监及宗学(贵族学校),地方有府学、州学、县学,边疆及特殊地方则有卫学(军事学校)。地方学校规模虽有大小,但彼此不相统属,学生皆有送至中央国子监资格。此外,地方性专科学校还有军事、医学、阴阳学等。

清代官学制度基本上沿袭明代,但在长期的发展过程中,也有自己的特点。如重视八旗子弟教育,广泛设立各种名目的旗学。又如在府、州、县学中创立"六等黜陟法"对学生实行动态管理,使他们的升降和学业成绩紧密挂钩。此外,还设立俄罗斯文馆,重视俄语人才的培养,并在国子监实行分斋教学制度等。清代地方官学与明代近似,有府、州、县、卫学等。虽然清代已步入封建社会的暮年,但在顺治、康熙、雍正、乾隆时期,学校教育还是得到较大的发展,对于人才培养和社会的发展起了积极作用。然而自嘉庆、道光之后,学校逐渐废弛,已有名无实。中国的封建教育为近代新教育所取代,已成为历史发展的必然趋势。

综上所述,中国封建社会的学校制度基本上是由官学、私学以及私学的高级形态——书院所组成。它们相互补充、协调发展,构成多样化的学校网络,共同担负起培养中华民族人才、传递中国传统文化的历史使命。

## 第二节　科举文化和书院文化

在中国古代教育大舞台上,科举和书院共存了一千余年。中国科举文化是社会文化的重要内容,是中国传统教育文化中选官文化的重要体现。作为一种独特教育机构的书院,在其兴盛与发展过程中,具有多种社会文化功能,涵育了深厚广博的文化精神,形成了具有特色的书院文化。

### 一、科举文化

科举文化是以科举制度为核心的一种文化。科举制度是封建社会选拔官吏的一种考试制度，它和以前的选举制度最根本的区别，在于让普通的读书人均有通过官府考试，而被选拔做官的机会，这就使封建王朝能在更大的范围内选拔官员。科举制度从隋代开始实行，到清光绪 27 年（1904）举行最后一科进士考试为止，经历了 1300 多年。

科举文化是中国传统文化的重要组成部分，源远流长。大约在公元前 21 世纪至公元前 5 世纪，统治者实行“亲贵合一”的选官原则。当时王朝里执政的卿和大夫，都由贵族家族分别担任且世代相传，君王也不能随意任免，即“世卿”制度。战国时，世卿制度瓦解，选拔官吏的途径也多起来，如有才能的士通过游说、上书、自荐等方式获得官职。至汉朝，选官有察举和征辟两种，作为一种制度，这时才逐渐确立起来。魏晋南北朝时，由于士族把持政权，为了保证他们的政治特权，便实行“九品中正”的选举制度，把选官权握在自己手里，但这妨碍了中小地主阶级的进身之路，引起他们强烈反对。隋朝统一全国后，把选官权力收归中央，科举制度则孕育而生。科举制度的特点是专门用考试的办法来挑选人才，而不是地方察举。隋炀帝开设进士科，以文学取士，这种不问出身门第，无须州郡推荐，由朝廷公开考试的选士制度，才是中国古代科举制度的真正开端。

唐承隋制，科举制度逐渐完备起来，并进入鼎盛时期。参加科举考试的考生大体有两种：一是生徒，为朝廷所设国子监、弘文馆及各地州县学馆的学生；二是乡贡，非学馆出身，先经州、县初考及第，再送到京城参加尚书省应试者，此外还有现任官员参加的科举。

唐代科举考试在不同的时期，设立的科目也不一样，前后总计不下几十种，其中主要分为常科和制科两种。常科每年分期举行，考试科目有进士、明经、明法、明字、一史、三史、开元礼等 50 多种。制科是由皇帝特别下诏召集一些知名文士进行的考试，有贤良方正、直言极谏、军谋宏远等百余种，考试的时间和项目都是临时决定的。

宋代的科举在继续沿用唐代科举制度的基础上，又有明显的发展，具体表现为：①多科并为一科。②进士分等级。③殿试成为定制。④考期定为三年一届。⑤考试内容侧重经义。⑥增设乡举一级考试。在两宋都曾实行武举，武举也分省试、殿试。

元代蒙古贵族有做官的特权，无须通过考试，故开国之初不重科举，中叶以后，为了笼络汉人，才开科进士。故元朝是科举考试的中落时期。

明代为科举制的鼎盛期,在沿袭前期的基础上,选拔程序更加严密和完备。进学校为科举考试的必由之路,国学的学生称监生,可直接做官;府州县学校的学生凡经本省各级考试进入的,通称生员,俗称秀才。取得生员资格的入学考试叫童试,也叫小考,童试包括县、府、院试三个阶段,应试无论年龄大小,均称童生,院试合格后才能转称生员。正式科举考试分为乡试、会试、殿试三级。乡试在京城及各省省城举行,每三年一次,考期多在秋季八月,故称"秋闱"。考中的举人,俗称孝廉。会试于乡试后的第二年举行,由礼部主办,在京城的贡院举行,故称"礼闱"(春闱),考中的称贡士,俗称出贡(别称明经)。殿试在会试后同年举行,应试者为贡士,由皇帝亲自主持,出榜分为三甲,一甲三名,赐"进士及第",第一名称为"状元"(殿元),第二名榜眼,第三名探花,合称"三鼎甲";二甲赐"进士出身";三甲赐"同进士出身",一、二、三甲总称进士。这时科举制的重大变化是以八股取士为主要内容。它以四书、五经中的文句命题,只能依题意阐述其中的义理。这种死板的考试形式束缚了人们的思想,同时也把科举制本身引向绝路。

清代的科举与明代基本相同,只是贯彻民族歧视政策,把科举考试分为满、汉两榜,但满人享有特权,做官多半不考试,汉人做官须参加考试,只有少数例外。清代实行武举有武院试、武乡试、武会试、武殿试。科举制发展到清代,它对于维护封建地主阶级的统治,促进社会的发展,曾起过积极作用,但随着封建社会的衰落,其弊端越来越明显。自唐朝开始,考场的舞弊现象已出现,至宋、元、明、清不断发展,统治者对此处置极为严厉,然而这种弊端仍未消除,在科举支配下的学校教育只能培养记诵经典章句、善于文辞而缺乏实学的人才。清朝后期八股取士不断遭到开明官员的反对。清政府为了加快实行新政,在1904年举行了最后一科进士考试后即停止,科举制度至此结束。

## 二、书院文化

书院是唐末以来一种重要的教育组织形式,是私学的高级形态。书院文化的内容包括书院的规模、活动、组织、功能和作用,以及与书院相关的意识形态、政治制度、人文心理、学术和教育状况、历史条件等一切文化因素。

书院之名始于唐代。开元六年(718)设丽正修书院,开元十三年(725)改称集贤殿书院,这是由中央政府设立的官方藏书、校勘、整理与修书的机构，还不是教学机构。唐末五代之际，战乱频繁，魏晋以来的山林讲学与山林习业的风气复起。唐末李宽在湖南衡阳石鼓山结庐读书，李渤与兄李涉隐居江西庐山白鹿洞，南唐时因洞建学馆，五代戚同文在应天府（今河南商丘）聚徒讲学，这些便是后世书院的渊源和开端，但是这些场所当时尚未以书院为名。书院教育组织蓬勃发展于宋代。到了宋代，始称之为书院，其他类似的场所也称书院，这时的书院是一种新型的教育组织。宋代是一个儒生士大夫空前关注道德人格建构的时代。一方面，政府虽然重教化，国学之外又有府学、县学，但是学校多近于科举，不能满足学术发展的要求和士人自由讲学的愿望，士人不得不另觅自由讲学之所，以宣传、推行他们的道德理想。另一方面，政府尚文治，鼓励设立大量书院，以供文人读书修身，吸引了志在修身治国的学者。供求相应，书院就兴盛起来了。宋代书院的数量有二百多所，比较著名的有以下几所：白鹿洞书院（在今江西九江）、岳麓书院（在今湖南长沙）、应天府书院（在今河南商丘）、嵩阳书院（在今河南登封）、石鼓书院（在今湖南衡阳）、茅山书院（在今江苏金坛）。书院一般建在山林名胜之地，院内基本设施有讲堂、书楼和斋序。书院的教学特点包括以下三个方面。

1. 教学和学术研究相结合

学术研究和教学相结合，是书院教学的突出特点，这是很有参考价值的。历史上许多著名的书院，既是教学活动的中心，又是学术研究的胜地。在南宋，朱熹等一批学者研究的是理学，在书院讲授的也是理学。陆九渊等研究的是心学，在书院讲授的也是心学。历代书院的主持人多是著名的学者，他们用学术研究促进了教学，又以教学带动了学术研究。学术研究是书院教学的基础，而书院的教学又是学术研究的成果得以广泛传播和进一步发展的重要条件。

2. 自由讲学与自由听讲

书院允许不同学派共同进行讲学。在南宋时期。朱熹和陆九渊是两个不同的学派，但朱熹却特约陆九渊到白鹿洞书院讲学，树立了不同学派共同讲学之新风。书院提倡自由讲学，自由听讲，来者不拒，热情相待，互相切磋。

3. 学生以自学为主，教师重在启发诱导

书院的教学强调学生以个人自学钻研为主，教师则着重用自己的治学经验来指导学生的学习。书院提供充分的书籍条件，教师十分注意对学生进行读书和研究学问方法的指导。书院强调学生要善于提出问题，教师指导主要采用答疑方式。当时流行的“语录”，多是书院师生之间质疑或解答问题的记录。

宋代书院有官立、私立之别。官立书院是朝廷鼓励的对象，而私立者则自有田产，独立性较强。风气所染，官立者也大多不受政府支配。官立者在学制上仿太学三舍制，按年积分，相对私立者，约束较多。宋代书院培育了大批人才，促进了学术繁荣。但是书院教育以经学为根本，书院学术促使儒学思想进一步精细和深刻，在封建专制政权的挟制下，书院教育被纳入官学体系，书院学术自由受到遏制都是不可避免的。

元代，书院继续发展。当时书院数量超过宋代。与宋时不同，当时书院多受政府干涉。书院与官学已无根本区别。

明代，书院渐趋衰落。正德以前，士人以学校为进身之所，虽各省皆有书院，而书院讲学之风不盛。随着学校受科举排挤，科举弊病日益明显，士大夫复倡书院，如王阳明等。明末较著名的书院有京城的首善书院、无锡的东林书院。

清代是书院官学化的完成和书院终结的时期。这时各地府厅州县包括台湾地区都设有书院，但是书院的性质前后有别。清初书院犹尚讲学，以“约束礼义、整肃身心”为务。后来，书院成了准备科举的场所。清末，西方帝国主义的坚船利炮使大清国破山河碎，也给中国的教育和学术带来了不能回避的严肃课题。清政府不得不对旧书院进行局部的改良，使之从课程设置到教学形式都接近新式学堂，书院遂逐渐变为近代学校。1905 年 8 月，清政府宣布停止科举，实际上也就宣告了旧式书院的终结。

书院之起，追求的是学术自由，促进学术发展。程朱理学、陆王心学和乾嘉汉学都与书院有不可分割的联系。后来，书院逐渐被纳入官学体制，反而成了束缚士人思想的工具。书院文化是中国封建文化的一个组成部分，受到士的传统精神、人文心理、学术变迁和政治力量的影响。书院活动在本质上不违背封建社会的礼义伦常。书院所际遇的政治条件是，专制皇权不断强化，它不允许任何自由和分歧。这内外两方面的因素限制了书院文化的积极成分，而使书院最终走上官学之路，成为应举士子的训练所。

## 第三节　中国古代的教育思想

在中国古代文化长期的发展过程中，产生了无数个闪烁着智慧光芒的教育家，为传播丰富灿烂的中国文化，做出了历史性的贡献。中国历代教育家的教育思想，是中国历代教育实践在理论上的反映，体现了中华民族的智慧，下面择要介绍。

### 一、尊师爱生

和谐融洽的师生关系是教育活动成功的先决条件，尊师爱生是中国古代教育的优良传统。孔子关心学生品德和学业的增进，以及学生们的生活与健康状况。他常探望有病的学生，接济家贫的学生，以一颗真诚的爱心善待每一个学生。他说："爱之，能勿劳乎？忠焉，能勿诲乎。"孔子这种伟大的人格力量和对弟子的真诚爱护，自然赢得了弟子对老师的尊敬和爱戴。孔子开了"尊师爱生"风气之先，此后的教育家相沿成习。墨子和他的学生们在同生死共患难中建立了良好的师生关系，学生追随墨子"赴火蹈刃、死不旋踵"。宋代的"程门立雪"就是一个为人们所传诵的尊师故事。"尊师爱生"逐渐成为中国传统教育的优良传统。

### 二、因材施教

中国古代教育家认为学生的个性是存在差异的，每个学生的自然禀赋也不一样，所以教学方法应因人而殊。孔子通过长期私人讲学的实践创造出了因材施教的科学方法。他注意从学生的具体实际出发进行教学，不用千篇一律的说教，往往学生问同一样的问题，而孔子的回答却不一样。如子路问孔子："听到一个道理就马上去实行吗？"孔子说："有父兄在，怎么能够听到了就去实行呢？"冉求也问同一个问题，孔子却说："对，马上去实行。"别的学生不理解为什么孔子对同一问题却有两种回答，孔子解释说："冉求一向行动迟缓，所以我鼓励他大胆干；子路一向胆大好胜，所以我要他请示父兄，有意压压他。"（《论语・先进》）孔子在教学中，能够针对学生的年龄特点、智力高低、才能专长，采用不同的教学方法。后人对孔子"因材施教"的教法多有推崇，宋代程颐总结说："孔子教人，各因其材，有以政事人者，有以言语人者,有以德行人者。”(《河南程氏遗书》十九)“因材施教”一语,就始于程颐此说。程颐注重在教育、教学中根据学生个性柔缓刚急各不相同的差异,施以方法各异的教育,所以教育教学要“或因人材性,或观人之所问意思而言及所到地位”(《河南程氏遗书》十八)。张载主张教学应顾及学生的内心要求,使学生的智力才能得到充分发展。他说“教人至难,必尽人之材,乃不误人”(《语录抄》)。古人这种因其材性分别陶冶的方法在今天仍有重要作用。

## 三、启发诱导

中国古代教育家特别重视启发诱导。孔子认为掌握知识、形成道德观念,应该是一个主动探索领会的过程,因此在教学中他特别重视学生学习的主动性。他有一句名言:“不愤不启,不悱不发,举一隅不以三隅反,则不复也。”(《论语·述而》)朱熹《四书集注》注曰:“愤者,心求通而未得之意。悱者,口欲言而未能之貌。启,谓开其意。发,谓达其辞。”孔子十分重视利用各种方式去激发学生的灵觉心智,例如:创造自由活泼的气氛,提供平等谈话的机会,运用问答的方法,运用幽默风趣的语言艺术,等等。有一次,当学生子夏读到“巧笑倩兮,美目盼兮,素以为绚兮”几句诗,问孔子是什么意思。孔子启发子夏说“绘事后素”(先有白底然后画花,作画须有素洁的底子),子夏领会到孔子是说“礼”须建立在“仁”的思想感情的基础上。除孔子外,中国古代还有许多教育家对启发式教学很有研究。张载认为进行启发教学时,“答问者必知问之所由”,待学生把问题都充分讲明了,然后根据所问意思从问题的两方面竭尽所能地为之分析、解释,使之明晓。这种教法的重要环节,诚如《学记》所总结:“君子之教,喻也。道而弗牵,强而弗抑,开而弗达。道而弗牵则和,强而弗抑则易,开而弗达则思。和易以思,可谓善喻矣。”运用启发式教学,喻少而义明彻,言微而理至善,教师轻松而功倍,学生安逸而乐从。

## 四、循序渐进

所谓循序,是遵循教材的客观顺序与学生的主观能力去规定学习的课程或进度。所谓渐进,是不求速的意思。中国古代教育家普遍重视循序渐进的教学原则。孔子的学生颜渊曾说:“夫子循循然善诱人,博我以文,约我以礼,欲罢不能。”(《论语·子罕》)对学生来说,学习只能积累渐进,因为“不积跬步,无以至千里;不积小流,无以成江海”(《荀子·劝学》)。《学记》把循序渐进的“教”和“学”形象地概括为“不陵节而施”和“学不躐等”两种情况,为后代教人为学提供了很好的范式。张载认为教学过程“虽不可缓,又不欲急迫,在人固须求之有渐”(《理窟·学大原下》)。因为教材的难易先后和学生身心的发展,都是“有序”的,这就要求教学也须坚持“有序”的原则。朱熹更明确地提出“循序而渐进,熟读而精思”的教学思想。古代教育家的这一教学原则对今天来说仍有重要的意义。

## 五、温故知新

“温故”和“知新”是学习上常遇到的矛盾统一体。古人认为既须温习故旧,又不忽视探索新知。《论语》的第一句话:“学而时习之,不亦说乎!”表达了孔子对日常学习和温习学业的极端重视。他还提出“温故而知新,可以为师矣”。朱熹解释说:“温,寻绎也;故,旧所闻;新者,今所得。言学能时习闻,而每有新得。”王充在学习上最反对“信师师古”,主张通过博习群书,敢于向相沿成习的圣贤言论提出挑战,写下了许多诸如《问孔》《刺孟》等不朽篇章。朱熹认为:“人而不学,而无以知其所当知之理,无以能其所当为之事。学而不习,则虽知其理,能其事,然亦生涩危殆,而不能以自安。习而不时,虽曰习之而功夫间断,一暴十寒,终不能足以成其习之功矣。”(《朱子全书》卷十)朱熹认为“故”是“新”的基础,“新”是“故”的发展,“时习”集中体现了二者相互之间的联系。

## 六、由博返约

博,指广博、博学;约,指精约。朱熹说“博学,谓天地万物之理,修己治人之方,皆所当学”(《朱子语类》卷六十四),古代教育家都注意到把广博与精约结合起来。孔子认为“君子博学于文,约之以礼,亦可以弗畔矣”(《论语·雍也》)。孟子也指出:“博学而详说之,将以反说约也。”(《孟子·离娄下》)朱熹说:“博文工夫虽头项多,然于其中寻将去,自然有个约处。”(《朱子语类》卷三十三)中国古代教育家看到了博与约的矛盾,认为博是约的基础,在博的基础上求约,即根据一定的原则去归纳、简约或精要各种知识成果,得出简明扼要的结论。

### 七、学思结合

在处理学习和思考的问题上，中国古代教育家多主张学思结合，学思并重。孔子说："学而不思则罔，思而不学则殆。"只学习而不思考，只思考而不学习，都是无益的。他主张学思并重，并应以学习为基础："吾尝终日不食，终夜不寝，以思无益，不如学也。"（《论语·卫灵公》）孔子提倡的"学"，首先强调"博学"，首先通过亲身见闻来获得直接经验，强调从感觉或经验种学习，主张多接触外界事物。《论语》中论及闻知的有57处，论及见知的有71处，显然，孔子的"博学"有接触外界事物作为获取知识最初环节的意思，这一点是孔子教育思想中注重实践应用的思想，对现代教育是极有借鉴价值的。

孟子也讲"学"，但他更重"思"。他说："心之官则思，思则得之，不思则不得也。"（《礼记·中庸》）把孔子学思并重的思想发展为"博学之，审问之，慎思之，明辨之，笃行之"五个学习步骤，其中肯定了学思并重，又强调思维的重要性。王夫之认为"学非有碍于思，而学愈博则思愈远；思正有功于学，而思之困则学必勤"。学思结合的教学方法对后世中国人影响深远，成为中国文化的重要理念。

总之，中国古代教育家们积累和总结了丰富的教学经验，除以上提到的之外，其他的还有很多，如教学相长、言传身教等。这些经验无疑是中华民族传统文化中的一笔重要的精神财富。

## 第四节　中国古代教育与传统文化的相互影响

传统文化是一个民族、一个国家或一个地区世代沿袭下来的具有悠久历史的文化特质或文化模式。从历史的发展来看，中国传统文化呈现出多元的文化形态，除了儒家文化这个核心内容外，还有道家文化和佛教文化等。在中国漫长的文化发展史中，由于在满足封建社会需求上的不同，注重实际、人伦关系的儒家文化处于正统主导的地位，崇尚自然、无为的道家文化起着重要的补充作用，而提倡出世、精神修炼的佛教文化，则充当了填补人们宗教心理欲求的重要角色。因此，在教育上，一方面形成了以儒家教育为主流、佛道教育为补充的局面；另一方面又随着社会的变动沉浮，三家教育此起彼伏,形成一幅错综复杂的历史图景。

一般来说,如果处于相对稳定的社会中,社会的传统文化与教育大致保持着相互适应的功能耦合状态。中国古代教育与传统文化之间是一种相互依存、相互制约的关系。一方面,中国社会特有的传统文化(包括政治指导思想、道德观念、价值取向、风俗习惯、思维方式等等)弥漫于整个社会中,渗透在人们生活的各个方面,强烈地制约着人们对子女的养育方式和教育内容。另一方面,这种稳定的教育方式、教育内容,又使传统文化在下一代身上得以再生,在这里,民族传统文化的传承与年轻一代的社会化是统一的。这种统一使后代人对前人所创立的社会文化具有巨大的适应力,从而保证中国古代社会文化形态具有相对的独立性和稳定性。中国古代文化从某种意义上说只有靠教育才能显示出它的活力。

## 一、中国传统文化对古代教育的制约

美国著名人类学家克鲁克洪认为,文化是历史创造的生存形式系统,按照其观点,可以把传统文化划分为显性形式的文化(像服饰、饮食习惯、居住习俗、礼仪方式、庆典方式、婚礼程序等)和隐性形式的文化(如价值取向、心理倾向等)。这反映了传统文化对教育的影响是多方面的,既有表层的,也有深层的。

### (一)从显性文化层次看

由于传统文化中具有明显外在特征的文化特质或模式(如语言、文字、行为规范等等)是构成人们社会生活不可缺少的要素,而这些要素又需要通过教育加以传递,因此,传统文化大大影响人们对教育内容的选择。中国古人重视“礼”和“孝”,具有很深的历史渊源,这种传统文化对我国教育产生了巨大的影响。

我国奴隶社会学校的教育内容可以概括为六个方面,即礼、乐、射、御、书、数,礼是居于首位的。古人“教三行:一日孝行,以亲父母;二日友行,以尊贤良;三日顺行,以事师长”(《周礼·地官·司徒》)。

我国封建社会以经学为本,学生们主要学习“四书”“五经”“三纲”“五常”等一套封建伦理道德,它们在教育内容中占据绝对优势。作为儒家创始人,孔子最先在教学上倡导伦理本位的课程论思想。他几乎花了毕生的精力,把自己所收集到的文献典籍《诗》《书》《礼》《乐》《易》《春秋》进行系统整理和修订,编成教学用书,世称“六经”。

《诗》是西周至春秋中叶的诗歌。贯穿诗的核心思想内容是合乎“礼”的伦理道德精神——“思无邪”。在他看来,学习《诗》具有十分重要的作用,《诗》可以兴、可以观、可以群、可以怨,迩之事父,远之事君。

《书》,即《尚书》,指春秋以前的官方政治历史资料汇编,记载了夏、商、周三代的重要史实。孔子说:“《书》云:‘孝乎唯孝,友于兄弟,施于有政’,是亦为政,奚其为政?”显然,孔子最关心的是《尚书》中所蕴藏的“孝悌”人伦道理。

《礼》,后称《仪礼》。孔子对夏礼、殷礼和周礼都有过仔细的研究,并做出“从周”的理性选择。但孔子所选择的“周礼”是注入“仁”的精神的,“人而不仁,如礼何?”(《论语·八佾》)最反对礼的表面化和虚伪化。为此,孔子精心选择了“士”必须学习的“礼制”17 篇,简称《士礼》,要求学生认真学习,并领会其中的做人根本——“不学礼,无以立”(《论语·季氏》)。

《乐》,指《乐经》,系音乐方面的典籍。孔子订《乐》与其坚持伦理准则是一致的,他指责新乐“郑声淫”,而认为《韶》《武》等雅乐可以提高人的精神修养境界。

《易》,即《周易》。孔子及其弟子在学习和研究过程中逐渐撰写了一些传注,统称《易传》,以阐明儒家的伦理、政治和哲学思想。

《春秋》,本是鲁国的编年史,经孔子笔削后,该书蕴含着浓厚的伦理政治色彩。他所采用的笔法是“微言大义”,其字里行间隐藏着“正名分”“寓褒贬”“明善恶”的良苦用心。把它作为教材,这对教养儒家所希望的德治人才具有十分重要的意义。

通过对以上“六经”的大要分析,不难看出儒家经典的伦理本位精神。除《乐经》亡佚外,其余“五经”遂成为中国封建官学和私学的基本课程。随着封建社会历史的不断发展,不同时代的儒学教育家对“五经”常有不同的注释和理解,从而推动了儒学教育思想不同形态的递进和发展。但“五经”作为学校的基本教材是一以贯之的,只是各个朝代所强调的侧重点略有不同而已。如:王安石改革太学时,强调要以重新阐释的《诗》《书》《周礼》“三经新义”为基本教材。此外,宋以后的儒学教育家又进而在“五经”基础上新增了《大学》《中庸》《论语》《孟子》等“四书”,作为官学和私学的基本课程。

我国重视礼法的文化传统,不仅强烈地影响着学校教育,而且还极大地影响民俗教育和家庭教育。在我国封建社会，仕宦家族往往用文字写成“家训”，作为家庭内部的教材，著名的有北齐的《颜氏家训》，宋朝的《放翁家训》，元朝的《郑氏规范》，明朝的《庞氏家训》，清朝李绿园的《绿园家训》，等等，其内容多侧重于封建伦理道德和遵守礼法的规范。

### （二）从隐性文化层次看

沉淀在人们深层心理结构中的价值取向，是一种具有内在制约作用的强大力量，具有广泛的渗透性，很大程度上影响着人们的选择和行为准则。因此，作为隐性形态的传统文化，将全面影响人们对教育目的、地位、作用、内容以及方式方法的看法，从而使教育处处体现着一个民族的内在倾向。

反思中国古代文化与教育的那些富有民族特点的关系，不可能绕开中国古代哲学，尤其不可能绕开我们民族哲学思维方式的特征。在古代中国，教育几乎始终从属于儒家哲学的系统，而且，由于农业经济和一统政治的社会生活之简约单纯，由于儒家文化的正统地位及其对世俗文化的广泛渗透，由于儒家哲学贴近生活的自身特点，儒家哲学的思维定式几乎成为一切教育模式多少必备的思维内核。中国传统哲学占主流的思维定式可以说是“体用不二”。所谓“体”指根本、本源、本体，世界之原始；所谓“用”，原指万物，后来兼指功能、现象、世界之流行。借用现代术语，体用之别，就是本体与现象、结构与功能之别，或者形而上与形而下之别。“体用不二”表现在宇宙论中就是“天人合一”，表现在理想人格培养上就是“内圣外王”之说，表现在“伦理学”中是“仁智统一”，表现在认识论中就是“知行相即”。下面分别考察中国哲学的思维定式与传统教育模式的关系。

1. 儒家“内圣外王”之道决定了中国古代教育的价值取向

“内圣外王”之道是中国主流文化——儒家文化沉淀的基本精神。孔子在《礼记·大学》里系统地提出了“内圣外王”之道，如：“古之欲明明德于天下者，先治其国；欲治其国者，先齐其家。欲齐其家者，先修其身。欲修其身者，先正其心。欲正其心者，先诚其意。欲诚其意者，先致其知。致知在格物。”格物、致知、诚意、正心、修身是内圣的过程，齐家治国平天下是外王过程。关于“内圣外王”，金岳霖这样解释：“儒家讲内圣外王，认为内在的圣智可以外在化成为开明的治国安邦之术，所以每一位哲学家都认为自己是潜在的政治家。一个人的哲学理想，是在经国济世中得到充分实现的。”①由于儒家文化把价值源头和道德观念的源头归于人的内心，通过自身的修养就能够穷及，“外王”便自然能够实现，就决定了中国的传统教育是重修养和伦理的。

从重修养看，封建教育的培养目标是士、君子、圣人、贤人等，圣人和贤人是少见的，是一种理想目标，而现实目标主要是士和君子。在儒家眼里，君子是有高尚道德情操能够自我完善的人，如：“君子谋道不谋贫……忧道不忧贫。”（《论语·卫灵公》）又如：“人不知而不愠，不亦君子乎。”衡量一个人够不够君子的尺度是看其能否自我完善，士比君子低一个层次，但衡量贤愚的尺度与君子是一致的。所以封建的教育作用不是外在灌输和行为训练，而是一种心灵的启迪、培养自我修养的功夫。古代教育家基本上都把“持志养气”“反求诸己”“意志磨炼”等作为修养的具体方法。比如孔子主张“见贤思齐焉，见不贤而内自省也。”（《论语·里仁》）孟子强调：“爱人不亲反其仁；治人不治，反其智；礼人不答，反其敬；行有不得皆反求诸己”（《孟子·离娄上》）。朱熹主张“读书穷理当体之于身”。由此可见封建教育是十分重视修养功夫的。

由于个体的修养是“内圣外王”的根本，“尽性”便能“知天”，便能求得自然与社会的和谐。在中国古代文化中，人与自然的关系显然不十分重要，相反，人与人之间，人与社会之间的关系相比之下就相当重要。中国传统文化中的主流文化——儒家文化具有内倾性性格，内倾型的文化注重人文领域的问题，政教伦理是封建社会人文领域最大的问题，这个问题解决得如何，直接关系到封建社会的安危。在中国古代，解决这个问题的任务主要由“士”来承担，“士”不仅要有修养功夫，还要有施行王道的能力。他们都精通圣人经典，又通礼仪和咨国之术，他们充当着封建帝王的谋士和官吏。尤其隋唐科举以后，“士”成为封建统治的一个重要阶层，这个阶层对封建统治具有承上启下的作用，无论是为官者还是一般儒生，都自觉地把调解人与人之间的关系、安定社会秩序作为己任。如果中国封建社会没有“士”，其保持社会稳定是难以想象的。由于“士”是封建教育的直接培养对象，并且士所担负的任务之一是调解人伦，这就决定了传统教育重伦理的特色。“内圣外

① 金岳霖：《中国哲学》，《哲学研究》1985 年第 9 期。

王”的人格理想，使得中国传统教育把最高的培养目标定在为“帝王之师”上面，而最一般的目标也是“学而优则仕”。这意味着中国古代教育基本上是一种官本位的教育模式，教育的出路在于为政治服务，为国家培养政治人才、各类官吏的候选人。

2. “知行相即”的认知方式对古代教育的影响

中国哲学“体用不二”的思维定式，决定了中国人认定大道就在日常生活、人伦道德实践之中，不好超越现实之流的玄思，因而中国儒家文化就有了人道原则与理性原则的统一，有了认识论与伦理学统一的鲜明特色。在中国儒家看来，“知”主要是知仁，即道德规范，发现自己的天德良知，但是道德本质上是实践的，生活的，所以又是“行”。因此，古代中国尽管有“知易行难”“知难行易”“先知后行”“先行后知”“知行合一”等知行观上的分歧，但本质上都不将知和行分成两部分，即很少有哲人认为追求无用之知是有价值的。“知行相即”对古代教育的影响主要有两方面。

（1）“知行相即”使得“因材施教”成为中国古代教育思想的优秀传统。“知”是知人道、忠孝节义，它带有“普遍性”，“行”是人的道德践履，虽有普遍性，但行为总是个人的，有个体性。因此，从认识论来说，中国儒家多鄙弃大而无当的抽象，或者玄谈一般原理，而总是切近个人生活谈“理”。这就使得孔子提倡的“因材施教”成为中国教育的一种传统。孔子主张对学生要“视其所以，观其所由，察其所安”（《论语·为政》），就是要求教师注意学生的日常行为、个人经历以及意愿志向等个性特点，然后因势利导，或栽培或裁制，养成学生的“德行”，所以，如果超越学生的材质而强求一律，就不可能使每个学生都有所得。

（2）“知行相即”从两方面决定了中国古代职业教育的方式是师徒直接传授式的。一方面，由于“知行相即”从本质上指道德的知与道德的行不可分离，便在很大程度上把技术的知排斥在教育之外。历代教育家重视的只是以道德文章教育学生，几乎不研究职业教育、技术教育的问题。另一方面，由于中国古代比较发达的科学如农学、医学等都是操作性很强的，即理论与实践是密切联系着的，“知行相即”在这里有了积极的含义。而各种工匠的手工业生产方式，更导致了师徒私相传授，即在实践中传授、校正、点拨的过程。

## 二、中国古代教育对中国传统文化的影响和制约

### (一)中国古代教育具有传递、保存文化的功能

按照辩证唯物主义的观点,人类社会是人的生物性与社会文化性的统一。人类文化即是人们社会生产与社会生活的产物,同时又是新生一代进行社会生产与社会生活的基础和必要条件。人类文化又有一个极其重要的特征,这就是它只能被学而知之,而不能通过遗传的方式获得。这决定了人类文化从产生的那天起,就与人类教育有着不可分割的关系。如果说人类的生殖过程是人类种族的传递、保存和延续过程,那么教育则是人类文化的传递、保存和延续过程。教育的文化传递,包括了知识、思想、道德、风俗、艺术以及每一世代的认知图式等。这种传递绝对不是指生物水平上的遗传,而是社会文化的积淀,是对社会文化世代连续性过程的同化与顺应而引起的文化潜移。教育是文化传承的主要方式,中国古代的学校教育、社会教育、家庭教育、百工技艺教育是中国各种文化薪火相传、继往开来的保证,没有中国古代教育,中国古代的物质文明和精神文明是难以创造、延续和发展的。在文字出现之前,除了在物质和简单图画上的凝结之外,古代文化完全依赖父子、师徒之间面对面的教育而获得传递和保存。文字的出现,为古代文化的保存和传递提供了一条极为有效的途径,并促使古代教育发生一次大的飞跃,使古代教育从社会生活和社会生产中分离出来,形成自己的独立形态——学校教育。中国古代的学校教育对传播传统文化确实起了重要的作用。中国的文化传承主要依赖的是蒙学教育和高等教育。在蒙学教育方面,中国古人是把它与“齐家治国平天下”连在一起的。蒙学教育的任务主要落实给家庭。具有良好的家教对中国古人来说是至关重要的。中国古代有各种各样的“家规”“家训”,《颜氏家训》就是其中比较有代表性的。家教的扩大就是私塾。私塾在儿童教育方面与家教是统一的。比如,为儿童编写的蒙学教材《太公家教》《千字文》《百家姓》《三字经》《蒙求》等,都是私塾和家教共同使用的课本。在中国古人心目中,中学的概念是十分模糊的,虽然历代都设府、州、县学,但中学的概念一直没被提炼出来,所以中国古人对中等教育不是十分重视。中国古代比较重视高等教育,高等教育与科举取士制度结合,这样受教育程度与社会地位呈正相关分布。中国封建社会的高等教育具有选择官吏的实用功能。

总之,在文化传承的方式上,中国的蒙学教育与高等教育起的作用较大。但是古代广大的下层人民并非都有受教育的机会,他们对传统文化观念与知识的获得,更多是靠了蕴藏于风俗习尚之中的非学校教育。这种教育的实施大多是通过口耳相传及风尚仪式等而世代延续的。

### (二)中国古代教育具有选择文化的功能

原始社会时期,由于生活和生产的简单,古代教育选择文化的功能并不明显。随着阶级对抗的出现,生产分工和社会生活的复杂化,各种文化开始出现,并日趋多样化和复杂化。有统治阶级的文化,也有劳动人民的文化,有宗教文化,也有世俗文化等。我国古代的“阳春白雪”和“下里巴人”之说,正反映了当时文化的多样性。在这种情况下,教育对文化就有所选择地进行传播。自从学校教育产生之后,古代教育选择文化的功能就日益突出起来。古代教育选择文化的途径主要是通过下列几种途径实现的:精心选择教育内容;精心选择教师;精心选择教育的方式和方法。在我国封建社会,社会意识是选择社会的主流文化——儒家文化作为学校教育的基本内容。那些在思想意识、道德观和行为习惯上等和主流文化相悖的各种特质,是不被古代教育选择的。很明显,《水浒传》中描写的像李逵这样的绿林豪杰的价值观念和行为习惯,是与传统的儒家文化不相容的。像这种文化特质,很难作为传播对象进入到隶属于我国封建统治阶级的学校教育中。我国古代许多著名教育家都十分重视教育选择文化的过程和作用。如孔子与其弟子樊迟的一段话很有代表性。樊迟请学稼。子曰:“吾不如老农。”请学为圃。曰:“吾不如老圃。”樊迟出。子曰:“小人哉! 樊须也。上好礼,则民莫敢不敬;上好义,则民莫敢不服;上好信,则民莫敢不用情。夫如是,则四方之民,襁负其子而至矣。焉用稼。”(《论语·子路》)可见,孔子是不想把关于圃和稼的知识和技能作为学校教育的内容而传授给青年一代的。

### (三)中国古代教育具有整理文化的功能

人类文化的精华要想保存和发展,就必须依附于某种传递媒介,而传递媒介容纳程度的有限性,又决定了在依附过程实现之前,必须有一个精心的整理过程。历史表明,我国古代的学校教育,尤其是教师,为传统文化的整理工作做出过杰出的贡献。如孔子,以“诲人不倦”的精神终生从事教育事业。他的弟子多达3000余人,其中成名者有72人。同时,在整理我国文化方面,他也做出了杰出的贡献。他“删诗书,定礼乐,修春秋”,整理并发展了殷周以来的文化。经过古代学校教育整理过的古代文化,更易被人们所认识和掌握。

总体上,中国古代教育和传统文化呈现出相互影响相互制约的关系。中国古代教育理论与思想推崇道德修身、尊师重教的传统美德,提倡因材施教的方法,提倡和践行的教师精神等蕴含的当代价值不容忽视。“建国君民,教学为先。”中国古代教育思想是中华民族宝贵的精神财富,不同时代教育思想涉及的教育方法、教育原则和意义等,不仅在当时产生了重要的作用,而且对当今的社会教育也产生了深远的影响。批判式地传承发展古代教育思想必将让中国传统文化大放光彩。

# 第十章　传统文化的近代转型和现代化建设

文化需要传承，更需要转化创新。鸦片战争后，中国传统文化开始了深入的反思与创新。特别是“五四”运动以来，各种文化建设主张和思潮不断出现。毛泽东提出建设“民族的、科学的、大众的文化”的命题，为中国文化的现代化建设开辟了全新的道路。新中国的文化建设取得了巨大成就。改革开放四十多年来，我国亿万人民不仅创造了物质文明发展的世界奇迹，也创造了精神文明发展的丰硕成果。新时代我们要用社会主义核心价值观凝心聚力，建设社会主义文化强国。党的十八大以来，我们党坚持古为今用、推陈出新，不忘本来、辩证取舍，推动中华文化创造性转化、创新性发展。

## 第一节　中国传统文化的近代转型

中国传统文化的近代转型，可以追溯到明末清初的文化反思思潮，鸦片战争后，开始了更深入的文化反思与创新。这种反思与创新，既有物质文化方面的，又有制度文化方面，更有观念文化方面的。近代中国传统文化变革的根本原因和动力是近代社会发展的需要，其内因是中国传统文化的内在活力。

### 一、明末清初的文化反思思潮

中国传统文化很善于内省和系统内部的自我调整，在其发展史上，虽然经历了无数次的风雨和动荡，却很少产生文化危机感。每遭遇一次外来冲击，都会产生一次内部的自我调整，或引经据典证明我们早已有之，表示认同并纳入自己的系统；或居高临下视“他者”为“蛮夷”，不屑一顾：不论是认同还是拒斥，对悠久、博大的华夏文化很少伤筋动骨。直到清代，这种局面才有所改观。清王朝入主中原时,汉族士大夫精英们被抛入十分矛盾的尴尬处境之中。他们在明亡之际起而卫国,知其不可为而为;面对新朝,他们大多拒不合作,宁做耿介的布衣学人。他们把清王朝取代明朝看成异族武力对华夏文明的摧毁,开始有了文化上的危机意识,主动反思传统文化。

清初三大思想家黄宗羲、顾炎武、王夫之堪称传统文化反思和中国文化现代化启蒙的鼻祖。顾炎武的"天下兴亡,匹夫有责",已经超越了传统的"忠君爱国"观念,政治上将"政权"与"民权"区分离析,还(国家)政权于君主,还民族利益(天下)于民众;视"亡国"不过是帝王的易姓改号,"亡天下"为民族文化和道德的沦亡。他认为,明朝在国亡之前,天下已经亡了。他奔走一生孜孜以求的"复明"本质上是民族文化的光复。黄宗羲则由明亡的教训上升到对整个封建专制制度的抨击与否定,并设计了具有近代色彩的理想社会图景。他的《明夷待访录》成为中国早期资产阶级改良与革命的"圣经"和中国最早的"人权宣言"。他视政府的职能为兴天下之公利,率先提出"工商皆本",主张大力发展切于民用的工商业,以使天下安富,在数千年重农抑商的传统社会中,黄宗羲堪称第一位工商阶层的代言人。由于他们的文化反思尚缺乏外来文化介入,没有异质文化做参照,最终都以古今对立的复古形式出现,从而使清初实学回归了"经世致用"的轨道上,成为扬弃理学为前提的儒学复兴运动。

## 二、近代中国传统文化反思和转型的历程

1840年的鸦片战争,把古老的中国卷入资本主义世界的旋涡之中,使中华民族遭遇了前所未有的灾难。鸦片战争是西方资本主义国家为了向亚洲扩张而发动的一场殖民主义战争,是进行国际贸易和战争的西方向坚持农业和官僚制度的中国发起的全面挑战。就形式上说,既有军事进攻,又有政治干预;既有物质财富的掠夺,又有文化精神的侵犯:本质上是西方文化价值向中国传统文化价值发起的挑战。中华民族不仅遭遇到亡国失土的生存危机,而且失去了千百年来赖以安身立命的精神支柱,陷入了严重的文化危机。

鸦片战争后,中国的命运与西方资本主义密切相关:为了民族的独立和生存,中国人民必须抵制西方列强的奴役和侵略;为了国家的富强,先进的中国人又不能不学习西方,从西方寻找救国真理。抵抗西方和向西方学习,

这一既矛盾又统一的历史课题，突出地摆在了中国人的面前。先进的中国人从中西文化的碰撞中破天荒地发现，自认为至高至善至美的传统文化中也存在着缺陷和不足，而一向被认为粗鄙的“夷人”也有某些“长技”，值得加以吸收和学习，以弥补和纠正自身传统文化的不足。这一认识和发现，使近代以来的文化反思比以往任何时候的反思都积极、全面、深刻、持久，并导致了文化的转型，而文化的反思和转型反过来又推动社会政治经济的变革和发展。尽管近代文化反思的初始阶段仍在“中体西用”的论旨下力图融合中国之“道”与西洋之“器”，尽管近代文化先驱们为“启蒙”而倾心西方文化，为“救亡”又不得不为民族文化撑腰打气，在极其矛盾的状态下踌躇徘徊，但他们仍不失为中国文化现代化历史的中流砥柱，为传统文化的转型和开新立下了筚路蓝缕的汗马功劳。

鸦片战争改变了清初的文化反思方向，迫使人们开始了对中国传统文化的积极反思。鸦片战争以后，西方资本主义势力侵入中华大地，中国开始沦为半殖民地半封建社会，小农经济和家庭手工业相结合的封建经济体制逐渐解体，建立在这个经济基础之上的封建专制制度也随之发生动摇。长期在封建经济基础之上伴随封建政治制度运行的传统文化，已经无力解释更无力解决社会生活所面临的处境和问题，迫使当时的有识之士反思中国传统文化的优劣得失及革新发展等问题，开始了近代以来对传统文化的反思、评价，展开了对新文化建设问题的探索、论争。在这一反思、论争过程中，几代学人的注意力主要集中在对中国传统文化的评价，传统文化转型的方向、道路，现代化发展模式，中国传统文化与西方文化的关系等问题上。

这一反思过程的历史大致划分为两个历史阶段：一是近代传统文化的资本主义化转型，二是现代传统文化的现代化转型。同时，这两个历史阶段的反思、论争正好体现了在中国传统文化转型的方向问题上存在的两种典型观点：一是传统文化要资本主义化，以建设中国的资产阶级文化，以资产阶级的世界观和价值体系来更新传统文化；二是传统文化要无产阶级化，以建设中国特色的社会主义文化为目标。客观地说，由于历史条件和文化环境的原因，传统文化的这两次不同方向的转型都未真正完成，所以中国文化史上没有真正意义上的资本主义文化和完成了的无产阶级文化。前者因中国特殊的政治经济状况和中国资产阶级自身局限而未能完成；后者因无产阶级及其政党自身发展尚处于初级阶段，担负着过重的政治经济使命，加之新中国成立前后因“左倾”思想干扰而出现的文化政策的失误,使无产阶级文化建设遭受了不应有的损失。我们称具有资本主义倾向的近代文化为传统文化的资本主义化,并把“五四”以后到新时期的文化反思和文化建设理解为中国传统文化的社会主义化过程,其目的就是强调文化发展的过程性,传统的继承性和传统文化转型的不完全性。

鸦片战争所引起的文化危机是中国传统文化深入反思和逐步转型的重要契机,随鸦片战争而涌入的西方文化自然成为中国传统文化反思的起点和参照系。与西方文化碰撞对比,向西方文化学习靠拢,甚至一反习惯上对西方文化不屑一顾而对之惊惧、膜拜都显得理所当然。战争中我们最先看到的是西方殖民者的坚船利炮,随后为了“制夷”才关心“夷”并去“师夷”。基于中国近代经济、政治的变化及中国人对西方文化认识过程,中国传统文化的近代反思和转型大体上经历三个阶段,即物质文化的反思和转型、制度文化的反思和转型、观念文化的反思和转型。

**(一)物质文化的反思和转型**

物质文化的反思主要体现为对西方物质文化和科学技术的关注,这一阶段从林则徐组织人员搜集英国情报并主持编译《四洲志》开始,到洋务派为兴办近代工业,大量引进西方科学技术形成高潮。西方科学技术的引进和传播,冲击和动摇了建立在小农经济体制之上的文化传统,初步触及中国传统的价值取向和思维方式,奠定了近代文化转型的基础。

清王朝在乾隆后期渐露朽败之相,皇帝奢靡,权臣贪赃枉法。在朝的士大夫无所事事,在野文人慑于文祸三缄其口,“两耳不闻窗外事,一心只读圣贤书”“多磕头少说话”构成晚清世风的主流。作为一个封建官僚,林则徐奉旨到广州查禁鸦片时,连英国、美国的地理位置都不清楚,是战争促使他和其他有志之士认真研究西方国家的。在广州,林则徐千方百计了解敌情和外事,聘请译员大量翻译外国书报,包括为了解军事、政治、经济而译的《澳门新闻纸》,为了解外人对华评论而摘译的《华事夷言》,为了解世界各国基本知识而译的《四洲志》,为开展外交斗争所需的《各国律例》,为改进军事技术而翻译的武器制造应用书刊。其中《四洲志》原书为慕瑞的《世界地理大全》,是近代中国第一部系统介绍外部世界的地理著作。它介绍了世界5大洲30多个国家的地理、历史、政治、风俗等方面的情况,打开了中国人的眼界,成为中国人睁眼看世界的崭新起点。之后,魏源编成《海国图志》并提出

“师夷长技以制夷”的口号，主张系统学习西方军事技术和民用科学技术，他对当时思想界占统治地位的宋学和汉学进行了反思和批判，要求研究现实问题和更有用的学问，为数千年来株守章句、坐而论道的中国知识分子指出了一条真正走向实践、经世致用的新思路。

19 世纪 60 年代到 90 年代，洋务运动兴起。洋务运动的主导思想是中体西用论，他们试图以中国之伦常名教为原本，辅以诸国富强之术，用西方的自然科学和工业技术来挽救衰老不堪的封建制度，用西方科技思想来修补业已残破的封建文化。虽然他们的初衷没有也不可能实现，但其介绍的科技思想和科技产品自觉不自觉地影响了中国近代文化乃至社会的整体运动。

**（二）制度文化的反思和转型**

制度文化的反思主要体现为对西方政治制度的关注，自康有为、梁启超等倡导戊戌变法始至辛亥革命失败，中国文化经历了一段资产阶级化的特殊历程。这一阶段从洋务派学习“西技”发展到维新派学习“西政”，又从维新启蒙发展到资产阶级革命成功，建立起历时短暂的资产阶级民主共和国，使资产阶级共和政治的观念逐步深入人心。

1895 年，清政府在甲午战争中惨败，民族危机空前严重，代表民族资产阶级和开明士绅政治要求的维新派登上政治舞台，并开始了新的资产阶级启蒙运动。维新派倾慕西方议会制度，主张在中国实行君主立宪制度。他们创办报纸、成立学会、兴办新式学堂，宣传资产阶级政治思想，提倡民权，革新教育，在政治启蒙的基础上开创了文化学术新局面。诸如“诗界革命”“文体革命”“小说界革命”“戏剧革命”等，宣告了真正意义上文化建设的开始。

维新派大多都是洋务派着力培养起来的接班人，他们有着更全面的西学修养，研究西学时他们发现先进的科技成果来源于先进的政治制度，因而能够奋然崛起，呼吁全方位的变法维新。严复、谭嗣同、康有为、梁启超是时代的先锋。他们各展所长，贡献非凡：严复精通西学；谭嗣同激进果敢；康有为国学功底深厚，胸襟开阔，思想系统；梁启超学术上敏锐活泼，左右逢源。严复曾被梁启超誉为“于西学中学，皆为第一流人物”。他一生花费大量的心血著述译文，向中国人展现近代西方“黜伪崇真”的科学方法和“屈私为公”的民主制度，用以贬黜以儒学为内核的传统认识方式与伦理纲常，开启了“五四”“科学”与“民主”的先声。

站在近现代之交，维新派经受着古今中外多向文化的洗礼，用西学形式套传统经典，努力把西方政治、经济、教育制度及思想纳入儒学体系，企图以“托古改制”的方法实现资产阶级的革命理想。他们洞悉中国人在异质文化面前的保守态度，采用托古改制宣传新思想，一方面反映了当时中国新兴资产阶级势力的弱小，政治上和文化上无力摆脱封建势力的束缚；另一方面也流露出维新派在启蒙方法和政治变革方式上的良苦用心。

变法失败和八国联军入侵，政治上的维新思潮让位于资产阶级革命斗争。从政治制度层面变革中国传统文化的要求日益迫切，译介西方社会政治学术著作形成热潮。这一时期，一批著名的西方社会科学著作被翻译出版，如《路索民论》（卢梭《民约论》）、《培根文集》、《法意》（孟德斯鸠《法的精神》）、《自由原理》（穆勒著，严复译《群己权界论》）、《美国独立宣言》等。这些著作给革命派提供了思想武器，他们中许多人已不再借传统文化的旧形式表达自己的思想，而是用鲜明的时代语言发表新的见解。如邹容的《革命军》、陈天华的《狮子吼》《猛回头》以及孙中山的许多论著，无论内容还是形式，都显示了资产阶级文化的气魄和力度，这些努力为辛亥革命做了思想和舆论上的准备。虽然由于中国特殊的社会结构和中国资产阶级先天不足，资产阶级革命未能完成拯救中国的历史使命，也未能建设起来中国特色的资产阶级文化，但却在中国社会播下民主、共和、自由、解放等政治意识，在民族解放和民族文化的现代转型两大历史进程中都发挥了重要作用。

### （三）观念文化的反思和转型

观念文化的反思，开始于辛亥革命后的袁世凯和张勋复辟，至“五四”新文化运动结束。这一阶段，对中国传统文化反思达到了前所未有的广度和深度。“五四”新文化运动的先驱者陈独秀、李大钊等，从辛亥革命后的两次复辟中接受教训，认识到仅有制度的变革是不够的，没有革命的民众和民众的革命精神，制度革命的成果就难以巩固，进步和变革就不会恒久。基于此，他们以重塑国民性为己任，从“个性解放”的要求出发，呼吁“科学”和“民主”，积极建构与时代同步的价值观念和道德观念，将中国传统文化的反思和转型推进到了观念层面。

科学、民主、个性解放是“五四”新文化运动的核心精神。围绕这一核心精神，展开了对辛亥革命后帝制复辟思潮的全面反击，同时也对国民进行了革命意识的全方位灌输，走完了传统文化资本主义化的最后一程。由于中国社会历史的特殊情况，在资产阶级近代文化尚未真正发育成熟时，无产阶级已觉醒并发展壮大；加之十月革命在俄国取得胜利，马克思主义及时传入；新的政治背景赋予了“五四”新文化运动承前启后的历史使命和文化使命，其“科学”“民主”的口号和自由精神直接为无产阶级所汲取，开启了传统文化社会主义现代化建设的新篇章。

从1911年到1917年的短短七年之间，中国社会先后经历了辛亥革命、袁世凯称帝、张勋复辟等重大事变，共和与帝制在白热化的角逐中快速轮换。以孙中山为首的共和派，为了使民主革命体现“顺天应人”的思想，他以“天下为公”诠释自由、平等、博爱，以“大同社会”训解共和政体，“三民主义”又以“民族”为首，利用“驱逐鞑虏，恢复中华”这一旗帜鼓动反清情绪。这一切虽属权宜之计，却也反映出政治革命背后的文化欠缺。虽然孙中山在中华民国草创之初就以法律的形式否定了清王朝及在中国延续了两千多年的封建君主制度，宣布“中华民国国民，一律平等，无种族、阶级、宗教之区别，中华民国的主权属于国民全体”，国民政府也任用蔡元培实施新式教育，摒弃了清政府忠君、尊孔的教育宗旨和“中体西用”的文化模式。但这一切仅仅为了配合政体的变更，深层的文化变革未能真正发生，理论上的论证也显得苍白无力，一时难以深入人心。加之辛亥革命后的几年间，思想文化界乃至整个社会道德领域极为矛盾和混乱，正所谓“旧污初涤、新习未成”，一些在革命期间曾极力反对定孔教为国教的激进分子，也认为只有恢复传统儒学才能拯救江河日下的世风道德。所以，袁世凯篡夺了国民革命领导权之后，各路英雄云集麾下，如康有为、梁启超、蓝公武、章太炎等。这一方面说明民初知识分子身上存在着旧式士大夫情结，难以割舍对传统文化的感情；另一方面也启示我们，文化创新的不易及文化进步对经济政治进步的依赖，进一步的文化反思和批判更加迫切。

袁世凯的政治阴谋败露后，醉心于传统的康有为协同张勋拥戴清废帝溥仪上演了一场为期12天的复辟闹剧，保守的政治势力和文化势力从此结束了他们“为了告别的聚会”。两次复辟梦的破灭，为“五四”新文化运动铺垫了全新的背景。就在袁世凯筹划称帝的1915年，陈独秀创办的《新青年》杂志就以崭新的姿态出现在民初文坛上，成为新文化运动兴起的标志。陈独秀在《敬告青年》一文中指出：“国人而欲摆脱蒙昧时代，羞为浅化之民也，则急起直追,当以科学与人权并重。”在为《新青年》罪案答辩中,他进而宣告,“拥护德莫克拉西(Democracy)和赛因斯(Science)两位先生”,“要拥护那德先生,便不得不反对孔教、礼法、贞节、旧理论、旧政治。要拥护那赛先生,便不得不反对旧艺术、旧宗教。要拥护那德先生又要拥护那赛先生,便不得不反对国粹和旧文学”,“我们现在认定,只有这两位先生,可以救治中国政治上、道德上、学术上、思想上的一切黑暗”,“若因为拥护这两位先生,一切政府的压迫,社会的攻击笑骂,就是断头流血,都不推辞”。《新青年》明确宣示,以儒学为代表的传统文化已成为现代生活的最大障碍,陈独秀等人看到传统给近代历史发展带来的阻力和反复太多,对传统文化的正面价值想都不想,他们决然抛弃形形色色“中体西用”的货色,主张全方位地学习西方,以民主与科学诊治传统文化痼疾,并作为“将来所以修身治国之道”。

1917年1月,著名的民主革命家、教育家、科学家蔡元培出任北京大学校长,倡导“思想自由,兼容并包”的办学方针,陈独秀受聘文科学长,以《新青年》为中心,一时群英荟萃,李大钊、吴虞、胡适、鲁迅、钱玄同、刘半农、陈大齐等人先后执教北大,掀起了“五四”运动的高潮。由于“五四”新文化运动拥有全新的背景支持,所以它对传统文化的批判是全面、深入、彻底的,也是无情的。他们首先由反对帝制而揭露袁、张等对孔学的政治利用。其次是在伦理范畴重点打击儒学中的“三纲五常”及整个封建礼教。这是“五四”的重头戏,从吴虞的论文(如《家族制度为专制主义之根据论》《吃人与礼教》)和鲁迅的小说(如《狂人日记》)略见一斑。最后是胡适、钱玄同、顾颉刚等人将传统文化的批判延伸到学术思想领域。胡适1919年出版的《中国哲学史大纲》,打破了传统儒学圣圣相传的道统序列,抛弃了旧学术史中以儒学为中心的范式,“大胆假设,小心求证”,褒贬直率,结论新颖,开一代学风。“疑古派”史学与新考据学由此兴起,20世纪20至40年代风行海内的古史辨学派也延续了他的学术精神。顾颉刚明确指出疑古辨古的目的是推翻伪史,明了真史,颇有几分后现代主义解构历史的胆略和深度。

客观公正地评价“五四”新文化运动,是学术界至今尚未完成的课题。应该说,到“五四”新文化运动,中国传统文化已大体上实现了近代转型。参照西方近代资本主义工商文化模式和资产阶级共和政治模式,中国资产阶级先进分子在极其矛盾中尝试着一步步改造运行在农耕自然经济之上的宗法专制政体和相应的伦理型文化。“五四”新文化运动把植根文化心理结构深层的伦理觉悟理解成“吾人觉悟最后之觉悟”，在伦理、心理层面展开近代化进程，并取得积极成果。它对中国文化的发展做出了绝无仅有的业绩，也因其“矫枉过正”留下了无尽的值得深思的话题。

## 三、近代中国传统文化反思和转型的深层原因

一种观点认为，中国传统文化沉积数千年，具有相当成熟和稳定的形态，近代百年出现如此快速转型，主要归因于西方文化的冲击。这种观点把中国传统文化看成一个内部缺乏活力的惰性体系，长期停滞不前，只有在西方文化的冲击下，才被迫做出反应，被迫向近代转变。这种观点无视中国传统文化的积极因素，理论上也不符合历史唯物主义的基本观点。

诚然，鸦片战争和其后西方文化的传入，是中国传统文化反思和转型的契机，也是这百年反思和批判的参照系。而反思主体却都是国学功底极其深厚的中国人，没有中国人的自我反思和自我批判，中国近代的文化转型是难以想象的。政治上没有救世主，文化上更没有救世主。正如我们今天的经济政治体制改革是我们面对新的世界经济政治格局作出的自觉选择，近代文化的发展也主要取决于我们民族进步人士的艰苦努力。很少有他者真正为我们操心，也没有他人为我们制定文化发展的方针政策，即使有也很难奏效。我们并不否认，中国传统文化系统中存在着消极成分，有相对封闭、追求稳定、变革缓慢等因素，它的快速发展也的确与西方文化冲击有关。但简单地把传统文化的转型理解为西方文化冲击的结果是远远不够的。

首先，近代中国传统文化变革的根本原因和动力是近代社会发展的需要。中国传统社会的经济形态是一种复合型结构，自始至终兼容着商品经济的成分，它作为农耕自然经济的补充，随封建社会历史的变迁波浪式前进，呈整体上升趋势。封建社会晚期的几百年间，随着封建经济关系中地权占有形式的变革，租佃关系上自由租佃出现，雇工方式日益灵活，封建依附关系逐渐松动，资本主义生产关系开始在封建制度母体内孕育生长。特别是晚明以后，资本主义经济成分已不是原始萌芽状态，以大机器生产为特征的近代资本主义逐步发展，民族资产阶级也逐渐成长壮大，他们要求创造和发展为他们服务的新文化。由于特殊的国际环境，近代中国传统文化的转型与民族的救亡图存结合在了一起，国难当头，救亡迫切，如何建设新文化和建设什么样的新文化未及深思，于是，积极进取、勇于开拓甚至是强悍野

蛮的西方文化,成了精致儒雅的礼仪文化倾慕的对象。传统文化反思者选择西方文化作为参照,很大程度上是出于无奈。

其次,中国传统文化的内在活力是近代文化转型的内因。延续久长的中国传统文化中蕴涵含强大的生命活力是不争的事实,其中有与西方文化相通的变易思想、人本精神、自强意识和忧患意识等,也有西方文化所不及的经世思想、集体主义和献身精神。中国传统哲学中存在着丰富的变易思想,儒家经典《易经》就充满着发展的辩证法思想。近代启蒙者在鼓吹变革时常常以古代变易思想为根据,康有为把《易经》中"穷则变,变则通,通则久"的变易观点和从西方引进的进化论思想糅合在一起,形成了自己的进化论观点。他说:"夫物新则壮,旧则老;新则鲜,旧则腐;新则治,旧则板;新则通,旧则滞;物之理也。法既积久,弊必丛生,故无有百年不变之法。"(《上清帝第六书》)可见,中国传统的变易思想成了戊戌变法的理论根据。中国传统文化中人本主义与集体主义的结晶是人们常说的"民本思想","民贵君轻"的古训孙中山也没有忘记,早期改良派、资产阶级革命派都尽量利用这一思想为自己服务,"三民主义"信仰是活生生的例证。而忧患、自强、经世致用则是中国知识分子积极认同的人生之路,尤以近代文人为最。他们生于忧患——清王朝衰落、国内社会问题丛生、国际环境恶劣,又不甘为鱼肉,奋发努力,谋求国富民强。从龚自珍、魏源、林则徐到曾国藩、李鸿章,都讲究经世之学,从师夷制夷到学做洋枪洋炮都是经世之用。西方近代文化最终能否移植到中国这块土地上,关键还在于有无适宜的土壤,是否可用。中国近代文化对西方文化是有所选择和改造的,许多命题都是再造品。如"自由"在西方主要是个人的自由权利,在近代中国则主要是国家的独立自主,民族的自由与解放。正是中国传统文化巨大的涵摄包容性和创造性,使西方先进思想包括现代传入的马克思主义,在传统文化的不断发展中发挥着重大作用。

由于中国近代社会不是一个完整意义上的资本主义社会,中国近代的新文化也不是真正的资本主义文化,但近代文化的反思和转型却意义重大。转型过程中对国际社会发展潮流的顺应,对自己民族文化传统文化的发掘和利用,对异质文化(主要是西方文化)的选择和改造,为我们目前社会主义现代化建设过程中的文化建设提供了借鉴。

# 第二节　社会主义现代化过程中的文化建设

我们反思中国传统文化的目的，是为了摒弃其消极成分，扫除社会主义现代化建设道路上的因文化传统而存在的思想观念、道德信仰、价值取向、思维模式乃至行为方式等与新时代中国特色社会主义思想不相适应的方面；同时弘扬中华民族优秀文化传统，继承民族文化传统中自强不息的奋斗意识和集体主义精神，形成共同奋斗的思想基础，建构适应现代社会发展的文化体系，保障社会主义现代化的快速、健康、稳定和协调发展，保障社会主义物质文明和精神文明同步前进，不断丰富人民群众的精神世界，增强人民群众的精神力量。

20 世纪是世界经济发展最快、政治斗争最为尖锐、思想文化最为复杂的时代，中国的情况也不例外。从"五四"运动至今百余年的文化历史，可以说是风云变幻，气象万千。"五四"前后，正当中国先进阶层苦苦探索民族振兴之途的时候，马克思主义随着十月革命的胜利传入中国，无产阶级进步势力也开始逐渐取代资产阶级自由派成为历史舞台的主角；新文化运动中表现激进的积极分子队伍出现了分化，基于不同的政治见解，在对待中国传统文化、西方文化、中国传统文化现代化发展模式诸问题上也出现分歧，使现代文化在多元化的纷争中探索前进，现代化建设的步履维艰。在此，拟从"五四"运动引起的反思入手展开阐述，涉及现代文化发展历程、方向道路，现代文化对传统文化及西方文化的借鉴和改造利用，社会主义现代化建设中的文化问题等内容。

## 一、"五四"以来文化建设的探索和发展

### （一）新文化运动引起的反思

新文化运动对传统文化的批判可谓淋漓痛快。勇于疑古、批古的钱玄同认为，欲去除三纲五伦之奴隶道德，当然以废孔学为唯一之办法，而欲废孔学，不可不先废汉文，因为中国文字自来即专用于发挥孔门学说。针对这种偏激观点，鲁迅先生也发表意见表示理解，他认为在中国，你要开一扇窗户，最好说要开一扇门；而要开一扇门，只好说要掀掉屋顶。新文化运动的代表人物尽管多有"掀屋顶"之论，但从未忘却"开门窗"的理性动机。"门

窗”开了，而其初衷“个性解放”、“民主”与“科学”在多大程度上得以实现又令人怀疑。作为破旧的手段它发挥了威力，作为目的它的实现就当时来讲还有些遥远，也没有完成建设新文化的预期目标；他们借来的西方文化也不过是西方文化的表层结构，即中国人所谓的“器”或“用”，以西方文化之“器”攻中国文化之“道”，以西方文化之“用”攻中国文化之“体”，最终批判的焦点又落到了“用”的层面，而且还是中国文化“用”的消极因素，诸如“辫子”“小脚”“纳妾”等，带有明显的情绪色彩，为“五四”运动的光辉篇章留下了漏洞和遗憾。

“民主”“科学”和“个性解放”都不是一个简单的文化问题。鲁迅先生关于“娜拉出走之后”的分析足以说明“个性解放”与社会解放的关系。而“民主”本质上是一种政治原则，必须以政治经济的根本解放为前提。当时的马克思主义派陈独秀、李大钊等已经认识到并在某种程度上强调了这一点；而以胡适为代表的自由主义西化派则倾向于“多研究些问题，少谈些主义”，主张“一点一滴的改造，一步一尺的改造”，缺乏应有的政治自觉；又因新文化运动当时对传统文化的偏激态度和文化建设方面的不足，使受过西方文化洗礼的知识分子的注意力重新回归了民族文化本位，从而引发了现代文化建设中更为激烈的争论。

“本位文化”思潮源于近代洋务派的“中体西用”和维新派康有为“不中不西，即中即西”的文化理论，以梁启超、梁漱溟、张君劢、熊十力、钱穆、冯友兰、贺麟等为代表。在20世纪20至40年代，他们分别从史学和哲学入手，对中国传统文化尤其是儒学予以肯定和赞扬，并致力于创办书院，弘扬民族传统文化。

### （二）马克思主义文化派对中国现代文化建设的思考

20世纪二三十年代，以马克思主义和苏联为代表的无产阶级文化进入中国。在近现代世界文化格局中，马克思主义无疑是最先进、最系统的思想体系。中国的马克思主义者在对传统文化、现代新儒学、“全盘西化”论分析批判的前提下，提出“民族的、科学的、大众的文化”命题，为中国文化的现代化建设开辟了全新的道路。

1936年，鲁迅先生提出了“民族革命战争的大众文学”的口号①。1940

---

① 鲁迅：《且介亭杂文末编》，北京：人民文学出版社，1973版，第101页。

年，毛泽东在《新民主主义论》中将新文化的纲领表述为发展无产阶级领导的、人民大众的、反帝反封建的文化，即民族的、科学的、大众的文化。

按照毛泽东同志的分析，所谓“民族的”，包括两层含义。其一是说“它是反对帝国主义压迫，主张中华民族的尊严和独立的”。新民主主义文化必须为挽救民族危机、维护民族尊严和独立服务。其二是说，“它是我们这个民族的，带有我们民族的特性”。强调了新民主主义文化的民族性和民族主体意识。毛泽东说，“中国应该大量吸收外国的进步文化”，但“决不能生吞活剥地毫无批判地吸收”。民族性不仅表现为民族文化的特征，而且表现在吸收外来文化时的主体性上，表现在选择和消化外来文化的能力上。

所谓“科学的”，是说新民主主义文化内容和方法的科学性。内容是“反对一切封建思想和迷信思想，主张实事求是，主张客观真理，主张理论与实践一致的”；方法是辩证的，面对丰富的中国古代文化，毛泽东提出要“剔除其封建性的糟粕，吸取其民主性的精华”，既不割断历史，又要批判继承的正确方针。

所谓“大众的”，“即是民主的”，是说新民主主义文化首先要使人民群众享有文化权，“应为全民族中百分之九十以上的工农劳苦民众服务，并逐渐成为他们的文化”。这一点对于发展新文化具有特别重要的意义。在我们这样一个广大人民群众长期被剥夺受教育权利的大国，让文化变成“大众的”是十分迫切、十分有益的，也是十分英明的。

毛泽东对外来文化和中国古代文化采用辩证的态度，既反对全盘接受，又反对文化上的封闭和对待传统的虚无主义。他主张，“凡属我们今天用得着的东西，都应该吸收”。从理论上说，新民主主义的文化纲领和对古今中外文化批判择取的论述，远远超越了“五四”，也得到了理论界和文化界的衷心拥护。

依此方针，新中国在文化建设方面也取得了伟大的成就。但这一方针在后来的实践过程中发生了偏差，逐渐偏离了当初设计的正确路线，以致在“文化大革命”中几乎全面拒斥中国传统文化和外国文化，造成了中国文化的“浩劫”。

## 二、新中国文化建设实践的成就和挫折

中国新民主主义革命的胜利，中华人民共和国的成立，开辟了中国文化

发展的新纪元。1949 年 9 月，中国人民政治协商会议通过的《共同纲领》规定："中华人民共和国的文化教育为新民主主义的，即民族的、科学的、大众的文化教育。人民政府的文化教育工作，应以提高人民文化水平，培养国家建设人才，肃清封建的、买办的、法西斯主义的思想，发展为人民服务的思想为主要任务。"

新中国成立以来，党和政府对旧中国留下的文化教育单位加以接收改造，清除帝国主义的文化侵略势力，批判封建买办思想文化，建立以马列主义为指导、以共产党和青年团为核心的政治思想教育体制，大力发展工农文化教育和少数民族文化教育，对高等院校进行院系调整，并对知识分子实行"争取、团结、改造"的政策，成效十分显著。

当然，由于新中国成立之初国际国内政治形势的严峻和经济建设任务的繁重，加上社会主义建设经验不足，新中国的文化建设也出现过失误，甚至是严重失误。在新民主主义文化与社会主义文化的过渡衔接上，出现了加速"社会主义改造"的急躁做法。依据政治上的阶级斗争理论，把反帝、反封建的政治任务扩大到文化批判领域，把文化批判的范围扩大到全部的资本主义文化和封建主义文化，又把外国文化和中国传统文化等同于资本主义文化和封建主义文化，把哲学意义上的"批判"等同于政治意义上的"斗争"，于是，一切现有文化都成了批判、斗争的对象，出现了"文化大革命"那样的文化悲剧。

陈旭麓说过："任何一个民族或国家的文化，或者某一个文化类型，它的发展都离不开继承、吸收和创新的道路。因为一切创新都不能抛弃原有基础，也需要吸收外来的新养料。从这个意义上来说，阳光下没有绝对的新鲜东西，所谓崭新的面目出现也只是包含着原有因素的最新发展。想砸烂一切传统文化建立新文化，是粗暴的，也是很难实现的。但是躺在传统文化的交椅上，不去吸收别国的东西，不但难以创新，还将导致自身的萎缩。在近代中国，不开放，不引进，就没有创新。"①"文革"以反封建的方式复活了封建文化"封闭""迷信""政治本位"和"盲目自大"等特征，拒绝传统文化时发动了"破四旧""批林批孔""评法批儒"等政治运动；拒绝外来文化时号称"反

① 陈旭麓：《近代中国社会的新陈代谢 · 附录》，上海：生活 · 读书 · 新知三联书店，2017 年版，第 403-404 页。

对封、资、修”“横扫一切牛鬼蛇神”。这些行为本质上体现了中国社会潜藏已久的文化惰性和反文化倾向，这种非理性的文化观点，恰恰呼应了西方20世纪非理性文化思想中的消极成分，这一切正是我们现代化文化建设中需要剔除的文化糟粕。

“文化”的本质就是“人化”，就是解决人类怎样脱离动物性、脱离蒙昧“文化”自身，以及建设什么样“文化”等问题的。所以文化问题空间上波及全球，时间上贯穿古今，历久弥新。改革开放的20世纪80年代，在中国经济体制向社会主义市场经济快速转轨的历史转折，文化领域新旧观念发生了对立和冲突，引发了持续十余年的“文化热”。在这一热潮中，各界文化人、各种传媒、各种文化场所似乎都在谈论文化问题。“他们之间的对立斗争和统一关系，仍然没有超出‘五四’时期业已形成的思想格局，是70年来文化论争在新的历史条件下的继续和延伸。”①文化论争的思想格局没变，但提出问题的背景变了，涉及的问题更新颖，也更具体，在对现代文化探索“继承和延伸”的同时有一定的发展和深化。表现出以往文化研究所不曾有过的崭新内容和独特性质，它取得的成绩是巨大的，多方面的，对中国社会主义新文化建设的推动作用是不可低估的。

首先，20世纪80年代“文化热”最可称道的特点就是其现实性，这次文化讨论的出发点就是反思现实，解决现实社会摆在人们面前的思想观念方面的实际问题。所以，这次文化大讨论也是在改革开放背景下的思想大解放。其次，它涉及的问题十分广泛，参与、关注者队伍也十分庞大，不仅传统社会科学界积极投入，自然科学家也非常关切这次关系到中国文化命运的讨论。最后，这次中国文化讨论拥有更为广阔的国际视野，把中国当代文化建设置于了世界文化发展的背景之上，许多论者采用民族意识和“文化全球化”趋势相结合，民族精神和时代精神相结合的眼光看待中国当代文化建设问题，真正打破了文化发展及文化建设的封闭局面，在中国文化走向世界，走向未来，走向现代化的道路上向前迈出了一大步。

## 第三节　新时代建设社会主义文化强国的基本思路

改革开放之初，我党创造性地提出了建设社会主义精神文明的战略任

---

① 张岱年：《文化与哲学》，北京：教育科学出版社，1988年版，第69页。

务，确立了“两手抓，两手都要硬”的战略方针。1986 年 9 月 28 日，中国共产党第十二届中央委员会第六次全体会议通过的《中共中央关于社会主义精神文明建设指导方针的决议》指出，我们要建设“以马克思主义为指导的，批判继承历史传统而又充分体现时代精神的，立足本国而又面向世界的，这样一种高度发达的社会主义精神文明”。

我党新时期社会主义现代化建设中文化建设以马克思主义作指导思想和理论基础，把马克思主义辩证唯物主义当作我们理解精神文化建设与物质生产力发展之间关系的指南、分析评价和批判继承中外文化遗产的理论支点，运用马克思主义政治经济学原理帮助我们防范资本积累对精神文化的冲击，避免出现财富数额不断增长，人类精神日渐空虚的恶性局面，避免物质价值对精神价值的湮灭，以马克思主义科学社会主义指导我们协调社会政治管理、法制建设与社会成员自由、开放、丰富多彩精神生活之间的对立统一关系等等，辩证地处理好“古”“今”和“中”“外”关系，做到对古今中外的综合利用，创造社会主义现代化的新文化。面向世界，面向未来，以当代社会主义现代化建设的需要为标准选择、取舍，创造性地利用传统文化精华为时代服务，使传统文化中的积极因素成为现代化建设中有效的现成文化构件。

新时期文化建设取得了巨大的成就。邓小平理论中确立的以经济建设为中心的新文化模式为中国文化长期稳定发展提供了理论前提和实践保证。邓小平同志的文化思想，是马克思主义在中国、在新时代的发展，是新时期文化建设理论重要的、也是最新的思想成果。

由于国情的复杂和历史的悠久，中国社会和传统文化难以完全适应新的文化模式，文化转型过程中一时的阵痛在所难免。在 20 世纪八九十年代的文化讨论中，也确实可以听到一些不和谐的声音，显示了社会主义市场经济条件下精神文明建设的紧迫性和相当的困难。

文化是民族生存和发展的重要力量。没有文明的继承和发展，没有文化的弘扬和繁荣，就没有中华民族伟大复兴的中国梦的实现。

四十多年来，我国亿万人民不仅创造了物质文明发展的世界奇迹，也创造了精神文明发展的丰硕成果。新时代我们要用社会主义核心价值观凝心聚力，建设社会主义文化强国。

党的十八大以来，我们党坚持古为今用、推陈出新，不忘本来、辩证取舍，推动中华文化创造性转化、创新性发展。

## 一、推动物质文明和精神文明协调发展

历史和实践充分证明，只有物质文明建设和精神文明建设都搞好，国家物质力量和精神力量都增强，全国各族人民物质生活和精神生活都改善，中国特色社会主义事业才能顺利向前推进。

推动物质文明和精神文明协调发展，要以辩证的、全面的、平衡的观点正确处理两者之间的关系。要在坚持以经济建设为中心、抓好物质文明建设的同时，继续锲而不舍、一以贯之地抓好精神文明建设，为全国各族人民不断前进提供坚强的思想保证、强大的精神力量、丰润的道德滋养。要在全党全社会持续深入开展建设中国特色社会主义宣传教育，高扬主旋律，唱响正气歌，不断增强道路自信、理论自信、制度自信和文化自信。

## 二、培育和践行社会主义核心价值观

核心价值观在一定社会的文化中是起中轴作用的，是决定文化性质和方向的最深层次要素，是一个国家的重要稳定器。习近平总书记指出："人类社会发展的历史表明，对一个民族、一个国家来说，最持久、最深层的力量是全社会共同认可的核心价值观，承载着一个民族、一个国家的精神追求，体现着一个社会评判是非曲直的价值标准。"①在当代中国，我们的民族、我们的国家应该坚守的社会主义核心价值观，就是党的十八大提出要倡导的富强、民主、文明、和谐，自由、平等、公正、法治，爱国、敬业、诚信、友善。必须通过教育引导、舆论宣传、文化熏陶、行为实践、制度保障等，使社会主义核心价值观内化于心、外化于行。

中华优秀传统文化已经成为中华民族的基因，植根在中国人内心，潜移默化影响着中国人的思想方式和行为方式。提倡和弘扬社会主义核心价值观，必须从中汲取丰富营养，否则就不会有生命力和影响力。要利用好中华优秀传统文化蕴含的丰富思想道德资源，使其成为涵养社会主义核心价值观的重要源泉。

---

① 《习近平谈治国理政》第一卷，北京：外文出版社，2018 年版，第 168 页。

在社会主义核心价值观中，最深层、最根本、最永恒的是爱国主义。必须把爱国主义教育作为永恒主题，贯穿国民教育和精神文明建设全过程；必须坚持爱国主义和社会主义相统一，始终围绕实现民族富强、人民幸福而发展，最终汇流于中国特色社会主义；必须维护祖国统一和民族团结，旗帜鲜明地反对分裂国家的图谋、破坏民族团结的言行；必须尊重和传承中华民族历史和文化，不断增强中华民族的归属感、认同感、尊严感、荣誉感；必须坚持立足民族又面向世界，善于从不同文明中寻求智慧、汲取营养，增强中华文明生机活力。突出道德价值的作用，培育和践行社会主义核心价值观，要与人们日常生活紧密联系起来，使人们在实践中感知它、领悟它，达到“百姓日用而不知”的程度。

## 三、传承和弘扬中华优秀传统文化

习近平总书记指出：“不忘本来才能开辟未来，善于继承才能更好创新。”[①]中华优秀传统文化是中华民族的“根”和“魂”。中华民族为人类文明进步做出了不可磨灭的贡献。5000 多年连绵不断、博大精深的中华文化，积淀着中华民族最深沉的精神追求，包含着中华民族最根本的精神基因，代表着中华民族独特的精神标识，是中华民族生生不息、发展壮大的丰厚滋养。同时，中国优秀传统文化的丰富哲学思想、人文精神、教化思想、道德理念等，也蕴藏着解决当代人类面临的难题的重要资源，可以为人们认识、改造世界和治国理政提供有益启迪。

中国共产党自成立之日起，就既是中华优秀传统文化的忠实传承者和弘扬者，又是中国先进文化的积极倡导者和发展者。要坚持马克思主义的方法，采取马克思主义的态度，坚持古为今用、推陈出新，有鉴别地加以对待，有扬弃地予以继承，取其精华、去其糟粕，用中华民族创造的一切精神财富来以文化人、以文育人。对待传统文化，既不能片面地讲厚古薄今，也不能片面地讲厚今薄古，更不能采取全盘接受或者全盘抛弃的绝对主义态度。

传承和弘扬传统文化的思想精华。要讲清楚中华优秀传统文化的历史渊源、发展脉络、基本走向，讲清楚中华文化的独特创造、价值理念、鲜明特色，增强文化自信和价值观自信。以礼敬自豪的态度对待中华优秀传统文

---

① 《习近平谈治国理政》第一卷，北京：外文出版社，2018 年版，第 164 页。

化，系统梳理传统文化资源，让收藏在禁宫里的文物、陈列在广阔大地上的遗产、书写在古籍里的文字都活起来。深入挖掘和阐发中华优秀传统文化讲仁爱、重民本、守诚信、崇正义、尚和合、求大同思想理念的时代价值。

大力宣传中华民族的优秀文化和光荣历史，继承五四运动以来的革命文化传统，深化改革开放史、新中国历史、中国共产党史、中华民族近代史、中华文明史教育，弘扬中国人民伟大创造精神、伟大奋斗精神、伟大团结精神、伟大梦想精神，构筑中华民族精神家园。通过多种方式加强爱国主义、集体主义、社会主义教育，引导人们树立和坚持正确的历史观、民族观、国家观、文化观，增强做中国人的骨气和底气。倡导“幸福源自奋斗”“成功在于奉献”“平凡孕育伟大”的理念，使全国人民保持昂扬向上、奋发有为的精神状态。

对传统文化进行创造性转化、创新性发展。中华优秀传统文化与社会主义市场经济、民主政治、先进文化、社会治理等还存在需要协调适应的地方。弘扬中华优秀传统文化，要处理好继承和创造性发展的关系，实现中华文化的创造性转化和创新性发展。创造性转化，就是要按照时代特点和要求，对那些至今仍有借鉴价值的内涵和陈旧的表现形式加以改造，赋予其新的时代内涵和现代表达形式，激活其生命力。创新性发展，就是要按照时代的新进步新进展，对中华优秀传统文化的内涵加以补充、拓展、完善，增强其影响力和感召力。

传承和弘扬中华优秀传统文化，并不意味着故步自封，闭上眼睛不看世界。中华民族是一个兼容并蓄、海纳百川的民族，在漫长历史进程中，不断学习他人的好东西，把他人的好东西化成自己的东西，这才形成我们的民族特色。文明因交流而多彩，文明因互鉴而丰富，对各国人民创造的优秀文明成果，都应该采取学习借鉴的态度，都应该积极吸纳其中的有益成分。要坚持从本国本民族实际出发，坚持取长补短、择善而从，讲求兼收并蓄，在不断汲取各种文明养分中丰富和发展中华文化。

### 四、坚持以人民为中心的创作导向

优秀文艺作品反映着一个国家、一个民族的文化创造能力和水平。

人民需要文艺。习近平总书记指出：“社会主义文艺，从本质上讲，就是人民的文艺。”文艺创作各领域都要跟上时代发展、把握人民需求，以充沛的激情、生动的笔触、优美的旋律、感人的形象创作生产出人民喜闻乐见的优秀作品，让人民精神文化生活不断迈上新台阶。

文艺需要人民。要虚心向人民学习、向生活学习，从人民的伟大实践和丰富多彩的生活中汲取营养，始终把人民的冷暖、人民的幸福放在心中，把人民的喜怒哀乐倾注在自己的笔端，讴歌奋斗人生，刻画最美人物，坚定人们对美好生活的憧憬和信心。

文艺要热爱人民。有没有感情，对谁有感情，决定着文艺创作的命运。文艺工作者要想有成就，就必须对人民爱得真挚、爱得彻底、爱得持久，自觉与人民同呼吸、共命运、心连心，欢乐着人民的欢乐，忧患着人民的忧患，做人民的孺子牛。要扎根人民、扎根生活开展文艺创作，用现实主义精神和浪漫主义情怀观照现实生活，用光明驱散黑暗，用美善战胜丑恶，让人们看到美好、看到希望、看到梦想就在前方。

使网络空间清朗起来。加强网络伦理、网络文明建设，发挥道德教化引导作用，用人类文明优秀成果滋养网络空间、修复网络生态。推动互联网全球治理体系变革，共同构建和平、安全、开放、合作的网络空间，建立多边、民主、透明的全球互联网治理体系。

提高国家文化软实力。切实把我们自身的文化建设搞好，朝着建设社会主义文化强国的目标不断前进。实施哲学社会科学创新工程，建设马克思主义理论研究和建设工程、中国特色社会主义理论体系研究中心、马克思主义学院、报刊网络理论宣传阵地“四大平台”，建设中国特色新型智库，构建中华优秀传统文化传承体系。要加强提炼和阐释，拓展对外传播平台和载体，把当代中国价值观念贯穿于国际交流和传播方方面面。把跨越时空、超越国度、富有永恒魅力、具有当代价值的文化精神弘扬起来，把继承优秀传统文化又弘扬时代精神、立足本国又面向世界的当代中国文化创新成果传播出去。

讲好中国故事。要坚守中华文化立场、传承中华文化基因、展现中华审美风范，从中华民族的辉煌历史和国家发展的伟大成就中汲取精神力量，增强文化自信，增强讲好中国故事的底色和底气。要多用外国民众听得到、听得懂、听得进的途径和方式，积极传播中华文化，阐发中国精神，展现中国风貌，让世界对中国多一分理解、多一分支持。要结合当代中国实际与时俱进，多讲21世纪的马克思主义、新时代的马克思主义。奏响交响乐、唱响大合唱,把中国故事讲得愈来愈精彩,让中国声音愈来愈洪亮。

习近平总书记指出:“中华民族创造了源远流长的中华文化,也一定能够创造出中华文化新的辉煌。”要坚持社会主义先进文化前进方向,坚定文化自信,增强文化自觉,加快文化改革发展,加强社会主义精神文明建设,培育和践行社会主义核心价值观,增强国家文化软实力,建设社会主义文化强国。传统文化的现代化,民族文化的世界化,是当前文化发展的大趋势。在全球文化交流融合的过程中,“越是民族的东西,就越是世界的”,任何民族文化中的先进成分都会得到全世界人民的欣赏和接纳,全球文化在共同碰撞中达成多方对话并不断提高。中国文化作为世界上唯一长期延续发展从未中断的文化体系,在社会主义市场经济的条件下必将迅速而健康地发展,并对人类文化做出更大的贡献。

中国文化的光辉的新时代已经开始。

# 附录　中国传统文化典籍选读

## 《周易》节选

君子终日乾乾[1]，夕惕若[2]厉[3]，无咎[4]。(《乾》)

注释：

[1]乾乾：勤勉不懈、自强不息的样子。

[2]夕惕若：夜晚警惕着。

[3]厉：危险。

[4]无咎：无害。

天行健[1]，君子以自强不息[2]。(《乾》)

注释：

[1]天行：天体或天道的运行。健：强健，不衰竭。天行健：天道运行强健不怠。

[2]不息：永不停息。

子曰："君子进德修业[1]，忠信，所以进德也；修辞立其诚，所以居业[2]也。知至至之[3]，可与言几[4]也。知终终之[5]，可与存义[6]也。是故居上位而不骄，在下位而不忧，故乾乾因其时而惕，虽危无咎矣。"(《乾》)

注释：

[1]进德修业：提高品德和治理事业。

[2]居业：守业。

[3]知至至之：意指知晓进德的最高程度而且达到它。

[4]几：微，指事情变化的微妙道理。

[5]知终终之：意指知晓修业的最后结果并达到这一结果。

[6]义：通“宜”。

《象》[1]曰：地势坤[2]。君子以厚德载物[3]。（《坤》）

注释：

[1]《象》：《周易》的《象传》。

[2]地势坤：大地的性质是柔顺的，它能承载万物于其上。坤，顺。

[3]君子以厚德载物：君子应效法大地，具有深厚的德行以承载化育万物。

君子敬以直内，义以方外[1]，敬义立而德不孤[2]。（《坤》）

注释：

[1]敬以直内，义以方外：以敬慎的态度，使内心正直；以正义的准则，使外在行为端正。

[2]不孤：不孤单，不孤立。

不恒其德[1]，或承之羞[2]，贞吝。（《恒》）

注释：

[1]不恒其德：不能恒久地保持自己的品德。恒，恒久。德，德行，品德。

[2]或承之羞：也许会因此而承受羞辱。羞，羞耻、羞辱。

君子见善则迁[1]，有过则改。（《益》）

注释：

[1]迁：自下至上。此处指自不善迁于善。

二人同心，其利断金；同心之言，其臭[1]如兰。（《系辞上》）

注释：

[1]臭：通“嗅”，指气味。

子曰：“劳而不伐[1]，有功而不德[2]，厚之至也[3]，语以其功下人者也[4]。德言盛，礼言恭[5]。谦也者，致恭以存其位者也[6]。”（《系辞上》）

注释:

[1]劳而不伐:有功劳而不自夸。伐,自称其能。

[2]有功而不德:有功劳而不居功自得。德,作动词用。

[3]厚之至也:忠厚之至。

[4]语以其功下人者也:这是说明有功勋而能谦下于人。

[5]德言盛,礼言恭:道德应隆盛,礼节应恭谨。

[6]谦也者,致恭以存其位者也:谦的意义,是致力于恭谨借以保存其地位。

神农氏没[1],黄帝、尧、舜氏作[2],通其变,使民不倦[3];神而化之,使民宜之[4]。《易》穷则变,变则通,通则久[5]。(《系辞下》)

注释:

[1]神农氏没:远古时代的炎帝去世。

[2]黄帝、尧、舜氏作:远古时代的黄帝、尧、舜先后继起。作,起。

[3]通其变,使民不倦:会通改变前代器用、制度,使人民进取不懈。

[4]神而化之,使民宜之:神妙的变通,潜移默化,使人民感到适宜顺遂。

[5]通则久:变通则能长久。

履[1],德之基也。(《系辞下》)

注释:

[1]履:践履,此处指遵行古代的礼制。

子曰:"颜氏之子[1],其殆庶几[2]乎?有不善未尝不知,知之未尝复行也。"(《系辞下》)

注释:

[1]颜氏之子:指颜回。

[2]殆庶几:殆,大概。庶几,差不多,接近。这里指道德修养差不多已达到最高程度。

## 《论语》节选

子曰:“学而时习[1]之,不亦说[2]乎?”(《学而》)

注释:

[1]习:复习,练习。

[2]说:通“悦”,高兴。

子曰:“君子食无求饱,居无求安,敏于事[1]而慎于言,就有道而正焉[2],可谓好学也已。”(《学而》)

注释:

[1]敏于事:办事敏捷,疾速。

[2]就有道而正焉:请有道的人加以教正。就,接近。焉,代词,指上面的事和言。

有子[1]曰:“礼之用,和[2]为贵。先王之道,斯[3]为美。小大由之,有所不行。知和而和,不以礼节之,亦不可行也。[4]”(《学而》)

注释:

[1]有子:孔子弟子,姓有,名若。

[2]和:调和,和谐。亦有适合、恰当、恰如其分、恰到好处的意思。

[3]斯:指“和”。

[4]小大由之,有所不行。……亦不可行也:小事大事只顾按和去做,有的地方就行不通;只是为和而和,而不以礼来节制和,也是不可行的。

曾子[1]曰:“吾日三省吾身:为人谋而不忠[2]乎?与朋友交而不信乎?传[3]不习乎?”(《学而》)

注释:

[1]曾子:孔子的弟子曾参。

[2]忠:尽心竭力的意思。

[3]传:传授。这里指老师所传授的东西。

与朋友交,言而有信。(《学而》)

子曰："不患人之不己知，患不知人也。[1]"(《学而》)

注释：

[1]此二句意思是说，不要担忧别人不了解自己，应该忧虑自己不了解别人。患，忧虑。不己知，"不知己"的倒装句。

子曰："巧言令色，鲜矣仁。[1]"(《学而》)

注释：

[1]此二句的意思是：花言巧语，面貌伪善的人，"仁德"是不会多的。巧言：花言巧语。令色，伪善的面色。

子曰："弟子[1]，入则孝，出则悌[2]，谨[3]而信，泛爱众[4]，而亲仁。"(《学而》)

注释：

[1]弟子：一般有两种意义，其一，年纪幼小的人；其二，学生。这里用的是第一种意义。

[2]悌：指弟弟顺从兄长。

[3]谨：寡言。

[4]泛爱众：广泛地爱大众。泛，广泛。

君子周[1]而不比[2]，小人比而不周。(《为政》)

注释：

[1]周：指以道义来团结人。

[2]比：指相互勾结，结成朋党。

孟武伯[1]问孝。子曰："父母唯其疾之忧。[2]"(《为政》)

注释：

[1]孟武伯：孟子之子，名彘。

[2]此句谓使父母只为自己的疾病担忧，而不为别的方面的事担忧，就叫作孝。引申为指不干不义之事即孝。疾，疾病。

子曰："为政以德，譬如北辰[1]，居其所[2]而众星共[3]之。"(《为政》)

注释：

[1]北辰：北极星。

[2]居其所：安处于自己的位置。

[3]共：通“拱”，围绕。

子曰：“道之以政[1]，齐之以刑，民免而无耻[2]；道之以德，齐之以礼，有耻且格[3]。”（《为政》）

注释：

[1]道：通“导”，教导。政：指政令。

[2]民免而无耻：意谓人民只是暂时地免于犯罪，却没有羞耻心。免，指免于犯罪。

[3]格：正也，指守规矩，走正道。

子贡[1]问君子。子曰：“先行其言，而后从之。”（《为政》）

注释：

[1]子贡：孔子弟子，姓端木，名赐，字子贡。

知之为知之，不知为不知，是知也[1]。（《为政》）

注释：

[1]句中前四个“知”字指知道、懂得；后一个“知”字通“智”。意思是说，知道就是知道，不知道就是不知道，这才是真知、明智。

子曰：“温故而知新，可以为师矣。”（《为政》）

子夏[1]问孝。子曰：“色难[2]。有事，弟子服其劳；有酒食，先生馔[3]；曾[4]是以为孝乎？”（《为政》）

注释：

[1]子夏：孔子弟子，姓卜名商，字子夏。

[2]色难：谓侍奉父母，每时都能做到和颜悦色是件难事。孝子对父母有深爱，才能不恼不烦，总是保持愉悦之色。

[3]先生：年长者。馔：食用。

[4]曾：竟。

成事不说，遂事不谏[1]，既往不咎[2]。（《八佾》）

注释：

[1]遂：已经完成。谏：规劝君主、尊长或朋友，使之改正错误。

[2]既往不咎：已经过去的事就不要再责备了。咎，责备。

子曰："富与贵，是人之所欲也，不以其道得之，不处也。贫与贱，是人之所恶也，不以其道得[1]之，不去也。君子去仁，恶乎[2]成名？君子无终食之间违仁，造次必于是[3]，颠沛[4]必于是。"（《里仁》）

注释：

[1]得：当为"去"字之误。

[2]恶乎：怎样，于何处。

[3]终食：吃完一顿饭。违：离开。造次：匆忙，仓促。于：在。是：此，指"仁"。

[4]颠沛：潦倒窘迫。

子曰："见贤思齐[1]焉，见不贤而内自省[2]也。"（《里仁》）

注释：

[1]齐：看齐，向人学习。

[2]自省：自我反省。

君子欲讷[1]于言而敏于行。（《里仁》）

注释：

[1]讷：说话迟钝，这里有谨慎的意思。

君子喻[1]于义，小人喻于利。（《里仁》）

注释：

[1]喻：明晓。

父母在[1]，不远游[2]，游必有方[3]。（《里仁》）

注释：

[1]在：在世，健在。

[2]远游：远行。

[3]有方：谓有一定的方位、去处。这里强调要时刻把父母挂在心上，不可轻易远离父母。

子曰："朝闻道，夕死可矣。"（《里仁》）

子曰："士志于道，而耻恶衣恶食[1]者，未足与议也。"（《里仁》）

注释：

[1]恶衣恶食：粗劣的衣服和食物。

子曰："不仁者不可以久处约[1]，不可以长处乐[2]，仁者安仁[3]，知者利[4]仁。"（《里仁》）

注释：

[1]约：简约，清贫。

[2]乐：安乐。

[3]仁者安仁：意思是说，有仁德的人能够安于仁，无论何时何地何事，都能自觉地按仁德行事。

[4]知：通"智"。利：利用。

子曰："始吾于人也，听其言而信其行；今吾于人也，听其言而观其行。"（《公冶长》）

子曰："巧言、令色、足恭[1]，左丘明[2]耻之，丘亦耻之。匿[3]怨而友其人，左丘明耻之，丘亦耻之。"（《公冶长》）

注释：

[1]巧言、令色、足恭：花言巧语，装着和颜悦色，过分的恭敬。

[2]左丘明：春秋末年鲁国的史官，相传是《左传》的作者。

[3]匿：隐藏。

子曰:"贤哉,回[1]也!一箪[2]食,一瓢饮,在陋巷,人不堪其忧,回也不改其乐。贤哉,回也!"(《公冶长》)

注释:

[1]回:孔子弟子,姓颜,名回,字子渊,又称颜渊。

[2]箪(dān):盛饭的圆形竹器。

哀公[1]问:"弟子孰[2]为好学?"孔子对曰:"有颜回者好学,不迁怒[3],不贰过[4]。不幸短命死矣,今也则亡[5],未闻好学者也。"(《公冶长》)

注释:

[1]哀公:春秋时鲁国国君。

[2]孰:谁。

[3]不迁怒:不向别人发怒,拿别人出气。迁,转移。

[4]不贰过:不重复犯同样的过失。

[5]亡:通"无"。

樊迟问知。子曰:"务民之义,敬鬼神而远之,可谓知矣[1]。"(《公冶长》)

注释:

[1]此三句意思是:专心致力于人民认为应该做的事,尊敬鬼神却远离它,可以说是智了。务,致力,专心从事。

子贡曰:"如有博施于民而能济众,何如?可谓仁乎?"子曰:"何事于仁,必也圣乎!尧舜其犹病诸[1]!夫[2]仁者,己欲立而立人,己欲达而达人。能近取譬,可谓仁之方也已。"(《公冶长》)

注释:

[1]此句的意思是:岂止于仁德,那一定是圣德了!尧舜大概都难以做到哩!尧舜,传说中的上古两位帝王,也是孔子心目中的圣人。病,担忧,感到为难。诸,"之乎"的合音。

[2]夫:语气词。

子曰:"默而识[1]之,学而不厌,诲[2]人不倦,何有于我哉[3]。"(《述而》)

注释：

[1]识：记住。

[2]诲：教导。

[3]何有于我哉：对于我是不难做到的呀！何有，意犹不难。

子曰："我非生而知之者，好古，敏[1]以求之者也"。(《述而》)

注释：

[1]敏：勤勉。

子曰："三人行[1]，必有我师焉：择其善者而从之，其不善者而改之[2]。"(《述而》)

注释：

[1]行：行走。

[2]其不善者而改之：指看到别人有不善的地方，反思自己，如果自己也有的话，就加以改正。

子曰："饭疏食[1]，饮水，曲肱而枕之[2]，乐亦在其中矣。不义而富且贵，于我如浮云。"(《述而》)

注释：

[1]饭：吃。疏食：粗食。

[2]肱：手臂从肘至腕的部分，也泛指胳膊。枕：动词，以头枕物。

子曰："君子坦荡荡[1]，小人长戚戚[2]。"(《述而》)

注释：

[1]坦荡荡：形容心胸平坦宽广。

[2]戚戚：忧愁。

邦有道，贫且贱焉，耻也；邦无道，富且贵焉，耻也。[1](《泰伯》)

注释：

[1]意思是：国家有道而自己贫贱，是耻辱；国家无道而自己富贵，也是耻辱。

曾子[1]曰："士不可以不弘毅[2]，任重而道远。仁以为己任[3]，不亦重乎？死而后已，不亦远乎？"（《泰伯》）

注释：

[1]曾子：孔子的弟子，姓曾，名参（shēn），字子舆。

[2]弘毅：刚强而有毅力。

[3]仁以为己任：以实现仁德于天下为自己的责任。

子曰："恭而无礼则劳[1]，慎而无礼则葸[2]，勇而无礼则乱，直而无礼则绞[3]。"（《泰伯》）

注释：

[1]劳：劳倦。

[2]葸：畏缩，拘谨。

[3]绞：指说话刻薄，出口伤人。

子曰："笃信[1]好学，守死善道[2]。危邦不入，乱邦不居。天下有道则见，无道则隐。"（《泰伯》）

注释：

[1]笃信：此处指对道的笃信。

[2]守死善道：忠于职守而好道。死，通"尸"，引申为职守。善，好。

子曰："过犹不及[1]。"（《先进》）

注释：

[1]过犹不及：过分和达不到是一样的不好。过，过分。不及，达不到。

君子以文会友，以友辅仁。（《颜渊》）

四海之内，皆兄弟也——君子何患于无兄弟也？（《颜渊》）

政者，正也。子帅以正，孰敢不正？（《颜渊》）

樊迟问仁，子曰："爱人。"问知[1]，子曰："知人[2]。"樊迟未达[3]，子曰：

“举直错诸枉，能使枉者直[4]。”（《颜渊》）

注释：

[1]知：通“智”。

[2]知人：善于认识别人。

[3]未达：没有理解清楚。

[4]这二句意思是说，把正直的人提拔起来，安置在邪曲不正的人之上，就使邪恶的人变得正直。直，正直。错，通“措”，放置。诸，“之于”的合音。枉，邪曲不正。

子曰：“君子成人之美，不成人之恶。小人反是。”（《颜渊》）

君子之德风，小人之德草，草上之风[1]必偃[2]。（《颜渊》）

注释：

[1]草上之风：语义为风加之于草。上，加。

[2]偃：仆，倒。

子曰：“其身正，不令而行；其身不正，虽令不从。”（《子路》）

君子和而不同[1]，小人同而不和[2]。（《子路》）

注释：

[1]和而不同：不同的事物，互相和谐，组成一个有机整体，谓之和。同一类事物，集合在一起，谓之同。古人重和而轻同。“和而不同”，谓“君子”尚义，无乖戾之心，虽所见各异，各不苟同，然能和谐统一，不求“专同”。

[2]同而不和：意谓“小人”尚利，专同于嗜欲，然各有争心，故不和。

子适[1]卫，冉有[2]仆[3]。子曰：“庶[4]矣哉！”冉有曰：“既庶矣，又何加焉？”曰：“富之。”曰：“既富矣，又何加焉？”曰：“教之。”（《子路》）

注释：

[1]适：往，到。

[2]冉有：孔子的学生，姓冉，名求，字子有。

[3]仆：驾车。

[4]庶:指人口众多。

樊迟问仁。子曰:“居处恭[1],执事敬[2],与人忠[3]。虽之[4]夷狄,不可弃也。”(《子路》)

注释:

[1]居处恭:居家时容貌态度端正。

[2]执事敬:办事严肃认真。

[3]与人忠:为别人服务忠心诚意。

[4]之:到。

子曰:“刚、毅、木[1]、讷[2],近仁。”(《子路》)

注释:

[1]木:质朴。

[2]讷:言语不轻易出口。

切切偲偲[1],怡怡[2]如也,可谓士矣。朋友切切偲偲,兄弟怡怡。(《子路》)

注释:

[1]切切偲偲:互相恳切地严格要求对方向善。

[2]怡怡:和顺的样子。

子曰:“君子泰而不骄,小人骄而不泰。”(《子路》)

子曰:“君子道者三,我无能焉:仁者不忧,知[1]者不惑,勇者不惧。”(《宪问》)

注释:

[1]知:通“智”。

子路问君子。子曰:“修己以敬。”曰:“如斯而已乎?”曰:“修己以安人。”曰:“如斯而已乎?”曰:“修己以安百姓。修己以安百姓,尧舜其犹病诸[1]!”(《宪问》)

注释：

[1]病：这里指难于做到。诸："之乎"的合音。

见利思义。（《宪问》）

义然后取，人不厌其取。（《宪问》）

或[1]曰："以德报怨[2]，何如？"子曰："何以报德？以直报怨[3]，以德报德。"（《宪问》）

注释：

[1]或：有的人。

[2]以德报怨：用善德对待仇怨。孔子不赞成以德报怨。

[3]以直报怨：直，公而无私。这句话是说，对待仇怨要从原则出发，该怎样对待就怎样对待，不以别人对自己有仇怨为转移。

子曰："君子耻其言而过其行[1]。"（《宪问》）

注释：

[1]此句意思是：君子以说得多、做得少为耻辱。

子曰："古之学者为己[1]，今之学者为人[2]。"（《宪问》）

注释：

[1]为己：为了提高自己。

[2]为人：为了夸耀于人。

子曰："君子义以为质[1]，礼以行之，孙[2]以出之，信以成之。君子哉！"（《卫灵公》）

注释：

[1]质：根本。

[2]孙：通"逊"。

子曰："君子病[1]无能焉，不病人之不己知也。"（《卫灵公》）

注释：

[1]病：忧虑，担心。

子曰："君子疾没世而名不称焉[1]。"(《卫灵公》)

注释：

[1]疾：担忧，憾恨。没世：死亡。称：称颂，称道。

子曰："君子求诸[1]己，小人求诸人。"(《卫灵公》)

注释：

[1]求：要求。诸："之于"的合音。

子曰："君子不以言举人，不以人废言。"(《卫灵公》)

志士仁人，无求生以害仁[1]，有杀身以成仁[2]。(《卫灵公》)

注释：

[1]无求生以害仁：不能为保全自己的生命而损害仁德。无，通"毋"，不要。

[2]有杀身以成仁：只能以牺牲自己去成全仁德。有，意为只能，应当。

子贡问曰："有一言而可以终身行之者乎？"子曰："其[1]恕[2]乎！己所不欲，勿施于人。"(《卫灵公》)

注释：

[1]其：助词，表示推测，大概。

[2]恕：在孔子的思想中，恕与忠相对。忠是尽己而为人，恕是"己所不欲，勿施于人"。

君子谋道不谋食。……君子忧道不忧贫。(《卫灵公》)

子曰："吾尝终日不食，终夜不寝，以思，无益，不如学也。"(《卫灵公》)

益者三友，损者三友。友直[1]，友谅[2]，友多闻[3]，益矣。友便辟[4]，友

善柔[5],友便佞[6],损矣。(《季氏》)

注释:

[1]直:正直。

[2]谅:信实,诚信。

[3]多闻:见多识广。

[4]便辟:善于回避而不正直。便,擅长。辟,通“避”。

[5]善柔:善于谄媚而不诚实。

[6]佞:巧言善辩。

不学礼,无以立。[1](《季氏》)

注释:

[1]此句的意思是:不学礼,就无法立身做人。

见得思义[1]。(《季氏》)

注释:

[1]见得思义:看见可得的,要考虑是否应该得。

子张[1]问仁于孔子。孔子曰:“能行五者于天下为仁矣。”“请问之”。曰:“恭、宽、信、敏、惠。恭则不侮[2],宽则得众[3],信则人任焉[4],敏则有功[5],惠则足以使人[6]。”(《阳货》)

注释:

[1]子张:孔子弟子,姓颛孙,名师,字子张。

[2]恭则不侮:庄重就不致遭受侮辱。恭,庄重。

[3]宽则得众:宽厚就会得到大众的拥护。宽,宽厚。

[4]信则人任焉:诚实就会得到别人的信任。信,诚实。

[5]敏则有功:勤敏就会工作效率高,贡献大。敏,勤敏。

[6]惠则足以使人:对人施以恩惠就能够使唤人。惠,恩惠。

子路曰:“君子尚[1]勇乎?”子曰:“君子义以为上[2],君子有勇而无义为乱,小人有勇而无义为盗[3]。”(《阳货》)

注释:

[1]尚:崇尚,尊贵。

[2]义以为上:认为义是最可尊贵的。

[3]此二句意思是:君子只有勇,没有义,就会作乱;小人只有勇,没有义,就会做强盗。

子夏曰:“博学而笃志,切问而近思,仁在其中矣。”(《子张》)

子夏曰:“日知其所亡[1],月无忘其所能[2],可谓好学也已矣。”(《子张》)

注释:

[1]日知其所亡:每日要知道些自己所未知的知识。亡,通“无”。

[2]月无忘其所能:每月复习自己所能的,不要忘掉。

子贡曰:“君子之过也,如日月之食[1]焉。过也,人皆见之;更[2]也,人皆仰之。”(《子张》)

注释:

[1]日月之食:日食和月食。

[2]更:指改正。

子张[1]问於孔子曰:“何如斯[2]可以从政矣?”子曰:“尊五美,屏[3]四恶,斯可以从政矣。”子张曰:“何谓五美?”子曰:“君子惠而不费[4],劳而不怨,欲而不贪,泰而不骄,威而不猛。”子张曰:“何谓惠而不费?”子曰:“因民之所利而利之,斯不亦惠而不费乎?择可劳而劳之[5],又谁怨?欲仁而得仁,又焉贪[6]?君子无众寡[7],无小大[8],无敢慢,斯不亦泰而不骄[9]乎?君子正其衣冠,尊其瞻视[10],俨然人望而畏之,斯不亦威而不猛乎?”子张曰:“何谓四恶?”子曰:“不教而杀谓之虐;不戒视成[11]谓之暴;慢令致期[12]谓之贼;犹之[13]与人也,出纳之吝[14]谓之有司[15]。”(《尧曰》)

注释:

[1]子张:孔子的弟子,姓颛孙,名师,字子张。

[2]何如:如何。斯:就。

[3]屏:排除的意思。

[4]惠而不费：使百姓受到恩惠而自己却不耗费。

[5]择可劳而劳之：选择可以做的去做。

[6]欲仁而得仁，又焉贪：需要仁德便得到了仁德，又贪图什么呢？

[7]无众寡：无论人多少。

[8]无小大：无论势力大小。

[9]泰而不骄：大度而不骄傲。

[10]尊其瞻视：自尊其目光、神色。

[11]不戒视成：事先不告诫就立刻要求成功。

[12]慢令致期：命令下达很晚却要求限期完成。

[13]犹之：同样。

[14]出纳之吝：出纳东西吝惜。

[15]有司：管理财务的小官职，这里是指给人东西时表现得小气。

## 《孟子》节选

与民偕[1]乐，故能乐也。（《梁惠王上》）

注释：

[1]偕：共同。

不违农时[1]，谷不可胜食[2]也；数罟不入洿池[3]，鱼鳖不可胜食也；斧斤以时入山林[4]，材木不可胜用也。谷与鱼鳖不可胜食，材木不可胜用，是使民养生丧死无憾也。养生丧死无憾，王道[5]之始也。（《梁惠王上》）

注释：

[1]农时：指农业耕种锄收的各种时机。

[2]不可胜食：粮食吃不完的意思。

[3]此句意思是：不要用小眼的网捕鱼，则小鱼得生，所以下句说“鱼鳖不可胜食也”。数罟，细密的网。洿池，池塘。

[4]斤：斧头。以时入山林：谓采伐树木选在草木凋零的时节，不妨害其生长。

[5]王道：指行仁义、得民心的政治之道。

老吾老[1]，以及人之老；幼吾幼[2]，以及人之幼。天下可运于掌[3]。（《梁惠王上》）

注释：

[1]老吾老：前一个“老”是动词，敬养的意思。后一个“老”指老人。

[2]幼吾幼：前一个“幼”是动词，爱护的意思。

[3]天下可运于掌：谓治理天下如同运转于掌心之间，极其容易。运，运转。

乐民之乐者，民亦乐其乐；忧民之忧者，民亦忧其忧。乐以天下[1]，忧以天下[2]，然而不王者，未之有也。（《梁惠王下》）

注释：

[1]乐以天下：以天下所乐为乐。

[2]忧以天下：以天下所忧为忧。

“敢问夫子恶乎长[1]？”曰：“我知言，我善养吾浩然之气[2]。”“敢问何谓浩然之气？”曰：“难言也。其为气也，至大至刚，以直养[3]而无害，则塞于天地之间。其为气也，配义与道；无是，馁[4]也。是集义所生者，非义袭而取之[5]也。行有不慊[6]于心，则馁矣。”（《公孙丑上》）

注释：

[1]恶乎长：擅长什么。恶，什么。

[2]浩然之气：指盛大的意气。浩然，盛大流行之貌。

[3]直养：以理直来培养。

[4]馁：饥乏。这里指气馁，即空乏无力，无精神。

[5]非义袭而取之：意谓不是以一时的正义行为所能取得的。

[6]慊：满足，满意。

孔子曰：“圣则吾不能，我学不厌而教不倦也。”子贡曰：“学不厌，智也；教不倦，仁也。仁且智，夫子既圣矣。”（《公孙丑上》）

无恻隐[1]之心，非人也；无羞恶[2]之心，非人也；无辞让之心，非人也；无是非之心，非人也。（《公孙丑上》）

注释：

[1]恻隐：同情。

[2]羞恶：指羞耻、憎恶。

孟子曰："……仁者如射[1]：射者正己而后发；发而不中，不怨胜己者，反求诸己而已矣。"（《公孙丑上》）

注释：

[1]射：射箭。这里指射箭比赛。

子路，人告之以有过，则喜。（《公孙丑上》）

取诸人以为善[1]，是与人为善[2]者也。故君子莫大乎与人为善。（《公孙丑上》）

注释：

[1]取诸人以为善：指吸收别人的优点来做善事。

[2]与人为善：助人一起做善事，我吸收别人的优点来做善事，别人因受到鼓舞而更努力为善，其效果等于帮助别人做善事。

得道者多助，失道者寡助。寡助之至，亲戚畔[1]之；多助之至，天下顺之。以天下之所顺，攻亲戚之所畔，故君子有不战，战必胜矣。（《公孙丑下》）

注释：

[1]畔：通"叛"，背叛。

上有好者，下必有甚焉者矣。（《滕文公上》）

人之有道也，饱食暖衣逸[1]居而无教，则近于禽兽。（《滕文公上》）

注释：

[1]逸：舒适。

居天下之广居[1]，立天下之正位[2]，行天下之大道[3]；得志，与民由

之[4];不得志,独行其道[5]。富贵不能淫,贫贱不能移,威武不能屈,此之谓大丈夫。(《滕文公下》)

注释:

[1]广居:宽广的住宅。这里是指仁。

[2]正位:正当的位置。这里是指礼。

[3]大道;光明正大的道路。这里是指义。

[4]与民由之:与人民一起遵循仁义之道,有推其所得于人的意思。

[5]独行其道:自己坚持践行仁义之道。与上句相对应,有守其所得于己的意思。

不以规矩,不能成方圆。(《离娄上》)

尧舜[1]之道,不以仁政,不能平治天下[2]。……是以惟仁者宜在高位[3]。不仁而在高位,是播其恶于众[4]也。上无道揆[5]也,下无法守[6]也,朝不信道[7],工不信度[8],君子犯义,小人犯刑[9],国之所存者幸[10]也。故曰:城郭不完[11],兵甲不多,非国之灾也;田野不辟[12],货财不聚,非国之害也。上无礼,下无学,贼民[13]兴,丧无日矣[14]。(《离娄上》)

注释:

[1]尧舜:古代二位著名的圣王。

[2]此三句意思是:虽有尧舜之道,如果不行仁政,也不能治好天下。

[3]仁者:指有仁的品德的人。宜:应当。高位:指掌握最高权力。

[4]播其恶于众:在民众中传播、扩散恶,即贻祸天下。

[5]上无道揆:谓君主无义理以揆度事物。揆,度。

[6]下无法守:谓臣下无法度以守职奉命。

[7]朝不信道:谓朝廷不信道义。

[8]工不信度:工匠不信尺度。

[9]小人:指小民百姓。犯刑:触犯刑律。

[10]幸:侥幸。

[11]不完:不完备,不牢固。

[12]辟:开辟。

[13]贼民:指违法乱纪的人。

[14]丧：灭亡。无日：没有几天了。

孟子曰："爱人不亲，反其仁[1]；治人不治，反其智；礼人不答，反其敬。行有不得者皆反求诸己，其身正而天下归之。"（《离娄上》）

注释：

[1]爱人不亲，反其仁：意谓自己爱别人却得不到别人的亲爱，这就要反省自己是否仁爱。

孟子曰："有孺子歌曰：'沧浪之水[1]清兮，可以濯我缨[2]；沧浪之水浊兮，可以濯我足。'孔子曰：'小子[3]听之！清斯濯缨，浊斯濯足矣，自取[4]之也'夫人必自侮，然后人侮之；家必自毁，而后人毁之；国必自伐[5]，而后人伐之。"（《离娄上》）

注释：

[1]沧浪之水：青苍的水。

[2]缨：冠上的系带。

[3]小子：一般指青年子弟。这里是孔子称呼自己的学生。

[4]自取：自己选择的，本身所招引来的。

[5]自伐：自己讨伐自己。这里指国家自己给自己造成被人讨伐的条件。

孟子曰："人之易其言也，无责耳矣。[1]"（《离娄上》）

注释：

[1]此句意为：一个人说话太随便，就不值得责备了。易，轻易、随便。

人有不为也，而后可以有为[1]。（《离娄下》）

注释：

[1]有为：有所作为。

孟子曰："博学而详说之，将以反说约也[1]。"（《离娄下》）

注释：

[1]反说约：反过来可以说出其要领。约，要，要领。

孟子曰:“可以取,可以无取,取伤廉[1];可以与,可以无与,与伤惠[2];可以死,可以无死,死伤勇[3]。”(《离娄下》)

注释:

[1]可以取,可以无取,取伤廉:在可取与不可取之间,取了就伤害了廉洁的品德。取,是指得别人的东西。

[2]可以与,可以无与,与伤惠:在可给人和不可给人之间而给人了,就是伤害施惠之德。与,给予。

[3]可以死,可以无死,死伤勇:在可以死与不可以死之间,死就伤害了真正合乎义理的勇了。

仁者爱人,有礼者敬人。爱人者,人恒爱之;敬人者,人恒敬之。(《离娄下》)

是故君子有终身之忧,无一朝之患[1]也。乃若所忧则有之:舜,人也,我,亦人也;舜为法于天下,可传于后世,我由未免为乡人也[2],是则可忧也。忧之如何?如舜而已矣。若夫君子所患则亡[3]矣。非仁无为也,非礼无行也。如有一朝之患,则君子不患矣。(《离娄下》)

注释:

[1]患:灾祸,痛苦。

[2]由:通“犹”。乡人:普通人。

[3]亡:通“无”。

世俗所谓不孝者五:惰其四支[1],不顾父母之养,一不孝也;博弈好饮酒,不顾父母之养,二不孝也;好货财,私妻子[2],不顾父母之养,三不孝也;从[3]耳目之欲,以为父母戮[4],四不孝也;好勇斗很[5],以危父母,五不孝也。(《离娄下》)

注释:

[1]四支:“四肢”。惰其四肢,即四体不勤。

[2]私妻子:偏爱妻室儿女。

[3]从:通“纵”,放纵。

[4]戮:羞辱。

[5]斗很:犹斗气。很,通"狠"。

非其义也,非其道也,禄之以天下,弗顾也[1];系马千驷[2],弗视也。非其义也,非其道也,一介不以与人,一介不以取诸人[3]。"(《万章上》)

注释:

[1]此四句意思是:如果不是符合公众心中的道义,即使拿天下的财富给他做俸禄,他也不会回头看一下。

[2]千驷:四马曰驷。千驷即四千匹马。

[3]此四句意思是:如果是不合乎道和义,一点小东西也不会拿来送给别人,也不会向别人要一点小东西。介,通"芥"。一介,喻极其轻微的东西。

不挟[1]长,不挟贵,不挟兄弟而友。友也者,友其德也,不可以有挟也。(《万章下》)

注释:

[1]挟:倚仗,自恃。

万章[1]问曰:"敢问交际何心[2]也?"孟子曰:"恭也。"曰:"'却之却之为不恭[3],'何哉?"曰:"尊者赐之,曰,'其所取之者,义乎,不义乎?'而后受之,以是为不恭,故弗却也。"(《万章下》)

注释:

[1]万章:孟子的弟子。

[2]何心:用什么样的思想、心态对待。

[3]此句意为,一再拒绝人家的礼物是不恭敬的。却,推却,不受礼。

孟子曰:"鱼,我所欲也;熊掌,亦我所欲也,二者不可得兼,舍鱼而取熊掌[1]者也。生亦我所欲也;义亦我所欲也,二者不可得兼,舍生而取义[2]者也。"(《告子上》)

注释:

[1]熊掌:亦名熊蹯。据《本草纲目》记载:"熊冬月蛰时不食,饿则舐其掌,故其美在掌。"所以,鱼和熊掌不能同时得到时,宁愿舍弃鱼而取熊掌。

[2]舍生而取义:宁愿牺牲生命而取道义。

所恶有甚于死者，故患有所不辟[1]也。(《告子上》)

注释：

[1]辟：通“避”。

孟子曰：“有天爵[1]者，有人爵[2]者。仁义忠信，乐善不倦，此天爵也。公卿大夫，此人爵也。古之人修其天爵，而人爵从之。今之人修其天爵，以要人爵[3]；既得人爵，而弃其天爵，则惑之甚者也，终亦必亡而已矣。(《告子上》)

注释：

[1]天爵：指由于道德高尚而受到人们的尊重。

[2]人爵：统治者制定的爵位。

[3]今之人修其天爵，以要人爵：意思是说，今人只把标榜道德作为谋取官位手段，故有下文“既得人爵”之说。

孟子曰：“羿[1]之教人射，必志[2]于彀[3]，学者[4]亦必志于彀。大匠[5]诲人，必以规矩[6]，学者亦必以规矩。”(《告子上》)

注释：

[1]羿：古代传说中的善射者。

[2]志：追求，尽最大可能。

[3]彀：拉满弓。弓拉满而后发，箭才能有力，故为射之法。

[4]学者：跟他学习的人。

[5]大匠：此处指高级木工师。

[6]规：圆规，用以画圆。矩：古代的画方工具。

故天将降大任于斯人也，必先苦其心志，劳其筋骨，饿其体肤，空乏其身，行拂[1]乱其所为，所以动心忍性[2]，曾益[3]其所不能。人恒[4]过，然后能改；困于心，衡于虑，而后作[5]；征[6]于色，发于声，而后喻[7]。(《告子下》)

注释：

[1]拂：违背。

[2]动心忍性：触动其心，坚忍其性。

[3]曾益：增加。曾，通“增”。

[4]恒：常。

[5]衡：通“横”，充塞，阻塞。作：奋起。

[6]征：表现。

[7]喻：明白。

生于忧患而死于安乐[1]。（《告子下》）

注释：

[1]此句意为：忧患的环境可以锻炼人，使人顽强生存，而安乐的环境反而使人易于死亡。

尽其道而死者，正命也。（《尽心上》）

反身而诚[1]，乐莫大焉。（《尽心上》）

注释：

[1]反身而诚：反躬自省自己的德行，笃实无妄。

强恕而行[1]，求仁莫近焉[2]。（《尽心上》）

注释：

[1]强恕而行：努力地以推己及人的恕道去行事。

[2]求仁莫近焉：追求仁的境界没有比这更近便的了。

孟子曰：“人不可以无耻，无耻之耻[1]，无耻矣[2]。”（《尽心上》）

注释：

[1]无耻之耻：不知道羞耻的那种羞耻。

[2]无耻矣：是真正的不知羞耻。

孟子曰：“耻之于人大[1]矣，为机变[2]之巧者[3]，无所用耻[4]焉。不耻不若人，何若人有[5]？”（《尽心上》）

注释：

[1]大：重大。

[2]为机变：施用机谋。

[3]巧者:巧诈之人。

[4]无所用耻:是没有什么地方用得着羞耻的。

[5]不耻不若人,何若人有:不以不如别人为羞耻,怎么能有如人之事?

故士[1]穷不失义,达[2]不离道。穷不失义,故士得己[3]焉;达不离道,故民不失望焉。古之人,得志,泽[4]加于民;不得志,修身见于世。穷则独善其身[5],达则兼善天下[6]。(《尽心上》)

注释:

[1]士:春秋时代最低的贵族阶层。士受过教育,有专门知识和才能,后来逐渐成为知识分子的通称。

[2]达:显达,与穷相对,指仕途亨通。

[3]得己:自得的意思。

[4]泽:恩惠。

[5]穷则独善其身:穷困的时候自己坚守仁义之道。

[6]达则兼善天下:显达的时候能把仁义推广于天下。

仁言不如仁声[1]之入人深也,善政不如善教之得民也。善政,民畏之;善教,民爱之。善政得民财;善教得民心。(《尽心上》)

注释:

[1]仁声:雅乐正声。

鸡鸣而起,孳孳为善者,舜之徒也;鸡鸣而起,孳孳为利者,跖[1]之徒也。欲知舜与跖之分,无他,利与善之间也。(《尽心上》)

注释:

[1]跖:代指盗贼。

孟子曰:“君子之于物也,爱之而弗仁[1];于民也,仁之而弗亲。亲亲而仁民[2],仁民而爱物[3]。”(《尽心上》)

注释:

[1]此二句意思是:君子对于万物,爱惜它却不行仁。物,泛指万物。

[2]亲亲而仁民:亲爱亲人进而仁爱百姓。

[3]仁民而爱物：仁爱百姓进而爱惜万物。

孟子曰："人皆有所不忍，达之于其所忍，仁也；人皆有所不为，达之于其所为，义也。[1]人能充无欲害人之心，而仁不可胜用也；人能充无穿踰之心，而义不可胜用也。[2]人能充无受尔汝[3]之实，无所往而不为义也[4]。"（《尽心上》）

注释：

[1]意思是：每个人都有他所不忍心做的事，只要他能将它扩充到他所忍心做的事上，便是仁；每个人都有他所不愿做的事，只要他能将它扩充到他所愿做的事上，便是义。

[2]意思是：只要人们能够扩充他那种不愿害人的心，他的仁便用不尽了；只要人们能够扩充他那种不挖洞翻墙的心，他的义便用不尽了。穿踰壁翻墙，指盗窃行为。

[3]尔汝：本是长辈对于晚辈、上级对下级的通称，这里是作为轻贱的称呼。

[4]意思是：只要人们能够扩充那种不愿受轻蔑的心情，那就不论到哪里都会合乎义了。

君子之守[1]，修其身而天下平。（《尽心下》）

注释：

[1]守：操守。

## 《老子》节选

道，可道，非常道；名，可名，非常名[1]。无名天地之始；有名万物之母[2]。故常无，欲以观其妙；常有，欲以观其徼[3]。此两者同出而异名，同谓之玄。玄之又玄，众妙之门[4]。（第一章）

注释：

[1]第一个"道"：路，引伸为原理、原则、规律。第二个"道"：动词，称道，说得出。常：作恒。第一个"名"：名词，概念。第二个"名"：动词，称谓。

[2]始：原始。母：本。两个"名"：动词，称述、说明。

[3]妙:极微;徼:通“皎”,月白。两个“以”:介词,用。后省“之”,指代“无”或“有”。

[4]出:开端之意。玄:幽远。之:连词。门:总门径。

天下皆知美之为美,斯恶已;天下皆知善之为善,斯不善已[1]。故有无相生,难易相成,长短相形,高下相倾,音声相和,前后相随[2]。是以圣人处无为之事,行不言之教[3]。万物作焉而不辞,生而不有,为而不恃,功成而弗居。夫唯不居,是以不去[4]。(第二章)

注释:

[1]斯:则、就。恶:丑。不善:恶。

[2]有无相生:互相依存。成:成就,即相反相成的成。形:较,长短是相对的,有了长才显出短来。倾:斜,依靠。音:单音。声:和声。和:和谐。随:出现。

[3]处无为之事:就是顺其自然,无为而治的意思。行不言之教:施行不用言词说教的教化,采取放任主义。

[4]不辞:不拒绝,即随应万物,也就是无为而治的意思。有:据为私有。恃:凭借、依靠。为而不恃:是说(圣人)有所施为,但不求达到什么目的。功成而弗居:是说事情成功了,而不自居有功。不去:不会失去。

道冲,而用之或不盈[1]。渊兮似万物之宗[2]。挫其锐,解其纷,和其光,同其尘[3]。湛兮似或存[4]。吾不知谁之子,象帝之先[5]。(第四章)

注释:

[1]冲:通“盅”,虚。

[2]渊:深水。

[3]其:这里指道本身的属性。

[4]湛:无。

[5]此言道不但为万物之始,又为上帝之祖先。

持而盈之,不如其已[1]。揣而锐之,不可长葆[2]。金玉满堂,莫之能守[3]。富贵而骄,自遗其咎[4]。功成身退,天之道。(第九章)

注释:

[1]持盈：保持盈满。已：停止。

[2]揣：当读为“捶”，磨炼。葆：通“保”。

[3]堂：或作“室”，义为“实满”。

[4]咎：灾。

五色令人目盲，五音令人耳聋，五味令人口爽，驰骋田猎令人心发狂，难得之货令人行妨[1]。是以圣人为腹不为目[2]。故去彼取此。（第十三章）

注释：

[1]五色：黄、青、赤、白、黑。五音：宫、商、角、徵、羽。五味：甜、酸、苦、辣、咸。爽：伤。田猎：打猎。妨：妨害。

[2]老子以“腹”代表一种简单清静、无知无欲之生活。“为腹”即为无欲之生活，“不为目”即不为多欲之生活。

视之不见名曰夷，听之不闻名曰希，搏之不得名曰微[1]。此三者不可致诘，故混而为一[2]。一者，其上不皦，其下不昧[3]，绳绳[4]兮不可名，复归于无物。是谓无状之状，无物之象，是谓惚恍[5]。迎之不见其首，随之不见其后。执古之道，以御今之有[6]，能知古始，是谓道纪[7]。（第十四章）

注释：

[1]夷、希、微：都是幽而不显的意思。搏：抟，搓揉，抚摸。

[2]致诘：推问。故：固。混：合。

[3]皦：明。昧：暗。

[4]绳绳：冥冥，意思是“不可见”，不可见自不可名。

[5]惚恍：恍惚。

[6]御今之有：御今之国家。有，通“域”。

[7]纪：基。

致虚极，守静笃。万物并作，吾以观其复[1]。夫物芸芸，各复归其根[2]。归根曰静，静曰复命[3]，复命曰常[4]，知常曰明。不知常，妄作凶；知常乃容，容乃公[5]，公乃全，全乃天，天乃道，道乃久，没身不殆[6]。（第十六章）

注释：

[1]并作：或作“旁作”。

[2]芸芸：众多。根：根源，指“道”。

[3]归根：返本，复其本性。命：指本性。

[4]常：自然。

[5]妄：轻举妄动。乃：能，以下四“乃”字皆作“能”。

[6]没身：终身。殆：危险。

有物混成，先天地生。寂兮寥兮[1]！独立而不改，周行而不殆，可以为天地母[2]。吾不知其名，故强字之曰道，强为之名曰大。大曰逝，逝曰远，远曰反[3]。故道大，天大，地大，王亦大。域[4]中有四大，而王居其一焉。王法地，地法天，天法道，道法自然。（第二十五章）

注释：

[1]寂、寥：空。

[2]天地母：天下母。

[3]曰：则，就。逝：运行不止。远：无边无际。反：返，回返根源。

[4]域：宇宙。

将欲歙[1]之，必固张之；将欲弱之，必固强之；将欲去之，必固举之；将欲取之，必固与之[2]。是谓微明。柔弱胜刚强。鱼不可脱于渊，国之利器[3]，不可以示人。（第三十六章）

注释：

[1]歙：缩。

[2]与之：或作“予之”。

[3]利器：治国、治军的策略。

上士闻道，勤而行之；中士闻道，若存若亡；下士闻道，大笑之[1]。弗[2]笑，不足以为道。是以建言[3]有之曰：明道若昧，进道若退，夷道若颣[4]。上德若谷，广德若不足，建德若媮[5]，质真若渝，大白若辱[6]。大方无隅，大器晚成，大音希声，大象无形，道隐无名[7]。夫唯道，善始且善成。（第四十一章）

注释：

[1]上士：道德高尚的人。而：能。若存若亡：将信将疑。

[2]弗：不。

[3]建言：有人说是格言，有人说是成语，今采成语说。

[4]若：如，下五句中"若"字意义与此相同。昧：费。颣：类。

[5]媮：媮、渝二字古通用。

[6]质真：质朴之人。渝：输。辱：污。

[7]希：稀。道隐：道小。隐，蔽。

道生一，一生二，二生三，三生万物[1]。万物负阴而抱阳，冲[2]气以为和。（第四十二章）

注释：

[1]老子所谓一二三，是以三数字表示道生万物，愈生愈多之义。

[2]冲：通"盅"。

大成若缺，其用不弊[1]。大盈[2]若冲，其用不穷。大直若诎，大辩若讷，大巧若拙，其用不屈[3]。躁[4]胜寒，静胜热，清静可以为天下正。（第四十五章）

注释：

[1]弊：敝，败坏。

[2]盈：满。

[3]诎：屈，枉曲。

[4]躁：疾走，这里指跑跑跳跳。

道生之，而德畜之；物形之，而器成之[1]。是以万物[2]尊道而贵德。道之尊也，德之贵也，夫莫之爵，而恒自然也[3]，故道生之，德畜之，长之育之，亭之毒之[4]，养之覆之。生而弗有，为而弗恃，长而弗宰，是谓玄德[5]。（第五十一章）

注释：

[1]畜："畜""蓄"古通用，积蓄。器：器械，工具。

[2]万物：或作"圣人"。

[3]爵：命。恒：常。

[4]亭之毒之：通"成之熟之"，亭毒与成熟，声韵皆相近。

[5]宰:宰制。玄:深远。

人之生也柔弱,其死也坚强[1]。草木之生也柔脆,其死也枯槁。故坚强者死之徒,柔弱者生之徒。是以兵强则灭[2],木强则折。故坚强处下,柔弱处上。(第七十六章)

注释:

[1]坚强:僵硬。

[2]兵强则灭:兵强则以杀伐为事,终至灭亡。

天之道,其犹张弓欤[1]?高者抑之,下者举之,有馀者损之,不足者补之。天之道损有馀而补不足。人之道则不然,损不足以奉有馀。孰能损有馀以奉天下?唯有道者。是以圣人为而不恃,功成而不处,其不欲见[2]贤。(第七十七章)

注释:

[1]欤:疑问语气词。

[2]见:显现。

## 《庄子》节选

夫列子[1]御风而行,泠然[2]善也,旬有五日而后反。彼于致福者,未数数然也。此虽免于行,犹有所待[3]者也。若夫乘天地之正,而御六气之辩[4],以游无穷者,彼且恶乎[5]待哉?

故曰:至人无己,神人无功,圣人无名[6]。(《逍遥游》)

注释:

[1]列子:郑人。

[2]泠然:轻妙的样子。

[3]待:假借,凭借,依赖。

[4]六气:阴、阳、风、雨、晦、明。辩:通“变”。

[5]恶乎:相当于“何所”。

[6]至人、神人:圣人。

惠子谓庄子曰："吾有大树，人谓之樗[1]；其大本[2]臃肿，而不中绳墨；其小枝卷[3]曲，而不中规矩；立之涂[4]，匠者不顾。——今子之言，大而无用，众所同去[5]也。"

庄子曰："子独[6]不见狸狌[7]乎？卑身而伏，以伺敖者[8]，东西跳梁[9]，不辟[10]高下，中于机辟[11]，死于网罟。今夫斄牛[12]，其大若垂天之云；此能为大矣，而不能执鼠。今子有大树，患其无用；何不树之无何有之乡、广莫[13]之野？彷徨乎无为其侧，逍遥乎寝卧其下。不夭斤[14]斧，物无害者。无所可用，安所困苦哉？"(《逍遥游》)

注释：

[1]樗：俗名臭椿。

[2]大本：树的主干。

[3]卷：又作"拳"。

[4]涂：道。

[5]去：弃而不取。

[6]独：岂。

[7]狌：野猫。

[8]敖者：鸡鼠之类。

[9]跳梁：跳跃。

[10]辟：通"避"。

[11]辟：机关之类。

[12]斄牛：牦牛。

[13]广莫：也作"广漠"。

[14]斤：砍伐树木的斧子。

物无非彼，物无非是[1]。自彼，则不见；自知，则知之。故曰：彼出于是，是亦因[2]彼。

彼是，方[3]生之说也。虽然，方生方死，方死方生。方可方不可，方不可方可。因是因非，因非因是。是以圣人不由，而照之于天，亦因是也。是亦彼也，彼亦是也；彼亦一是非，此亦一是非；果且[4]有彼是乎哉？果且无彼是乎哉？彼是莫得其偶[5]，谓之道枢，枢，始得其环中，以应无穷。是亦一无穷，非亦一无穷也。故曰：莫若以明。(《齐物论》)

注释：

[1]是：此。

[2]因：依。

[3]方：正。

[4]且：是。

[5]偶：对。

夫道，有情、有信，无为、无形；可传而不可受，可得而不可见。自本、自根，未有天地，自古以固存。神[1]鬼、神帝，生天生地。在太极[2]之上，而不为高；在六极[3]之下，而不为深；先天地生，而不为久；长于上古，而不为老。（《齐物论》）

注释：

[1]神：与“生”同义。

[3]太极：天地之始。

[3]六极：六合。

且夫，属[1]其性乎仁义者，虽通如曾、史，非吾所谓臧[2]也；属其性乎五味者，虽通如俞儿[3]，非吾所谓臧也；属性乎五声，虽通如师旷，非吾所谓聪也；属其性乎五色，虽通如离朱，非吾所谓明也。

吾所谓臧者，非仁义之谓也，臧於其德而已矣；吾所谓臧者，非所谓仁义之谓也，任其性命之情而已矣；吾所谓聪者，非谓其闻彼也，自闻而已矣；吾所谓明者，非谓其见彼也，自见而已矣。

不自见而见彼、不自得而得彼者，是得人之得、而不自得其得者也，适人之适、而不自适其适者也。

夫适人之适、而不自适其适，虽盗跖与伯夷是同为淫僻也。

余愧乎道德，是以上不敢为仁义之操，而下不敢为淫僻之行也。（《骈拇》）

注释：

[1]属：连缀，附着。

[2]臧：善。

[3]俞儿：古代善于辨别味道的人。

天地虽大，其化均也；万物虽多，其治[1]一也；人卒[2]虽众，其主君也。君原于德，而成于天。故曰：玄[3]古之君，天下无为也，天德而已矣[4]。(《天地》)

注释：

[1]治：理。

[2]卒：众。

[3]玄：远。

[4]此句意为：任自然之运动。

无为为之之谓天，无为言之之谓德，爱人利物之谓仁，不同同之之谓大，行不崖异之谓宽，有万不同之谓富，故执[1]德之谓纪，德成之谓立，循于道之谓备，不以物挫志之谓完[2]。君子明于此十者，则韬[3]乎其事心[4]之大也，沛[5]乎其为[6]万物逝也。(《天地》)

注释：

[1]故：通“固”。“故执”即“固执”。

[2]完：坚。

[3]韬：包容。

[4]事心：立心。

[5]沛：流。

[6]为：与。

天地有大美而不言，四时有明法而不议，万物有成理而不说[1]。圣人者，原天地之美，而达万物之理。是故，至人无为，大圣不作，观于天地之谓也。(《知北游》)

注释：

[1]此三句意同《论语》“天何言哉？四时行焉，百物生焉。”

不累[1]于世，不饰于物，不苟[2]于人，不忮[3]于众；愿天下之安宁，以活民命；人我之养，备足而止；以此白心[4]。古之道术有在于是者。宋妍、尹文[5]闻其风而说之。作为华山之冠[6]以自表；接万物以别宥为始[7]；语心之容[8]，命之曰心之行。以聏[9]合欢，以调海内，请欲置之以为主。见侮不辱，救民之斗；禁攻、寝[10]兵，救世之战。以此周行天下，上说下教，虽天下不取，强聒而不舍者也。故曰：上下见厌，而强见也。(《天下》)

注释：

[1]累：负。

[2]苛：责。

[3]忮：害。

[4]白心：明白其心。

[5]宋钘、尹文：并齐宣王时人。

[6]华山之冠：华山之形的帽子。

[7]宥：区域。始：本。

[8]容：通“庸”，用。

[9]聏：和，即温和之意。

[10]寝：息。

## 《荀子》节选

君子曰：“学不可以已。青，取之于蓝而青于蓝[1]”；冰，水为之而寒于水。木直中绳，輮[2]以为轮，其曲中规，虽有槁暴[3]，不复挺者，輮使之然也。故木受绳则直，金就砺[4]则利，君子博学而日参省乎己[5]，则知明而行无过矣。”(《劝学》)

注释：

[1]青，取之于蓝而青于蓝：因为古代由蓝草中提取青色颜料，所以才有这种说法。

[2]輮：使物弯曲。

[3]暴：通“曝”，晒。

[4]砺：磨石。

[5]日参省乎己：指用所学每日检验、反省自己的行为。参，验。

物类之起，必有所始；荣辱之来，必象其德[1]。(《劝学》)

注释：

[1]必像其德：指与人的品德相一致。象，通“像”。

故言有召祸也，行有招辱也，君子慎其所立乎！（《劝学》）

古之学者为己，今之学者为人。君子之学也，以美其身；小人之学也，以为禽犊[1]。（《劝学》）

注释：

[1]此句意谓小人之学，无益于身心，只为取悦于人。禽犊，馈献之物。

是故权利不能倾[1]也，群众不能移也，天下不能荡[2]也。生乎由是，死乎由是[3]，夫是之谓德操[4]。德操然后能定，能定然后能应，能定能应，夫是之谓成人。（《劝学》）

注释：

[1]倾：倾倒。

[2]荡：动摇。

[3]生乎由是，死乎由是：意思是生遵循此正道而生，死遵循此正道而死。由是，即循此。

[4]德操：品德操守。指高尚的道德情操。

非我而当者，吾师也；是我而当者，吾友也；谄谀我者，吾贼也。（《修身》）

凡用血气、志意、知虑，由礼则治通，不由礼则勃乱提慢[1]；食饮、衣服、居处、动静，由礼则和节，不由礼则触陷生疾[2]；容貌、态度、进退、趋行，由礼则雅[3]，不由礼则夷固僻违[4]；庸众而野[5]。故人无礼则不生，事无礼则不成，国家无礼则不宁。（《修身》）

注释：

[1]由：遵循。勃：通“悖”。勃乱，惑乱的意思。提：松弛。提慢，懈怠的意思。

[2]触陷生疾：犯错生误，生毛病。触，犯。陷，过失。

[3]雅：文雅。

[4]夷固：傲慢。僻违：乖邪，违反常情。

[5]庸众：庸俗。野：粗野。

是是、非非谓之知,非是、是非谓之愚[1]。(《修身》)

注释:

[1]是:正确。非:错误。是是:以是为是。非是:以非为是。这句意思是说,以是为是、以非为非,就叫作明智;以非为是、以是为非,就叫作愚蠢。

保利弃义谓之至贼。(《修身》)

体[1]恭敬而心忠信,术礼义而情爱人[2],横行天下,虽困四夷[3],人莫不贵[4]。(《修身》)

注释:

[1]体:身体力行。

[2]情爱人:出自真情地爱人。

[3]四夷:东夷、西戎、南蛮、北狄旧时统称四夷,此乃古代统治者对华夏族以外各族的蔑称。

[4]人莫不贵:人们没有不敬重他的。

礼者,所以正身[1]也;师者,所以正礼[2]也。无礼何以正身?无师,吾安知礼之为是也?(《修身》)

注释:

[1]正身:端正人身的行为,去掉不符合礼的要求的思想和行为。

[2]正礼:正确解释、教授礼。

君子贫穷而志广,富贵而体恭,安燕[1]而血气不惰,劳勌[2]而容貌不枯,怒不过夺,喜不过予。(《修身》)

注释:

[1]安燕:安逸。

[2]勌:通"倦"。

道虽迩[1],不行不至;事虽小,不为不成。(《修身》)

注释:

[1]迩:近。

君子崇人之德，扬人之善，非谄谀也。（《不苟》）

故与人善言，暖于布帛；伤人之言，深于矛戟。故薄薄[1]之地，不得履之，非地不安也，危足无所履者，凡[2]在言也。（《荣辱》）

注释：

[1]薄薄：广大的样子。

[2]凡：都。

有狗彘之勇者，有贾盗之勇者[1]，有小人之勇者，有士君子之勇者：争饮食，无廉耻，不知是非，不辟死伤，不畏众强，恈恈然唯饮食之见[2]，是狗彘之勇也。为事利，争货财，无辞让，果敢而振，猛贪而戾[3]，恈恈然唯利之见，是贾盗之勇也。轻死而暴[4]，是小人之勇也。义之所在，不倾于权，不顾其利，举国而与之不为改视，重死持义而不桡，是士君子之勇也[5]。（《荣辱》）

注释：

[1]彘：猪。贾：商人。盗：盗贼。

[2]辟：通“避”。恈恈然唯饮食之见：意思是眼巴巴地只看到吃喝。恈恈然，形容非常贪婪的样子。

[3]为事利：做事为了利。戾：暴戾，乖张。

[4]轻死而暴：指轻于死亡，性情凶暴。

[5]与：对付，这里指反对。桡：通“挠”，屈从。此六句意思是说，站在正义上，不屈服于权势，不顾及自己的利益，就算整个国家都反对也不改变看法，虽然爱惜生命，但是坚持正义而不屈从，这便是士君子的勇敢。

自知者，不怨人；知命者，不怨天。怨人者穷，怨天者无志。失之己，反之人，岂不迂乎哉？[1]（《荣辱》）

注释：

[1]这三句的意思是：错在自己，反归之于别人，岂不是绕远了吗？

荣辱之大分，安危利害之常体：先义而后利者荣，先利而后义者辱；荣者常通，辱者常穷；通者常制人，穷者常制于人，是荣辱之大分也。（《荣辱》）

好荣恶辱，好利恶害，是君子小人之所同也，若其所以求之之道则异矣。（《荣辱》）

君子贤而能容罢[1]，知而能容愚，博而能容浅，粹而能容杂。（《非相》）

注释：

[1]罢：指软弱无能。

言而当，知也；默而当，亦知也。[1]故知默犹知言矣。[2]（《非十二子》）

注释：

[1]意思是说：说话恰当，是明智；沉默恰当，也是明智。默，沉默，静默。

[2]意思是说：懂得沉默，就犹如懂得说话一样。知，懂得。

士君子之所能不能为[1]：君子能为可贵，不能使人必贵己[2]；能为可信，不能使人必信己[3]；能为可用，不能使人必用己。故君子耻不修，不耻见汙[4]；耻不信，不耻不见信[5]；耻不能，不耻不见用。是以不诱于誉，不恐于诽，率道而行，端然正己，不为物倾侧，夫是之谓诚君子。[6]（《非十二子》）

注释：

[1]士君子之所能不能为：士君子做事有能做到的，也有不能做到的。

[2]君子能为可贵，不能使人必贵己：君子能够做到自尊自重，但不能做到使别人也必然尊重自己。

[3]能为可信，不能使人必信己：能做到有信用，不能做到使人必相信自己。

[4]耻不修，不耻见汙：耻于修养不好，而不耻于受别人的污蔑。“汙”通“污”。

[5]耻不信，不耻不见信：耻于自己不能有信用，不耻于不被别人信用。

[6]是以不诱于誉……诚君子：誉，赞誉。诽，诽谤。率道，遵循正道。端然，端庄貌。倾侧，倾斜动摇。全句意思是说，因此不会受荣誉的诱惑，不会被诽谤吓倒，遵循正道而行事，庄重地持正自己的行为，不因外界的影响而动摇，这样的人就是诚实的君子。

故知者之举事也，满则虑嗛，平则虑险，安则虑危[1]，曲重其豫，犹恐及

其祸，是以百举而不陷也[2]。（《仲尼》）

注释：

[1]知：通“智”。举事：办事。嗛：通“歉”，不足。满则虑嗛：富裕时要考虑到有不足的时候。平：平坦。险：艰险。安：安全。危：危险。

[2]曲：细密。豫：通“预”，预防。百举：形容办很多的事情。此三句意思是说，细密慎重地做好预防，还担心会遭到祸害，所以办事很多而不会陷于失败。

言必当[1]理，事必当务，是然后君子之所长也。凡事行，有益于理者立之，无益于理者废之，夫是之谓中事。凡知说，有益于理者为之，无益于理者舍之，夫是之谓中说。事行失中谓之奸事，知说失中谓之奸道。奸事奸道，治世之所弃，而乱世之所从服也。（《儒效》）

注释：

[1]当：适合。

不闻不若闻之，闻之不若见之，见之不若知之，知之不若行之，学至于行之而止矣。（《儒效》）

有师法者，人之大宝也；无师法者，人之大殃也。（《儒效》）

水火有气而无生，草木有生而无知，禽兽有知而无义。人有气，有生，有知，亦且有义[1]，故最为天下贵也。力不若牛，走不若马，而牛马为用，何也？曰：人能群，彼不能群也[2]。人何以能群？曰：分。分何以能行[3]？曰：义。故义以分则和，和则一，一则多力，多力则强，强则胜物[4]。（《王制》）

注释：

[1]气：我国古代一些思想家把气当作原始物质，认为万物都是由气构成的。生：生命。知：知觉，指动物本能的反应。义：道义。

[2]若：如。群：合群，这里指人们按一定职分关系组织起来。彼：它们，指牛马。

[3]此句意思是：职分怎么能行得通呢？分，职分。

[4]此五句意思是：用道义的标准来使人们安于职分，人们的关系就能

协调;能够相互协调,就能够一致;能够一致,力量就多;力量多,就强大;强大,就能够战胜万物。一,一致,统一。

足国之道[1],节用裕民[2]而善臧其余[3]。节用以礼,裕民以政。彼裕民,故多余。裕民则民富,民富则田肥以易[4],田肥以易则出实百倍。上以法取焉[5],而下以礼节用之[6],余若丘山,不时焚烧,无所臧之,夫君子奚患[7]乎无余?故知节用裕民,则必有仁义圣良之名,而且有富厚丘山之积矣。此无它故焉,生于节用裕民也。不知节用裕民则民贫,民贫则田瘠以秽[8],田瘠以秽则出实不半,上虽好取侵夺,犹将寡获也,而或以无礼节用之,则必有贪利纠譑[9]之名,而且有空虚穷乏之实矣。此无它故焉,不知节用裕民也。(《富国》)

注释:

[1]足:富足,用作动词。道:根本方法和原则。

[2]节用裕民:节省费用,使人民宽裕。

[3]臧:通"藏"。善臧:善于贮藏。余:指多余的粮食和财物。

[4]田肥以易:田地肥沃而且得到治理。

[5]上以法取焉:统治者按法令规定收税。上,指统治者,官府。取,指税收。

[6]下以礼节用之:老百姓按照礼的要求节省费用。

[7]奚患:何必忧愁。

[8]田瘠以秽:田地贫瘠而且荒芜。秽,荒芜。

[9]纠譑:榨取。

必先修正其在我者,然后徐[1]责[2]其在人者。(《富国》)

注释:

[1]徐:缓慢。

[2]责:要求,督促。

故不教而诛,则刑繁而邪不胜;教而不诛,则奸民不惩;诛而不赏,则勤属[1]之民不劝;诛赏而不类[2],则下疑俗俭[3]而百姓不一[4]。故先王[5]明礼义以壹之,致[6]忠信以爱之,尚贤使能以次之[7],爵服庆赏以申重[8]之,时其事、轻其任以调齐之[9]。潢然[10]兼覆之，养长之，如保赤子。若是，故奸邪不作，盗贼不起，而化善[11]者劝勉矣。(《富国》)

注释：

[1]属：王念孙据《群书治要》校改为“励”，意思为勤勉。

[2]不类：不以其法，即该赏者不赏，该罚者不罚。类，法。

[3]下疑：下怀疑上。俭：通“险”，谓侥幸免罪，苟且求赏。

[4]不一：思想行为不统一。

[5]先王：古代圣王。

[6]致：表达。

[7]次之：列等级的意思。

[8]申重：再三强调。

[9]时其事：使人以恰当的时节干该干的事。轻其任：谓量力而使，不使人有过重的负担。调齐：调剂。

[10]潢然：水大的样子。潢，通“洸”。

[11]化善：化而为善。

请问为人父？曰：宽惠而有礼。请问为人子？曰：敬爱而致恭。(《君道》)

师术有四，而博习不与焉：尊严而惮[1]，可以为师；耆艾[2]而信，可以为师；诵说而不陵不犯[3]，可以为师；知微而论[4]，可以为师。(《致士》)

注释：

[1]惮：敬。

[2]耆：六十岁者称耆。艾：五十岁者称艾。

[3]诵说而不陵不犯：诵读、解释而不凌乱、不违忤师说。陵，通“凌”。

[4]知微而论：谓知极精微而能比论讲说。

隆[1]礼贵义者其国治，简[2]礼贱义者其国乱。治者强，乱者弱，是强弱之本也。(《议兵》)

注释：

[1]隆：崇尚。

[2]简：怠慢，轻忽。

凡奸人[1]之所以起者，以上之不贵义[2]、不敬[3]义也。夫义者，所以限禁人之为恶与奸者也。今上不贵义、不敬义，如是，则下之人百姓皆有弃义之志而有趋奸之心矣，此奸人之所以起也。(《强国》)

注释：

[1]奸人：指破坏礼义的人。

[2]以上之不贵义：意谓因为君主不重视义。

[3]敬：尊崇。

天行[1]有常，不为尧存，不为桀亡。应之以治则吉，应之以乱则凶。[2]（《天论》）

注释：

[1]天行：这里指天体的运行，引申为天道。

[2]应之以治则吉，应之以乱则凶：意为天人虽然相关，但人世的吉凶在政治的治乱，非天所能决定。

强本而节用[1]，则天不能贫；养备而动时[2]，则天不能病；修道而不贰[3]，则天不能祸。故水旱不能使之饥渴，寒暑不能使之疾，袄怪不能使之凶。本荒而用侈，则天不能使之富；养略而动罕[4]，则天不能使之全；倍道而妄行[5]，则天不能使之吉。(《强国》)

注释：

[1]强本而节用：加强农业生产而节省费用。本，这里指农业生产。

[2]养：供养，指衣食等生活资料。备：完备，充足。动时：劳动适时。

[3]修道：遵循正道。不贰：专一，坚定不移。

[4]养略：供养不足。略，简略，不足。动罕：懒惰。

[5]倍道：背离正道。倍，通“背”。

天有其时，地有其财，人有其治，夫是之谓能参[1]。(《强国》)

注释：

[1]能参：荀子认为，天、地各有其职，人不能与之相争，但人有其治的功

能，可与天、地鼎足而三，故曰“能三”。参，通“三”。

君子敬其在己者[1]，而不慕其在天者，是以日进也。(《强国》)

注释：

[1]敬其在己者：严肃认真地坚持自己的道德修养。

从天[1]而颂[2]之，孰与[3]制天命而用之[4]？(《强国》)

注释：

[1]从天：顺从天。

[2]颂：颂扬。

[3]孰与：哪如。

[4]制天命而用之：意指驾驭自然界变化的规律而利用它。制，控制。命，这里指客观必然性。

礼起于何也？曰：人生而有欲，欲而不得，则不能无求；求而无度量分界[1]，则不能不争；争则乱，乱则穷[2]。先王[3]恶其乱也，故制礼义以分[4]之，以养人之欲，给人之求，使欲必不穷乎物，物必不屈[5]于欲，两者相持而长，是礼之所起也。(《礼论》)

注释：

[1]度量分界：一定的限度和界限。

[2]穷：困穷，没有办法。

[3]先王：古代圣明君主。

[4]分：区分，辨别。

[5]屈：竭尽。

礼者，人道之极也。然而不法[1]礼，不足[2]礼，谓之无方[3]之民；法礼，足礼，谓之有方之士。礼之中焉[4]能思索，谓之能虑；礼之中焉能勿易，谓之能固。能虑，能固，加好之者焉，斯圣人矣。故天者，高之极也；地者，下之极也；无穷者，广之极也；圣人者，道之极也。故学者，固学为圣人也，非特学为无方之民也。(《礼论》)

注释：

[1]法:效法。

[2]足:重视。

[3]方:道。

[4]焉:乃。

性者天之就也,情者性之质也,欲者情之应也[1]。以所欲为可得而求之,情之所必不免也。以为可而道之,知所必出也[2]。故虽为守门[3],欲不可去,性之具也[4]。虽为天子,欲不可尽[5]。欲虽不可尽,可以近尽[6]也;欲虽不可去,求可节也。所欲虽不可尽,求者犹近尽;欲虽不可去,所求不得,虑者欲节求也[7]。道者[8],进则近尽,退则节求,天下莫之若[9]也。(《正名》)

注释:

[1]“性者天之就也”三句:性是由天造就的,情是性所依托的本体,欲是情的表现。

[2]“以为可而道之”二句:以为欲望可以满足进而寻求具体途径,则智虑必然由此而产生。

[3]守门:看门的人,古代以为贱人。

[4]性之具也:清代王念孙认为此四字为衍文。

[5]尽:指完全满足。

[6]近尽:指接近完全满足。

[7]虑者欲节求也:有思想的人就要节制求得的欲望。

[8]道者:有道的人。

[9]莫之若:没有能与之相比的。

人虽有性质美而心辨知,必将求贤师而事之,择良友而友之。(《性恶》)

不富无以养民情,不教无以理[1]民性。故家五亩宅百亩田,务其业而勿夺其时[2],所以富之也。立大学,设庠序,修六礼[3],明十教[4],所以道[5]之也。(《大略》)

注释:

[1]理:治理。

[2]时：农时。

[3]六礼：古代冠、婚、丧、祭、乡饮酒、相见称为六礼。

[4]十教：十义，儒家宣传的十种伦理道德。指父慈、子孝、兄良、弟悌、夫义、妇听、长惠、幼顺、君仁、臣忠。

[5]道：通“导”，教导。

上重义则义克利[1]，上重利则利克义。（《大略》）

注释：

[1]上重义则义克利：义，指礼义、道义。克，制胜。利，指个人利欲。此句意谓上能崇尚道德礼义，下则能以道德礼义克制自己的个人利欲。下句与此意义相反。

国将兴，必贵师而重傅……国将衰，必贱师而轻傅。（《大略》）

君子之学，非为通[1]也，为穷而不困[2]，忧而意不衰也，知祸福终始而心不惑也。（《宥坐》）

注释：

[1]通：显达，出仕高官。

[2]穷而不困：处境艰辛而内心不因此而窘迫。

入孝出弟[1]，人之小行[2]也；上顺下笃[3]，人之中行也；从道不从君，从义不从父[4]，人之大行也。若夫志以礼安[5]，言惟类使[6]，则儒道毕[7]矣。（《子道》）

注释：

[1]入孝出弟：入门孝父母，出门敬长上。弟，通“悌”。

[2]行：德行。

[3]上顺下笃：对上顺从于君父，对下则笃爱于卑幼。

[4]从道不从君，从义不从父：如果君父的意愿和命令与道义相违背，就服从道义，而不是顺从君父。

[5]志以礼安：心意思想依礼而动，违礼则心志不安。

[6]言以类使：言据义类而发，即谓言语本于义理和礼法。

[7]毕：尽备。

## 《墨子》节选

故虽有贤君，不爱无功之臣；虽有慈父，不爱无益[1]之子。是故不胜其任而处[2]其位，非此位之人也；不胜其爵而处其禄，非此禄之主也。良弓难张，然可以及高入深；良马难乘，然可以任重致[3]远；良才难令，然可以致君见尊。是故江河不恶小谷之满己也，故能大。圣人者，事无辞也，物无违也，故能为天下器。是故江河之水，非一源之水也；千镒[4]之裘，非一狐之白也。夫恶有同方不取，而取同已者乎！盖非兼王之道也！是故天地不昭昭[5]，大水不潦潦，大火不燎燎，王德不尧尧[6]者，乃千人之长也。（《亲士》）

注释：

[1]无益：没有作为。

[2]处：霸占。

[3]致：到达。

[4]镒：古代质量单位，二十两或二十四两黄金为一镒。

[5]昭昭：明亮的样子。

[6]尧尧：高大的样子，形容道德高尚。

君子之道也，贫则见廉[1]，富则见义[2]，生则见爱，死则见哀[3]，四行者不可虚假，反之身[4]者也。（《修身》）

注释：

[1]贫则见廉：贫穷时表现出廉洁。

[2]富则见义：富足时表现出大义。

[3]生则见爱，死则见哀：对人之生表现出仁爱，对人之死表现出哀痛。

[4]四行者不可虚假，反之身：四种德行不可虚假，应该反躬自问。

志不强者智不达；言不信者行不果；据[1]财不能以分人者，不足与友；守道不笃[2]，偏[3]物不博，辩是非不察者，不足与游。本不固者末必几[4]，雄而不修者其后必惰[5]，原浊者流不清，行不信者名必秏[6]。（《修身》）

注释：

[1]据：拥有。

[2]笃：专一。

[3]徧：通“辨”，辨别。

[4]几：危殆。

[5]雄：勇。修：长。惰：疑作“堕”。

[6]秏：衰减，败坏。

子墨子曰：天下从事者，不可以无法仪[1]；无法仪而其事能成者，无有也。虽至士之为将相者，皆有法。虽至百工从事者，亦皆有法。百工为方以矩[2]，为圆以规，直以绳，正以县[3]。无巧工、不巧工，皆以此五者为法。巧者能中[4]之，不巧者虽不能中，放依以从事，犹逾己。故百工从事，皆有法所度。（《法仪》）

注释：

[1]仪：典范，表率。

[2]以：用。矩：直尺，画方形的工具。

[3]县：通“悬”，悬挂，测定垂直度的工具。

[4]中：符合。

故曰：财不足则反之时[1]，食不足则反之用。故先民以时生财，固本而用财，则财足。故虽上世之圣王，岂能使五谷[2]常收而旱水不至哉？然而无冻饿之民者，何也？其力时[3]急而自养俭也。故《夏书》曰：“禹七年水。”《殷书》曰：“汤五年旱。”此其离凶饿甚矣，然而民不冻饿者，何也？其生财密，其用之节也。（《七患》）

注释：

[1]反：反省。时：农时。

[2]五谷：粮食作物的总称。一说是黍、稷、麦、菽、稻；一说是黍、稷、麦、菽、麻。

[3]力：耕作。时：农时。

俭节则昌，淫佚则亡，此五者不可不节[1]。夫妇节而天地和，风雨节而五谷熟，衣服节而肌肤和[2]。（《辞过》）

注释：

[1]节：节制。

[2]和：舒适。

子墨子言曰："譬若欲众其国之善射御之士者，必将富之、贵之、敬之、誉之，然后国之善射御之士，将可得而众也。况又有贤良之士，厚乎德行，辩乎言谈，博乎道术[1]者乎！此固国家之珍而社稷之佐[2]也，亦必且富之、贵之、敬之、誉之，然后国之良士，亦将可得而众也。"(《尚贤上》)

注释：

[1]道术：学术，这里指治理国家的方法。

[2]佐：辅助。

故古者圣王甚尊尚贤而任使能，不党[1]父兄，不偏富贵，不嬖颜色[2]。贤者举而上之，富而贵之，以为官长；不肖[3]者抑而废之，贫而贱之，以为徒役。是以民皆劝其赏，畏其罚，相率而为贤者，以贤者众而不肖者寡，此谓进贤。然后圣人听其言，迹[4]其行，察其所能而慎予官，此谓事能。故可使治国者使治国，可使长官者使长官，可使治邑者使治邑。凡所使治国家、官府、邑里，此皆国之贤者也。(《尚贤中》)

注释：

[1]党：偏袒。

[2]嬖：宠爱。颜色：美女。

[3]不肖：品行不好或没有才能。

[4]迹：观察。

故古者圣王唯而[1]审以尚同，以为正长，是故上下情请[2]为通。上有隐事遗利，下得而利之；下有蓄怨积害，上得而除之。是以数千万里之外，有为善者，其室人未遍知，乡里未遍闻，天子得而赏之；数千万里之外，有为不善者，其室人未遍知，乡里未遍闻，天子得而罚之。(《尚同中》)

注释：

[1]而：当为"能"。

[2]请：当作"诚"。

天下之人皆相爱，强不执[1]弱，众不劫寡，富不侮贫，贵不敖贱，诈不欺愚。凡天下祸篡怨恨，可使毋起者，以相爱生也，是以仁者誉之[2]。（《兼爱中》）

注释：

[1]执：持也，有威慑之意。

[2]誉：称赞。之：指“兼相爱、交相利”之法。

夫爱人者，人必从而爱之[1]；利人[2]者，人必从而利之；恶[3]人者，人必从而恶之；害人者，人必从而害之。（《兼爱中》）

注释：

[1]此二句意思是：爱别人的人，别人也就会爱他。

[2]利人：把利益施于别人。利，此作动词用。

[3]恶：憎恶。

子墨子言曰：“仁人之事者，必务求兴天下之利，除天下之害。”然当今之时，天下之害孰为大[1]？曰：“若大国之攻小国也，大家之乱小家[2]也，强之劫弱，众之暴[3]寡，诈之谋愚，贵之敖贱，此天下之害也。又与为人君者之不惠也[4]，臣者之不忠也，父者之不慈也，子者之不孝也，此又天下之害也。又与今人之贱人[5]，执其兵刃毒药水火以交相亏贼[6]，此又天下之害也。”（《兼爱下》）

注释：

[1]孰为大：什么是最大的危害。孰，什么。

[2]家：这里指的是当时大夫的家采邑。

[3]暴：欺侮，糟蹋。

[4]与：如，与“若”同义。不惠：不仁慈。

[5]贱：疑当作“贼”。一说，“今”下“人”字为衍文。

[6]交相亏贼：互相残害。

是故[1]古之仁人有天下者，必反[2]大国之说[3]，一天下之和，总四海之内[4]。（《非攻下》）

注释：

[1]是故：因此。

[2]反：反对，不赞成。

[3]大国之说：攻伐的学说。

[4]一天下之和，总四海之内：让天下人和睦相处，统一四海之内的国家。

圣人为政一国，一国可倍[1]也。大之为政天下[2]，天下可倍也。其倍之非外取地也，因其国家，去其无用之费，足以倍之。圣王为政，其发令兴事，使民用财也，无不加用而为者，是故用财不费，民德不劳，其兴利多矣。（《节用上》）

注释：

[1]可倍：言其利可以扩大一倍。

[2]天下：众多大小诸侯国合之而统称的中国。

故唯毋明乎顺天之意，奉而光施之天下，则刑政治，万民和，国家富，财用足，百姓皆得暖衣饱食，便宁[1]无忧。（《天志中》）

注释：

[1]便宁：安宁。

赖其力者生[1]，不赖其力者不生[2]。（《非乐上》）

注释：

[1]赖：依靠。力：指劳动。生：生活，生存。

[2]此二句为墨子讲人与动物之差别所言。意思是说，人与动物的差别在于，人只有依靠自己的劳动才能生存，否则人就不能生存。

利人乎、即为；不利人乎，即止。（《非乐上》）

今天下之士君子，中实[1]将欲求兴天下之利，除天下之害，当若有命者之言[2]，不可不强非[3]也。（《非命下》）

注释：

[1]中实：《非命上》作“忠实”。

[2]当若有命者之言：面对着那些持有命论者的言论。若，指示代词，那些。

[3]强非：大力反驳。

子墨子自鲁即齐，过[1]故人，谓子墨子曰："今天下莫[2]为义，子独自苦而为义，子不若已。"子墨子曰："今有人于此，有子十人，一人耕而九人处，则耕者不可以不益急矣。何故？则食者众而耕者寡也。今天下莫为义，则子如劝[3]我者也，何故止我？"（《贵义》）

注释：

[1]过：拜访。

[2]莫：没有人。

[3]劝：鼓励，勉励。

## 《左传》节选

多行不义必自毙[1]。（《隐公元年》）

注释：

[1]毙：跌跤，失败。

石碏谏[1]曰："臣闻爱子，教之以义方[2]，弗纳[3]于邪。骄奢淫佚[4]，所自邪也。四者之来，宠禄[5]过也。"（《隐公三年》）

注释：

[1]石碏：春秋时卫国大夫。谏：直言规劝。

[2]义方：义道，正道。

[3]纳：入的意思。

[4]骄奢淫佚：骄横奢侈，荒淫放肆。

[5]宠：宠幸。禄：赏赐。

亲仁善邻[1]，国之宝也。（《隐公六年》）

注释：

[1]邻：这里指邻国。

礼,经国家、定社稷、序民人、利后嗣者也。[1](《隐公十一年》)

注释:

[1]这句话的意思是:礼是治理国家、安定社稷、整齐人民、有利后代的。

礼,国之干[1]也。敬,礼之舆[2]也。不敬则礼不行,礼不行则上下昏[3],何以长世[4]?(《僖公十一年》)

注释:

[1]干:躯干。

[2]礼之舆:载礼的车厢。舆,车。

[3]昏:昏乱的意思。

[4]长世:延长世代。

死而不义[1],非勇也。共用[2]之谓勇。(《文公二年》)

注释:

[1]不义:指不合于道义。

[2]共用:为国家所用,指以死供国家所用,即为国而死。

人谁无过?过而能改,善莫大焉。(《宣公三年》)

民生在勤,勤则不匮[1]。(《宣公十二年》)

注释:

[1]匮:困乏,空乏。

过而不悛[1],亡之本也。(《襄公七年》)

注释:

[1]悛:悔改。

让,礼之主也。(《襄公十三年》)

大上有立德[1],其次有立功,其次有立言。虽久不废,此之谓不朽。(《襄公二十四年》)

注释：

[1]立德：指其品德为后世人所称颂和效法。

德，国家之基[1]也。（《襄公二十四年》）

注释：

[1]国家之基：犹谓国家长治久安的基础或根本。

文王之行[1]，至今为法[2]。可谓象[3]之。有威仪也。故君子在位可畏，施舍可爱，进退可度[4]，周旋可则[5]，容止可观[6]，作事可法，德行可象，声气可乐[7]，动作有文[8]，言语有章[9]，以临其下，为之有威仪也。（《襄公三十一年》）

注释：

[1]行：措施，行止。

[2]法：规范，模式。

[3]象：效仿。

[4]可度：可为法度。

[5]周旋：行礼中得体的转身行走。可则：可为准则。

[6]容止可观：仪容举止可供人观赏。

[7]声气可乐：声音气质可使人愉悦。

[8]动作有文：举止动作有修养。

[9]言语有章：说话有条理。

"忠信，礼之器[1]也。卑让，礼之宗[2]也"。辞不忘国，忠信也。先国后己，卑让也。（《昭公二年》）

注释：

[1]器：容器。

[2]宗：根本。

父慈而教[1]，子孝而箴[2]，兄爱而友[3]，弟敬而顺[4]，夫和而义[5]，妻柔而正[6]，姑慈而从[7]，妇听而婉[8]，礼之善物[9]也。（《昭公二十六年》）

注释：

[1]父慈而教:父亲慈爱而教育子女。

[2]子孝而箴:儿子孝顺而规劝父亲的过失。

[3]兄爱而友:哥哥仁爱而友善。

[4]弟敬而顺:弟弟恭敬而顺服。

[5]夫和而义:丈夫和蔼而知义。

[6]妻柔而正:妻子温柔而正派。

[7]姑慈而从:婆婆慈爱而听从规劝。姑,婆婆。

[8]妇听而婉:儿媳妇顺从而委婉。妇,儿媳妇。

[9]礼之善物:礼所带来的好事情。善物,好事。

## 《礼记》节选

凡为人子之礼,冬温而夏清,昏定而晨省,在丑夷不争。(《曲礼上》)

贫者不以货财为礼。老者不以筋力[1]为礼。(《曲礼上》)

注释:

[1]筋力:指体力劳动。

太上贵德,其次务施报。[1]礼尚往来,往而不来,非礼也;来而不往,亦非礼也。(《曲礼上》)

注释:

[1]太上:指上古时期。其次:指后世。此二句意思是,上古时期崇尚朴素善良的德行,后世才致力于施恩与回报。

临才毋苟得[1],临难毋苟免[2]。(《曲礼上》)

注释:

[1]临才毋苟得:在财货面前,如义不当得,就不要以不正当手段取得。才,通“财”,财货。

[2]临难毋苟免:面临危难,若义不能免,不要苟且贪生,偷偷地逃跑。

君子之爱人也以德,细人[1]之爱人也以姑息[2]。(《檀弓上》)

注释:
[1]细人:小人。
[2]姑息:无原则地宽容。

生有益于人[1],死不害于人。(《檀弓上》)
注释:
[1]人:此处指他人。

师也者,教之以事而喻诸德者也。[1](《文王世子》)
注释:
[1]意思是:所谓老师,就是通过传授事实而晓喻道德的。

饮食男女,人之大欲存焉;死亡贫苦,人之大恶[1]存焉。故欲恶者,心之大端也。(《礼运》)
注释:
[1]恶:厌恶。

先王之立礼也,有本有文。忠信,礼之本也;义理,礼之文也。无本不立,无文不行。(《礼器》)

曾子曰:"孝子之养老也,乐其心,不违其志,乐其耳目,安其寝处,以其饮食忠养之。"(《内则》)

玉不琢,不成器;人不学,不知道[1]。是故古之王者,建国君民,教学为先。(《学记》)
注释:
[1]道:法则,原则,规范。儒家以认识道为立身之本。

知其心,然后能救其失也。教也者,长善而救其失者也。(《学记》)

君子如欲化民成俗,其必由学乎。(《学记》)

师严[1]然后道尊[2],道尊然后民知敬学。(《学记》)

注释:

[1]严:尊崇,尊敬。

[2]道尊:知识、义理受到尊重。

虽有至道,弗学不知其善也。是故学然后知不足,教然后知困。知不足,然后能自反[1]也。知困,然后能自强也。故曰:教学相长也。(《学记》)

注释:

[1]自反:自我反省。

君子既知教之所由兴,又知教之所由废,然后可以为人师也。故君子之教喻[1]也。道而弗牵[2],强而弗抑[3],开而弗达[4]。道而弗牵则和[5],强而弗抑则易[6],开而弗达则思。和、易以思,可谓善谕矣。(《学记》)

注释:

[1]喻:晓喻。

[2]道而弗牵:引导而不牵强。

[3]强而弗抑:勉励而不压制。

[4]开而弗达:启发而不径直表达。

[5]和:温和。

[6]易:平易。

天地之道[1],寒暑不时则疾[2],风雨不节则饥[3]。教者,民之寒暑也,教不时则伤世[4];事者,民之风雨也,事不节则无功[5]。(《乐记》)

注释:

[1]天地之道:自然的规律。

[2]寒暑不时则疾:四时季节如果不按照时序变化就会使人生病。

[3]风雨不节则饥:风雨不调就会使庄稼受害而造成饥荒。

[4]教不时则伤世:教化不及时就会伤害世风。

[5]事不节则无功:做事不知道按事物的法则加以节制就不会取得功效。

人生而静,天之性也。感于物而动,性之欲[1]也。物至知知,然后好恶形焉[2]。好恶无节于内[3],知诱于外[4],不能反躬[5],天理灭矣[6]。夫物之感人无穷,而人之好恶无节,则是物至而人化物[7]也。人化物也者,灭天理而穷人欲者也。(《乐记》)

注释:

[1]性之欲:指人的本性所具有的欲望。

[2]物至知知,然后好恶形焉:外界事物纷沓而至,心智加以感知,然后心中形成了爱好和憎恶两种情欲。

[3]好恶无节于内:对好恶的情欲,在内心没有节制。

[4]知诱于外:理智被外界事物所引诱。

[5]不能反躬:自己不能反省、检点自己。

[6]天理灭矣:天赋的理性泯灭了。

[7]物至而人化物:随着外界事物的到来,而人随物化了。

孝子之有深爱者必有和气,有和气者必有愉色,有愉色者必有婉容[1]。孝子如执玉[2],如奉盈[3],洞洞属属然[4]如弗胜[5],如将失之。严威俨恪[6],非所以事亲也,成人之道也[7]。(《祭义》)

注释:

[1]婉容:婉顺的仪容。

[2]如执玉:谓侍奉父母就像手执宝玉一样敬慎。

[3]如奉盈:谓侍奉父母就像捧着一个装满汤水的器皿那样小心。奉,通"捧"。

[4]洞洞属属然:恭敬虔诚、专一谨顺的样子。

[5]如弗胜:就像不能胜任似的。

[6]严威俨恪:仪容威严庄重。

[7]成人之道:古代男子二十而行冠礼,以示其由少年转为成人。严威俨恪,乃是成人在某些场合的仪容、形态,在双亲面前就不能这样。在双亲面前,应当不失其孺子之心。

贵人而贱己,先人而后己。(《坊记》)

喜怒哀乐之未发，谓之中[1]；发而皆中节，谓之和[2]。中也者，天下之大本也；和也者，天下之达道[3]也。致中和，天地位焉，万物育焉。（《中庸》）

注释：

[1]此二句意思是：喜怒哀乐是人的感情，当这些情感还没有表现出来时，人的内心便处于虚静淡然，不偏不倚的境界，故称为“中”。中，不偏不倚。

[2]中节：中，符合。节，法度、常理。喜怒哀乐等感情的表现，都符合常理，中正和谐，就是“和”。

[3]达道：天下共同遵守的道理。

仲尼[1]曰：“君子中庸[2]，小人反中庸。君子之中庸也，君子而时中[3]。小人之反中庸也，小人无忌惮也。”（《中庸》）

注释：

[1]仲尼：孔子，名丘，字仲尼。

[2]中庸：不偏不倚，既不过分也无不足。庸，“常”的意思。

[3]时中：行事合乎时宜，无过与不及。

故君子和而不流[1]，强哉矫[2]！中立而不倚，强哉矫！国有道[3]，不变塞[4]焉，强哉矫！国无道，至死不变，强哉矫！（《中庸》）

注释：

[1]和而不流：性格平和又不随波逐流。

[2]矫：坚强的样子。

[3]国有道：国家政治清平。

[4]不变塞：不改变志向。塞，实，指充实于内的志向。

天命之谓性，率性[1]之谓道，修道之谓教。道也者，不可须臾[2]离也，可离非道也。是故君子戒慎乎其所不睹，恐惧乎其所不闻。莫见乎隐[3]，莫显乎微[4]，故君子慎其独也。（《中庸》）

注释：

[1]率性：依自己之本性而行。

[2]须臾：片刻，一会儿。

[3]莫见乎隐:此指心中微妙的变化。

[4]莫显乎微:此指一般人觉察不到的事情。

知耻近乎勇[1]。(《中庸》)

注释:

[1]意思是:知道羞耻接近勇德。

温良者,仁之本也。[1]敬慎者,仁之地也。[2]宽裕者,仁之作也。[3]孙接者,仁之能也。[4]礼节者,仁之貌也。言谈者,仁之文[5]也。歌乐者,仁之和也。[6]分散者,仁之施也。[7]儒者兼此而有之,犹且不敢言仁也,其尊让[8]有如此者。(《儒行》)

注释:

[1]温良者,仁之本也:温和善良,是仁德的根本。

[2]敬慎者,仁之地也:肃敬谨慎,是仁德的实质。敬慎,肃敬谨慎。

[3]宽裕者,仁之作也:宽舒从容,是仁德在举止上的体现。作,举止。

[4]孙接者,仁之能也:谦逊待人,体现着仁德的功能。孙,通"逊"。

[5]文:文采。

[6]歌乐者,仁之和也:诗歌音乐,表现着仁德的和悦。

[7]分散者,仁之施也:分财济贫,表现着仁德的施与。分散,这里指分财济贫。

[8]尊让:尊敬谦让。

儒有合志同方[1],营道同术;并立则乐,相下不厌[2];久不相见,闻流言不信。其行本方立义[3],同而进,不同而退。其交友有如此者。(《儒行》)

注释:

[1]同方:同一方向。

[2]并立:指社会地位相等。相下:指地位上下有别。

[3]本方立义:本心正直,所做之事合于道义。

闻善以相告也,见善以相示也。(《儒行》)

大学之道，在明明德[1]，在亲民，在止于至善。知止而后有定[2]，定而后能静，静而后能安，安而后能虑，虑而后能得。物有本末，事有终始，知所先后，则近道矣。古之欲明明德于天下者，先治其国。欲治其国者，先齐其家。欲齐其家者，先修其身。欲修其身者，先正其心。欲正其心者，先诚其意[3]。欲诚其意者，先致其知[4]。致知在格物[5]。物格而后知至，知至而后意诚，意诚而后心正，心正而后身修，身修而后家齐，家齐而后国治，国治而后天下平。自天子以至于庶人，壹是[6]皆以修身为本。（《大学》）

注释：

[1]明明德：第一个“明”字为动词，发扬光大之义。明德，指光明的道德、德行。

[2]知止而后有定：知道当达于至善之地，而后心志才有定向而不乱。知止，知道当止之地，这里指圣善之地。

[3]诚其意：使其心意诚实而无欺妄。朱熹说：“欲其一于善而无自欺也。”（《四书章句集注·中庸章句》）

[4]致其知：指求得知识。

[5]格物：指穷究事物的道理。

[6]壹是：皆是。

所谓诚其意者，毋自欺也。如恶恶臭，如好好色，此之谓自谦[1]。故君子必慎其独也。小人闲居[2]为不善，无所不至，见君子而后厌[3]然掩[4]其不善而著其善。人之视己，如见其肺肝然，则何益矣？此谓诚于中，形于外[5]。故君子必慎其独也。（《大学》）

注释：

[1]谦：通“慊”，满足，满意。

[2]闲居：指独自待着。

[3]厌：躲藏。

[4]掩：掩盖。

[5]形于外：表现于外貌。

所恶[1]于上，毋以使下；所恶于下，毋以事上；所恶于前，毋以先后[2]；所恶于后，毋以从前；所恶于右，毋以交于左[3]；所恶于左，毋以交于右。此之

谓絜矩之道[4]。(《大学》)

注释:

[1]恶:讨厌,不喜欢。

[2]所恶于前,毋以先后:切勿用先前的办法来对待后来的人或事。

[3]所恶于右,毋以交于左:厌恶右边人办的事,就不要像他那样和左边的人交往。

[4]絜矩之道:度量的原则、方法。朱熹注:"度之以矩而取之以方。"

仁者以财发身[1],不仁者以身发财[2]。(《大学》)

注释:

[1]以财发身:意为散布财物以求完善自身的德行。

[2]以身发财:意为不惜舍弃性命以聚敛财物。

有行之谓有义,有义之谓勇敢。故所贵于勇敢者,贵其能以立义也;[1]所贵于立义者,贵其有行也;所贵于有行者,贵其行礼也。故所贵于勇敢者,贵其敢行礼义也。[2]故勇敢强有力者,天下无事则用之于礼义;天下有事则用之于战胜[3]。用之于战胜则无敌,用之于礼义则顺治。外无敌,内顺治,此之谓盛德。故圣王之贵勇敢、强有力如此也。勇敢、强有力而不用之于礼义战胜,而用之于争斗,则谓之乱人[4]。(《聘义》)

注释:

[1]此句意思是:勇敢之所以可贵,贵在能树立正义。

[2]此句意思是:勇敢之所以可贵,贵在能果敢实行礼义。敢,果敢。

[3]战胜:作战克敌。

[4]乱人:违背正道或制造混乱的人。

## 《韩昌黎集》节选

圣人一视而同仁,笃近而举远[1]。(《原人》)

注释:

[1]笃近而举远:对亲近者诚恳,对疏远者也同样重视。

古之君子,其责己也重以周[1],其待人也轻以约[2]。重以周,故不怠;轻以约,故人乐为善。(《原毁》)

注释:

[1]重:严厉。周:详尽。

[2]轻:轻微,引申为宽容。约:简要。

博爱[1]之谓仁,行而宜之[2]之谓义,由是而之焉之谓道[3],足乎己而无待于外之谓德[4]。仁与义为定名[5],道与德为虚位[6]。故道有君子小人,而德有凶有吉。[7]老子之小仁义[8],非毁之也,其见者小也。坐井而观天,曰天小者,非天小也。彼以煦煦[9]为仁,孑孑为义[10],其小之也则宜。其所谓道,道其所道,非吾所谓道也;其所谓德,德其所德,非吾所谓德也。凡吾所谓道德云者,合仁与义言之也,天下之公言也。老子之所谓道德云者,去仁与义言之也,一人之私言也。(《原道》)

注释:

[1]博爱:广泛、普遍的爱。

[2]行而宜之:做起来合于人情事理。宜,合宜。《礼记·中庸》:"义者,宜也。"

[3]由是而之焉之谓道:由仁义而前进叫作道。是,这,指仁义。前"之"字是前往的意思。

[4]德:《周礼·地官司徒·师氏》郑注:"在心为德,施之为行。"指人们自我修养所达到的某种精神境界。

[5]定名:确定的名称,指仁义的内涵是确定的,即只能是正面的、好的。

[6]虚位:空虚的位置,指道德的内涵是不确定的,即可以是正面的好的,也可以是反面的坏的。

[7]此二句意思是:有君子之道和小人之道,有凶的德与吉的德。韩愈的意思,儒家正统讲的是君子所崇尚的仁义之道和吉的德;老子只是道其所道,德其所德。

[8]小仁义:小看仁义,把仁义看得很渺小。

[9]煦煦:和乐的样子。

[10]孑孑:孤单、孤寂的样子。

风俗与化[1]移易。(《送董邵南序》)

注释:

[1]化:指教化。

懿德茂行,可以励俗。(《祭薛中丞文》)

生而不淑[1],孰谓其寿?死而不朽,孰谓其夭?(《李元宾墓碑》)

注释:

[1]淑:美好。这里指美德善行。

耳濡目染,不学以能。(《清河郡公房公墓碣铭》)

孔子(曰):"三人行,则必有我师。"是故弟子不必不如师,师不必贤于弟子。闻道有先后,术业有专攻,如是而已。(《师说》)

古之学者必有师。师者,所以传道、受业、解惑也。(《师说》)

业精于勤,荒于嬉;行成于思,毁于随。(《进学解》)

## 苏轼诗文节选

### 《六事廉为本赋(先圣之贵廉也如此)》

事有六者[1],本归一焉。各以廉而为首,盖尚德以求全。官继条分,虽等差而立制;吏功旌别,皆清慎以居先。器[2]尔众才,由吾先圣。人各有能,我官其任;人各有德,我目其行。是故分为六事,悉本廉而作程;用启庶官,俾厉节而为政。善者善立事,能者能制宜。或靖恭而不懈,或正直而不随。法则不失,辨别不疑。第其课[3]兮,事区别矣;举其要兮,廉一贯之。蔽[4]吏治之否臧[5],必旌[6]美效;为民极之介洁,斯作丕基。所谓事者,各一人之攸[7]能;所谓贤者,通众贤之咸暨。拟之网罟,先纲而后目;况之布帛,先经而后纬。于冢宰处八法之末,厥执既分;在西京[8]同大孝之科,于斯为贵。乃知功废于贪,行成于廉。苟务渎货[9],都忘属厌[10]。若是则善与能者为汗而为滥[11],恭且正者为诐[12]而为憸[13]。法焉不能守节,辨焉不能明嫌。故圣人恶彼败官，虽百能而莫赎；上兹洁行，在六计以相兼。此盖周公差次之，小宰分掌者。考课则以是黜陟[14]，大比[15]则以为用舍。彼六条[16]四曰洁，晋法有所亏焉；四善[17]二为清，唐制未之得也。曷曰独摽兹道，分贯其余？始于善而迄辨，皆以廉而为初。念厥德之至贵，故他功之莫如。譬夫五事[18]冠于周家，闻之诗雅；九畴[19]统之皇极[20]，载自箕书。噫，绩效皆烦，清名至美。故先责其立操，然后褒其善理。是以古者之治，必简而明，其术由此。

注释：

[1]事有六者：廉善、廉能、廉正、廉敬、廉法、廉辨。

[2]器：选取。

[3]第其课：考核官员业绩。

[4]蔽：通“弊”，判断，评判。

[5]否臧：好坏。

[6]旌：表彰。

[7]攸：所。

[8]西京：指西汉。

[9]渎货：贪污财物。

[10]属厌：饱足。

[11]为汗而为滥：贪婪无度，汗即汗漫，漫无止境。滥，贪。

[12]诐：奸邪。

[13]憸：通“险”，阴险。

[14]黜陟：升降官吏。

[15]大比：周代每三年考核乡吏，选拔贤能。

[16]六条：忠恪匪躬、孝敬尽礼、友于兄弟、洁身劳谦、信义可复、学以为己。

[17]四善：德义有闻、清慎明著、公平可称、恪动匪懈。

[18]五事：经夫妇、成孝敬、厚人伦、美教化、移风俗。

[19]九畴：治理天下的方法。

[20]皇：大。极：中。

## 梦中作寄朱行中

舜[1]不作六器[2]，谁知贵玙璠[3]。
哀哉楚狂士，抱璞号空山。[4]
相如起睨柱[5]，头璧[6]相与还[7]。
何如郑子产，有礼国自闲。
虽微韩宣子，鄙夫亦辞环。[8]
至今不贪宝，凛然照尘寰[9]。

注释：

[1]舜：三皇五帝之一，名重华，字都君。

[2]六器：玉做的六种礼器：苍璧、黄琮、青圭、赤璋、白琥、玄璜。

[3]玙璠：美玉。比喻美德或品德廉洁的人，也代指优秀人才。

[4]“哀哉楚狂士”两句：可怜楚狂人卞和，抱着玉石号啕大哭于空山中。《韩非子·和氏》载：春秋楚国卞和，在荆山上捡到一块玉石献给楚厉王。厉王叫相玉的人辨别，说这是块石头。厉王以欺君之罪砍断他的左腿。厉王死，武王即位。卞和又将这块玉石献给武王，相玉的人仍说是块石头。武王又以欺君之罪砍断他的右腿。武王死，文王立。和氏失去两脚，不能前往献宝，只好在家门前的山下抱着那块玉石痛哭。哭了三天三夜，哭干泪水，流出的便是鲜血。忠心动天了，文王派来专人提炼此石头，果然是块宝玉，因命此玉为“和氏玉”或“和氏璧”。楚狂士，即楚狂人。《论语·微子》载：“楚狂接舆歌而过孔子曰：‘凤兮凤兮，何德之衰！’”邢昺疏：“接舆，楚人，姓陆名通，字接舆也。昭王时，政令无常，乃披发佯狂不仕，时人谓之楚狂也。”后常用为典，亦用为狂士的通称。璞：玉石。空山：静寂无人的山林。

[5]“相如起睨柱”句：蔺相如起身斜看着柱子，终于人和玉璧都回到赵国了。睨，斜视。司马迁《史记·廉颇蔺相如列传》载：战国赵惠王得楚和氏璧，秦昭王“遗书赵王，愿以十五城请易璧”。时秦强赵弱，赵王怕给了璧得不到城。蔺相如自愿硬着头皮奉璧前往。见秦王没有诚意偿城，便凭着自己的聪明才智，终于使宝玉完好回归赵国。

蔺相如，战国时期赵国著名的政治家、外交家、军事家。《史记·廉颇蔺相如列传》载：“蔺相如者，赵人也，为赵宦者令缪贤舍人。”他凭借渑池大会上“完璧归赵”的杰出才能，后位列上卿。

[6]头璧：人和璧。

[7]还：归还。

[8]“何如郑子产”四句：郑子产你以为如何，以礼治国使之强大；韩宣子虽然地位不高，小人也能辞谢不当的玉环。礼，周礼，仁、义、礼、智、信。闲，强大。韩宣子，春秋时人。晋国正卿。以兄无忌推让，立为卿。晋平公时为上军之佐。(《国语·晋语八》)鄙夫，谦辞，即地位低下之人。《左传·鲁昭公十六年》载：西周末年，晋国大夫韩宣子有一对玉环，其中一只在郑国商人手里。宣子向郑执政请求得到那只玉环，子产不同意，说，这不是国家府库中保存的器物，国君不知道，政府无权向商人索取。子大叔、子羽对子产说：何不找来给他算了？子产说：君子的忧虑不是没有财物，而是身居官位却没有好的名声。那些大国爱对小国下命令，如果他们要什么就给什么，那将用什么来满足要求？转眼到了鲁昭公十六年。韩宣子看上了郑国一个商人的玉器，欲买之。商人不想卖给他，便借故推辞：“此事要告知君大夫。”无奈，韩宣子只好请示郑子产。子产开导说：国君桓公曾和商人立过盟誓，说：我不强买，更不强夺，你也不要背叛我。而今我们强迫商人卖，背弃盟约，你得到玉环却失去诸侯，“毋乃不可乎？”(恐怕不可以吧?)韩宣子思之再三，只得收起欲念。国君和商人订立的盟约成了一条保护商人的法律。韩宣子听了子产的一席话，把买好的玉环退回去，说：我韩起虽然不聪明，岂敢为求取玉环而招致两项罪过？最终郑子产维护了本国的尊严。

郑子产：郑成公之少子，又名公孙侨，春秋末期，郑国人，政治家。幼年仰慕周公为人风度，养成仁爱、忠诚、谦逊、敦厚的性格。

[9]“至今不贪宝”两句：到老也不贪婪财宝，正气凛然地普照人世间。尘寰，人世间。

## 《张载集》节选

君子于天下，达善达不善，无物我之私。循理者共悦之，不循理者共改之。改之者，过虽在人如在己，不忘自讼；共悦者，善虽在己，盖取诸人而为，必以与人焉。善以天下，不善以天下，是谓达善达不善。(《正蒙·中正》)

志学然后可与适道[1]，强礼然后可与立[2]，不惑然后可与权[3]。(《正

蒙·中正》)

注释:

[1]此句谓有志于学才能被认为追求道。与,许可。适道,往那里去。

[2]此句谓勉力于礼才能被认为有所成就。立,成就。此语源于《论语·季氏》“不学礼无以立”。

[3]此句谓四十岁以后的人才能被许可掌握合乎原则的权变之术。不惑,四十岁。孔子说自己“四十而不惑”(《论语·为政》)。因为四十岁以后,道的原则已经坚定,不为其他异端所惑,所以才许可掌握权变之术。又,此三句出自《论语·子罕》:“孔子曰:‘可与共学,未可与适道;可与适道,未可与立;可与立,未可与权”。引用时,与《论语》原意有出入。

克己行法为贤,乐己可法为圣,圣与贤,迹相近而心之所至有差焉。(《正蒙·有德》)

富贵福泽,将厚吾之生也;贫贱忧戚,庸玉女于成也[1]。(《正蒙·乾称》)

注释:

[1]庸玉女于成也:把你锻炼成才。庸,通“用”。女,通“汝”,你。玉汝于成,即“玉成汝”,把你琢磨成美玉。

民吾同胞,物吾与也。[1]大君者,吾父母宗子[2];其大臣,宗子之家相也。尊高年,所以长其长[3];慈孤弱,所以幼其幼。圣其合德,贤其秀也。凡天下疲癃残疾、惸独鳏寡,皆吾兄弟之颠连而无告者也[4]。于时保之[5],子之翼[6]也;乐且不忧,纯乎孝者也。违曰悖德,害仁曰贼[7]。(《正蒙·乾称》)

注释:

[1]此二句意思是:应视老百姓为我的同胞兄弟;应视万物为我的朋友。

[2]宗子:长子。

[3]此二句意思是:尊敬老年人,如同尊敬我家里的长者。

[4]疲癃:衰老有病之人。惸:本谓无兄弟,引申为孤独无依靠者之称。颠连:困顿不堪。这里意思是说,举凡天下残疾、孤苦的人,都如同我苦难、可怜的兄弟。

[5]于时保之:于是保住国柄。时,是。

[6]翼:恭敬。

[7]害仁曰贼:伤害了仁,就叫作贼。

为学大益,在自求变化气质。不尔皆为人之弊,卒无所发明,不得见圣人之奥。故学者先须变化气质,变化气质与虚心相表里。(《经学理窟·义理》)

人若志趣不远,心不在焉,虽学无成。(《经学理窟·义理》)

养浩然之气须是集义,集义然后可以得浩然之气。严正刚大,必须得礼上、下达。义者,克己也。(《经学理窟·学大原上》)

浩然之气本来是集义所生,故下头却说[1]义。气须是集义以生,义不集如何得生?(《经学理窟·学大原下》)

注释:

[1]却说:正是说。

学者大不宜志小气轻。志小则易足,易足则无由进;气轻则虚而为盈,约而为泰[1],亡而为有,以未知为已知,未学为已学。人之有耻于就问,便谓我好胜[2]于人,只是病在不知求是为心,故学者当无我。(《经学理窟·学大原下》)

注释:

[1]约而为泰:错把穷困认为是宽裕。

[2]好胜:超过。

有志于学者,都更不论气之美恶,只看志如何。"匹夫不可夺志也"[1],惟患学者不能坚勇。(《张子语录中》)

注释:

[1]匹夫不可夺志也:语出《论语·子罕》。

## 《二程集》节选

一动气则动志,一动志则动气,为养气者而言也。若成德者,志已坚定,则气不能动志。(《河南程氏遗书》卷一)

浩然之气,天地之正气,大则无所不在,刚则无所屈,以直道顺理而养,则充塞于天地之间。"配义与道"[1],气皆主于义而无不在道,一置私意则馁矣。"是集义所生"[2],事事有理而在义也,非自外袭而取之[3]也。(《河南程氏遗书》卷一)

注释:

[1]配义与道:语出《孟子·公孙丑上》。

[2]是集义所生:语出《孟子·公孙丑上》。

[3]袭而取之:谓从外取之,非出于己。

人之有喜怒哀乐者,亦其性之自然,今强曰必尽绝,为得天真[1],是所谓丧天真也。(《河南程氏遗书》卷二)

注释:

[1]天真:指人的本然之性。

利者,众人所同欲也。专欲益己,其害大矣。欲之甚,则昏蔽而忘义理;求之极,则侵夺而致仇怨。(《河南程氏遗书》卷三)

忿欲忍与不忍,便见有德无德。(《河南程氏遗书》卷六)

圣人于利,不能全不较论,但不至妨义耳。(《河南程氏遗书》卷七)

何以谓之君子?何以谓之小人?君子则所见者大,小人则所见者小且近。君子之志所虑者,岂止其一身?直虑及天下千万世。小人之虑,一朝之忿,曾不遑恤[1]其身。(《河南程氏遗书》卷十)

注释:

[1]曾:竟。不遑:无暇。恤:忧虑,顾惜。

老喜学者尤可爱。人少壮则自当勉，至于老矣，志力须倦，又虑学之不能及，又年数之不多。不曰“朝闻道夕死可矣”乎？学不多，年数之不足，不犹愈[1]于终不闻乎？（《河南程氏遗书》卷十）

注释：

[1]愈：胜过，超过。

礼者，理也，文也。理者，实也，本也。文者，华也，末也。理是一物，文是一物。文过则奢，实过则俭。奢自文所生，俭自实所出。故林放问礼之本，子曰：“礼，与其奢也，宁俭。”言俭近本也。（《河南程氏遗书》卷十二）

仁之道，要[1]之只消道一公字。公只是仁之理，不可将公便唤做仁。公而以人体之，故为仁。只为公，则物我兼照，故仁，所以能恕[2]，所以能爱，恕则仁之施，爱则仁之用也。（《河南程氏遗书》卷十五）

注释：

[1]要：要点。

[2]恕：用孔子的话说，就是“己所不欲，勿施于人”。

不论利害，惟看义当为与不当为。（《河南程氏遗书》卷十七）

涵养须用敬，进学则在致知。（《河南程氏遗书》卷十八）

问：“人之学，有觉其难而有退志，则如之何？”曰：“有两般：有思虑苦而气倦怠者，有惮其难而止者。向[1]尝为之说：今人之学，如登山麓，方其易处，莫不阔步，及到难处便止，人情是如此。山高难登，是有定形，实难登也；圣人之道，不可形象，非实难然也，人弗为耳。颜子言‘仰之弥高，钻之弥坚’，此非是言圣人高远实不可及，坚固实不可入也，此只是譬喻，却无事，大意却是在‘瞻之在前，忽焉在后’[2]上。”又问：“人少有得而遂安者，如何？”曰：“此实无所得也。譬如以管窥天，乍见星斗灿烂，便谓有所见，喜不自胜，此终无所得。若有大志者，不以管见[3]为得也。（《河南程氏遗书》卷十八）

注释：

[1]向：过去。

[2]孔子弟子颜渊说孔子的学说“仰之弥高，钻之弥坚。瞻之在前，忽焉在后”。（《论语·子罕》）意为：孔子的学说虽然深奥，但努力学习体验，仍然可以掌握。颜子，即颜回，字子渊，春秋鲁国人，孔子弟子。

[3]管见：比喻见解狭陋。

气有善不善，性则无不善也。人之所以不知善者，气昏而塞之耳。孟子所以养气者，养之至则清明纯全，而昏塞之患去矣。或曰养心，或曰养气，何也？曰：“养心则勿害而已，养气则在有所帅[1]也。”（《河南程氏遗书》卷二十一）

注释：

[1]帅：主。

凡看文字，非只是要理会语言，要识得圣贤气象。如孔子曰：“盍各言尔志。”而由曰：“愿车马，衣轻裘，与朋友共，敝之而无憾。”颜子曰：“愿无伐善，无施劳。”孔子曰：“老者安之，朋友信之，少者怀之。”[1]观此数句，便见圣贤气象大段不同。若读此不见得圣贤气象，他处也难见。学者须要理会得圣贤气象。（《河南程氏遗书》卷二十二）

注释：

[1]引语出自《论语·公冶长》。盍：“何不”的合音字。衣轻裘：轻字当删。施：表白。

君子之学必日新，日新者日进也。不日新者必日退，未有不进而不退者。（《河南程氏遗书》卷二十五）

学者不可以不诚，不诚无以为善，不诚无以为君子。修学不以诚，则学杂；为事不以诚，则事败；自谋不以诚，则是欺其心而自弃其忠；与人不以诚，则是丧其德而增人之怨。（《河南程氏遗书》卷二十五）

## 《四书章句集注》节选

君子小人趣向[1]不同，公私之间而已。（《论语集注》卷二）

注释：

[1]趣向:志趣,意向。

义者,心之制、事之宜也。(《孟子集注》卷一)

盖心之公私小异,而人之向背顿殊,学者于此不可以不审也。(《孟子集注》卷八)

子程子曰:“不偏[1]之谓中,不易之谓庸[2]。中者,天下之正道;庸者,天下之定理[3]。”(《中庸章句》)

注释:

[1]偏:片面,偏向。

[2]易:变化。庸:常。

[3]定理:确定不移、永恒不变的道理。此段话,乃朱熹引述程颐之语。

君子之所以为中庸者,以其有君子之德,而又能随时以处中也。小人之所以反中庸者,以其有小人之心,而又无所忌惮也。盖中无定体[1],随时而在,是乃平常之理也。君子知其在我,故能戒谨不睹[2],恐惧不闻[3],而无时不中。小人不知有此,则肆欲妄行,而无所忌惮矣。(《中庸章句》)

注释:

[1]体:存在的形式。

[2]戒谨不睹:意为君子处在别人看不见的地方,就更加戒慎自己的举止。

[3]恐惧不闻:意为君子处在别人听不见的场所,就更加小心自己的言谈。

独者,人所不知而己所独知之地也。言幽暗之中,细微之事,迹虽未形而几则已动,人虽不知而己独知之,则是天下之事无有著见明显而过于此者。是以君子既常戒惧,而于此尤加谨焉,所以遏人欲[1]于将萌,而不使其滋长于隐微之中,以至离道之远也[2]。(《中庸章句》)

注释:

[1]人欲:天理人欲之辨是宋明理学中十分重要的一个问题。所谓人欲

概指人的感性欲望，私欲。

[2]此段是朱熹对《中庸》中“君子慎其独也”的解释。

以己之心，度人之心。（《中庸章句》）

## 《朱子语类》节选

仁是根，恻隐是萌芽。[1]亲亲、仁民、爱物，便是推广到枝叶处。（《朱子语类》卷六）

注释：

[1]此二句意为：同情心是仁的开端。恻隐，同情。

今之朋友，固有乐闻圣贤之学，而终不能去世俗之陋者，无他，只是志不立尔。学者大要立志，才学，便要做圣人是也。（《朱子语类)》卷八）

知、行常相须[1]，如目无足不行，足无目不见。论先后，知为先；论轻重，行为重。（《朱子语类》卷九）

注释：

[1]相须：互相配合，互相依赖。

人心常炯炯[1]在此，则四体不待羁束[2]，而自入规矩。只为人心有散缓时，故立许多规矩来维持之。但常常提警，教身入规矩内，则此心不放逸，而炯然在矣。心既常惺惺[3]，又以规矩绳检之，此内外交相养之道[4]。（《朱子语类》卷十二）

注释：

[1]炯炯：形容昭明。

[2]羁束：约束。

[3]惺惺：清醒。

[4]内外交相养之道：内外相互配合的修养之道。

人只有一个公私，天下只有一个邪正。（《朱子语类》卷十三）

人之一心，天理存，则人欲亡；人欲胜，则天理灭；未有天理人欲夹杂者。学者须要于此体认省察之。（《朱子语类》卷十三）

耻，有当忍者，有不当忍者。人须是有廉耻。孟子曰："耻之于人大矣！"耻便是羞恶之心。人有耻，则能有所不为[1]。（《朱子语类》卷十三）

注释：

[1]不为：不做，不干。

学之之博，未若知之之要；知之之要，未若行之之实。（《朱子语类》卷十三）

君子慎其独，非特显明之处是如此，虽至微至隐，人所不知之地，亦常慎之。小处如此，大处亦如此，显明处如此，隐微处亦如此。表里内外，粗精隐显，无不慎之，方谓之"诚其意"。（《朱子语类》卷十六）

君子之于人，非是全无恶人处，但好善恶恶，皆出于公。（《朱子语类》卷二十四）

义者，宜也。君子见得这事合当如此，却那事合当如彼，但裁处其宜而为之，则何不利之有。君子只理会义，下一截利处更不理会。（《朱子语类》卷二十七）

程子[1]谓："将这身来放在万物中一例看，大小大[2]快活！"又谓："人于天地间并无窒碍，大小大快活！"。此便是颜子乐处。这道理在天地间，须是直穷到底，至纤至悉，十分透彻，无有不尽，则于万物为一无所窒碍。胸中泰然，岂有不乐！（《朱子语类》卷三十一）

注释：

[1]程子：朱熹对二程（程颢、程颐）统称"程子"，引用二程的语录常不加分别。

[2]大小大：洛中方言，意为多少。

中庸，只是一个道理，以其不偏不倚，故谓之“中”，以其不差异可常行，故谓之“庸”。未有中而不庸者，亦未有庸而不中者。惟中，故平常。（《朱子语类》卷六十二）

以性情言之，谓之中和；以礼义言之，谓之中庸，其实一也。以中对和而言，则中者体，和者用[1]，此是指已发、未发[2]而言。以中对庸而言，则又折转来，庸是体，中是用。如伊川[3]云“中者天下之正道，庸者天下之定理”是也。此“中”却是“时中”“执中”[4]之“中”。以中和对中庸而言，则中和又是体，中庸又是用。（《朱子语类》卷六十三）

注释：

[1]体：事物的本体、主体。用：事物本质的外部表现。

[2]已发、未发：见《礼记·中庸》。“喜怒哀乐之未发，谓之中；发而皆中节，谓之和。”

[3]伊川：程颐，北宋哲学家，字正叔，世称伊川先生。

[4]时中：《中庸》所谓“君子而时中”，指合乎时宜和中道。执中：“允执厥中”，执中道而用之的意思。

心只是放宽平便大，不要先有一私意隔碍，便大。心大则自然不急迫。如有祸患之来，亦未须惊恐；或有所获，亦未有便欢喜在。（《朱子语类》卷九十五）

“敬以直内，义以方外[1]”，便是立诚[2]。道之浩浩，何处下手？惟立诚才有可居之处，有可居之处则可以修业。（《朱子语类》卷九十五）

注释：

[1]敬以直内，义以方外：以敬慎的态度，使内心正直；以正义的准则，使外在行为端正。

[2]立诚：确立诚信。

问：“为学工夫，以何为先？”曰：“亦不过如前所说，专在人自立志。既知这道理，办得坚固心，一味向前，何患不进！只患立志不坚，只恁听人言语，看人文字，终是无得于己。”（《朱子语类》卷一一六）

凡人所以立身行己[1],应事接物,莫大乎诚敬。诚者何?不自欺不妄之谓也。敬者何?不怠慢不放荡之谓也。(《朱子语类》卷一一九)

注释:

[1]立身:确立人格。行己:行为处事。

自去检点。且一日间试看此几时在内?几时在外?小说中载赵公以黑白豆记善恶念之起,此是古人做工夫处。如此检点,则自见矣。(《朱子语类》卷一二〇)

## 《陆九渊集》节选

古之学者,本非为人[1],迁善改过,莫不由己。善在所当迁,吾自迁之,非为人而迁也。过在所当改,吾自改之,非为人而改也。故其闻过则喜,知过不讳,改过不惮。(《与傅全美二》)

注释:

[1]为人:装饰自己,给别人看。

真知非则无不能去,真知过则无不能改。人之患,在不知其非不知过而已。所贵乎学者,在致其知,改其过。(《与罗章夫》)

无志则不能学,不学则不知道。故所以致道者在乎学,所以为学者在乎志。(《论语说》)

以道制欲,则乐而不厌;心欲忘道,则惑而不乐。(《杂说》)

人之所喻由其所习,所习由其所志。志乎义,则所习者必在于义,所习在义,斯喻于义矣。志乎利,则所习者必在利,所习在利,斯喻于义矣。志乎利,则所习者必在于利,所习在利,斯喻于利矣。故学者之志不可不辨也。(《白鹿洞书院论语讲义》)

“非其所志而责其习,不可也;非其所习而责其喻,不可也。”(《白鹿洞书院论语讲义》)

忠者何？不欺之谓也；信者何？不妄之谓也[1]。人而不欺，何往而非忠[2]；人而不妄，何往而非信[3]。忠与信初非有二也。特由其不欺于中而言之，则名之以忠；由其不妄于外而言之，则名之以信[4]。果且有忠而不信者乎？果且有信而不忠者乎？名虽不同，总其实而言之，不过良心之存，诚实无伪，斯可谓之忠信矣[5]。（《主忠信》）

注释：

[1]忠者何？……不妄之谓也：忠就是不欺骗；信就是不说谎，忠信是相通的。不欺即不欺骗。不妄即不妄说，与不欺同。

[2]人而不欺，何往而非忠：人若不欺骗，去什么场合能不忠呢？

[3]人而不妄，何往而非信：人若不说谎，走到哪里会得不到信任呢？

[4]忠与信……名之以信：意思是说，忠与信两者本来就不是互不相干的，就其不欺自己的心而言就叫作忠；就其言行不妄为而言就叫作信。

[5]名虽不同……斯可谓之忠信矣：意思是说，忠与信虽然叫法不同，就其实质来说，有良心在，诚实不虚伪，这就可说是忠信了。

将以保吾心之良，必有以去吾心之害。何者？吾心之良吾所固有也。吾所固有而不能以自保者，以其有以害之也。有以害之，而不知所以去其害，则良心何自而存哉？故欲良心之存者，莫若去吾心之害。吾心之害既去，则心有不期存而自存者矣。夫所以害吾心者何也？欲也。欲之多，则心之存者必寡；欲之寡，则心之存者必多。故君子不患夫心之不存，而患夫欲之不寡，欲去则心自存矣。然则所以保吾心之良者，岂不在于去吾心之害乎？（《拾遗》）

人唯知所贵[1]，然后知所耻。不知吾之所当贵，而谓之有耻焉者，吾恐[2]其所谓耻者非所当耻矣。（《人不可以无耻》）

注释：

[1]贵：贵重，珍贵。

[2]恐：恐怕，担心。

学者须先立志，志既立，却要遇明师。（《语录上》）

慎独即不自欺。(《语录上》)

君子遇穷困,则德益进,道益通。(《语录上》)

凡事只看其理如何,不要看其人是谁。(《语录下》)

后生自立最难,一人力抵挡流俗不去,须是高着眼看破流俗方可。要之,此岂小廉曲谨[1]所能为哉?必也豪杰之士。(《语录下》)

注释:

[1]小廉曲谨:在小事上廉节谨行。

人惟患无志,有志无有不成者。……若果有志,且须分别势利、道义两途。(《语录下》)

学者不长进,只是好己胜。出一言,做一事,便道全是,岂有此理?古人惟贵知过则改,见善则迁。(《语录下》)

## 王阳明语录选

知者行之始,行者知之成:圣学只一个工夫[1],知行不可分作两事。(《王阳明全集》)

注释:

[1]工夫:功夫。

知之真切笃实处,即是行;行之明觉精察处,即是知:知行工夫不可离。(《王阳明全集》)

善念存时,即是天理。此念即善,更思何善?此念非恶,更去何恶?此念如树之根芽,立志长者立此善念而已。"从心所欲不逾矩",只是志到熟处。(《王阳明全集》)

## 《明儒学案》节选

学问之道,以各人自用得着为真。凡倚门傍户,依样葫芦者,非流俗之

士,则经生之业也。……以水济水,岂是学问?(《发凡》)

先儒之语录,人人不同,只是印我之心体[1],变动不居,若执定成局[2],终是受用不得。(《发凡》)

注释:

[1]心体:思想。

[2]执定成局:指不知灵活具体地加以变化。

## 《坛经》节选

弘忍和尚问慧能曰:"汝何方人?来此山礼拜吾,汝今吾边复求何物?"慧能答曰:"弟子是岭南[1]人,新州百姓。今故远来礼拜和尚,不求余物,唯求作佛。"大师遂责慧能曰:"汝是岭南人,又是獦獠[2],若为堪作佛?"慧能答曰:"人即有南北,佛性即无南北;獦獠身与和尚不同,佛性有何差别?"

注释:

[1]岭南:今广东、广西一带。

[2]獦獠:对南方少数民族的称呼。

(神秀)偈曰:

身是菩提树[1],心如明镜台。

时时勤拂拭,莫使有尘埃。

慧能偈曰:

菩提本无树,明镜亦非台。

佛性常清净[2],何处有尘埃!

注释:

[1]菩提树:常绿乔木,相传释迦牟尼在菩提树下获得觉悟。

[2]佛性常清净:此句又作"本来无一物"。

法无顿渐,人有利顿。迷即渐契[1],悟人顿修。自识本心,自见本性。悟即元无差别,不悟即长劫[2]轮回。

注释:

[1]契：投合。

[2]劫：佛家的记时单位，从天地的形成到毁灭称为一劫。

人性本净，为妄念故，盖覆真如[1]。离妄念，本性净。

注释：

[1]真如：意为事物的真实状况，真实性质。

此法门[1]中，何名坐禅？此法门中，一切无碍，外于一切境界上念不起为坐，见本性不乱为禅。何名为禅定？外离相[2]曰禅，内不乱曰定。外若著相，内心即乱。外若离相，内性不乱。本性自净自定，只缘触境，触即乱，离相不乱即定。外离相即禅，内不乱即定。外禅内定，故名禅定。《维摩经》云："即时豁然，还得本心。"《菩萨戒经》云："本元自性清净。"善知识[3]！见自性自净，自修自作，自性法身，自行佛行，自作自成佛道。

注释：

[1]法门：这里指佛法门类。

[2]相：事物的体状，相状。

[3]善知识：对造诣较高的僧人的称呼，这里是慧能对听法僧人的敬称。

世人性自净，万法[1]在自性。思量一切恶事，即行于恶；思量一切善事，便修于善行。如是一切法尽在自性。自性常清净，日月常明。只为云覆盖，上明下暗，不能了见日月星辰。忽遇惠[2]风吹散卷尽云雾，万象森罗，一时皆现。世人性净，犹如青天，惠如日，智如月，知惠常明。于外著境，妄念浮云盖覆，自性不能明。故遇善知识开真法，吹却迷妄，内外明彻。于自性中，万法皆见。一切法自在性，名为清净法身。

注释：

[1]万法：指万事万物，下文"一切法"指一切事物。

[2]惠：通"慧"。

不思量，性即空寂；思量即是自化。思量恶法，化为地狱；思量善法，化为天堂。毒害化为畜生，慈悲化为菩萨，知惠[1]化为上界，愚痴化为下方。自性变化甚多，迷人自不知见。一念善，知惠即生。一灯能除千年暗，一智慧能灭万年愚。

注释：

[1]知惠："智慧"。

善知识！何名忏悔？忏者终身不为，悔者知于前非恶业[1]，恒不离心。诸佛前口说无益，我此法门中，永断不作，名为忏悔。

注释：

[1]业：梵语，指身心活动。

一切经书，及诸文字，小大二乘[1]，十二部经[2]，皆因人置，因智惠性故，故然能建立。若无世人，一切万法，本元不有。故知万法，本因人兴；一切经书，因人说有。缘在人中有愚有智，愚为小人，智为大人，迷人问于智者，智人与愚人说法，令彼愚者悟解心解。迷人若悟解心开，与大智人无别。故知不悟，即是佛是众生；一念若悟，即众生是佛。故知一切万法，尽在自身中，何不从于自心顿现真如本性？《菩萨戒经》云："我本元自性清净。"识心见性，自成佛道。《维摩经》云："即时豁然，还得本心。"

注释：

[1]小大二乘：佛教两大派别。公元1世纪左右在印度形成大乘佛教，因将原始佛教和部派佛教称为小乘佛教。

[2]十二部经：指佛经按照体例的不同而分成的十二种类别。

善知识！我于忍和尚[1]处，一闻言下大悟，顿见真如本性。是故将此教法，流行后代，令学道者顿悟菩提，令自本性顿悟……汝若不得自悟，当起般若观照[2]，刹那间，妄念俱灭，即是自真正善知识，一悟即知佛也。

注释：

[1]忍和尚：弘忍和尚，禅宗五祖，慧能之师。

[2]般若观照：般若是梵语，意谓超越世俗认识，把握事物真实的本质。观照，运用智慧来观察、发现。

今生若悟顿教门[1]，悟即眼前见世尊[2]，

若欲修行云觅佛，不知何处欲求真[3]。

若能心中自有真，有真即是成佛因，

自不求真外觅佛，去觅总是大痴人。

顿教法者是西流，救度世人须自修，

今报世间学道者，不于此见大悠悠。

大师说偈已了，遂告门人曰："汝等好住，今共汝别。吾去已后，莫作世情悲泣，而受人吊问钱帛，著孝衣，即非正法，非我弟子。如吾在日一种，一时端坐，但无动无静，无生无灭，无去无来，无是无非，无住无往，但然寂静，即是大道。吾去已后，但依修行，共吾在日一种。吾若在世，汝违吾教，吾住无益。"大师云此语已，夜至三更，奄然迁化。大师春秋七十有六。

注释：

[1]顿教门：指顿悟的禅教法门。

[2]世尊：对释迦牟尼佛的尊称。

[3]真：真如本性，即真实本性，也就是佛性。

# 参考文献


[1]司马迁. 史记[M]. 北京:中华书局,1982.

[2]班固. 汉书[M]. 北京:中华书局,1962.

[3]曾振宇,傅永聚. 春秋繁露新注[M]. 北京:商务印书馆,2010.

[4]许慎. 说文解字[M]. 北京:中国书店,1989.

[5]楼宇烈. 老子道德经注校释[M]. 北京:中华书局,2008.

[6]陈寿. 三国志[M]. 北京:中华书局,1982.

[7]夏明钊. 嵇康集译注[M]. 哈尔滨:黑龙江人民出版社,1987.

[8]向秀. 向秀易义[M]. 扬州:江苏广陵古籍刻印社,1984.

[9]沈约. 宋书[M]. 北京:中华书局,1974.

[10]萧子显. 南齐书[M]. 北京:中华书局,1972.

[11]魏收. 魏书[M]. 北京:中华书局,1974.

[12]范晔. 后汉书[M]. 北京:中华书局,1965.

[13]房玄龄,等. 晋书[M]. 北京:中华书局,1974.

[14]姚思廉. 梁书[M]. 北京:中华书局,1973.

[15]姚思廉. 陈书[M]. 北京:中华书局,1972.

[16]令狐德棻,等. 周书[M]. 北京:中华书局,1971.

[17]李百药. 北齐书[M]. 北京:中华书局,1972.

[18]李延寿. 南史[M]. 北京:中华书局,1975.

[19]李延寿. 北史[M]. 北京:中华书局,1974.

[20]魏征,等. 隋书[M]. 北京:中华书局,1973.

[21]刘昫,等. 旧唐书[M]. 北京:中华书局,1975.

[22]欧阳修,等. 新唐书[M]. 北京:中华书局,1975.

[23]程颢,程颐. 二程集[M]. 武汉:湖北人民出版社,2018.

[24]程颢,程颐.二程遗书[M].上海:上海古籍出版社,2000.
[25]朱子语类汇校[M].徐时仪,杨艳,汇校.上海:上海古籍出版社,2014.
[26]朱杰人,严佐之.朱熹全书[M].上海:上海古籍出版社,2000.
[27]陆九渊.陆九渊集[M].北京:中华书局,2008.
[28]脱脱,等.宋史[M].北京:中华书局,1985.
[29]王阳明.王阳明集[M].北京:中国华侨出版社,2017.
[30]黄宗羲.明儒学案[M].杭州:浙江古籍出版社,2012.
[31]黄宗羲.明夷待访录[M].北京:中华书局,2011.
[32]王夫之.船山全书[M].长沙:岳麓书社,1996.
[33]严可均.全上古三代秦汉三国六朝文[M].北京:中华书局,1958.
[34]孙希旦.礼记集解[M].北京:中华书局,1989.
[35]董诰,阮元,等.全唐文[M].北京:中华书局,1983.
[36]阮元校刻.十三经注疏[M].北京:中华书局,1980.
[37]皮锡瑞.经学历史[M].北京:中华书局,2004.
[38]程树德.论语集释[M].北京:中华书局,2013.
[39]焦循.孟子正义[M].北京:中华书局,2017.
[40]王先谦.荀子集解[M].北京:中华书局,1988.
[41]郭庆藩.庄子集释[M].北京:中华书局,2012.
[42]孙诒让.墨子间诂[M].北京:中华书局,2017.
[43]胡适.胡适文存[M].上海:东亚图书馆,1930.
[44]胡适.胡适论学近著[M].济南:山东人民出版社,1998.
[45]鲁迅.且介亭杂文末编[M].北京:人民文学出版社,1973.
[46]任继愈.中国哲学史[M].北京:人民出版社,1979.
[47]任继愈.中国佛教史[M].北京:中国社会科学出版社,1988.
[48]汤一介.中国传统文化中的儒释道[M].北京:中国和平出版社,1988.
[49]汤一介.早期道教史[M].北京:昆仑出版社,2006.
[50]汤一介,李中华.中国儒学史[M].北京:北京大学出版社,2011.
[51]张立文.传统文化与现代化[M].北京:中国人民大学出版社,1987.
[52]张立文.传统学引论[M].北京:中国人民大学出版社,1989.
[53]方立天.佛教哲学[M].北京:中国人民大学出版社,1986.
[54]李泽厚.美的历程[M].上海:生活·读书·新知三联书店,2014.

[55]杨伯俊.论语译注[M].北京:中华书局,1980.
[56]杨伯峻.春秋左传注[M].北京:中华书局,2016.
[57]黄元起.中国现代史[M].郑州:河南人民出版社,1982.
[58]陈胜粦.林则徐与鸦片战争论稿[M].广州:中山大学出版社,1985.
[59]陈旭麓.近代中国社会的新陈代谢[M].上海:生活·读书·新知三联书店 2017.
[60]张君劢,丁文江,梁启超,等.科学与人生观[M].沈阳:辽宁教育出版社,1998.
[61]冯达文,郭齐勇.新编中国哲学史[M].北京:人民出版社,2004.
[62]翦伯赞.中国史纲要[M].北京:人民出版社,1995.
[63]王玉哲.中华远古史[M].上海:上海人民出版社,2000.
[64]李侃,李时岳,李德征.中国近代史[M].北京:中华书局,1994.
[65]南炳文,何孝荣.明代文化史[M].北京:人民出版社,2006.
[66]李凭.北朝研究存稿[M].北京:商务印书馆,2006.
[67]李宗桂.中国文化概论[M].广州:中山大学出版社,1989.
[68]陈志良,加润国.中国儒家[M].北京:宗教文化出版社,1996.
[69]何平.儒脉兴衰[M].郑州:河南人民出版社,1998.
[70]侯外庐,邱汉生,张岂之.宋明理学史[M].北京:人民出版社,1984.
[71]陈来.宋明理学[M].上海:生活·读书·新知三联书店 2011.
[72]蔡方鹿.程颢程颐与中国文化[M].贵阳:贵州人民出版社,1996.
[73]潘富恩,徐余庆.程颢程颐理学思想研究[M].上海:复旦大学出版社,1988.
[74]林子秋.王艮与泰州学派[M].成都:四川辞书出版社,2000.
[75]刘康德.老子直解[M].上海:复旦大学出版社,1997.
[76]陈鼓应.老庄新论[M].上海:上海古籍出版社,1992.
[77]陈鼓应.老子今注今译[M].北京:商务印书馆,2003.
[78]陈鼓应.庄子今注今译[M].北京:商务印书馆,2016.
[79]南怀瑾.中国佛教发展史略[M].上海:复旦大学出版社,1996.
[80]南怀瑾.中国道教发展史[M].上海:复旦大学出版社,1996.
[81]南怀瑾.禅宗与道家[M].上海:复旦大学出版社,1999.
[82]南怀瑾.论语别裁[M].上海:复旦大学出版社,2011.

[83]李养正.道教概说[M].北京:中华书局,1996.
[84]冯达文.回归自然:道家的主调与变奏[M].广州:广东人民出版社,1992.
[85]葛荣晋.道家文化与现代文明[M].北京:中国人民大学出版社,1998.
[86]赵敏,薛敏珠.道家文化及其艺术精神[M].长春:吉林文史出版社,1991.
[87]刘小枫.拯救与逍遥[M].上海:上海人民出版社,1988.
[88]陶东风.中国古代心理美学六论[M].天津:百花文艺出版社,1999.
[89]郑晓江,程林辉.中国人生精神[M].南宁:广西人民出版社,1998.
[90]吕澂.中国佛学源流略论[M].北京:中华书局,1998.
[91]赖永海.佛道诗禅[M].北京:中国青年出版社,1990.
[92]赖永海.中国佛性论[M].上海:上海人民出版社,1988.
[93]严北溟.中国佛教哲学简史[M].上海:上海人民出版社,1985.
[94]顾伟康.禅宗:文化交融与历史选择[M].北京:知识出版社,1990.
[95]王志敏,方珊.佛教与美学[M].沈阳:辽宁人民出版社,1989.
[96]张文勋.儒道佛美学思想探索[M].北京:中国社会科学出版社,1988.
[97]祁志祥.佛教美学[M].上海:上海人民出版社,1997.
[98]葛兆光.禅宗与中国文化[M].上海:上海人民出版社,1988.
[99]葛兆光.中国古代文化讲义[M].上海:复旦大学出版社,2006.
[100]李淼.中国佛禅文化名著[M].延吉:延边大学出版社,1995.
[101]姜林祥.中国儒学史[M].广州:广东教育出版社,1998.
[102]卿希泰,唐大潮.道教史[M].南京:江苏人民出版社,2006.
[103]郭锦桴.汉语与中国传统文化[M].北京:中国人民大学出版社,1993.
[104]申小龙.文化语言学论纲[M].南宁:广西教育出版社,1996.
[105]闵清,涂可国.中国文化新体系[M].南宁:广西人民出版社,1994.
[106]杨国章.人文传统[M].北京:北京语言学院出版社,1993.
[107]郭家齐.中国古代的学校和书院[M].北京:北京科学技术出版社,1995.
[108]王玉德,邓儒伯,姚伟钧.中国传统文化新编[M].武汉:华中科技大学出版社,1996.
[109]傅维利,刘民.文化变迁与教育发展[M].成都:四川教育出版社,1988.

[110]丁钢.文化的传递与嬗变[M].上海:上海教育出版社,1990.
[111]郑传寅.中国戏曲文化概论[M].武汉:武汉大学出版社,1993.
[112]石昌渝.中国小说源流论[M].上海:生活·读书·新知三联书店,1995.
[113]阴法鲁,许树安.中国古代文化史[M].北京:北京大学出版社,1991.
[114]祝敏申.大学书法[M].上海:复旦大学出版社,1985.
[115]赵剑英.世纪之交的中国文化[M].南宁:广西人民出版社,1994.
[116]王蕴智.字学论集[M].郑州:河南美术出版社,2004.
[117]湖南省博物馆.马王堆汉墓帛书[M].长沙:岳麓书社,2013.
[118]孙钦善.中国古文献学史简编[M].北京:北京大学出版社,2008.
[119]李致忠,周少川,张木早.中国典籍史[M].上海:上海人民出版社,2005.
[120]张三夕.中国古典文献学[M].3版,武汉:华中师范大学出版社,2018.
[121]曹林娣.古籍整理概论[M].北京:北京大学出版社,2007.
[122]黄永年.古籍整理概论[M].上海:上海书店出版社,2017.
[123]张岱年.文化与哲学[M].郑州:教育科学出版社,1988.
[124]张岱年,方克立.中国文化概论[M].北京:北京师范大学出版社,2004.
[125]王宁.汉字构形学导论[M].北京:商务印书馆,2015.
[126]李山.中国文化史[M].北京:北京师范大学出版社,2012.
[127]何九盈.中国古代语言学史[M].广州:广东教育出版社,2000.
[128]何九盈.汉字文化学[M].北京:商务印书馆,2016.
[129]王立军.汉字的文化解读[M].北京:商务印书馆,2012.
[130]杨琳.汉字形义与文化[M].天津:南开大学出版社,2012.
[131]葛本仪.现代汉语词汇学[M].3版,北京:商务印书馆,2014.
[132]赵克勤.古代汉语词汇学[M].北京:商务印书馆,1994.
[133]符淮青.汉语词汇学史[M].北京:外语教学与研究出版社,2012.
[134]金元浦.中国文化概要[M].2版,北京:中国人民大学出版社,2012.
[135]张应杭.中国传统文化概论[M].杭州:浙江大学出版社,2005.
[136]马博.中国艺术百科[M].北京:线装书局,2013.
[137]张清廉.伏牛山文化圈概论[M].郑州:中州古籍出版社,2013.

[138]徐复观.中国艺术精神[M].沈阳:辽宁人民出版社,2019.
[139]蒋振华.元明清道教文学思想研究[M].南京:凤凰出版社,2018.
[140]王国维.宋元戏曲史[M].北京:中华书局,2010.
[141]张庚,郭汉城.中国戏曲通史[M].北京:中国戏剧出版社,1981.
[142]商传.明代文化史[M].上海:东方出版中心 2007.
[143]陆萼庭.昆剧演出史稿[M].上海:上海教育出版社,2006.
[144]汝信,李惠国.中国古代科技文化及其现代启示[M].北京:中国社会科学出版社,2016.
[145]王玉德.文化视野的中国古代科技[M].武汉:华中科技大学出版社,2017.
[146]杨金长.中国古代科学技术史[M].北京:人民军医出版社,2007.
[147]施和金.中国历史地理研究[M].南京:南京师范大学出版社,2000.
[148]王明强.中国古代医学教育思想史[M].北京:中国中医药出版社,2018.
[149]纪志刚,郭园园.西去东来:丝绸之路数学知识的传播与交流[M].南京:江苏人民出版社,2018.
[150]张维忠.数学教育中的数学文化[M].上海:上海教育出版社,2011.
[151]屈宝坤.中国古代著名科学典籍[M].北京:中国国际广播出版社,2009.
[152]贾洪波.中国古代建筑[M].天津:南开大学出版社,2010.
[153]王炳照,郭齐家,刘德华,等.简明中国教育史[M].北京:北京师范大学出版社,1994.
[154]娄立志.中国教育史[M].济南:山东人民出版社,2008.
[155]赵厚勰,陈竞蓉.中国教育史教程[M].武汉:华中科技大学出版社,2012.
[156]曲铁华.中国教育史[M].武汉:武汉大学出版社,2011.
[157]喻博文.正蒙注译[M].兰州:兰州大学出版社,1990.
[158]金景芳,吕绍纲.周易全解[M].上海:上海古籍出版社,2017.
[159]杨逢彬.孟子新注新译[M].北京:北京大学出版社,2018.
[160]张觉.荀子译注[M].上海:上海古籍出版社,2012.
[161]张希宇.墨子新解[M].北京:人民出版社,2019.

[162]马其昶,马茂元. 韩昌黎文集校注[M]. 上海:上海古籍出版社,2014.
[163]张志烈,马德富,周裕锴. 苏轼全集校注[M]. 石家庄:河北人民出版社,2010.
[164]习近平. 习近平谈治国理政:第一卷[M]. 北京:外文出版社,2018.
[165]习近平. 习近平谈治国理政:第二卷[M]. 北京:外文出版社,2017.
[166]中国共产党第十九届中央委员会第四次全体会议文件汇编[M]. 北京:人民出版社,2019.
[167]新时代公民道德建设实施纲要[M]. 北京:人民出版社,2019.
[168]新时代爱国主义教育实施纲要[M]. 北京:人民出版社,2019.
[169]陆通. 中华优秀传统文化与文化自信[M]. 长春:吉林出版集团,2018.

# 后　记

本书是袁桂娥教授主持的河南省哲学社会科学规划项目“中原特色传统文化的继承与发展研究”的一项重要成果。本书由主编拟定总体框架，确定编写章节，提出编写要求，大家分工撰写。各章节具体撰稿人如下。王冰负责绪论、第一章、第十章；袁桂娥和路学军负责第二章、第三章、第四章；张玉华负责第五章、第七章；刘亚科负责第六章；卢淑芳负责第八章、第九章；传统文化典籍选读部分由陈建裕、孔令许选注。

初稿完成后，大家坐在一起逐字逐句，逐节逐段，推敲琢磨，互为非是，这样反复再三，思路由分而合，最后由主编统阅全稿。本书的成书体现了学术群体的智慧和协作精神。

中国传统文化源远流长，经卷典籍浩如烟海，在搜集资料时我们尽量找到原典，但也有力所不及之处，因此，疏漏谬误在所难免，恳请各位专家批评指正。

本书在编著过程中，平顶山学院教务处长兼新闻与传播学院院长秦方奇教授，郑州大学出版社孙理达先生为本书编写和出版提供了极大的帮助；责任编辑王晓鸽精心编校，付出了诸多心血。在此，我们一并致以最诚挚的谢意！

编著者

2020 年 6 月 10 日